亂世逐夢

航海王

JOIN THE NAVY
TO SEE THE WORLI

鍾漢波————遺稿 鍾堅————

目錄

1954 年 8 月左營港永定軍艦艦艉左舷四二砲側，全艦十六名軍官與
軍士長合影，作者立於後排中（鍾漢波數位典藏）

作者於 1963 年底晉陞海軍少將（鍾漢波數位典藏）

推薦序一

從民初軍閥混戰到政黨輪替
海將鍾漢波航行過亂世民國史

　　作者漢波先生在海軍素有「儒將」美譽，但他謙稱自己沒有甚麼學問，只不過喜歡讀點書，寫些文案，說話有點書卷氣。具有如此人格特質的漢波先生，在結束了三十六年又八個月的軍旅生涯後，轉業至航運界。作者在商船上服務，數年之間航遍世界各地。航程中有著足夠的時間回憶往事，並逐字記錄下來。日積月累，文稿竟達五十萬字。經先生哲嗣國立清華大學鍾堅教授前後投入八年半時間，將文稿手札整理完成，這本回憶錄《亂世逐夢航海王》終於得以問世。

　　自傳、回憶錄、口述歷史，雖然名稱不同，但其性質相似，均為第一人稱自敘生平與親身經歷。我讀作者遺稿，可以感受到內容三項獨特的史料價值。首先，記得我開始研究民國海軍史時，翻閱一整冊的《國軍檔案目錄》後，雖然可以確定 1949 年海軍撤來臺灣的同時，也運來至少九成的檔案，然而有關廣東海軍和東北海軍的直接史料並不多。這是因為兩支地方發展出來的海軍，未能像屬於中央的福州海軍一樣，幸運地保存了極多的文書檔案，也不像電雷海軍一樣被福州海軍接收後，檔案同時歸入。

　　到了對日抗戰爆發，黃埔、青島海校陸續被迫停招，人員重新編遣，可以想見這兩支海軍的檔案，就在戰亂中多半遺失了。不過個人的回憶多少可以補檔案之不足，1990 年代後半我進行海軍人物的口述訪問，有幸拜候廣東海軍的劉定邦先生和東北海軍的李連墀先生，讓我對這兩支地方海軍有了更多的認識。而作

者的遺稿，有著更多關於廣東海軍的記載，尤其屢屢提及黃埔海
校師生當時情況和不同時期的發展，應能提供海軍史研究者非常
有價值的線索。

其次，作者的經歷比一般海軍官兵更加傳奇。他就讀海校登
艦見習時，竟遇上軍艦叛逃，全班同學成為人質。1939 年畢業後，
作者初任遷至四川萬縣獅子寨的青島海校教官，現今當地人已不
知獅子寨為何物，遺稿內卻對該地描述甚多。其後作者出任空軍
軍官學校教官，甚至有機會駕駛教練機。戰後作者奉派為中華民
國駐日代表團海軍武官，完成甲午戰爭遺物的索還，與日償軍艦
的接收和押運返國。這些經歷記載，也為空軍史、軍事外交史增
加了更有意義的資料。

作者 1951 年重回海軍，曾擔任太湖一級艦副長、永定二級
艦艦長，之後又歷任多項重要軍職，更參與過「光明作業室」、
「國光作業室」、「中興作業室」、「龍騰作業室」，籌備反攻計畫。
他詳細記下了服務海軍的所見所聞，驚人的記憶力與觀察力令人
嘆為觀止，也使我們可從不同角度認識海軍。

第三，1971 年作者退役，旋即通過轉業考試，進入從小就有
的夢想：當海員遨遊三洋九海跑商船。海軍官兵於退役後進入海
運界頗不乏人，他們在不同國籍的商船上辛苦工作，以軍中習得
的專業技能，賺取比較優渥的待遇，卻得忍受長時間與家人分
離，久久才能回家團聚，這些都不是一般人熟悉的艱辛職涯。

本書內作者記載了每一航次經過的海域、航程中遭遇的困難
與危險、靠泊海港的風土人情、裝卸的船貨、海員的日常生活、
以及接觸不同的異國文化，為我們留下行船討海人的真實人生。
研究者若是以國家檔案中有關交通航運的史料為主，再配合回憶

錄中的紀錄,當能進行深入的航運史研究。

　　除了豐富的文字內容,作者透過鍾堅教授協助,還將一生照片進行數位典藏,力求每張珍貴的照片呈現出最佳效果。書中選自「鍾漢波數位典藏」的百餘張精彩照片,有助於我們閱讀此書時,進入歷史情境之中,在民國史的自傳記述中,充實了經略海洋的記事。總之,鍾堅教授為其尊翁保存了記憶,也為國家典藏了重要史料。

中央研究院近代史研究所兼任研究員

國立東華大學榮譽教授

張力

推薦序二
作者見證中華民國海軍建軍
更是對日軍事外交推手

　　加入海軍就可環遊世界，鍾漢波將軍一生奉獻中華民國海軍，服役期間因具備艦艇資歷得以退役後轉業跑商船，隨艦船出入一〇二個海港，海程累計達三十萬浬，造訪過三十一個國家；這其中影響晚清史與民國史的國家，就是日本。

　　日本軍閥侵華激起作者投筆從戎之志並加入抗日聖戰，戰後派駐日本擔任海軍武官，展開和日的工作，退役後轉業海員所服務的商船，又以日本為母港，讓作者成為知日達人。作者駐日期間奉命接收日軍償艦，替二戰結束後擴充我海軍實力；他親力親為，單獨驗收三十四艘日償軍艦，其中日本「雪風」一等驅逐艦接收後定編為我海軍「丹陽」軍艦。作者在軍旅生涯後半，見證戰後初期我海軍重建及我國對日軍事外交的歷程。作者其後在兩岸分治之初，襄贊中樞組建「白團」，安排日籍復員陸海軍將校低調潛赴臺灣擔任軍事顧問。

　　1971 年鍾將軍脫下軍裝後，轉業專跑臺日線的國籍散裝船「大友號」任職船長，再歷任日本商社「聖娜」、「海寅」、「金棒」等船長職務，曾領船進出日本二十二個海港，航經日本全境九大地方的外海，足跡踏遍四十七個都道府縣中的半數，是十足的知日達人，並與日本商社勤於互動，日籍友人都是長年書信往來的摯友。在臺日斷交後，作者這樣的人脈，在推展雙邊民間關係極其重要。

　　1978 年 2 月，作者歷經近一甲子的生涯，從抗日、和日、

友日一路走來，退休時海海人生了無遺憾。老爺子半生與日本結下不解之緣，航途遍及日本周邊海域。本書為作者一生與日本互動的筆記，亦可做為民國史及對日關係史的極佳參考。畢竟，明治維新一統皇權後的日本，以富國強兵布國威於海外為國策，影響我國國運至巨。

　　作者結束討海人生，從此未再踏足日本，更沒出過遠門，長居臺灣含飴弄孫、安渡晚年。鍾將軍哲嗣鍾堅教授克紹箕裘，後學的我有幸與鍾教授熟識多年，在馬政府時期他是我請益臺日海域問題的最佳對象，亦數度奉派隨鍾教授登海軍作戰艦與海巡艦踏查海疆。今日拜讀鍾教授尊翁文稿，等同在海洋事務及對日關係上，上了寶貴的一課，特將此套書鄭重推薦給讀者雅閱。

輔仁大學日本語文學系特聘教授

輔仁大學日本暨東亞研究中心兼主任

國立臺灣大學日本語文學系所兼任教授

何思慎

導讀
父親由軍艦艦長到商船船長的轉業

　　我還以為生命中最親愛的人，必然是我最熟悉的人，其實不然。在年幼的時候，父母的軍旅服勤天地是進不去的，裡面有複雜的戰場環境和陌生的艱困現實。當我長大了，就忙著交自己的朋友，經歷起起伏伏的情感生活，成自己的家、立自己的業；我太忙了，更沒有時間去瞭解父母親豐富的中年生活。直到父母年老的時候，我才有幸就近照顧他們，開始真正熟悉他們生活的點滴和身體的狀況。

　　我所知道的父母，是那朵水面的睡蓮，帶給我們安祥和溫暖，我只見到水面慈愛的樣貌，對父母水面下生存的奮鬥、生命在汙泥中的紮根、結藕的喜悅，我幾乎是一無所知。因此，我屬於少數極其幸運的女兒，因為父親過世後留交遺稿給我們姊弟倆，讓我有幸進入他豐富的生活細節之中。父親辭世二十年後，堅弟用心用力梳理出父親五十萬字的文稿，我讀完才知道父親的轉業有多成功！

　　父親是在出任海軍專科學校校長及海軍官校副校長後，以少將官階榮退，轉業出任海員。他上商船擔任大副，半年就升船長，後來帶的商船噸位越來越大，他的薪水也越來越高。然而父親轉業的成功，我想是在他充分發揮了統率軍陣的御下之術。哪一艘商船船長罩不住了、海員鬧嘩變、海員與船長對立、甚至互毆，船公司就馬上把父親調去接任船長。他一去，海員就不再鬧事，變成一艘上下齊心的商船。

　　如套書中 *GAMMA* 商船的海員鬧事，把原船長與大副逼回了

臺灣，再如 *TANJONG* 商船海員逼走船長，更如 *GOLDENROD* 商船海員追殺原船長上岸，打到船長滿臉血躲入汽車內，海員甚至追打敲碎車窗的玻璃。或許別的船長不願碰觸這種燙手山芋，但父親帶領海員卻頗有心得，面對這些心神緊繃的屬下，父親處之泰然，他不擔心，屬下的心也鬆弛下來。

何以父親統御術如此高明呢？第一是因為他有將軍威儀與正氣凜然之姿，又寬宏大量，不溯既往、不追究，海員浮躁的心就自然安定下來，情緒不再激動；第二是因為父親能體諒海員背井離鄉只為討一口飯吃，而承受孤寂顛波的海上生涯，他自然發散一股祥和之氣，具親和力；第三是因為父親在航海專業上傑出，而且謹守船長崗位，不與屬下廝混，自然贏得海員的尊敬。所以，父親由軍艦艦長到商船船長的轉業，成就非凡。

父親平日就認真寫作，記述生活經歷，他轉業成為航海王的生涯，充分保留下來。他的一支筆誠懇實在，時而風趣時而正經，以細節呈現上世紀民國史的鴻爪；父親的文稿，十足證明他是位專業的作家。

前國立中山大學文學院院長
前香港浸會大學文學院院長
鍾玲教授

弁言

先嚴饒富人情味有溫度的海海人生

　　2016 年初，經由參謀本部聯一中將次長徐衍璞（陸軍官校五十二期砲科）的安排，我受邀參加總統主持的「中華民國保衛臺灣紀念章」頒贈典禮，由馬英九先生親頒紀念章予參與歷次保衛臺灣作戰有功官兵、後代及遺眷；我謹代表先嚴鍾漢波（黃埔海校航海科 1938 年班），領受由馬總統親頒的表彰狀及紀念章，總統亦當面慰勉並感謝先嚴率永定軍艦，在一江山海域作戰，為國家安全、社會安定作出犧牲奉獻。這是先嚴繼獲頒「抗戰勝利紀念章」與「國防部服務紀念章」後，遲來的第三枚表彰參戰的紀念章。

　　我由馬總統手中領受表彰狀及紀念章後，在退休搬家時檢整先嚴生前掃描舊照數位檔案之際，始在成堆的書冊中，展讀到先嚴手書的遺稿，其中有部分泛黃的稿紙，是用外文抬頭的空白信紙，推定是他半世紀前退役後擔任商船海員於航途中記述的手札。從字裡行間內，我彷彿陪著先嚴同行，再度走一遍那些年從部隊服勤到退役轉業之奇特航海經歷。

　　家翁塵封的文稿非常多，記述到腦溢血仙逝前一週方停筆，文稿內有段話令我震撼不已：「若沒人用筆尖紀錄下我走過的亂世，還原大時代裡臨戰邊緣社會角落的事件，等到我離開人世後，就沒人再去關注、追憶我曾擁有過的印記，且很快被遺忘，甚至被當作從未發生過。」

　　先嚴塵封騰寫的筆記非常多，他隨興書寫的文稿絕不是流水帳，他以細膩的文筆，呈現出有溫度、帶感情的奇特海海閱歷。

他在亂世中完整地保存所有的私人手札、資歷檔卷、時事剪報、手繪地貌，還從亂局中完整地帶來臺灣，足見先嚴在世時是位危機預防的高手。先嚴也喜歡攝影，走過亂世留存很多珍貴的光影，竟能妥善保存到今天，可見父親在世時更是位風險管理達人。其實，先嚴才兼文武、識達古今，早於 1960 年代初期，在兩棲部隊服勤時就曾以流暢的文筆，彙編審訂過海軍《兩棲作戰教令草案》，內含五十萬字共計八百餘頁，為此還獲頒海軍軍種海勛獎章，足證先嚴的文筆流暢。

　　家翁早年在海軍服勤，見證了軍閥混戰、艱苦抗日、戰後任駐日與臺海防衛作戰，獲頒多枚勳、獎章，是海軍知名的軍官。父親駐日以前的軍陣閱歷我尚未出世，僅在茶餘飯後聆聽父母片斷的對話有粗淺的印象。先嚴在海軍艦艇部隊服勤時我太小，無法體會他艱苦的航海經驗和複雜交錯的海洋作戰困境。父親轉換職涯跑道後，我卻在就學、服役、留學、就業生涯上衝刺，忙到疏於瞭解他人生下半場既驚險又豐富的商船海員生活與亂世逐夢航海生涯過程。

　　先嚴腦海中在遠東海域烙印深刻的場景是：被當人質關在叛艦魚雷艙內遭轟擊炸射、押運日償軍艦返國夜航適逢月圓反射出銀亮的海面、解送戰犯航途中與岡村寧次大將單獨晤談、敦睦訪菲見證僑團愛國的激情、專送英雄王生明上校奔馳在浙海、率僚艦與共軍船團在浙海一江山夜戰、大陳外海遭共軍噴射機與岸砲攻擊、海員穿耳洞戴珍珠耳環跑單幫、沖繩群島外與雙颱搏鬥、服役的長子登檢商船在船長我的護照上蓋入境章戳、帶領鬼船在航途中祭拜跳海輕生的海員。

　　先嚴在三洋九海跑船津津樂道的掠影是：赴遍地烽火的戰時

以色列接掌商船、貪污的塞內加爾海關抄班官員吃相難看、撒哈拉沙塵暴遮蔽商船視線、剛果河與尼揚喀河內陸的原野風光、非洲克魯族船工集體向船長跪拜討新春紅包、地中海商船上同生不共死的老鼠、水城威尼斯的寒冬景緻、大西洋迎面撲來的海嘯、紅海阿奎巴灣的海上墳場、在民航飛艇駕駛艙乘坐遨翔澳洲的藍天、靠泊美洲與兒女於商船上會親、在船長室宴請美籍職員眷屬的雙十餐宴、太平洋航途中發現商船有響尾蛇須靠港燻艙、商船壓水艙遭誤灌奧立岡州河水緊急灌回海水保命。

　　先嚴的人生充滿逆境，但他絕不妥協逆來順受，反而想盡辦法及時逆轉勝，所幸總會遇到貴人相挺，讓先嚴一旦受挫就迅速重新再起。他手稿的前段，記述嚮往海洋的軍旅服勤點滴，少部分曾由麥田出版社出過書，唯我翻找手稿前段諸多事件，竟有不少先嚴從未發表過的軍中祕辛。手稿的後段，先嚴描述退役轉業後，陸續在七艘商船兩千天航行全球的閱歷，部分遺稿曾連載於《傳記文學》雜誌。

　　為了不讓先嚴手稿記憶留白，我整理這些手稿時沒更改原意，呈現出先嚴原汁原味的民國史見聞；我把即興的手稿，想盡辭藻起承轉合，依時序漸進，花了八半年的時光，串接成傳記文學體。此外，摯友近代史學家張力教授與日本專門家何思慎教授賜序，玲姐提供的導讀，賢妻凱西日夜不眠地用電腦繕打、校稿，才得以把文稿及時交予民國歷史文化學社「說史敘事」書系付梓，讓讀者能陪同上一代的戰場老兵，走過民初軍閥混戰、抗日聖戰、戡亂內戰、中興守臺、反攻準備、轉業跑船與政黨輪替的時光隧道。

　　對鑽研民國史與航海專業的讀者，本書下冊文尾附有民國陸

海空軍人物姓名、軍種或軍校期別年班索引，以及英文艦船類型諸元與船員職稱縮寫索引，方便對照查閱。

記得家翁教誨玲姐與我的庭訓有二：第一是充實普通常識，要達致包山包海的程度，學習專業知識，要進入知天知地的境界；遇到困難時，人就會非常靈光，可及時想出辦法應變。第二是待人處事，要前後、左右、上下都得觀察敏銳面面俱到，處事才會細緻、待人就會圓融。這些庭訓，在先嚴手稿的字裡行間，到處可見鑿痕。此外，先嚴與先慈亂世中相識相知，鶼鰈情深終生廝守，在先嚴的手稿中溢於言表、處處可見真摯動人堅貞的愛情。

家翁於 2002 年離去，蒙末任聯合勤務總司令部上將總司令謝建東（陸軍官校三十六期步科）安排，先嚴與先慈雙雙安厝於五指山國軍示範公墓，也是遷入忠靈殿的第一位退將。先嚴擔任海軍專校少將校長的得力左右手：專校上校教育長張廣恩（海軍官校 1950 年班），亦在去年 8 月仙逝，享嵩壽百歲有一。上一代的戰場老兵，隨著資訊時代人工智慧的來臨而全數凋零。

在玲姐與我眼中，先嚴永遠是位臨陣當先的軍官、疼惜愛妻的丈夫、嚴而不厲的家長、傑出優秀的海員，更是落筆細緻的寫手。

國立清華大學榮譽退休教授

鍾堅

謹記於 2024 年 3 月 29 日青年節

（黃花崗烈士殉難紀念日）

第壹章
民初軍閥混戰就學成長

圖 1.1　遲來的表彰：2016 年 1 月作者辭世十四年後，前總統馬英九（左）在府內親頒作者保臺字第 1050000018 號「中華民國保衛臺灣紀念章證明書」（右），由後代收受（鍾堅提供）

一、阿貴嚮往奔向海洋　私塾轉小學長知識

圖 1.2　1918 年作者就讀廣州市立第四十四小學時的天字碼頭珠江江面碇泊廣東海軍電船巡艇與遠方錨位的商船，心生逐夢航海王之志（鍾漢波數位典藏）

　　我在商船（Merchant Vessel, M/V）服務，因航途遙遠須時漫長，除了上下走動查勤，真的百般無聊，不若在軍艦服勤全身緊繃；因此，我養成習慣，航途中每天抽空撰寫筆記，一開始多半望著桌上攤開的稿紙發呆，不知從何處下筆，有很多人生經歷過的暗黑面，既不想寫也不敢寫。後來想開了，把我親身體驗、歷練過的人生，忠實地紀錄下來，日後給自己看，當作回憶總可以吧。在商船每天筆耕少則寥寥數字，多則數段，描述此生相關的人與事，用筆尖從頭說我的海海人生，以免歲月增長後，不復記憶全貌。

　　其實，我的人生充滿逆境，我絕不妥協逆來順受，反而想盡辦法及時逆轉勝，所幸總會遇到貴人相挺，讓我一旦受挫就迅速重新再起。我的姓名是鍾漢波，父親將我依輩分取名「好漢伏

波」，似乎要我這輩子得撐「漢」族旌旗，征服「波」濤洶湧的大海，當個航海王。

1917 年 9 月 20 日子時，我出生於廣州市，家父鍾友德是年三十歲（清光緒十三年生），廣東新會人，世代務農，家母廖建鄉是年二十八歲（清光緒十五年生），雙親分別都來自廣州市極為普通的家庭。阿貴是我的乳名，母親希望我長大後能夠貴氣些，運道好些。我本有大姊一人，1911 年生，四歲夭折，家兄漢威 1913 年生，外婆周氏隨同生活，在家中照料，一家五口靠父親的公務員收入，尚足溫飽。

我祖先的故居座落在廣州市河南南村的尚明里耘園，粵人稱珠江南岸為「河南」，耘園後因耕地日少又更名為雲苑。我家有祖田數十畝，世代賴務農為生。我祖父鍾昌盛，亦名鍾盛（清道光二十五年生），在清同治年間被擢選為「拔貢」但未出仕，曾不次入秋闈鄉試，應考舉人卻從未中試，但雅好讀書，手不釋卷。家父蒙祖父特別鍾愛，自少接受薰陶，所以為文、書法俱佳，故能於民國肇建後考取公務員資格，任公職於廣東省政府祕書處文牘科，為基層職員。

我祖母凌氏（清咸豐五年生），廣東省順德縣龍江鎮凌村人，亦屬務農世家，身健勤勞，嫁我祖父後，生下三男五女，二、三、四、五、六等諸位姑姑早已出嫁，家父排行第七，祖產田畝由大伯父鍾友仁及八叔鍾友信耕作守成；我出世前兩年，祖父已仙逝，享壽七十有一，家父因須到省府上班，遂離開故鄉，歲居於廣州城內小南門萬福橋的長興街就近工作。

我幼時享有一個快樂的童年，也可以說是一個病痛的童年。我生下來就體弱多病面黃肌瘦，常看中醫吃漢藥，一帖藥起碼熬

兩次，一日內分服兩次，其味甚苦難以入喉。有時候我把藥汁連同未消化的食物一齊嘔吐出來，害得父母又去買藥再熬再服，真是苦不堪言。母親擔心我活不到讀小學，她說這是我此生首次闖鬼門關。

我身子儘管虛但也有我的樂趣，三歲起即喜與鄰居及洋童綿密互動遊戲，最愛玩練兵打仗，先是操兵，再對陣衝鋒廝殺；群童中有擔任軍官者、有軍士（士官）者、亦有兵卒，我因身體不好也跑不快，一直都當小兵，那也無所謂，只要有得玩耍就好。和洋童玩耍，讓我期待長大後也要去他們的國家造訪。小童群聚遊戲，玩法甚多不一而足，父母見我能夠嬉戲也就放心。

除與群童遊戲外，我還喜歡學洋童養蠶，因為養蠶有生生不息的成就感，其味無窮。我雖體弱多病，卻享有快樂的童年，及至六歲半就不得不上學了。1924 年 2 月，農曆元宵節一過，就算結束了舊曆年節。父母擔心我體力不繼，不能走遠路，就讀學區內的國民小學，就在同街隔幾間屋的一家楊氏家塾，交了一年束脩學費後，向紙質卷軸孔夫子像跪拜，然後對塾師行三鞠躬禮，啟蒙大禮遂告完成。

當時國父孫文在廣州黃埔島設置「怒潮澎湃、黨旗飛舞、這是革命的黃埔」之俄式黃埔陸軍軍官學校（黃埔軍校），學制半年至一年半不等；不過，黃埔軍校並非 20 世紀首座新制軍官養成教育機關。清國為師法「洋槍洋砲」西式兵制，規劃設置「新建陸軍」（新軍），在各省陸續開設學堂培育新軍的帶兵官，清國於光緒二十九年（1903 年）在直隸省保定籌辦規模最大的日式兩年制「北洋陸軍速成武備學堂」，民國肇建後晉名為保定陸軍軍官學校（保定軍校），唯辦理九期就裁撤，四年後黃埔軍校

銜接繼之。民國時期的風雲人物，多出身自國內保定與黃埔這兩所軍校。

黃埔軍校首任校長蔣中正，二十三歲時畢業自日本帝國陸軍士官學校的「振武預備學校」。日軍的軍官分將官、佐官與士官三階，佐官相當於我國的校級軍官，士官則相當於我國的尉級軍官，故日軍的士官學校是軍官養成教育機關。黃埔軍校蔣校長早年就讀學制三年的振武預備學校第九期，就是俗稱幼校的官校預備班。

外頭革命怒潮澎湃，我讀私塾當塾生，卻真個枯燥無味，除照例有暑假外，歲暮小年夜解館，至翌年初元宵節過後開館，農曆年節算是寒假。開館期間依農曆初一、十五兩天放假之外，並無其他假日。每一位塾生自啟蒙開始，從三字經、千字文、孝經、四書、尺牘到古文等用廣府話（粵語的官話）誦讀，為期兩至三年不等，廣府話在港澳殖民地也流通，故稱香港話。

私塾上課非常死板，只有一位塾師，教二、三十位塾生，進度不一；學童之日課，為先向塾師背誦昨日所教章句全段或一小段，然後塾師再教新章句，教完了各生回位，自行讀書認字、習字，不得早退亦不准聊天。塾生背誦不全，塾師不耐就原形畢露爆粗口：「丢！真係綹線呃衰仔！」（粵語指國罵加碼蠢童之謂）。

我自入館讀書以來，身體越來越差，腹腔痛到蜷曲倒臥在地上，在楊氏家塾時而發作，愈來愈頻，夜睡盜汗量大而稠，中醫開處方已然無效，遂選用偏方早晚吃白木耳糯米粥。夜間冒汗則由母親或外婆用布抹乾肌膚，塗以蠔殼粉止汗。讀了兩年私塾後，我就退學辭館，於九歲時降轉入廣州市立第四十四小學二年級。

1927年春，我升至三年級，自覺在私塾平白損失一整年學資

很感羞愧，家兄漢威說：「阿貴，讀小學課業對你言並無困難，只要把算術一門搞通，其他就容易應付。」自從得此訣竅後，我對算術一科不但奮力讀通，而且進度超前；此後每學期、每學年都在班上考第一名直到畢業。

1928 年春升至四年級，算是高年級生了，有資格參加集會遊行。是年 3 月 29 日黃花崗烈士殉難紀念日（後改為青年節），我一早就穿好制服，等候整隊出發；我因身體不好面黃肌瘦，被司徒校長從隊伍裡剔了出來，使我悲傷萬分，含淚回到教室。級主任鄭娟文對我說：「阿貴，校長不讓你參加是為你好，到黃花崗路途很遠，況且節慶大會全程都要站立，萬一你病倒如何是好？」不管級主任再三勸導，我不能穿制服上黃花崗向英雄祭拜，就越想越傷心。

我有位兒時玩伴的同班同學叫鄭渭宏，渾名雞胸鄭，他走過來安慰我：「阿貴，我也被淘汰出局，沒啥大不了！」雞胸鄭是澳門僑生，兒時我的葡萄牙語就是雞胸鄭教會的。鄭渭宏的胸部肋骨尖尖地突出，宛如雞胸，他還說：「阿貴呀，人云雞胸者活不過十六歲！千萬別當真，這不過是人云亦云而已。」我覺得好友雞胸鄭很豁達勇敢，令我佩服。

還有兩位同班同學悽慘的行狀，也值得記述。他倆都沒錢買制服，始終未穿過制服到校上課，沒制服當然也就沒資格去黃花崗。一位是天未明即陪母親往菜畦採菜，挑到菜市場出售，菜賣完才匆匆趕到校上課；另一位吳姓同學每日清晨以頭頂著麵包簍，沿街叫賣，賣畢還要到麵包店結帳，然後才趕來聽課。他倆經常遲到，但蒙老師明察，就免了遲到打手心之懲罰，後來這位賣麵包的吳同學罹患精神病有暴力傾向，為廣州市立精神病院收

治禁錮，我班同學曾連袂到病院探視他，他對我們恍若不曾相識，令人鼻酸。

1928 年底，國民革命軍完成北伐，國家由軍政邁向訓政時期，在表面狀似統一了，但各省仍由軍閥勢力盤據，中央定都南京，黃埔軍校也由廣州市遷往首都，校名先後更迭為「中央軍事政治學校」與「中央陸軍軍官學校」（中央軍校），施教充實為三年學制。全國統一後，軍事委員會就急忙削藩，於 1929 年初舉行編遣會議，廣東軍頭李濟深（清國兩廣將弁學堂二期）兼廣東政治分會主席，麾下九個師的粵軍地面部隊被重編成「第一集團軍」；桂系軍閥李宗仁（廣西陸軍速成學堂六期）兼廣西政治分會主席，麾下的桂軍地面部隊被重編成「第四集團軍」。

桂系軍閥李宗仁未經中央批准，就免去湖南省府主席魯滌平（清國湖南兵目學堂）之職，而以親桂之何健（保定軍校三期步科）代之，因而發生「寧桂之戰」。中央於 1929 年 3 月邀請第一集團軍總司令李濟深北上南京共商國是，協調緩解寧桂間的軍閥混戰，粵軍軍頭李濟深臨行前將文事交給廣東省政府主席陳銘樞（保定軍校二期肄），武備交給麾下第二軍軍長陳濟棠（廣東陸軍速成學堂六期）代策代行。然世事難逆料，李濟深去南京在湯山遭軟禁久久不歸，當時陳濟棠戍守嶺南廣東省垣，輕易奪得粵軍兵權，從此人稱陳濟棠為嶺南廣東的「南天王」。

隔年春五年級始業，新增英語和童軍兩門課，我的功課就緊多了，自然科也換了學有專精的教師。五年級級主任辛瑞宜是這間小學唯一能用注音符號講授國語課本的教師，使我學到講國語的竅門，從此也讓我講國語沒有廣東腔。她具有語言天才，因而兼授五、六年級英語，這根本難不倒我，我從小與洋童玩耍多用

英語交談；她也注意到我英語的聽與說程度高，因而特別關照我超進度儘量多學英語的寫與讀。辛老師更具有慈悲心腸，對犯規同學懲罰打手心時，戒尺尚未落，她自己就先落淚，這種慈悲心腸，反而能使頑生收斂，不敢輕易犯規。

再說新到職的自然科教師陳益智先生，常在課堂提倡「工業救國」，因為當年工業產品都是外國貨，若不振興自主工業，我們必定世世貧窮。陳老師還說廣東省政府航空局早已在越秀區東山大沙頭設置航空修配廠，自行組裝美式飛機；1923 年國父手書「航空救國」的墨寶，就是題字給廣東省航空修配廠組裝的首架練習機。陳老師鼓勵我們繼續升學，投考初中時，要注重算術、自然、英語、國語這四門課，希望我們有朝一日能考入大學工科。我受他教導，在往後讀中學時，確曾一度幻想能攻讀大學的機械工程學系，有了大學學歷，就能提高我走訪全球的機會。

自然科陳老師取出北京出版的《航空月刊》傳閱，當作課外選讀刊物，他告訴我國父孫文早於 1914 年就以中國國民黨名義籌資襄助美國紐約州民間的寇蒂斯航校（Curtiss Flying School），招募美洲華僑學生施以軍事飛航教育，學制三年。首屆畢業僑生返國後，均成為各路軍閥競相爭取設置飛航部隊的骨幹人才。

至於童軍兼任教師沈智光先生，是讀國立中山大學生物學系的大學生，沈老師課餘兼差童軍教練，完全是興趣與使命感。他在我們學生中挑選了李自強及李志強雙胞兄弟、梁光文、梁家潛、林蔭東、李禎祥和我，加上女生陳潔芳等八位同學成立「廣州市立第四十四小學童軍警探隊」。依照市府教育局規定，小學童軍課程及格者，可發給初級證書，小學設有立案之童軍警探隊者，還可加發童軍中級（又稱本級）證書。

　　我加入警探隊後，參加了許多童軍課外活動；學校所襄助之校外團體活動，也不會因我身體孱弱而不准我參加。就這樣，我在小學五、六年級這兩年，品嚐到平生最快樂的時光。小學畢業時，我們在六年級教室中舉行畢業典禮，童軍教練沈老師特別囑咐警探隊八位隊員，在考取中學後，要拿現有的童軍本級證書在中學附設童軍本部申請「優級」檢定考試，一旦合格，就可獲得童軍最高學資的優級證書了。

　　那個年代，小學是在年底結業，而初中則是秋季始業；我在1930年年底小學畢業後，須等至隔年暑期，才能參加初中入學考試，因為初中須趁暑期空檔方能辦理招生。這半年時間，我把應考功課讀得滾瓜爛熟，準備分別投考市立一中、市立二中、國立中山大學附屬中學（中大附中）初中部等三所初中的單獨招生。

　　在準備應考初中那半年，全國在北伐統一後再度發生軍閥割據的事件。1931年3月，在首都南京的國民政府委員會主席蔣中正未經民主程序，就宣布自己是「總統」，還軟禁立法院院長粵籍的胡漢民；南天王以「反蔣反獨裁」為藉口，與國父哲嗣孫科及汪精衛聯手，逕自在廣州市成立「國民政府」另立中央，還新設獨立軍種的海、空軍總司令部，與陸軍的第一集團軍位階平行。軍頭陳濟棠的廣州「國民政府」，與南京國民政府分庭抗禮。不過，政爭紛擾下，市井小民生活沒受什麼影響，我還是閉門苦讀拼考試。

　　中大附中初中部採取複試制，初試科目是算術、自然、英語、國語、史地和三民主義等六科，初試錄取一五〇人，我上榜了。我很在意排名，可惜我在榜單的名次是中間偏前，我還記得榜首是我讀小學的學霸謝福申。一星期後舉行複試，考試科目和初試

同，只是題目完全不一樣，結果僅取錄半數七十三名，而初試榜首謝福申竟然落榜無名。我排名仍然在複試錄取榜單的中間偏前，堪稱兩榜出身。後來才知道，考兩次筆試之目的，在防範僥倖和作弊，並藉此能選取真才，避免將來發生留級、中輟的問題。

市立一中和市立二中，都是一次筆試就決定取錄並放榜，這三所初中我都榜上有名，選擇讀那一所中學好呢？交通是我最大的問題。中大附中初中部距家較近，只須二十多分鐘步程，其餘兩所初中，步行上學需時約一小時。但中大附中是出名的「貴族中學」，謠傳學費太貴我怕讀不起，遂請父親作主定奪。

中大是專為紀念國父而將清國在廣州設置的公立高等師範學校、法政、農業、工業及醫科等專門學校合併晉名而得，分別成立校屬師範學院、法政學院、農學院、工學院及醫學院，附中由師範學院掌理。家父有鑑於中大附中初中部師資優良、學生資質高，初中三年畢業生之程度，遠勝於市立中學多多，遂決定我入學中大附中就讀初中部。

及至註冊我方知國立大學的附中收費和市立中學幾乎雷同。然則何以有貴族學校之美譽呢？原來達官貴人的兒孫，全都擠入這所學校，他們無須參加中大附中兩次筆試；官二代與富二代預先進入中大附小，用直升保送的巧門入中大附中。此外，中大附中還有外加保障名額，提供南洋星馬泰越菲與港澳華僑富商子女免試插班入學。

中大附小不是國民小學，算是中大師範學院師範生實習講授的實驗學校。中大附小只接受兩種學生申請入學，第一類優先收錄中大教職員子弟，餘額就給官二代、富二代與華僑富商子女，我的初中同窗就有好幾位是附小直升的廣東地區權貴子弟。至於

廣州「國民政府」政務委員們的官三代孫輩，在中大附小、附中就讀者亦大有人在，軍長、師長的子女，那就更不在話下了。接送上學的轎車大排長龍，那時私家汽車不是市井小民可以擁有，因此中大附小、附中之所以獲得貴族學校之聲譽，完全是由於達官貴人用進口汽車接送子女上學、放學所致。

中大附中初中部一年級共有四班，男生三班，女生一班，除經兩次筆試取錄男、女生合計七十三名外，其餘一二七名主流派，全是來自中大附小直升的同學與插班僑生。不過，這些同學程度，不輸招考入校的新生，尤其是中大教職員子弟的家長都具高學歷，家庭教育就勝人一籌。附小直升的學生與政府政策輔導海外返國就讀的插班僑生，都很守規矩，我在學三年，從未見過同學發生鬥毆、翹課等違規情事。

中大附中原先延用英國教育制度，中學設置本科與預科，附中本科是四年制的初中，畢業後可直升附中預科（即大學先修科），附中預科相當於兩年制高中，預科畢業後可應考大學。中大附中的四二學制於 1929 年改為三三學制，本科縮減成初中部、預科擴增成高中部。附中高中部與中大附小為鄰，同在市區文明路中大校本部（原高等師範學校舊址）範圍內，只有附中初中部設在法政路的中大法政學院（原法政專門學校舊址）內。

中大法政學院是 1906 年創立的公立法政專門學校，學校教學設施亦十分齊全。附中初中部的行政與教學權責與中大各自獨立，附中初中部由一位非粵籍的校主任綜理教務、訓導、總務與校務事宜，無論巨細均井井有條。

值得一述者，為中大及附中、附小，均採用梅花作校徽，我在中大附中初中部就讀時，唯有法政學院校區種植梅花；校本部

及東山石牌農學院實習農場的新校區，均尚未栽植。初中部的梅樹蒼勁年年盛開，想是早年設置法政專門學校時移植而來。其中有綠色梅花數株，五片花瓣俱綠非常珍貴；中大附中初中部的兩座梅林位於圍牆邊與東院、西院兩個教學區之間，各植有梅花三、四十株，並標示不得進入梅林，以防踐踏損壞土質。我的教室位於梅林之旁，花開時節舉頭見梅花，那是年少往事。而今臺灣高雄西子灣復校的國立中山大學，亦傳承以梅花為校徽。

二、優級檢定童軍隊長　畢業時竟想當飛官

圖 1.3　1925 年作者故居座落在廣州市河南南村的尚明里耘園，民國肇建後每逢雙十家戶前門均懸掛「慶祝國慶」匾額迎接民主制度（鍾漢波數位典藏）

我考取中大附中初中部入學不久，才過兩個多星期就發生「九一八事變」。1931 年 9 月 18 日，大日本帝國陸軍入侵占領我東北三省，國民政府電令全國各校學生組隊下鄉作抗敵宣傳工作，喚起民眾反日；我班同學依座次編成隊伍，每五人一組，我

這一組的成員，李從征年齡最大就當組長，組員廖有強、劉孟屏、胡煥南和我合計五人，抽籤抽得前往三百公里外的廣西省梧州市宣傳。9月24日我等在校集合領取隊旗，隊名曰「國立中山大學附屬中學反日宣傳隊」，另配發隊員名牌、演講資料、舟車免費搭乘證，證上由廣東省政府主席林雲陔、廣州市市長程天固及第一集團軍總司令陳濟棠共同署名。

有南天王陳濟棠之名的搭乘證件，誰敢不從？我們離校搭了兩次公車，來到粵漢鐵路起點的黃沙站，轉乘鐵路渡輪過珠江，到廣三鐵路起點站的石圍塘站，再搭火車到三水鎮。此鎮是珠江，西江及北江三條江水匯流之處；廣三鐵路長僅五十公里，所經之處全是魚米富庶之鄉，途經佛山鎮，各校反日宣傳隊聚集之隊數最多。廣東佛山鎮與江西景德鎮、湖北漢口鎮、河南朱仙鎮，歷代稱之為全國四大鎮。

火車行行重行行，過佛山鎮到了三水鎮，我隊在廣三鐵路倒數第二站的西南站下車，各校宣傳隊到此僅剩下四隊，其中外校的兩隊就在此站留駐宣傳。繼續前往廣西省梧州市的，僅有中大的大學部一隊及我們後輩中大附中初中部一隊。

大學部的學長姐們，帶領我們同乘柴油主機客貨江輪新敬安號，不知何故大學生跟船上的執事吵起來，結果船方讓步，這些學長姐們入座上甲板最高級的餐樓位置，遠離柴油主機噪音吵雜的客貨艙；我們娃兒們卻安分地坐在客貨統艙。江輪於晚間9時開航，沿珠江上行經文房四寶產硯的肇慶鎮，再駛過德慶鎮，對面是南江江口；珠江上游有東、南、西、北四江，此乃南江與珠江匯流處，翌晨抵達廣西省梧州市，這是我人生首次離開廣東省，進入鄰省探究。

　　梧州市風俗習慣與廣州市無異，都講粵語。我隊在梧州市展開反日宣傳演講，巡迴梧州市區擇地宣傳，當天一共講了五場，每場三人輪流上陣，可算得上勞逸平均。每場聽眾都有百餘人，我們各人用粵語所講的內容，幾乎離不開演講資料，也有同學照本宣科一字不漏，才不過十三四歲年紀小嘛，能夠盡宣傳之責，已經是很不錯的了。

　　演講任務完了，遂作市區之遊，時近黃昏就在路邊攤草草裹腹，仍搭新敬安號江輪下行回三水鎮。此一江輪係利用白天裝卸貨物，故往返均採夜航，所幸經過戰略要域肇慶峽時已經天亮，我得以目睹山川峽谷奇景；河水流經窄處，雖不致萬馬奔騰，卻也非常湍急。返抵三水車站旁，就是隊友劉孟屏同學的老家，他在家中請隊友們吃了豐盛的早餐後，大夥就搭火車回廣州市，結束了三天兩夜往返六百公里的抗日宣傳，這場歷練，也讓我增加走訪全球的期待。

　　我在中大附中初中部入學時，即依照小學童軍教練沈智光的囑咐，拿著童軍本級證書，向中大附中童軍教練團團部申請優級檢定考試。與我志同道合的，尚有廣州東關的市立第二十一小學畢業之張兆倫。當時中大附中的童軍教練群，幾乎全是從上海聘來的，他們講的是上海話，不過也會講些不鹹不淡的粵語，總教練是上海頗具名氣的趙邦榮先生。趙先生自我介紹時，他用上海腔的粵語吹噓自己是英國「牛精」大學畢業，幾乎讓我們笑彎了腰。

　　另兩位柯姓和吳姓童軍教練也都是上海人，只有一位教練李樹綿是廣東人；我和張兆倫的優級檢定考試，就由李教練負責考核。優級檢定證書很特別，正面是童軍優級證書，背面有十六格

的考試科目，如追蹤、露營、架橋、急救、野外求生等等；每考一科合格，就由教練在格子內蓋章。蓋滿了十六格後，才在正面的證書上加蓋學校大印，這就是童軍最高學歷的優級證書了。我和張兆倫兩人花了整整一學期，考試過關填滿十六格順利取得證書。有了童軍優級證書，我就趁假日跨出學校旅遊探險，獨自造訪羊城美景，包括我讀小學時沒去成的黃花崗，瞻仰開國先烈的記事與海外僑界捐獻革命的獻石，多年後我途經美國檀香山，還拜候過捐獻革命的僑領，這是後話。

廣州市有間私立名校培正中學，位於富豪住宅區。1932 年放春假前，該校的童軍總教練鄧錦輝來中大附中演講，主題是詳述他率領培正童軍團步行環走全國，行經東北三省時恰逢九一八事變，在瀋陽城內遭日軍砲轟波及負傷，失去了左手食指、中指、無名指及小指，四指齊斷如刀切，他還將手套脫下給我們見證。鄧錦輝總教練也是作曲家，他用帶動唱方式教我們唱「奮起救國」一曲，大家都受了激勵，正如歌詞所唱「莫不憤恨填膺」。隨後他發起中大附中初中部的廣州至香港九龍童軍步行團活動，當場就有六位具備優級證書的同學報名參加，我是其中之一。

利用春假五天連假，中大附中童軍團團部准讓初中部學生參加廣九童軍步行團，學校共準備了六份步行背囊；到出發時，其中有四人都打了退堂鼓，只剩我和張兆倫，為了校譽我倆只好硬著頭皮走到底。廣九童軍步行團的路線很簡單，沿廣九鐵路的鐵道側行進；從起點的廣州沙河站起，至九龍終點紅磡站止。步程全長一七五公里，五天內要走完，平均每天要走十餘小時約三十五公里；夜宿途經的火車站大廳，點蚊香睡在候車室的長凳

上。我持學生證進入新界，到了九龍終點紅磡站，有香港大公報記者來訪問我倆，也曾見報登載一段簡短消息，這也是我首次「出境」，進入英國殖民地。

　　我倆在香港九龍鐵路宿舍住了一宵恢復體力，翌日凌晨連袂搭乘省港客船（Passenger Ship）金山輪返抵廣州。當金山輪航向珠江口的伶仃洋海面時橫搖（Rolling）頗劇，我在甲板上遠眺，海面一望無際，海風拂面舒暢無比。這是我生平首次在伶仃洋大海航行四十浬，非常興奮，比內陸江面搭乘渡船與江輪有趣多了。這趟海上行旅，算是小小年紀十五歲就獨自闖蕩江湖，這讓我對走訪全球更有信心，幻想有朝一日能當個航海王。

　　在我完成五天往返廣九壯舉後，軍閥內鬨卻讓我印象深刻。為凝聚民心一致對外，1931 年底中央廢止廣州「國民政府」，但另設「西南政務委員會」以安撫閩粵桂黔滇各路軍頭，實則南京的國民政府藉此挑撥離間西南五省軍閥耗力互鬥。南天王在行政方面堪稱高瞻遠矚，敦請黨國元老胡漢民領導「西南政務委員會」，特任前國民政府南京市長劉紀文為廣州市長，敦聘財經專家范其務為省財政廳長、學者金曾澄博士為省教育廳長、德高望重之許崇清博士為國立中山大學校長、教育家陸幼剛為廣州市教育局長，均堪稱為一時之選。

　　1932 年 3 月，蔣中正重組軍事委員會並兼任委員長。在廣東，軍頭陳濟棠與專業的獨立軍種海、空軍在資源分配上磨擦日增，海、空軍執意歸順中央的軍事委員會蔣委員長，欲脫離南天王控制，陳濟棠遂於 1932 年 4 月斷然解散麾下的海、空軍總司令部，另由陸軍的第一集團軍轄下重新編成附隨的海、空軍司令部，換言之，南天王獨立的海、空軍，現在改由陸軍指揮。

　　此舉惹火了海軍，年方三十八歲的少將總司令陳策（廣東海校駕駛科 1916 年班）下令艦隊脫走，其中四艦出海向南航行。不料南天王遣廣東空軍沿途追監，趁四艦靠泊陳策故居海南島海口港整補時，獨立第二隊的五架霍克二型戰鬥機，於 1932 年 7 月竟將德造九百噸級的飛鷹號驅逐艦（Destroyer, DD）炸沉！

　　此事件是我國首次有戰艦遭戰機轟沉的海空對戰，也是全球戰史上首開戰機炸沉戰艦的紀錄，足證空權的重要。DD 飛鷹艦遭戰機炸沉後，粵系海軍艦艇懾於南天王嚴厲的軍威，各艦經收撫後，陸續歸順重編的粵系海軍。南天王遣第一集團軍教導師副師長鄧龍光（保定軍校六期步科）任海軍司令，到職後他居然把陳策派任各艦的艦長革職，徵調教導師的五十多位屬下當艦長與黃埔海軍學校（黃埔海校）的隊職官，把專業的艦長與教官斬草除根。軍頭陳濟棠欲追殺躲在海南島的陳策，但蔣委員長惜才，收留他入軍事委員會第二廳，任新編海軍事務處處長並高升中將軍階。我等後輩心目中的真英雄，是心向中央的陳策，私下我都尊稱陳策為「策叔」。

　　中大附中初中部有個規定，初二以上的本地生才有資格申請寄宿，校方之所以要學生就讀一年後才准申請寄宿，主要是考核學生一整年的操行是否夠格申請入住。我讀完初一後，就申請獲准住校寄宿，初一放暑假不久，我就搬進宿舍。宿舍四棟相連，均在二樓設統舖，另有自修室及盥洗室，寢室管制甚嚴，上課時還加鎖。本來宿舍兩百個舖位是供海外歸國僑生住宿的，然而全校僑生還不到兩百人，況且大多在廣州住親戚家，剩下百餘舖位，就開放給本地生申請寄宿了。

　　我進住宿舍後，跟著同學早起鍛練身體，因之與同學友情濃

郁且體魄日益強壯。住校規律生活一旦習慣了，會覺得比住在家裡有紀律且朋友多；一我大早起床盥洗完畢，就與好友上運動場跑步或去健身室練器械操，運動後向地攤的阿婆買麵包和熟雞蛋作早餐。午、晚兩餐在學校飯堂搭伙，每餐銀圓毫銀一角半。一角半銀圓，合紋銀十七分八厘重，餐費是否貴呢？很難說。

那時公共汽車票價成人是一角，學生半票是半角，不過飯堂伙食營養蠻不錯，自己到配菜師傅面前打菜，肉類有豬、牛、雞、魚等鮮品，蔬菜多種，一葷一素任你挑。我最喜歡吃牛肉豆豉炒黃瓜，現炒現拿，白飯與菜湯自取吃到飽。其實，在學校飯堂搭伙，說來並不吃虧，我正值發育年齡吃得多；校外亦有包飯的，當然物美價廉，不過往返餐館很浪費時間。

初二開學時，平常西裝畢挺的中大附中初中部校主任唐現之先生卸任了，換成懂粵語的居勵令先生，據聞是黨國元老、最高法院院長居正的親戚。北京師大體育系出身的體育組主任俞武華也被撤換了，俞主任住在教師宿舍，他每天早晨義務教導我們體操。隨後校主任新聘馬元巨、柳金園與張恩駿為體育教師，學校要他們準備成立排球、足球及體操選手隊；馬老師是遠東盃排球國家代表隊的國手，柳老師是遠東盃足球國家代表隊的門將，張老師是全國知名體操教練。

同時，校主任把原先從上海聘來的童軍總教練趙邦榮及三位來自上海的柯、吳、李姓等教練，全部換成中山大學出身的教練群。童軍總教練許書徽先生，身兼廣東省童軍教練總會理事長，他所率領的中大附中初中部教練群，包括李國樑、金承輝與女童軍教練黃五榮。童軍、體育兩門課的老師全變成粵籍本土化了，除了校主任居勵令一人講國語之外，中大附中初中部全校師生都

講粵語。

初二開學後，童軍總教練許書徽先生找我和張兆倫，委我為初中童軍的實習總隊長，張兆倫為實習副總隊長。新生包括初一男生三班，編成「河北中隊」；女生一班，編成「江蘇區隊」，僑生先修班男生一班編成「山東區隊」，初一五個班共兩百餘人，初一加初二童軍相當於三個中隊，倒也像個減編的總隊。我和張兆倫兩人只負責帶隊出操或遊行，童軍課業仍由教練群負責；其中教練金承輝先生的脾氣大，同學們暗地裡用粵語諧音稱他為「金錢龜」，無不竊笑。

我擔任童軍實習總隊長之際，許書徽總教練又提拔我，將他自己所擔任之市立第四十七小學童軍教練一職，委請我代課。從此我一直在市立第四十七小學充當代課教練，整整代了兩年至初中畢業為止。代課時間安排在週五第第七、八兩節的自由運動時段，中大附中初中部運用這兩堂時間邀請外校校隊來校比賽切磋球技，我非校隊無須到場，遂騎腳踏車恰好可趕到隔鄰第四十七小學講授第七、八兩節童軍堂課。小學童軍教練是服務性質，沒有薪資，每月由市政府教育局發放交通、誤餐費銀圓十四元，相當於全月分三餐餐費，對我言也不無小補。

1933 年 3 月 31 日，這天也是我一生的轉折點。下課後我赴校外購物，在校門口巧遇初一女生范永貞和她的手帕交黃詠漪，她倆是我當童軍實習總隊長的學妹，自然相識而打招呼；我本來就要到市區，順路就陪她倆回家，同時得知永貞學妹將參加春季學校團體旅行，赴六十公里外的清遠名勝山川峽谷，正好我已經報名參加。在旅行中，我倆並肩一起遊覽，以後就走得很近；我讀初二她唸初一就牽手出遊法租界的沙面大街紅樓，對我倆而

言，這是當年很潮的初戀。十年之後，我和永貞學妹於雲南省昆明市結婚，可謂姻緣天意注定。

　　1933 年暑假，各市立小學童軍在廣州市天河區東山石牌的中大新校址，舉行聯合大露營。我代課的市立第四十七小學，當然也得派隊參加，我須帶隊露營三天兩夜。小學五、六年級男女生童軍隊員幾近百人，我和校長慎重商量結果，校長僅派一支小隊代表學校參加。隊伍由六年級男生十二名、五年級男生四名連我一共十七人編成，搭三個草寮過夜。我對石牌中大新校址非常熟悉，新校址原是佔地三六〇公頃的中大農場，其中有豬舍惟迄未曾養過豬，非常乾淨，且有手搖幫浦抽取地下水，水清可飲用。另有房舍數棟，若遇極端氣候，亦可以作為避風躲雨之場所。

　　搭好三個草寮分配住宿後，我遂赴農具廠參加露營教練會議，不久就有好幾位氣急敗壞的隊員跑來告訴我：「不好了！五年級同學王文元鬼上身了！」我奔回草寮看到王文元不斷地用粵語說鬼話：「你把我釘死了……我很痛……饒了我罷！」他閉著眼睛仰臥翻來覆去都是講這三句話，其他同學嚇得面色蒼白。王文元是個乖巧學生，而且同學們都說他平常很木訥，絕對不可能搞怪搗蛋，於是我一手抱起他，擦他的人中，他仍是鬼話如故。

　　我下令拔營，遷草寮到農具廠後面，而王文元依然鬼話不斷。我大聲向草寮咆哮：「好啦，我們拔營了，也沒有釘住你，你趕緊回去吧！」隨即帶同學走出豬舍大門，王文元就忽悠醒過來，懵懵懂懂，我們問王文元他剛才作什麼，他說睡在鍾教練懷裡醒過來的，再問也問不出個所以然。我教到他小學畢業，他始終是個乖巧學生很守規矩，看不出他會使壞裝鬼；「鬼上身」一事，對我而言迄今仍是一團謎。

多年後，我當油輪（Tanker）的船長（Captain），在西非葡萄牙殖民地安哥拉裝載原油後，航途中也目睹輪機部門的銅匠（Copper Fitter, C/F）「鬼上身」，只不過，C/F銅匠變身為女鬼講葡語；被女鬼附身的海員一靠港就辭職落跑，這是我此生兩度親自處理「鬼上身」的經驗，前後相隔四十一年，這是後話。

1933年雙十節，我到永貞學妹家中拜訪，驚悉她慈母江佩蘭於是日早晨自盡，真是晴天霹靂！遺體停放客廳兩天，企盼其還魂甦醒。范家人丁眾多，住在廣州市維新路靠近珠江河岸的豪宅區，是廣東省城番禺縣與南海縣交界的一幢三層洋樓。范家訂購了棺材，在家中大殮，棺木是拆開搬上三樓；大殮後棺材太大無法從樓梯搬下，只得將三樓客廳之鐵窗鋸開，另搭柵架緩降棺材至馬路。祖籍設於廣東省大埔縣清溪鎮桃林村的范方甫伯父，時任廣州市政府稅務廳廳長，人脈甚廣，出殯之日，前來執紼的中外貴賓眾多，我在靈柩前上香，看著起靈出殯，送了一程，遂趕回中大附中宿舍。

說什麼也不能讓我相信，一個活生生的范伯母才三十七歲，說走就走；只怨我自己福薄，無緣多享受她的慈愛。過去一年每當假日我造訪范家，范伯母必留我吃飯，並命廚子做我喜歡吃的牛肉豆豉炒黃瓜，她還把牛肉乾塞給我帶回宿舍吃，此情此景，至今永不忘懷。

那個年代凡經濟能力尚可的男人，家有正宮還作興納姿，別說貴為廣州市政府稅務廳廳長有此僻好，連基層公務員的家父也不例外。1933年家父納祖母凌氏的丫環為繼室，庶母是廣東省順德縣凌村人，隔年庶母生漢琪幼弟，父親非常疼愛庶出的「馬騮仔」（粵語指過動兒之謂），同父異母的幼弟與我相差十七

歲，是以兄弟倆並不親。

　　同年秋我升三年級，初三的國文老師何文炯先生是香山縣人，鄉音甚重，記得他在中大附中對我班同學授課時，講解古諺「揠苗助長」，用香山土音解說時，與粵語的「陰毛粗長」諧音同，引得我們哄堂大笑。他見學生笑得開心，又照樣重複講一遍，我們還懂得莊重，就不敢再笑了。

　　我升初三，應屆畢業生就免除擔任童軍實習總隊長一職，而由升初二之優秀學弟遞嬗。中大附中初中部的學生會每年改選一次，一向由應屆畢業班同學包辦，初三每班選代表三人，五班共十五人，再互相推舉主席一人。我人緣尚佳遂獲多數票通過，成為中大附中初中部年度學生會主席，旗下十四位代表分別主理文書、財務、公關、遊藝等服務工作。學生會主席職務須統整全校在校生，也著實夠煩人，如舉辦全校懇親會、歲暮聯歡會、畢業同樂會等；遊藝方面以女生表演最為出色，居然組成舞蹈團，自備舞衣，出錢出力，令人敬佩不已。畢業同樂會那天，在廣州市鬧區惠愛中路租間電影院，除放映電影外，由一年級女生表演歌舞，全校師生無不嘆為觀止。

　　1934 年 6 月，我從中大附中初中部畢業且是校排前三名，報准保送附中高中部。惟鑒於日本不斷侵華，自 1931 年「九一八事變」侵佔我東北領土，繼於 1932 年 1 月 28 日又在淞滬出兵占灘頭堡；1933 年 2 月下旬日軍又占領我熱河省，我政府被迫締《塘沽協定》。凡有志青年莫不憤恨填膺，我斷然決定請纓報國加入國民革命軍，投筆從戎，遂於暑假報名投考軍校。

三、考取黃埔海軍學校　入伍震撼三操六講

圖 1.4　1934 年 9 月燕塘軍校海空軍入伍生中隊臨江泳訓，作者在海空軍入伍分隊圖內左起第五（鍾漢波數位典藏）

由於廣東軍閥的地方空軍，經常在國立中山大學校區作超低空高速匍匐飛行演練，觀看的女學生都在興奮尖叫；她們合掌崇拜飛航員的神情，讓我一時衝動，很想畢業後加入空軍，駕駛高速的飛機，飛越高山大海，應該可讓我走訪全球的美夢便捷許多。國學底子硬朗的初二國文老師劉常得知後，特別為我到中大圖書館借出一本廣東空軍司令部參謀處設計室彙編的《空軍叢書第七冊：航空術語辭典》，叫我詳加閱讀後再與他討論，我花了一整週讀完就向劉常恩師請求開示。

劉老師說：「阿貴，全國各地軍閥普遍設有陸軍與空軍，濱海省分的軍頭更擁有海軍，但全國各省的十所航空學校，目前只有兩所開放在校學生菁英投考。在浙江筧橋的行政院軍政部中央航空學校（中央航校）招考第六期航空班二五〇位新生，學制兩年；在廣州第一集團軍的空軍司令部之廣東航空學校（廣東航校）招考第七期乙班一二〇位新生，學制三年。但中央航校六期

須有高中畢業文憑始能報考，你沒資格；本地的廣東航校七期有初中畢業證書即可報考，你有資格。」

劉老師接著說：「何況，南天王給飛航員的待遇，每個月的飛行津貼與任務獎金，竟等同本俸，非常優渥。南天王正擴大廣東空軍編制，編實六個獨立飛行隊，目前的練習機加實用機就超過百架，將來還要加快組裝飛機出廠，再增編三個獨立飛行隊，戰力與中央空軍相較，看雙方航校招生員額便知，廣東空軍規模約為中央空軍之半。」

劉老師話鋒一轉：「不過，飛行是高風險的職涯，飛航員平時摔飛機摔死的機率不小，戰時陣亡率那就更高！阿貴你要不要捨棄空軍，就近報考第一集團軍的廣東燕塘軍政學校（陸軍燕塘軍校），加入陳濟棠的陸軍，或報考第一集團軍的黃埔海校，加入陳濟棠的海軍？」我很堅定地向恩師報告：「我心意已定，就是要當個飛航員殺敵報國，飛向全球各機場！」

廣東航校位於廣州市牛欄崗白雲機場，我前往應試，體檢時卻因我體重僅一一八磅，尚差兩磅才達一二〇磅合格門檻遂被淘汰，敗興而歸非常洩氣。永貞學妹對我報考廣東航校並未表示反對，但從來沒明示贊成；在得知我名落孫山後，她倒是鬆了口氣。

徬徨無助之際，無意中撞見附中的校主任正與一位身著戎裝英姿煥發的軍官用粵語攀談，校主任把叫我過去，勉勵我別因被空軍刷掉而失望。這位鄭姓高階軍官接著插話，要我考慮何不加入海軍，大洋航海要比藍天飛行穩當踏實些，同樣都可遨遊環宇，並用流利的粵語與及英語對我說：「清末民初以來，有志青年 Join the Navy to See the World，加入海軍就可環遊世界！」高階軍官剛從海外受訓歸國，他的開示，從此我就與海洋脫不了身；

鄭姓軍官是我此生第一位貴人，他這句話改變了我的一生。

博學多聞的童軍總教練許書徽先生，得知童軍隊長的我投考廣東航校還沒開始就已結束，就加碼對我開示海洋立國的重要性：「我國海軍之現代化，肇建於清同治元年的富國強兵洋務運動，自 1862 年起，朝廷陸續組建各自獨立的四支地方水師，也形成四個海防派閥，相互間的明爭暗鬥傳承至今。惟南洋水師於 1884 年甲申馬江之役遭法軍擊滅，北洋水師於 1894 年日清戰爭的甲午黃海海戰遭日軍擊破，割讓臺澎還賠償三億多日幣。」

許總教練說：「戰爭敗北後，清國朝綱不振；殘留水師易幟為民國海軍時，雖然艦艇數量多，但型號雜、艦齡老、火砲弱、噸位小，已無戰力可言。民初軍閥混戰，海軍名義上歸北洋政府的海軍部統領，然諸殘艦淪為政爭籌碼，粵系海軍（原粵洋水師）、閩系海軍（原閩洋水師）、長江水軍（原南洋水師）與北洋海軍（原北洋水師）的薪餉，也由各路地方軍閥掌管。東北系海軍興起後，運用權謀吞併北洋海軍的殘艦，另立門戶。由於陸軍不懂海權，遂把地方海軍當作陸軍的配屬部隊，妄圖以陸制海。」

許總教練繼續解惑：「國民革命軍誓師北伐前，在軍事委員會下新設海軍局，但指揮不動各路軍閥把持的地方海軍。北伐勝利在望時，軍事委員會將海軍局提階為海軍總司令部（海軍總部），企圖以高官厚祿收編各路地方海軍，卻被閩系海軍離間導致派閥互鬥，進而掌控海軍總部。北伐完成後軍事委員會把不聽指揮的海軍總部降編為海軍署，1929 年 6 月，軍事委員會更把它踢出，納入行政院另設海軍部；從此，閩系海軍自詡為行政院的中央海軍，與各路地方海軍互別苗頭。」

許總教替我作了總結：「各路地方海軍都擁有自己的海軍學

校，辦理軍官養成教育，如閩系海軍的福州海軍學校，屬行政院海軍部的中央海軍；另有名義上直屬軍事委員會軍政部的東北系日式青島海軍學校、粵系海軍的英式黃埔海校、蔣委員長嫡系的自辦德式電雷學校。四所海校都辦學嚴謹，暑期也都在招生，你可就近先報考黃埔海校，加入海軍就可環遊世界！」

地方海軍的黃埔海校第二十二期軍事科（後改敘為航海科）招生，這一期的學制相當於今日的五專，共錄取三十名，其中五名是海外僑生保障名額，投考者多達一千三百餘人。7 月初黃埔海校借中大校本部操場兩個大竹棚舉行會考，我體檢及筆試均合格，在眾多考生中競逐勝出；除我之外，中大附中初中部應屆畢業生在僑生保障榜單內的，尚有兩位僑生李榮安和林永裕同學。我們這一期的榜單，就貼在廣州市惠福東路大佛寺旁的粵海艦隊司令部牆壁上。我既已考取黃埔海校，就立即辦理入學手續，剩下已經報了名的陸軍燕塘軍校正期班第三期，就沒有費事去考了。

黃埔海校建館興學，始於清國同治三年（1864 年），民國肇建後軍閥惡鬥，中央與地方均無經費支助校務運作，遂於 1921 年暫停招生。1930 年黃埔海校復校，由廣東海軍總司令陳策兼首任校長，他在黃埔島第四船渠與第五船渠間，依山勢增建校舍復課，一切悉沿舊制，畢業班的期別亦銜接清國、民國廣東海校之序列。兩年後陳策與南天王翻臉出走投奔蔣委員長，南天王另拔擢教育長海軍代將（Commodore, CDRE, 等同陸軍准將）劉永誥（清國烟臺海校駕駛科 1905 年班）為復校第二任校長。我考上黃埔海校接受入伍教育時，劉永誥校長已把職務交給後輩，由粵海艦隊少將司令姜西園（原名姜炎鐘，烟臺海校駕駛科 1924 年班）接掌復校第三任校長。

　　十七歲的我，考取黃埔海校後應於 8 月 1 日接受入伍教育，卻一時等不到入伍通知，校方說要等陸軍燕塘軍校招足學生後，陸海空三軍新生始一齊入伍。我先辦妥黃埔海校新生報到手續，掩不住心頭喜悅，於 1934 年 8 月底在廣州市我家附近南華東路的南新公路起點，搭乘客運車至新洲，搭「橫水渡」（粵語指私人擺渡接駁小舟之謂）前往仰慕已久的黃埔海校校址踏查。新洲是珠江河南岸極東的沙岬，約百碼外一水之隔就是黃埔島的平崗墟；黃埔島居民不多市集也不大，繁華處盡在彼岸新洲。

　　黃埔島極西之處，有海軍第一船渠乾塢，可容萬噸級艦船進塢大修，但黃埔始終未興建成為國父《實業計畫》中的南方大港；第一船渠東鄰就是粵系海軍魚雷艦隊基地，駐防英製、義製魚雷艇（Torpedo Boat, PT）。再東行，就是海軍練營，是專門訓練艦艇兵卒的基地。繼續東行就是平崗墟市集，再往東就是波斯山墳場及波斯人聚居別墅。過了波斯山，是海軍第四、第五船渠，兩船渠之間，就是黃埔海校。

　　1930 年黃埔海校復校招收第十八期學長們入校之初，校址之建築深入黃埔山中，山頂建有國父銅像、國民革命軍陣亡將士紀念碑及舊黃埔軍校靶場。海軍第五船渠關閉水閘，就成海校的專用游泳池；船渠後方沿環河道路而行，約五分鐘就是海關總稅務司署的黃埔關，據聞這間華麗的英式海關建築，曾一度被借用為黃埔軍校高級長官居停官邸。過此，東鄰就是黃埔海校前身的實學館舊校址。鼎鼎大名的黃埔軍校，即建於黃埔海校停辦後的實學館校址內。我步行至黃埔實學館門前所見，仍掛有「陸軍軍官學校」校名匾牌，校門兩旁尚豎有木板，上有對聯云：「升官發財請往他處」、「貪生怕死勿入斯門」，可謂豪氣干雲。

　　黃埔島風景甚佳，尤其隔河觀景色，令人心曠神怡，舊日的黃埔軍校遺跡，本身就是名勝。值得一提者，黃埔島隔珠江之對岸北為長洲，有清光緒年間建置的魚珠要塞砲臺。四座海防要塞砲之一號砲，曾於 1922 年 6 月轟擊孫總理在蒙難時所搭乘之永豐軍艦，雖未命中，但此砲亦可曰有罪，後來建亭阻絕該門八吋巨砲砲口，使之不得俯仰迴旋追瞄射擊，並立碑記述巨砲轟擊永豐軍艦之罪過。建亭拘砲使其動彈不得堪稱趣談，而今事隔近一個世紀，不知古跡已否湮沒？

　　黃埔島平地不多，除西半部有海軍練營、平崗墟市集、海軍第一至第五船渠之旁有些平整空地之外，全島就僅有兩塊較大之平地。第一塊平地位於實學館東側門外，由黃埔海校開闢為標準運動場，包括有四百米橢圓形跑道，內設足球場；橢圓跑道之一邊伸長為二百米直線跑道，設有籃、排球場。這個長方形標準體育場雖僅一公頃多，卻足夠容納全校百名海校生操練。

　　運動場外有條大水溝用來排洩山洪，其溝甚寬不能跨跳。攀爬過大水溝另有一片廣闊平地，約有三公頃大；昔日黃埔軍校出操，僅能使用這塊廣闊平地。在平地近珠江航道有一丘陵，其上設立海軍魚珠要塞的探照燈塔，塔下有柴油發電機，不過早已失去功能，棄而不用。

　　過了這塊平地，島東盡頭就是黃埔魚塭基圍，約佔黃埔全島面積三分之一，內有緩衝濕地，基圍放乾河水後可見底。基圍內有養殖魚池，高埝除稻田外尚有果園，以荔枝為大宗，亦種楊桃、香蕉、橄欖樹，故黃埔島出產之養殖魚類、稻米、水果均甚有名，這與周圍南海縣、順德縣、中山縣等種桑樹以養蠶等高經濟價值林木大異其趣。

　　黃埔島東，距離番禺縣治的新造鎮，僅五、六公里之遙，新造鎮是珠江流域的大城，新造鎮至廣州市間的一大片土地，全屬番禺縣所有。而黃埔至廣州市，無論使用公路或河道，距離都約二十五公里。

　　1934年9月10日上午8時，我們黃埔海校軍事科二十二期三十名新生，在粵海艦隊司令部集合，姜校長派校車送我們到陸軍燕塘軍校接受延後六週開訓的入伍教育，為期六個月。燕塘在廣州市郊名鎮沙河之東，校區寬闊能容納軍校生五千餘人。陸軍燕塘軍校操場廣大，由沙河鎮至瘦狗嶺，東西長三公里，南北寬一公里半，四五〇公頃全屬開闊平地，周圍有高聳的行道樹，氣象萬千，實非黃埔海校三公頃操場彈丸之地可比。此巨形操場，雙十閱兵兩、三萬部隊陣列其中，僅佔其一角而已。當年黃埔軍校擴大招生後因校本部窄小，就在燕塘此地設置第二校區，讓軍校生隨同部隊操練。

　　黃埔海校入伍生與廣東航校七期乙班新生，合計一五〇人混編成海空軍的入伍生中隊，分為三個區隊，我在分隊中不算是矮個子，以一六七公分身高，與空軍入伍生混合編隊，排列在分隊中段，堪以告慰。三人一伍我的鄰兵為空軍入伍生劉俊（北平市人）與翁克傑（廣東臺山人），他倆沒事時就分別教我字正腔圓的正統國語北平話及廣東臺山話，我也教他倆講粵語俏皮話，至少讓他倆聽的懂隊職官用粵語下達什麼指示或爆粗口罵髒話的意涵。

　　入伍生支二等兵津貼，不分陸海空軍一律月給銀圓十四元五角，須先扣除每月團體伙食費九元，剩下五元五角足夠零用。實領的銀圓交給慈母可在市場購得四隻成鴨；這是十七歲的我首

份月俸，由廣東地方軍頭支付。中隊伙食由入伍生自行互選伙委約十人，輪流擔任採買、幫廚、擺桌、打菜、洗滌等食勤職務，免全日操課尚可偷閒。我從未擔任此種伙委優差，以我個性而言，寧可日日操練，也不願擔任伙委；此種眾目睽睽的工作實在難為，哪一餐的伙食不好，就會有人投訴批判，會使伙委人格受辱吃不消。

陸軍燕塘軍校於 1931 年創辦，校長由南天王兼，也是軍頭陳濟棠培養軍政基層幹部的大本營。南天王接訓我們入伍生時，陸軍燕塘軍校正期班第一期步科應屆畢業生派作我們的見習區隊長，區隊長比敘中央軍校十期。燕塘軍校正期班是三年學制，分步、騎、砲、工、輜五科，區隊長動作粗魯口無遮攔，對入伍生打罵無日無之。斯時陸軍燕塘軍校第三期新生與我們海空軍同時入伍，陸軍入伍生的區隊長兇殘程度，較之我中隊有過之無不及。陸軍正期班第三期入伍生編成三個中隊，比敘中央軍校十二期，連同海空軍入伍生共約六百人。

另有地方政府基層公務員的政治訓練總隊（非政工幹部班隊），召訓廣東省各縣府初級公務員來校受訓，每期約兩百人，亦是南天王集廣東軍政大權於一身的作法；有省府公務員在校施訓，故陸軍燕塘軍校還增設政務副校長一職，由廣東省政府主席林雲陔兼。燕塘軍校另設教導部隊的砲兵營、工兵營、輜重營及培育連隊班長的軍士教導總隊，全校學員、學生、學兵不下五千人。

「三操六講、禁足打野外」是入伍教育的寫照。「三操」指每日的三段操課，即每天清晨 5 時半起床，5 時 40 分跑步三千米為第一操。6 時 10 分盥洗後早餐，6 時 40 分正式出第二操，每人攜國造新式七九步槍並腰圍子彈帶滿裝二一〇發子彈，出校

門赴教練場時要踢正步，有軍樂隊吹奏進行曲，以振士氣；進校門時同樣配合軍樂隊吹奏進行曲踢正步，提高學習情緒忘卻疲勞，用意至善，八點前準時收操。下午 15 時半至 17 時半又要出第三操，實施徒手單兵教練、班教練、排教練、三角瞄準、實彈射擊或泳訓。以上拂曉跑步、清晨全副武裝出操及下午出基本教練與體訓，是謂三操。

「六講」是從上午 8 至 12 時上課四堂，下午 13 至 15 時又上兩堂課，每天共六堂的堂課是為六講。堂課講授些什麼呢？海空軍入伍生中隊的中隊長邵沖中校開訓時說：「你們海空軍入伍生，入伍完訓後回到自己軍種的學校，國英數理化等五門功課的教育甚是高深，所以這裡入伍教育就不重覆講授。入伍僅教四種基本堂課，就是三民主義、步兵操典、戰鬥勤務和通信教範，之後再加授戰術、兵器、地形、築城四大教程。如果你們能夠領會貫通，將來不能適應海空軍職涯，轉換軍種回到我們陸軍當個帶兵官，絕不成問題。」我們聽來很刺耳，並不覺得喜樂。我萬萬沒料到，在爾後抗戰中期我果真從海軍轉入陸軍服勤長達一年，還當了上尉帶兵官，這是後話。

「禁足打野外」，就是磨練入伍生耐性。入伍教育初期三個星期天，不放假也不在營休假，叫做「禁足」。用頭三個星期天全天去「打野外」，認識地形地物，以便於作戰時運用反斜面與樹叢掩蔽交互前進；教官還教我們選擇陣地和占領制高點等現地戰術，教官實作示範得簡單明瞭，容易領會。

這樣三操、六講、禁足、打野外，足足磨練了四個星期，磨得我們面無笑容，全天疲勞疼痛連骨頭都像快要散了，但盼夜間 19 時至 21 時的晚自習快點熬過，以便上床大睡一覺。好不容易

熬到第四個星期天，才首度放假。頭一次放假也叫人不好受，實際上與「徒手警戒行軍」無異；由帶隊官領隊，8 時正離營繞遠路赴白雲山麓，不走直線沙河大路入都心，經由登峰路步行到廣州市區。入伍生部隊進市區解散時，已上午 11 時許，並限令於下午自行回營，17 時準點收假；由於腰掛刺刀十分礙眼，我僅步行返家探視雙親就立即回營。

收假點名時，海軍入伍生單洒仁、港僑張鈞等四人落跑、空軍入伍生缺了十九人。直至就寢之前的晚點名，此二十三人都未回營，顯然是棄學潛逃。這二十三位入伍生選擇逃亡，在我們看來並不意外，因為頭一個月的入伍教育期間，他們屢屢表示吃不了苦，唯有逃亡保命，並稱追保罰款在所不計。

奇怪的是，海空軍入伍生隊職幹部，對我們回營的入伍生始終未因此作任何訓話或告誡，想是逃兵司空見慣。隔天學校唯一的反應，就是減編隊伍、填充滿伍。開訓時海空軍的入伍生中隊實到一五○人，四星期後，逃亡二十三人，空軍入伍生談漢明在營病故，中隊剩下一二六人。隊伍減編重整完畢後，三操六講照樣不折不扣實施下去。

入伍之初，只有前三個星期天禁足，第五週後就恢復每逢星期日及國定假日正常放假，入伍教育的日子就覺得比較適應，可以按時休假約會，精神壓力減少，辛勞的操講亦已習慣，漸漸不覺其苦。我就這樣完成了六個月的嚴格入伍教育。結訓時校長來校訓話，三個總隊近千學生頂著驕陽足足聽了兩小時的抗日精神動員論述，這是我首次遠遠看到南天王陳濟棠。返校入學註冊時，完訓的黃埔海校二十二期入伍生剩二十六人，廣東航校七期乙班新生剩不到百人。

　　完成長達六個月的入伍教育後，我開始編織「加入海軍就可環遊世界」大夢。不過，我在海軍服勤的陸岸經歷卻遠遠超過艦職，退役轉業上商船服務的海勤閱歷，亦遠超過海軍的艦職經歷。這些海上漂泊的歷程，得先從畢生難忘的首次海上見習服勤說起。

　　入伍教育結束休假兩週後，全班同學於黃埔海校註冊領取個人經理裝備的制服、衣帽、鞋襪塞入水手袋，於 1935 年 4 月 1 日，向錨泊於珠江的海圻號輕巡洋艦（Light Cruiser, CL）報到，以海校生（Midshipman）見習一等兵身分，接受為期三個月的艦訓。我人生第一次海上服勤百日的經歷，充滿了驚奇、驚聳與驚魂的「兵變三驚」！

第貳章
黃埔海軍學校艦訓逢兵變

圖 2.1　1935 年作者拍攝懸於正門的黃埔海校校名木雕（鍾漢波數位典藏）

一、年少嚮往奔向海洋　人生首次出海見習

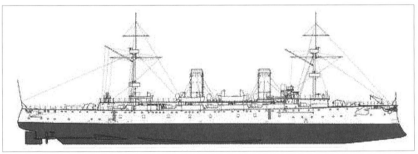

圖 2.2

（上圖）1935 年 4 月黃埔海校生群聚於粵海艦隊海圻軍艦後甲板，圖內左起前排盤膝者盧珠光、李鎮靖、容國才、謝炳烈、劉次乾；二排蹲者區祥驊、李北洲、蔡惠毅、黎宗源、劉定邦、馮翊志；三排彎腰者林永裕、黃思研、梁永烜、陳慶堃、趙慕西、李榮安、潘植梓；後排立者方富捌、譚祖德、阮紹霖、作者、林迺榮、朱文清

（下圖）抗戰前我國舊海軍噸位最大的海圻穹甲巡洋艦，艦艏水線下有撞角（鍾漢波數位典藏）

　　四三二○標準噸（Standard Displacement）的海圻軍艦，是19世紀末甲午海戰敗北後清國訂購的英製穹甲軍艦，她於 1899 年下水成軍服役。艦上以煤渣燃燒高壓鍋爐爐水成蒸汽，兩部三脹力四汽鼓往復式主機（Reciprocating Machinery），帶動兩個推進器，四五一五滿載噸（Full Load）的最大戰速（Flank Speed）二十節，經濟航速十二節，一節等於每小時航行一浬。值得一提的是我登艦見學時，本艦艦齡已三十六年。民國肇建前，本艦隸屬清國重建的巡洋水師，民國肇建後，她改隸北洋海軍的渤海艦隊，後遭東北系軍閥收編；瀋陽事變後因軍閥自顧不暇，致使東北系海軍無糧無餉，本艦遂於 1933 年會同海琛、肇和等僚艦叛逃南駛，投靠廣東軍閥的粵系海軍。

　　本艦是舊海軍的特級艦編制，艦長（Captain）是資深上校，副長（Executive Officer, XO）、協長（Surface Warfare Officer, SWO）與輪機長（Chief Engineer, C/E, 俗稱老軌）均為中校編階；這些「長」字輩的四巨頭，是謂艦上高級長官。老軌蒲長玉中校與艦同生共存，本艦下水時，水師少尉蒲長玉初任三管輪（Fourth Engineer, 4/E），他一直在本艦服勤累功升至中校，前後歷時三十六年，他被視為艦寶。部門主管沿用大清帝國水師稱曰「正」，如艦面的航海正、槍砲正、魚雷正、通信正等。輪機部門有兩套互為備援的蒸汽鍋爐與往復式主機，故設有兩位輪機正，艦上凡「正」字輩部門主官編階均為少校。我們海校生的隊附，是本艦補給部門的軍士長（Chief Petty Officer, CPO, 今稱士官長）劉長興。

　　大官艙內有七個高級艙房，除容納艦上「長」字輩四巨頭外，尚保留三間貴賓艙房以備海軍司令、艦隊司令等高級長官蒞艦入住；這個官艙內外，迴旋的空間很大，我們一年級新生就在

這空間內，掛吊舖睡覺。剛派艦時是春天，倒還受得了，漸漸夏天到了，隊附也通情達理，准我們在大官艙艙房門前的透空甲板上，把吊舖擺平睡覺，二十六位海校生所佔地方不大，並不妨礙甲板的來往走動。

堂課及自習場所，在後甲板八吋巨砲天遮之下；天遮又名天甲，係用帆布製成，有如涼棚，搭架在前甲板、後甲板及舯甲板兩舷，以防雨淋日曬而利於錨泊平日操作，航行時必須將天甲帆布、鐵架卸下免遭風損。後甲板區域是艦上四巨頭專用休憩的步臺，臨時開放給我們使用，足證艦長對我們海校生的重視。

本艦的伙食分為三等，費用自薪餉扣除；校級軍官是一等伙食，尉級軍官是二等伙食，CPO 軍士長以下全體軍士與兵卒是三等伙食。我們海校生吃三等伙食，與士兵混合編組，以便彼此認識，六人一桌備有西餐刀叉盤碟，三葷兩素的西式菜肴甚豐。艦上士官兵多屬山東籍，所以三餐主食均吃饅頭佐以稀飯。吃饅頭有規矩，不許拿起整個饅頭來咬，只許撕開少許，腰桿挺直送進嘴裡，未曾撕完的饅頭可以放回簍裡回籠，養成珍惜食物的習慣。

艦上 19 世紀的槍砲裝備，艏艉主甲板各有八吋主砲一門，主甲板兩舷裝設四吋七副砲各五門，一共十門；一磅高射砲三門，砲彈彈頭每發重一磅，上一世紀天空還沒飛機但有滯空熱氣球與飛行船，故艦上備有固接高射砲。此外，還有三磅禮砲四門僅作儀典鳴砲之用。魚雷兵器裝備有魚雷發射管三座，前魚雷艙在艦艏備有魚雷發射管一座，艦舯處上層甲板下是舯魚雷艙，艦舷左右各有魚雷發射管一座，全艦備有戰雷十八枚。最奇妙而意想不到是艏尖水線下有純鋼製成的「撞角」，尖銳而寬厚，作為肉搏

撞艦之用，猶如步兵上刺刀衝鋒一般。

　　本艦錨泊時，有一項裝備值得一記，就是粵語發音的「勞伴」（Low Boom）。它是舷外一條橫木，長約七米許，其粗細約與體操所用的平衡木相同，航行時收藏於艦外舷側，本艦錨泊時將橫木轉動伸出與艦體成直角，用以繫泊工作艇之用。此一橫木之外端由艦上高處拉鋼索支撐橫木之重量，此橫木位於艦舯，下距水面約六呎，上距艦上主甲板亦約六呎，均置有繩梯以便上下，橫木之旁亦備有欄杆扶手以策安全。此橫木垂下四、五條繩纜作繫泊小艇之用；如果待泊之小艇過多，那也無妨，每一繫泊在「勞伴」的小艇，其艇艉可伸出纜繩繫泊後到的小艇，更可依次延伸，以發揮「勞伴」的功能。

　　海校生報到時上下「勞伴」的標準動作，是穿著救生衣由小艇循懸空繩梯爬上右舷「勞伴」後，沿欄杆走單槓至舷邊，再循另一掛懸繩梯爬登主甲板，向艦艉海軍旗敬禮後就完成登艦程序。離艦程序則反過來，先穿好救生衣向艦艉海軍旗敬禮，再由主甲板循掛懸繩梯，下經「勞伴」走至泊艇上方，循另一繩梯下到小艇。我們海校生每人也僅走「勞伴」登艦、離艦各一次，可稱為寶貝少爺兵。艦上左舷另設有舷梯，僅供交通艇靠泊作官員登艦、離艦及搬運重物之用，事畢之後交通艇須立刻離開，如須候遣，可駛往「勞伴」下，繫泊待命。

　　英製軍艦飄逸著濃郁的英國風。英文彙編技術手冊海校生要熟讀、覆誦英語舵令與俥令同學要熟記、見學英式餐桌儀節我們要熟練；軍艦掛鐘不是十二小時一圈，而是二十四小時便於換更守值，如日沒降旗的下午 18 時正（18:00）稱為 Eighteen Hundred Hours Sharp。

　　艦訓的實體見習科目，分艙面航海見習與艙內輪機見習兩部分，再劃分港區錨泊的靜態見習與出海航行的動態見習。所謂見習，就是體會基層水兵的基本功與初級軍官的起手式，由艦上資深 CPO 軍士長先用英語講解，再動手示範做一次，後由士兵助教一對一盯著我們重覆習作，簽證合格後，依訓練流路到下一科目見習。我對見習充滿了好奇，舉凡磨甲板、潑煤、蕩艇、操槳、撇纜、手旗操練等基本功，助教要求都不嚴，看來助教深怕把我們這批海校生弄成殘廢。

　　例如操練「蕩艇」的那根長木槳，少說也有三、四十斤重，「操槳」時用槳划船固然不易，若遇掛有將官旗幟的座艇駛過，則須豎槳敬禮。豎槳敬禮口令叫做 Oars Up，把木槳垂直豎起、槳葉朝天，非得有些氣力和經驗，否則難以辦到，這些動作僅由士兵助教示範。

　　再如「磨甲板」的項目也是如此。本艦的主甲板下面是鐵甲，上鋪設縱拼長條白木而成，日常除用淡水清洗外，逢月初須用椰殼推磨一次刮除鹽漬。椰子去其表皮後以內殼纖維作為磨具，海校生跪磨白木甲板時，旁邊派有兩位士兵助教陪磨。其實分配給海校生負責的清磨面積，都是由在旁的助教代為包辦，劉隊附看見了也不置一詞。

　　至於「潑煤」，是把煤渣潑入鍋爐的爐床內，要潑得薄、潑得勻，潑得鍋爐四個角落都有，讓它同時完全燃燒。劉隊附先帶我們上岸到海軍練營內用水泥建造的模型爐床，給我們練習潑煤，用煤鏟裝滿碎石當作煤渣，潑入模型爐床內，能不能潑得均勻，就不太計較了。我在這一課的爐艙實作，僅潑了六、七鏟煤渣，其餘時間都是輪機隊的鍋爐兵助教示範做給我看。

　　我們在本艦見習，十分優遇，凡屬士兵操作的勞務，最多僅實做一次，每次是一個上午或下午。劉隊附說明，見習之目的係經由士兵助教操作的示範，教導我們知曉士兵如何去做，而不是教海校生去做士兵的工作。軍官無須「磨甲板」、「潑煤」、「操櫓」和由「勞伴」離艦下到小艇，因而凡是士兵的動作，對軍官言實在無需苛求，只求將來當官的，知道士兵如何辛苦操作就可以了。

　　然而，見習初級軍官的起手式，就非常嚴格。艦上的舵令、俥令、錨令、口令與命令全用英語，軍官值更、值日見學、背誦值更守則、處理突發狀況、調整羅經、操作俥鐘與輪舵、使用測距儀與六分儀、掛信號旗、抄收無線電碼、海圖上標示船位、查閱英文版全球海域水道誌及《詹氏海軍年鑑》、魚雷管施放操雷、揚彈入砲膛、拆解主機艙蓋、裝卸轉軸翼片（Shaft Blade）、鑽入高壓汽鼓檢查等等，沒通過見習考核者，晚上加班重覆習作，直到簽證合格。

　　印象最深刻的是航海與魚雷兩門堂課，講授得非常實用；後來回到海校的課程，卻僅以英文課本教學為主，光說不練沒有實體裝備，不無遺憾。艦上航海堂課見習，雖不如海校英文版教科書內容詳盡，但教官的教學，都是以艦上實物來講解。例如艦上的航海設備儀器，教官逐一詳加介紹，都很實用。像六分儀的天體定位、磁羅經之調整、俥鐘之使用、操作編隊航行時觀測各艦間距用的測距儀、調校槍砲部門自備的目標基線測向儀等。至於海圖如何列冊入櫃，以便立即抽取出所需之圖紙，如何翻查水道誌等，教官要每位海校生反覆抽取、查閱、歸檔。

　　至於魚雷堂課，也是現場教學。本軍艦之魚雷兵器設施，如

前所述，艏魚雷艙存有六枚戰雷，艉魚雷艙存有十二枚戰雷，還有多枚練習用的操雷，所有魚雷都是 19 世紀遺留之十八吋口徑魚雷。我們在艦上所受之魚雷講習，均是親手摸著魚雷的現場施教。

劉隊附還帶我們海校生去黃埔港，參觀第一集團軍海軍司令部所轄之魚雷艦隊。此隊所屬之新式英製十五噸級 CMB 型 PT 魚雷艇，戰速三十五節，攜掛二十一吋魚雷兩枚，艇上裝有十二點七毫米重機槍兩挺，左右舷各有一枚魚雷與一挺重機槍塔，白漆魚雷頭朝向艇艉，戰雷發射時掛鉤鬆脫，讓魚雷自行脫落掉入水中同時啟動戰雷馬達，與脫走的 PT 魚雷艇背道而馳，奔向目標。我們參觀時，由艇長親自講解，十分詳盡，一號 PT 魚雷艇是我登臨粵系海軍的第二艘軍艦。我一看 PT 魚雷艇的魚雷，就覺得比海圻軍艦的魚雷長得多、新式得多、順眼得多；這也難怪，在英國這兩類艦艇與兵器之製造年分，就相差三十五年，彼此間當然就有很大的區別了。

至於最重要的輪機學這堂見習課，教官就更加詳細講解，而且講授的都是現場教習。在海圻軍艦上，教官就拿艦上所有輪機裝備作為講解的實體，避免只用圖表臨摩，首席教官是少校輪機正邱崇明（青島海校輪機科 1929 年班）。輪機見習堂課從艦上的鍋爐講起，爐水煮滾的蒸汽，先導入體積很小的高壓汽鼓，再進入體積較大的中壓汽鼓，最後分流衝入兩個碩大無比的低壓汽鼓，使高溫的蒸汽在四個汽鼓降壓時盡量發揮其衝壓之力道。每一汽鼓都是垂直上下往復衝壓，利用曲枴轉動軸驅動艉底推進器。主機四個汽鼓共有低、中、高壓三段脹力，這就是三脹力四汽鼓往復式主機。

旁靠的二七五〇標準噸之英製肇和 CL 輕巡洋艦，艦齡二十二

年，當時正委請英國原廠技師監修銹蝕損毀的主機與輔機，我們海校生千載難逢，何其有幸登臨粵系海軍的第三艘軍艦；我緊隨機匠長（First Motorman, 1/M）英籍的羅便臣先生（Mr. Robinson）在肇和軍艦拆散的機艙內，聆聽正統牛津腔的實物講授。

現場渦輪有不少翼片損毀脫落，遂將固定翼片之半部打開修理；令人吸睛的是，我親眼目睹肇和軍艦蒸汽渦輪主機（Steam Turbine Machinery）拆解攤在機艙內，這與海圻軍艦三脹力四汽鼓的往復式主機完全不同。羅便臣先生講解甚詳，大意謂蒸汽渦輪主機是由鍋爐把高壓蒸汽導入渦輪內，使高溫蒸汽在轉軸上的翼片間不斷反覆噴射，遂推動翼片帶動轉軸。轉軸的轉速甚高，須用減速齒輪降低轉軸的轉速增加扭力，藉以直接帶動艦艉推進器。

印象一輩子都難以磨滅的，是羅便臣先生要我親手清洗堵塞濾網的銹渣，他解釋說，任何液體本身都含雜質，加上經年在管線內循環流動，當然也會銹蝕管壁成渣；定期拆解濾網清洗銹渣，才能確保液體循環流動順暢不會被堵塞。這臺蒸汽渦輪主機的機械原理不難理解，難得的是趁肇和軍艦打開主機檢修，能見識內部結構，這種機會教育，可遇而不可求，一生難得一見。

我們海校生幸蒙安排登臨當年全國海軍噸位最大之兩艘 CL 輕巡洋艦上，在港錨泊靜態見習兩個半月，目睹艦規森嚴，端莊的官長俱威儀，艦上紀律森嚴，身在其中受益良多。我們是新式海軍軍官養成教育制度下的海校生，先至陸軍入伍，磨練成為標準軍人，再登艦見習，以備將來研讀海校英文教科書時，能相互融會貫通。

同窗們至少比我小一歲，大夥兒童心未泯，在艦上相互取個

渾號也是暗號，像陳慶堃家中排行老七被稱為「七哥」，培正中學的李北洲被稱為「洲哥」，劉定邦被稱為「定仔」，謝炳烈被稱為「炳仔」，喜好攝影的方富捌被稱為「捌哥」，盧珠光因諧音被稱為「豬仔」，李華幹叫「鴨腎」，李鎮靖叫「雞蟲」，蔡惠毅能說善道令人信服就被稱為「強哥」，方臉的港籍僑生黃思研被稱為「士誇」（Square），敏捷的趙慕西被稱為「喝屎」（Horse）。

　　我呢，遭同學搞怪，把我名字最後一字「波」刪掉三點水，把我叫成「漢皮」，後來變本加利，竟然喊我「滯皮」，因為同學們說我的模樣很呆滯看到就不開胃。滯皮就滯皮，有什麼打緊，大家如此叫喊，使我不得不甘之如飴。往後低班學弟們見面時尊稱我為「皮哥」，其實背地裡還不是滯皮、滯皮地叫說。

　　一位與我同桌用餐談得來的帆纜部門軍士（Petty Officer, PO）張四喜博學多聞，閒暇時把近代海軍的肇建說給我這個乳臭未乾的海校生聽，讓我長知識。張四喜說我國近代水師肇建始於明朝，清國以降因長期禁海閉關、海防廢弛江防無著，遂遭列強入侵，百官倡議「師夷長技以制夷」。在列強環伺下，全國開海禁、通洋商最早之地，就是我們廣東。兩廣總督祈竹軒率先於清道光二十二年（1842 年）著令仿製現代化砲船巡緝內河，比清國推行洋務運動早二十年；隨後兩廣總督勞崇光於清同治元年（1862 年）再增設粵洋水師巡守海疆，設營於廣州黃埔。

　　福建的閩洋水師繼之，於清同治九年（1870 年）由閩浙總督綠營左宗棠設營於福州馬尾；清同治十三年（1875 年）朝廷分設南洋水師與北洋水師，南洋水師由兩江總督湘軍沈葆禎設營於南京下關，北洋水師由直隸總督淮軍李鴻章設營於山東威海。

清國推展洋務運動籌建海防，唯諸侯各自籌設這四個地方水師，派閥分明、互不相容且對立傾軋。甲申海戰與甲午海戰清國敗北後，清國朝綱不振；粵洋水師晉名為廣東水師，閩洋水師易名為福建水師，南洋水師重建為長江水軍，北洋水師重整為巡洋水師。

張四喜解釋，民國肇建後，清國殘艦的廣東水師、福建水師、長江水軍與巡洋水師分別易幟為廣東艦隊、左艦隊、右艦隊與練習艦隊但互不統屬；北洋政府海軍部主政時期，將左艦隊、右艦隊與練習艦隊分別整編為第一艦隊、第二艦隊與渤海艦隊，廣東艦隊則獨樹一格自稱粵系海軍。民初軍閥混戰，諸殘艦淪為政爭籌碼，艦艇官兵的薪餉也由地方軍閥掌管。

張四喜提到國父逝世後，設於廣州市的「中華民國陸海軍大元帥大本營」於 1925 年晉名為「國民政府」，設置「軍事委員會」。國民黨在廣東組建了國民革命軍，這個「黨軍」總司令是蔣中正，誓師出境東征、北伐各地軍閥，那年我讀私塾。軍閥張作霖的東北系海軍興起吞併渤海艦隊，另立門戶。張四喜服勤的海圻 CL 輕巡洋艦，也由渤海艦隊移編至東北系海軍，那年我轉讀小學三年級。張四喜繼續解惑，國民革命軍誓師北伐完成後，軍事委員會將不聽指揮的閩系把持的海軍總部踢出，納入行政院另設海軍部，那一年我讀小學五年級。

張四喜嘆口氣又補充說，中樞的行政院海軍部依然指揮不動各路地方海軍；海軍部雖然提出建軍專案，渤海艦隊被軍事委員會點編為第三艦隊，然囿於國庫短絀與派系內鬥，海軍的造艦計畫及戰、演訓操練，均無法順利推動。張四喜替我作了總結，具有遠見的蔣委員長，深切體認到粵系、閩系與東北系海軍各自為政，成不了大格局，早於「一二八事變」後蔣委員長就低調成立電雷系統

的海上武力。位於首都附近鎮江的電雷學校，委員長自中央軍校八期新生選優由陸轉海，連同招募的一般生入學電雷一期；該校雖無「海」字，實則是個海軍軍官養成教育機關，直屬軍事委員會，算是新興的地方海軍派系，更是蔣委員長的嫡系子弟兵。

本艦上尉輪機副陳碧華（青島海校輪機科 1929 年班）是三脹力四汽鼓往復式主機的主講教官，永貞學妹與陳太太都是來自廣東客家庄的遠房親戚，故陳教官對我格外親切。我向他請益為何您大老遠從廣東跑去山東唸海校？他嘆口氣用粵語解釋，投考青島海校時的廣東海校停辦，自青島海校畢業時黃埔海校也尚未復校。他對國內海校生用期別或屆別核算軍校畢業班別很有意見，認為跟不上世界海軍潮流。

陳教官看我一臉茫然，繼續解釋海校生必修的《海權論》，作者是美國海軍少將馬漢（RADM Alfred Mahan），他畢業自美國海軍官校正期班第六屆；閩系的行政院海軍部上將部長陳紹寬，畢業自清國江南水師學堂駕駛科第六屆，兩位知名的海將都是海校第六屆畢業生，那誰比較資深呀？用屆別來算，每屆畢業之間未必相隔一整年，有些年分需才孔亟就畢業好幾屆，承平盛世就相隔數年才畢業一屆，要弄清楚誰資深那就更難。

陳教官認同全球各國海校應以「年班」來算，海校畢業生哪年畢業，就是那一年的「年班」學生，頂多再細分為該年的甲或乙班。所以，馬漢少將是美國海軍官校 1859 年班，陳紹寬上將是清國江南水師學堂駕駛科 1908 年班，兩位海將畢業相差近半個世紀。

陳教官接著開示，我國各海校歷史悠久，跨越朝代從清國到民國兩個政府，用國號的年分來當海校的「年班」計算易生混

淯。如兩年前帶領海圻軍艦叛逃南駛的本艦中校副長姜西園是烟臺海校駕駛科第十五屆海校生，民國十三年畢業，遇上清國光緒十三年福建船政後學堂畢業的前輩，同屬清國年代與民國年代的「十三年班」畢業生，相隔三十七年難以分辨。因此，清國光緒十三年畢業的前輩屬 1887 年班，民國十三年畢業的姜西園屬 1924 年班。

　　所以，陳教官強調海軍是國際軍種，不能只用清國、民國年號及屆別、期別以管窺天，一定得用西元年號當作畢業的年班，才能走向全世界作軍事交流。我覺得陳教官很有見地，故我的陣中筆記仿照全球列強海軍，統一以西元年號做為年班識別，方便與全球各國海校畢業的軍官對照論輩分。陳教官的醍醐灌頂，讓我勝讀十年書。

二、兵變三驚幸未喋血　叛艦脫險歸來無恙

圖 2.3　1935 年 7 月香港筲箕灣由黃埔海校同窗方富捌自海圻軍艦拍攝作叛同行的海琛軍艦（方粵強提供）

　　陳教官雖然出身東北系海軍，但心繫家鄉廣東海防的興衰，兩年前他隨艦叛逃南下投靠粵系海軍，一則以喜可返鄉報效家

國，一則以憂粵系海軍都是外行領導內行。陳教官看我年幼的萌狀，才率直指陳當下粵系海軍是由陸軍的軍頭武弁統領，他們不懂海權，更對專業的船藝操作懵懂無知。

陳教官話說從頭。1928 年底，國民革命軍完成北伐，但各省仍由軍閥勢力盤據。全國形式上的統一，中央的軍事委員會就急忙削藩，於 1929 年初舉行編遣會議，廣東軍頭麾下的粵軍地面部隊被縮編成三個軍的「第一集團軍」，粵系海軍被點編為第四艦隊，但蔣委員長還是指揮不動廣東軍頭。斯時發生「寧桂之戰」，粵軍第二軍軍長陳濟棠戍守嶺南，藉軍閥混戰輕易奪得粵軍兵權，那年陳教官自青島海校畢業。

陳教官再聚焦於粵系海軍短命的海軍總部與時運不濟的粵系海軍少將總司令陳策。在廣東，南天王與專業的獨立軍種海軍在資源分配上磨擦日增，當時粵系海軍艦艇均為清國遺留的逾齡老舊裝備，總噸位尚不及五千噸，總司令陳策欲爭取經費造艦汰舊換新，多遭南天王否決。因此，陳策欲脫離南天王控制，執意率所屬艦艇歸順中央的軍事委員會蔣委員長；南天王遂於 1932 年 4 月斷然解散麾下的海軍總部，另由第一集團軍轄下重新編成附隨的海軍司令部，收編粵系海軍為己有，換言之，南天王原先獨立的海軍，改由陸軍指揮，那年我讀初一。

南天王令第一集團軍教導師副師長鄧龍光任海軍司令，亂整粵系海軍官兵，幹了兩個月指揮不動就回陸軍升任師長；南天王遂派親信陸軍步兵上校張之英（清國廣東陸軍速成學堂四期步科）接替鄧的海軍司令缺，同時晉陞為海軍少將。張之英曾任南天王之貼身警衛隊指揮官，他於 1929 年在嶺南從化縣「白坭之役」，奮不顧身力抗桂系軍閥入侵，負傷不退終至大勝，替陳濟

棠保住江山。張之英殲敵後，始終無法接合被轟斷之左上臂，遂成獨臂殘障軍官。

南天王對獨臂的張之英，苦無適當職位可派以酬其功，趁整頓粵系海軍逼走陳策後，委張之英為第一集團軍第二任海軍司令。武弁出身的獨臂張司令，行事風格非常「巴閉」（粵語指不學無術又囂張之謂），完全不懂海權，對海軍蠻幹，根本毫無建樹。

陳教官說 1933 年 7 月三艘 CL 巡洋艦南來投靠南天王，替張之英平添戰力，增加近萬噸的可巡守大洋的軍艦；但本艦駐防粵洋兩年以來，張司令從未蒞艦視導過，這位自卑感很重的海將是軍艦的門外漢，諒他畏懼登艦免遭官兵訕笑，更不敢派陸軍軍官登臨數千噸的 CL 巡洋艦任職，避免出洋相。張司令怕遭專業的東北系海軍官兵駕馭，遂將南來投靠的三艘 CL 巡洋艦另編成一支「粵海艦隊」任其自生自滅。陳教官如數家珍道出粵系海軍的興衰，讓我聽的入神。

見習第三個月的頭一週，由通信 CPO 軍士長親自講課，用兩週時段教我們認識海將及艦長的長旒旗，還有數碼旗與字母旗等。通信實習課，則由通信兵助教講授掛旗、收旗動作。這是在港錨泊靜態見習最後兩週的堂課，之後我們都非常期待出海見學的槍砲射擊、艦艦通信與艦岸聯絡並跟隨助教在海上操作。

海校生每星期放假一個白天，星期日早上 7 時離艦，本艦用交通艇送我們返校，與在校學長一齊搭乘雙層校船到廣州長堤天字碼頭靠岸放假，校船上層四面見光，下層則四面封閉，我們海校生當然窩在下層搭船。下午 17 時收假，搭校船返校再由本艦交通艇接駁回艦。

夏日已悄然到來，6 月 15 日週末下午，艦上官員按英國皇家

海軍傳統，幾已全部離艦休假去了。梯口置有一個玻璃箱，箱內掛著全艦官佐名牌，紅色名字表示離艦，名牌反面是藍色名字，表示在艦當值，一看名牌，除值日官外，全是紅色。上校艦長冉鴻翮（烟臺海校駕駛科 1924 年班）、中校副長俞謙與中校協長梁暄（兩人均是廣東海校駕駛科 1916 年班）、中校輪機長蒲長玉、輪機正邱崇明、輪機副陳碧華及海校生上尉帶隊官李鳳台（青島海校航海科 1931 年班）當然也登岸休假，是乃週末正常現象，我們海校生也樂見如此，隔日星期天才輪到我們休假登岸。海校生聚集在艦艉甲板或睡或躺非常慵懶，享受江面美景清風，殊不知大難將臨。

下午 14 時不到，艦上主桅左舷橫桁升起一面白旗，令人覺得奇怪；星期六下午難道艦上還要做什麼操演不成？翹首遠望錨泊附近之海琛 CL 輕巡洋艦，亦隨後升起一面白旗。約莫 15 時左右，艦上號兵吹起交通艇來旁靠梯口的號音，這個號音是告知在艦官佐「速到梯口恭迎搭交通艇登艦的來賓」。但見交通艇駛來旁靠梯口，為首的是位高個子，穿著白夏布長衫，頭戴白草帽，跟在後面的約有十餘人全穿便服，衣冠楚楚，各人手提行李箱，由值日官恭迎「來賓」登上駕駛臺，吾等海校生莫明所以，但各人心中意會到即將有重大事故發生。

這批「來賓」登艦後不久，主桅白旗降下，緊接著海琛軍艦的白旗也跟著降下……我正利用閒暇整理操課筆記之際，忽聞全艦敲響噹、噹、噹、噹、噹的備戰鐘，艦上官兵奔往就位、備砲、收艇、主機生火、煙囪冒濃煙！這就是海圻軍艦叛逃的開始，打亂了海校生出海航行半個月的動態見習期程。

兩名平時和藹可親的水兵助教，手持明晃的大刀左右包挾

我們海校生，瞬間變臉成凶神惡煞見面就劈：「海校生一個都不准溜！否則斬首！立刻清點人數！」同學們被驚嚇到退縮至艦艉旗杆旁不知所措。海校生全員到齊後，被大刀助教押解到下層魚雷艙，關上水密門，全體新生遭拘禁，我們海校生到底闖下什麼砍頭殺身大禍？

嚴格說，我們算不上被羈押，應該是遭拘束限制行動。魚雷艙內還有備勤的水兵，尚可相互友善交談。在主機隆隆的暖機聲中，我們從水兵言談內容，把整個事件大致湊出個輪廓：海圻軍艦又要叛逃啦，我們海校生是肉票！原來，自從兩年前本艦從東北系海軍叛逃南來投靠廣東軍閥，與粵系海軍始終貌合神離、你虞我詐，加諸官兵多為寒帶北方大漢，在魚米之鄉的熱帶南方水土不服，遂醞釀舉事北駛青島，重返東北系海軍的懷抱。如今，粵系海軍居然把自己招募的海校生送上艦來當人質，叛逃官長遂密議趁週末舉事挾持海校生北駛。

我在本艦見學時，瞭解到要將鍋爐點火把冷水煮滾、在汽鼓加壓形成高壓高溫蒸汽以推動往復式主機與推進器俥葉，暖機至少要八個小時。週末這關鍵的八小時，本艦形同死鴨子停在江心錨位不能移動，若廣東軍閥週末也在休假，本艦或可安然起錨，沿珠江趁夜溜出大海，隔日拂曉前應可馳往公海海域。也許，我們海校生的小命就可保住。

約略於黃昏後，被關在魚雷艙的我，就聽見甲板上的三門防空火砲持續對空射擊，炸彈也擲落在本艦四周，近彈爆炸的震波，將魚雷艙艙壁打凹，想必是廣東空軍派機欲轟沉我們，足見週末消息傳得很快，廣東空軍的戰備值班飛行部隊欲及時制止本艦出走。

　　不久，又聽見甲板滴滴答答聲響不停，想是傾盆大雨來到，廣東空軍的戰機只能退避。緊接著，又聽到舷外有引擎聲高速往返通過，惟雙方均未對戰；事後打聽，原來是我們參訪過粵系海軍的兩艘英製 PT 魚雷艇示威偵巡。入夜後，本艦魚雷艙艙壁突然爆出咚、咚清脆的連續聲，備勤的魚雷 CPO 軍士長急喊道：「全體海校生通通給我頭朝艦內就地臥倒！」想都知到，廣東陸軍的地面部隊，已前推至珠江岸際，以重機槍掃射本艦，艦上十門副砲遂齊鳴岸轟制壓。

　　本艦暖機備便起錨時，錨鍊與錨孔的磨擦聲，透過高張力鋼板傳到魚雷艙，噪音尖銳且刺耳。我感覺到艦身開始輕微搖動，應該是啟航叛逃的開始，也算是我航海人生高亢的序曲。未幾，艦底有磨擦河床沙壤的絲絲聲，艦身居然坐底不再移動，想是擱淺了，這下子麻煩大也！深夜再次漲潮時分，本艦才出淺浮起，順江水移動。廣東陸軍與本艦一直對戰的艦岸互轟，迄雙方脫離射程方休。

　　本艦甫離淺灘，就加俥到戰速顛簸前行，企圖衝過珠江隘口的廣東海軍虎門要塞；一如所料，該來的還是躲不掉。子夜前後，遠方砲聲隆隆，不旋踵一群接一群的要塞砲彈，紛紛落在本艦四周爆炸，破片飛到魚雷艙艙壁彈跳聲，如同鐵鎚敲擊，備勤的魚雷 CPO 軍士長動員所有海校生，將床墊豎直成簡易掩體，好讓大家躲在床墊後頭，以防要塞射過來的穿甲砲彈貫穿艙壁爆炸波及。本艦的兩門八吋主砲齊鳴，展開效力射實施反擊，每一次的射擊，全艦都會跟著抖動，緊咬牙關的我，齒牙照樣顫動；兩三分鐘後，就像交響樂團的指揮劃下休止符，一切歸於沉寂。

　　再隔一小時，艦身開始規律地橫搖加縱搖（Pitching），我判斷

應駛出珠江三角洲進入伶仃洋；拂曉前，魚雷艙水密門打開，我們不再受拘束，重獲自由了！不過，同學們回到上鎖的置物間要取回鹽洗衣物時，卻發現個人財物遭不肖水兵趁亂撬開洗劫一空！好在我身無大鈔，值錢的手錶與鋼筆都隨身攜帶，僅損失一些毫銀零錢。

同學們在士兵餐廳分到戰鬥口糧補充體力，聽食勤兵神采飛揚的敘述，本艦的主砲發射首枚八吋砲彈，就直接命中虎門要塞的高功率探照燈，打瞎了要塞砲的眼睛，砲彈還是他操作揚彈機送進砲膛的。

黎明時，我在甲板往前觀望，隱約看到了熟悉的香港與九龍山形，三年前我徒步旅行至九龍搭乘省港客船金山輪返廣州時，對港九山形海岸輪廓，留下深刻印象。我往艦艉環視，居然看到二九五〇標準噸的德製海琛 CL 輕巡洋艦緊隨在後；原來，叛逃出走的不只本艦，還有海琛軍艦，若非肇和軍艦待修失去動力，否則應會「作叛同行」。兩艦編成的「叛逃艦隊」以慢速五節緩緩駛入英國殖民地海域後，粵系海軍的軍頭就束手無策了；肉票海校生現已無運用價值，我們得救了嗎？還沒完哪。

兩艦碇泊於香港筲箕灣內，發生兩件事值得一提。第一件事，是海圻、海琛兩艦雖然叛出廣東，但 CL 海圻艦目前是全香港海域噸位最大的軍艦，且桅杆掛著我國國旗；國際上海軍是講究現場資深官的規矩，在日沒降旗時，所有停泊在香港的各國軍艦，都跟著本艦一齊降旗。

第二件事，是本艦當時錨位靠近香港島黃浦船塢，適有一艘荷蘭籍商船大修後出塢，因引水員（Marine Pilot）指揮拖船（Harbor Tug, YT）不當，致使商船隨著海流飄向錨泊的本艦。商船遂急忙

打橫以船舯面向本艦艦艏漂來，眼見就要撞上，好在本艦的錨更守值 PO 軍士眼明手快，鬆脫錨鍊扣使本艦亦隨海流而緩緩後退。當兩船相撞時，已大幅減少衝力。儘管如此，本艦亦被碰撞後退，而荷蘭籍商船之船舯水線下，已被本艦艦艏的純鋼撞角刺穿一個大洞，卡在撞角動彈不得且持續湧進大量海水。引水員緊急召集數艘 YT 拖船，將其拖離撞角返塢搶修。本艦措施並無過失，錯在商船；當日事故發生後，商船還派大副（Chief Officer, C/O）前來本艦道歉，那個大副真是啞吧吃黃蓮，有苦說不出。

我們海校生住艙，原在大官艙的迴廊內，事變後就移往遭拘束的舯魚雷艙作息。魚雷艙內寬闊設有統舖，坐臥自如，海校生在事變後之早晚點名，由舯魚雷艙的 CPO 軍士長打理，海校生無課可上，或在舯甲板兩舷散步，或回統舖睡懶覺，這樣百般無聊又過了兩週。

動態見學科目全被叛逃行動打亂節奏，本艦錨泊在筲箕灣期間，除了魚雷 CPO 軍士長集合海校生早晚點名外，艦上叛逃官長忙著策劃下一步何去何從，無人聞問新生的教學進度。6 月 29 日早點名，魚雷 CPO 軍士長宣布即刻啟航北駛，把海校生送往東北系海軍，照樣在青島海校銜接軍官養成教育。原來，叛逃前段我們新生是人質，叛逃後段我們海校生是貢品；早先我嚮往黃埔海校的英式開明教育，卻翻轉成青島海校日式高壓教育，想到將被賣身至困頓的東北系海軍，不禁悲從中來。

叛逃艦隊午時駛出香港鯉魚門進入南海，就解除出港部署，海校生旋即被召至艦艏甲板，進行航海瞭望動態教學科目。既無助教也沒發放望遠鏡，這是什麼動態航海瞭望實作嘛？我向前遠眺預劃駛向青島的航線，再回首看，恰好與駕駛臺的值更 CPO

軍士長四目相對，我弄懂了！同學聚攏在艦艏，是方便駕駛臺監視。更狠的是，迎面前來截擊的敵對勢力，看到海校生齊集艦艏，會投鼠忌器，難以對本艦下毒手。

在茫茫南海航行已三小時，會暈船的同學早已躺平在甲板上，其餘的海校生或坐或臥，或聊天或看書，等待餐盒送來，就是沒人佔位認真瞭望。我則脫掉鞋襪盤膝而坐，寫情書給永貞學妹。突然間，轟隆隆爆炸聲響起，艦艏前方兩百碼處六道水柱升起，水花四散，飛沫濺濕了我的信紙。

我舉目環視，看到約五浬外大亞灣扯旗山的山腳下有艘艨艟巨艦，以正橫的姿態砲口閃閃火光對本艦齊射！緊接著，第二彈群打的更近，在艦艏前方百碼炸開，同學們全身盡濕，不待命令就連跑帶爬逃回魚雷艙。本艦在備戰聲中加俥至戰速急轉彎回航，艦身傾斜到切浪潑打在魚雷艙艙壁上的撞擊聲，震耳欲聾。過不久，群彈砲擊嘎然停止。

我憶及見學時查閱《詹氏海軍年鑑》，確有見過發砲的巨艦側照輪廓圖，不就是閩系海軍新購的日製二等 CL 巡洋艦之甯海軍艦嗎？她的三門雙聯裝五吋半主砲射程超過十浬，最先進的砲火指揮儀非常精準，要擊中本艦輕而易舉，但她不打本艦，僅砲擊艦艏前方海域，應是瞭望到艦艏有學生聚集，頗有逼迫停航受檢之意味。本艦同是 CL 輕巡洋艦，但固接的老爺砲差了兩個世代，口徑大唯射程不及五浬，無從與甯海軍艦十浬射程的新式主砲對轟，只能轉頭脫離避戰。

艦上廣播全員站進港部署、解除備戰時，已近終昏，我們又回到殖民地香港筲箕灣泊位。餐廳用膳時，但見甯海軍艦緩緩駛過舷窗外的航道，示威意味十足。主持晚點名的魚雷 CPO 軍士

長面色凝重，約略說明閩系海軍趁火打劫，擬扣押叛逃艦隊整碗端走據為己有！現在情勢逆轉，叛逃艦隊哪兒都去不了，那我們海校生怎麼辦？

　　海圻、海琛兩艘 CL 輕巡洋艦無顏回粵，也無力闖回山東，形成四面楚歌之劣勢，不知何日才能解圍。而今新生身處英國殖民領地，艦上叛逃官長已脫出廣東，我們海校生的小命還握在他們手中，但也想不出他們會作出什麼樣狠毒的處置。

　　再次碇泊香港之翌日，劉定邦母親姚素真女士來艦探望愛子蒙允登艦會親，母慈子孝的場面，令同學深受悸動；同學們也分享到劉伯母的慈愛，因為眾同學都聽到劉伯母再三囑咐「同學們勿貪涼、勿著涼」，因而深覺人人都要保重身體，勿使父母憂心，在兵慌馬亂人命賤如草介的環境患病，才是最大的不幸。海校生亦聯想到自己父母必同樣掛心，遂合議推舉蔡惠毅返鄉，向所有同窗的家中報平安。得蒙叛逃官長特准，是以蔡惠毅是本班被釋放脫離叛艦樊籠之第一人。叛艦事件後，蔡惠毅能言善道說服叛將讓他能安全下莊，他居然依渾號改名改運，由「蔡惠毅」搖身一變為「蔡惠強」。

　　坐困魚雷艙的日子過得漫長，大家都沒有心情交談，人人表情凝重沉默寡言，海校生日漸不安。艦上官兵也個個愁眉不展，中、外籍人士川流不息地蒞艦談判。此刻，帆纜 PO 軍士張四喜悄聲約我晚上 22 時至艦艏一敘。我依時前往，原來他是值晚上 22 至 24 時錨更，他說：「滯皮你上有高堂，何必冒性命危險來當什麼海軍？趁叛將下令格殺海校生之前，現在就跳海逃吧！」還塞一袋毫銀角子給我作路費，教導我從孔大可容人的錨鍊孔脫走水遁。我認為萬萬不可，因為我若一逃，必使同窗受到更嚴厲

的管束，下場就會更慘，就算我逃抵香港登岸後，難保不被人送入「差館」（粵語指警察局之謂），棄同窗不顧而私自脫走，會丟盡我國海軍的顏面，遂婉拒張四喜的建議與餽贈。他古道熱腸之舉，使我畢生難忘。

7月10日晚餐前，魚雷CPO軍士長緊急召集全體海校生，宣布餐後攜個人物品準備集體離艦！是在岸上槍斃還是移地羈押？艦上最後的晚餐，新生均食不下嚥。同學們奉命一律穿著黃斜紋布海軍軍便服，頭戴通帽離艦。乘交通艇登避風塘碼頭時，迎接海校生的不是行刑槍隊，而是黃埔海校生艦訓帶隊官李鳳台隊長，天哪，我們不會被槍斃了！同學們喜極而泣，我與同窗摯友方富捌相互抱頭痛哭。恩師李鳳台字天一，他爾後在校都稱我的渾名「滯皮」，我私下則尊稱恩師為「一哥」。

英軍巴士載同學到渡輪碼頭下車時，我們所戴的英式橢圓形通帽頗受路人指指點點，旁觀的「差佬」（粵語指警察之謂）碎碎唸著：「這些戴奇形怪狀通帽的細蚊仔，肯定是叛艦上的肉票。」粵語細蚊仔指娃兒之謂，英式橢圓形通帽是黃埔海校炎夏實施陸操時所載，以免太陽燒傷顏面及後頸，此種軍帽在香港少見。

返校之旅是善心人士出資讓海校生搭乘省港航線的佛山號客船，雖然沿著海圻軍艦叛逃出走的航線反向航行，沿途停靠各埠卸載船客與貨品，但帶隊官沒讓同學閒著，請求船長准許我們分組緊隨值班的海員（Seafarer Ratings）在崗位見學，商船船藝必須嚴守程序、軍艦船藝講究靈活操縱，反差非常大。

這條北駛航線我讀初一時，就以船客身分搭金山號客船航行過。但三年後的這回，是我生平首次在商船動態見學，從駕駛臺至輪機艙上下走動，全天的見學既好奇又感到新奇，李隊長還個

別傳授新生抗暈基本功。次晨 6 時，佛山號客船抵達廣州，同學們商議，各人先行回家報平安，中午時分再集合於四鄉輪渡碼頭，搭廣州至新造渡船返校。回家見到長輩恍如隔世，慈母與祖母則燒香還願，女友永貞及鄰居亦趕來問安；無疑地，海圻、海琛兩艦兵變事件轟動一時。

為期近百日的軍艦見習充滿驚奇、驚聳與驚魂的「兵變三驚」，歷經了軍機轟炸、PT 魚雷艇威嚇、艦岸對戰互轟加上艦對艦砲擊！好在人生首次出海見習，幸叛艦未喋血。我在南海與伶仃洋海面航行的海程，累積了一五〇浬，那年我才十八歲哪，也算是年少就見多識廣、旅歷精采吧。

三、海校皇家英制教育　蕭條經濟白銀法幣

圖 2.4　1935 年底黃埔海校地標：由福游軍艦拆解重置的桅桿（鍾漢波數位典藏）

　　艦訓結束返抵黃埔海校，才得知入伍、艦訓期間，海校已由復校舊址遷回實學館內，卸下陸軍軍官學校校名匾牌、拆除看板對聯，換上黃埔海軍學校校名匾額。姜校長因遭兵變波及，已於事變之翌日被拔官避居香港，在新校址迎接海校生的，是復辦海校第四任校長的海軍少將李慶文（廣東海軍學校駕駛科 1916 年班）。李校長早已為我們一年級生在大寢室木床上下舖排定舖位寢具，每人的書架上亦已擺放中文、英文教科書與文具。這種溫馨的迎新，使我們既感激又興奮，是以我們無人因艦訓時遭逢兵變危難而主動退學。爾後我們同窗的年度班慶，從此定為海圻叛艦啟航的 6 月 15 日。

　　新生在海圻軍艦蒙難期間，並不知主導事變者是何方神聖，亦不知接管兩艦的叛逃長官是誰，事後得知將我們釋放並購船票送我們回廣州的貴人，是復辦海校首任校長的陳策。返校後學長才告訴我們，海校生能脫險歸來，真正得感謝的是軍事委員會蔣委員長，他得知軍閥間輪番惡鬥還綁架海校新生事件後，震怒拍桌，但蔣委員長控制不了粵系、閩系與東北系海軍，遂特派策叔與三個地方海軍派系交叉斡旋，一切都好商量，前提是盡快釋放黃埔海校生返校。至於喬事情還有什麼暗黑交易，我們後輩不清楚。叛艦兵變後，眾軍閥無人遭逮捕懲處，但三個地方海軍派系內的人事圈趁機洗牌，論功過、行賞罰。至於叛逃的兩艘軍艦，三個地方海軍派系都沒搶贏，蔣委員長下令由策叔親率海圻、海琛兩艦直駛首都南京，撥交軍事委員會掌控作為直屬艦。

　　艦訓帶隊官李鳳台返校後，暫任一年級學生區隊長，恩師一哥甄選我加入黃埔游泳校隊。我向泳隊隊長高三期的應屆畢業學長姚君武（黃埔海校航海科 1935 年班）請益，為何粵海艦隊主

力兵變出走。姚學長認為兩艦叛逃事變的原因極其複雜，悄悄詳細分析可能原因如下五點。

第一：海圻、海琛、肇和三艦於 1933 年因「薛家島事件」脫離東北系海軍叛逃南來投靠南天王，陳濟棠對其獎賞太優，軍官升兩階、軍士與水兵給賞。主導三艦脫離東北系海軍軍閥之海圻軍艦副長姜西園中校抵粵後，竟跳兩階晉陞少將！須知粵系海軍僅海軍司令部司令和海校校長兩員是海軍少將編階。這批北方來的海軍軍官，搞得粵系海軍僧多粥少，形成卡位混戰。

第二：姜西園因緣際會集各種榮耀於一身，昔日在艦上與袍澤親如兄弟，而今少將與部屬間就截然不同，他高高在上了。他不但出任增編的粵海艦隊當司令，還兼任黃埔海校校長，雖兼職校長但辦學認真，風評還算不錯。不過，廣州市惠福東路有間尊奉臥禪的「大佛寺」，其寺與粵海艦隊司令部比鄰，姜西園拜大佛寺住持為師，用自己諱名封號稱「西園居士」，經常參加民間佛教活動，故知名度甚高。其部屬亦多轉而信奉佛教，說穿了不過是一種裝神弄鬼的障眼法，厚植北佬在粵立足的民間政治勢力而已；粵海艦隊眾北佬在軍頭陳濟棠的團隊中，並無革命感情，僅為投機組合。

第三：南天王對三艦雖未鯨吞，卻屢露蠶食之意圖，本地粵系海軍與投奔的東北系海軍內鬥日趨激烈。北佬叛逃長官趁艦上粵籍部門主管休假離艦而潛返登艦領導事變，一拍即合。帶領海圻、海琛兩艦的叛逃長官，沒有司令級人物，只有吳支甫（烟臺海校駕駛科 1924 年班）、資淺的張鳳仁、唐靜海與許世鈞（以上三人均為青島海校航海科 1926 年班）等四位，他們在東北系海軍都是少校，南來驟升上校，這四位兩度叛逃的校級軍官在舊

海軍亦甚知名。

第四：海圻、海琛兩艦的基層軍士與水兵南來投靠南天王，全部給賞留任，但未曾調動高陞，他們多為北佬，除駐粵水土不服、日久思家情切外，亦感受到在南方不受重用，遂有北返歸鄉之舉；唯獨肇和軍艦失修不能航行，叛逃長官為求保密棄肇和軍艦官兵於不顧，逕自啟航離粵，留下爛尾造成北佬官兵內鬨，南天王事後趁勢離間逐個汰除。

第五：兩艦叛逃，對廣東軍頭言是很嚴重的打擊。粵系海軍舊有的二十六艘作戰艦艇噸位加總，尚不及海圻軍艦的排水量，粵海艦隊三艘 CL 巡洋艦是廣東軍頭的門面，不能讓她們叛逃，更不可遭敵對勢力擄走。

姚學長看到我聽完解說失落的表情，反而勸慰我：「滯皮，南天王面惡心善，兩艦叛逃他派廣東空軍轟炸、派 PT 魚雷艇威嚇、動員地面部隊掃射艦體、下令虎門要塞砲狙擊，真有蓄意擊沉兩艦嗎？看看三年前 DD 飛鷹艦在海南島的下場，廣東軍頭要擊沉叛逃兩艦易如反掌，幹嘛對兩艦放水？是南天王不讓你們新生受害呀。」經姚學長的開示，我茅塞頓開。

姚學長繼續解說，兩艦叛逃駛出虎門，南天王震怒之下，立即下令解散粵海艦隊，姜西園少將被免除本兼各職，海軍司令部內的北佬如參謀長及各處長，頓失所依，昔日加官晉爵，轉眼成為泡影。海圻、海琛、肇和三艦南來投靠南天王之初，初級軍官轉往南天王所屬之海軍司令部及轄下艦艇服勤者，亦紛紛遭免職，只好脫下軍裝自尋出路；停航待修的肇和軍艦上之北佬官兵尚未脫走者，則蒙南天王發給路費返鄉。

如是三艦南來投奔廣東之北佬官兵，等於來一次大清艙，不

過這並非表示粵系海軍草根性濃、排他性強；南天王依然擇優重用優秀北佬軍官，包括黃埔海校的上校教育長鄒鎮瀾（綽號白面虎）、彈道學上校教官冉鴻翮及中校訓育主任兼教官徐錫鄳（以上三位均為烟臺海校駕駛科 1924 年班）。至於兵變後在粵系海軍表現傑出且願長留久任者，如黃埔海校學生中隊上尉分隊長田樾曾（青島海校航海科 1931 年班）就很受重用，田上尉的同窗李鳳台，兵變後還高陞廣東海軍練營少校營長；粵系海軍對優秀的北佬軍官南來任職，並無歧視。

粵海艦隊司令部曾經好生興旺，事變後遭裁撤，不到半個月原址已由屋主出租成為百貨商店。粵系海軍又回復至「國民革命軍第一集團軍海軍司令部」之原貌，只不過多出一艘因主機蒸汽渦輪損壞拆開待修的 CL 肇和軍艦而已。

海校原先規劃過完舊曆年節的 2 月中旬，開始對我班施教三個月的艦訓，5 月中旬結訓返校繼續上六週課至 6 月底，把我班五年制的第一學年入伍、艦訓、堂課全數施教完，就放一個月的暑假。然我班入伍教育就延宕六週，致使艦訓跟著推遲，返校的六週堂課勢必吃掉整個暑期。我班同學歷經叛艦事件返校後，第一學年排定的堂課只剩下暑假三個星期可用，但學校更認真，運用兩週的時間補六個星期的課，連星期天也上課，每天排滿滿的七堂課全是數學，使用英文版的初階代數，由白面虎親自講授。

回到黃埔海校，飯廳三餐每餐都必須吃飽，不像在燕塘軍校入伍訓還有消費合作社，可以隨時購買點心，也不像在海圻軍艦上，艦訓期間晚餐後可帶個饅頭留待半夜充饑。而黃埔海校三餐米飯沒饅頭，更無消費合作社，私人自備食物亦無處可藏；晚上肚子餓，下了自修早早上床，睡覺是抵抗饑餓唯一的方法。如

此每日只飽食三餐養成習慣，以後的歲月我也僅日食三餐，不吃零食也不吃消夜，對健康大有益處，直到退役跑商船才整天吃喝不停破功。

黃埔海校普遍設有馬達，卻不蓋水塔以馬達抽水儲存，反而雇用民伕挑水提升民間就業率，真是匪夷所思。學校勤務中隊雇工約七十人，竟包括十餘名挑伕；黃埔海校的生活用水不是取用臨河之江水，而是汲取山泉水。黃埔山腳下有個活泉，位於學校體育場之鐵絲圍籬外僅隔一條人行道。山泉水由泉底向上湧出，我在器械運動課後，隔籬看挑伕十餘人連續汲取，未見水泉低落，足見湧泉量之大。泉邊掛有木瓢，以便過客口渴取飲；飲者當然都是在地人，足證喝泉水者不會生病。海校師生使用此泉水多年，雖未生飲，僅用以漱口，但都覺得清冽芳涼。

黃埔海校有間頗具規模的實習工廠，設有各種動力機具如車床、鑽床、刨床等，柴油機轉動的高架轉軸，用皮帶傳送轉動能至各機具。廣東省內各工廠用皮帶傳送動力者，工匠受傷時有所聞，所幸黃埔海校實習工廠多年來托天庇佑，未曾出過工安事故。這部柴油機也可帶動發電機發電，每日發電時間很短，到了夜色朦朧才大放光明，晚上 19 時至 21 時第九、十兩堂自修課供電。電機額定出力的照明度甚亮，21 時半準點熄燈就寢，發電機就停止供電，走道上只掛暗淡馬燈，使學生無法夜讀。

第一學年 7 月暑假堂課開始前，學生中隊長訓話稍來一則壞消息，即粵系海軍又再少一艘能出大洋作戰的福游砲艦（Patrol Gunboat, PG）。陳策擔任粵系海軍總司令時，於 1931 年說服葡萄牙共和國海軍，把駐防澳門殖民地艦齡僅二十八年的六百噸級 *PG Patria* 號提前除役，以熱艦商售予粵系海軍赴南海諸島巡守海

疆。策叔「被辭職」後，南天王竟派陸軍軍官當福游艦艦長，這個月該艦主機點火試爐時，不慎油管爆炸全艦焚毀。陸軍艦長指揮軍艦，這是典型的下場！福游軍艦拆解後，主桅運至黃埔海校實習工廠加固基座與網梯，重置於校園作為旗桿，此後每日的升降旗儀典，均在福游軍艦主桅前舉行。

脫險返校上課後不久，適逢第十九期航海科魏源容等十九名學長畢業，我班同學第一次穿著海軍學生夏季軍常服，去參加他們的畢業典禮，目睹他們身著任官的少尉軍裝，好生羨慕。魏學長離校前還告知我等後學，1930 年海校復校後，當即辦理招考大學肄業生入學為第十八期海校生，學制兩年（比敘航海科1932 年班），這批高班大學長，包括李藍田等二十八名，現在都是粵系海軍艦艇的中尉軍官，如我艦訓見習時遇過的 PT 一號魚雷艇中尉艇長鄺民光學長，英挺俊帥，是我的偶像。

畢業典禮上，我目睹眾多隊職官掛陸階坐在前排師長席位，數一數竟多達十餘位，幾近海校教職員人數之半！我問甫畢業任官的陳守仁少尉，陸軍隊職官與您班的畢業生居然同樣多，這是怎麼回事。陳學長低聲說：「滯皮，現在是陸軍領導海軍，南天王安插成堆不學無術的陸軍基層幹部駐校，撤換掉策叔培植的海軍教官；不過，陸軍隊職官只擔任非海軍專業的教席與陸操教官，但他們主掌考核海校生的實彈射擊、體育、操行與考勤成績，千萬別得罪這批武弁。」想到入伍教育時陸軍燕塘軍校實習區隊長嚴厲的管教，我開始擔心能否熬到畢業。

畢業典禮後，海校在學的學生尚有招考高中畢業生、學制四年的第二十期航海甲班陳安華等三十六名學長，還有同期輪機乙班（後改為第二十一期輪機科）謝法揚等三十名學長，加我們

第二十二期軍事科一共三個年班近百人。

第一學年尾返校的堂課，進修的課本全是英國皇家海軍學院採用的英文教科書。沒多久，消息傳來日本片面公告所謂的《何梅協定》後旋即陳兵平津，我國選擇避戰，主動在河北撤軍又換將，奉行「先安內再攘外」的消極戰略，這讓海校生更加憤恨填膺，抗日情緒高漲。協定中的「何梅」兩字，是指雙方換文的主官，我方是軍事委員會軍政部上將部長何應欽（日本帝國陸軍士官學校支那留學生十一期步科），日方是支那駐屯軍中將司令官梅津美治郎（日本帝國陸軍士官學校十五期步科）。

日軍的軍官分將官、佐官與士官三階，佐官相當於我國的校級軍官，士官則相當於我國的尉級軍官；我國的士官，在日本帝國陸軍則稱為「下士官」的軍曹，故日軍的士官學校是軍官養成教育機關。早年有志從軍報國青年苦無像樣的軍校可讀，部分選擇放洋出國學習軍事，以就近赴東瀛者居多，少數赴歐美軍校就讀，他們多為高齡的現役官兵前往外國軍校深造。何應欽考取日本的帝國陸軍士官學校（陸士），是當年優秀官兵出路之一。

日本陸士專替我國留學生設班施教，速成學制一至兩年，支那留學生有專屬的期別，但畢業時不准計入該校日籍生的期別。例如何應欽二十六歲時，於 1916 年自日本陸士支那留學生十一期畢業；陸士十五期的日籍梅津美治郎，則早於 1903 年二十一歲時畢業。日本陸士支那留學生自明治三十二年（1899 年）迄昭和十七年（1942 年）間，接訓我國留學生前後共三十一期，迄 1942 年才停招，培育一千六百餘名國民革命軍基層帶兵官。

暑期的密集堂課很快地就結束了，白面虎講授的初階代數先修課，核算可獲得五十個積分，兩堂一小時的堂課，算一個積

分，我的成績只拿到六十八分。一個月的暑假縮水僅放假一週，到 7 月 31 日止；暑假期間校船不開，海校生如欲外出則旅程自理無須請假，只須在登記簿上註明校外行程及返校時間。短暫的暑假非常悠閒自在，我間或赴廣州回家省親，斯時學妹永貞亦已自中大附中初中部畢業，甫進入廣東省省營工商管理處任職。我勸她秋季始業時，繼續攻讀中大附中高中部，她順從吾意，只做了三個月的基層公務員，於該年 9 月間進入中大附中高中部繼續求學。

暑假我班同學趁教職員休假，每天在大浴室都比賽「沖涼」（粵語指洗澡之謂），看誰速度最快，我曾以一分四十七秒奪冠。浴室設備是長方形水池，用臉盆取水淋浴；比賽時規定使用炭酸藥皂，如果貪快沖不乾淨，會使皮膚搔癢不止。黃埔海校沒女職員，所以學生百無禁忌，浴室內大家都是裸裎相對；高一期輪機科某學長渾名「阿杯」，他始終穿著內褲沖涼，天天如此，令人納悶好奇。其同窗四人曾聯手在浴室內欲強脫阿杯內褲以觀究竟，阿杯平日對人和藹笑容可掬，此時卻神威大發，四位好奇的學長被打得落花流水。從此阿杯穿內褲洗澡之謎，永遠無法打開，久而久之大家都見怪不怪了。

我班第二學年於 1935 年 8 月 1 日開學，黃埔海校的學年校曆僅有 7 月放一整個月的暑假，但沒有寒假，全學年其餘十一個月當中只有七天國定假日，即開國紀念日、雙十節和總理誕辰等三天，外加民俗節日的農曆除夕、大年初一、大年初二及清明節等四天，節日如逢星期日也不補假。

每週排六整天的課，每日 5 時半起床，6 時到操場升旗後運動四十分鐘，7 時正早餐，8 至 12 時上四節的堂課。下午 13 時

半至 15 時半上兩節堂課，15 時半至 17 時半有第七與第八節操課時段，操課每週有四次是陸操基本教練，其餘兩次排射擊預習，雨天則改在室內操課。傍晚 18 時正降旗後晚餐，19 時至 21 時是第九與第十堂晚自習課，21 時半熄燈就寢查艙晚點名，這樣我想不睡也得睡，每晚睡足八小時，這種作息遠較入伍教育時舒適輕鬆。

　　星期日與國定假日放假，校船於 7 時半從校門口碼頭開往廣州，9 時駛抵廣州市天字碼頭；17 時正在天字碼頭收假，啟航返校。夏天學生一律穿著白色軍常服，坐在四面見光的校船上層真是拉風搶眼；春秋兩季各有兩個星期假日，學生須穿校閱專用的兩色軍便服，白色軍褲搭配深藍色上裝煞是惹眼，此制服是比照英國皇家海軍學院海校生量身訂做，走在廣州城街頭令人稱羨，無形中養成海校生高度的自尊心。

　　第二學年開學時，教官把未來四個學年的課程分成兩大類詳細介紹，即普通學科類與軍事學科類。在五年制三一○○個積分中，普通學科類佔一四○○個積分，其內通識教育僅佔三○○個積分，通識課目則包括國文、黨義、修身、中外史地、政治公法等，項目多而佔積分少，然而大家卻不計較。體訓另佔三○○個積分，以游泳、盪艇、室內運動、國術與器械操為主，以符合艦艇狹小空間體適能。同學中各人體能早就強弱分明，並非努力就能爭得體訓高分。

　　普通學科類其餘的八○○個積分是基礎課目，努力用功與否，成績就有很大的區別。瀏覽將來四個學年的教科書，我蠻喜愛普通學科類的基礎課目如英文、數學（幾何、三角、微積分）、普通物理、普通化學、力學、無線電學、電工學、應用力學、機

械製圖等，還有兵變返校密集修過白面虎的代數初階數學課。

軍事學科類在未來四個學年中所佔比例過半，佔去一七〇〇個積分，非得努力學習。軍事學科類包括航海學（佔七五〇個積分）含各種航海術理、氣象、船藝和通信，還有槍砲學（佔五〇〇個積分）、魚雷學（佔二五〇個積分）與輪機學（佔二〇〇個積分）。

二年級起連續八學期，每週雖然僅排一節英文堂課一〇〇個積分，但是我們獲益不大；不是我們不努力，也不是師資有問題，而是多位英文教師教學方式各異，讓我們無所適從。海校的軍薦級文職英文教師都是一流的，第二學年教我們的是黎貴朝先生，粵海關書記出身著重聽寫，第三學年繼任的是潘賢達先生，香港大學畢業生著重文法，第四學年是曾在南京任職的行政院英文一等祕書歐樹融先生著重修辭，第五學年是美國東北大學畢業的亞裔美籍陳漢業先生，講得一口正宗的美國腔著重會話。以上四位都是廣東人，正因為他們的英文造詣太高，教我們英文的方法如同八仙過海各顯神通，使我們不知所從，我的英文成績，八學期平均下來也只有七十八分。

英文教師沒用一連串有系統講授方法，讓我們融會貫通英文。好在海校除通識課目外所有學科堂課全用英文版教科書，測考題目與作答全用英文，非得對英文下功夫自修。所幸，每學年的英文教師都會指定圖書館眾多英文小說給我們選讀，加諸我從小就學會英語、日語、法語、葡語等外語基本會話，故在課堂與教師用英語對話我也朗朗上口。我的英文程度尚能學以致用，其實在海校全靠努力自修得來。

一年級暑假過後，國內金融體系隨全球「經濟大蕭條」有了

巨大變革。跨越明朝、清國、民國行之五百年「銀本位」的幣制，因全球收購白銀貴金屬，導致國內銀圓大量流失。農業社會的升斗庶民，晴耕雨讀僅圖個溫飽，尚不致感受到全球經濟蕭條，但資本家則面臨破產衝擊，對軍閥的捐獻大幅縮水，讓南天王苦思另闢財源。國民政府亦迫不得已，財政部研擬《改革幣制令》，準備發行法定貨幣（法幣）紙鈔，以實體銀幣一圓兌換紙鈔法幣一元，收回白銀貴金屬，故發放給黃埔海校生的津貼每月銀幣三十圓，不久就變成法幣三十元。

　　我向見多識廣高四期的中尉教官文瑞庭（黃埔海校航海科1932年班）請教，到底這是怎麼回事，文學長即將奉派赴義大利見學一年，接收義製 PT 魚雷艇。世居英國殖民地香港的文學長向我解釋：「滯皮，民間的白銀很快就因限期兌換法幣被國民政府搜刮一空轉賣給列強，法幣雖然採固定匯率兌換英磅，但財政部國庫沒有貴金屬如黃金當作法幣的準備金，法幣紙鈔遲早會貶值成廢鈔。」我當時不到二十歲，聽不太懂。這年底，庶母生幼妹寶珍，我與相隔十八歲的妹妹相處時日極短，這輩子兄妹倆非常陌生。

第參章
抗戰軍興海校西遷入桂

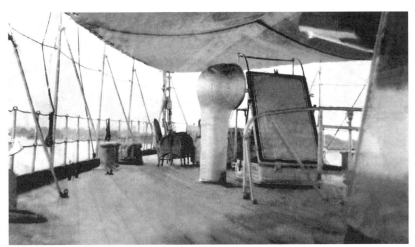

圖 3.1 1936 年底作者拍攝粵系海軍永福運輸艦前甲板，南天王曾一度指定為黃埔海校學弟入學後的艦訓見習船（鍾漢波數位典藏）

圖 3.2 1938 年黃埔海校同學與作者（圖內後排右三）在廣西省三都墟二度西遷的臨時校址內之校車旁合攝（鍾漢波數位典藏）

一、軍頭南天王遭逼退　粵系海軍改名江軍

圖 3.3　1936 年秋黃埔魚雷艦隊基地的魚雷整備室，三枚義製十八吋外徑之戰雷上架（鍾漢波數位典藏）

　　第二學年上學期的班長，由校長指定入學榜首港僑黃思研擔任；下學期的班長，則由上學期總成績全班第一的蔡惠強接棒，他是培正中學學霸出身。第二學年上學期課目的重點置於英文版教科書的平面與立體幾何學共五〇個積分，我輕鬆拿下九十分；至於下學期平面三角學與球面三角學五〇個積分，我因初中未曾學過弧三角學而稍感困難，成績「肥佐」（粵語指不及格之謂）僅得五十八分。球面三角學相當重要，其學理與天文航海術有關，飛機及艦船都用得到。這些基礎數學課目銜接三年級的解析幾何，我遂感壓力愈來愈大。從課程總表中得知爾後第三、四學年，數學內容還涵蓋大學必修的微積分；第二至四學年每週排四節數學堂課，愈來愈深，愈來愈難，我班同學已開始面無笑容了。

　　我班五年制的第二學年開學後講授的中外史地，讓我弄清黃埔海校的校史，對靖海鎮江創校的曲折過程，有更清晰的輪

廓。粵洋水師為培育洋務人才，兩廣總督毛鴻賓於清同治三年（1864 年）籌銀十五萬兩，發商生息建館興學，招募幼童修習洋「文」，擇址於廣州名曰「同文館」，是為黃埔海校的前身。

清光緒三年（1877 年）同文館兼習「西」方制器練兵，晉名為「西學館」並遷館址至黃埔島平崗壚。清光緒八年（1882 年）西學館亦施教海防「實」務，故易名為「實學館」，敦聘知名鐵道工程師詹天佑（清國福建船政後學堂駕駛科 1883 年班）前來擔任教席。法清戰爭之際，兩廣總督張之洞巡視實學館，認為資優生徒「博」學多聞足堪造就，遂更名為「博學館」，教學方式採英國皇家海軍學院之軍官養成制度。

法清甲申海戰後，朝野體認到海防固然首重水師兵輪，唯要域武備所需之陸師火器也同等重要，兩廣總督張之洞遂於清光緒十三年（1887 年）上呈奏摺，略謂粵省位處南洋首衝，須兼籌海防與邊防，水師與陸師的將才培育較他省尤急。經聖諭博學館增設學科、增建誦堂、增聘洋籍教席並改銜博學館為「黃埔水陸師學堂」。第一期水陸師學堂陸師學生十八名、水師學生十三名，於清光緒十六年（1890 年）畢業，其中駕駛科譚學衡任官後，累功在清國陞任海軍大臣，民國肇建時曾任北洋政府海軍部總長；清末的海軍大臣與民初的海軍總長，官等均為正一品，相當於上將。

清國為培育新軍的初級帶兵官，粵省率先於日清甲午戰爭直前將廣東陸軍速成學堂改制為廣東武備學堂，培育邊防的新軍帶兵官，故「黃埔水陸師學堂」於清光緒十九年（1893 年）遭縮編為「黃埔水師學堂」，捨邊防專習海防。兩廣總督岑春煊於清光緒三十年（1904 年）在黃埔島遍設造船廠、水雷局、魚雷局，

故將「黃埔水師學堂」擴編為「黃埔水師魚雷學堂」。隔年朝廷認為清國長年積弱不振、游民四竄，乃肇因於國民普遍缺乏實藝教育，故聖諭各地軍校附設工業學堂，招收生徒習一技之長；一年後，黃埔島的「黃埔水師魚雷學堂」又改制為「黃埔水師兼辦工業學堂」。

　　民國肇建後的臨時政府認為工業與水師性質迥異，工業專科與生徒不宜置入軍校施教，應轉至新設職校就讀，故黃埔島的「黃埔水師兼辦工業學堂」於 1912 年再度縮編易名為粵省的「海軍學校」。1917 年春，北洋政府海軍部接濟黃埔島的「海軍學校」並籌補師生糧餉、購置教學設施；北洋政府為與烟臺、江南、吳淞、福州等地方海校名銜對等，遂將黃埔島的「海軍學校」加註地名為「廣東海軍學校」（廣東海校）。

　　1922 年，中央與地方財務空虛，致廣東海校缺預算無糧餉，待第十七期航海科 1921 年班黎尚武等三十八名海校生畢業任官後，就暫停辦學。兩年後，國父在廣東海校原址設置黃埔軍校；1928 年國民革命軍北伐完成，此際國民政府與黃埔軍校雙雙北遷首都南京。由於廣東軍閥勢力再興，故廣東海校停辦九年後，南天王於 1930 年在舊址復辦「黃埔海軍學校」，延續廣東地方海軍的軍官養成教育。

　　第二學年轉眼就過完，1936 年 6 月，黃埔海校第二十期（比敘海校航海科 1936 年班）陳厚立等三十五名學長畢業離校，學校僅剩下第二十一期輪機科江肇棠等三十位學長及我班第二十二期軍事科兩個年班而已，全校學生人數剩五十六人，炎炎夏日又開始二年級的暑假，我仍選擇住校。6、7 月間，廣東政局也發生驚天巨變，有關粵省更革的幾件大事，分別記述如下。

　　「國民革命軍第一集團軍海軍司令部」這個怪奇名稱，代表一段很詭異的變革，粵系海軍是廣東軍閥的陸軍附屬品，有長達七年的曲折巨變。粵系海軍原本是廣東地區的海上武力，百年來自成一個小局面，不為近代海軍史學家所重視，致其祕辛漸次湮滅，我謹在此略述其經緯，供從事蒐集近代海軍史料者參用。

　　1936 年夏我在黃埔海校第二學年結束時，身障的「海將」張之英已就任廣東海軍司令四年餘。南天王陳濟棠自從掌控廣東這塊富庶之地，適逢全球經營大蕭條巨變，苦思如何財源滾滾維持既往豐厚收入；家中排行老六的南天王任命五哥陳濟湘（俗名陳維周，清國欽廉警察講習所肄）擔任「兩廣鹽運署」鹽運使，可獲食鹽巨額差價之利潤。須知民生食用鹽不只沿海居民所需，連湘、桂、贛、黔、滇等內陸諸省，民生必須的食用鹽皆仰賴自廣東進貨跨省銷售。

　　廣東的輕工業較其他省分先進，工業所需原物料及出口成品，連同舶來品洋貨，均由洋人把持的粵海關守緊國門。洋人對進口洋貨先抽關稅再稽徵貨物稅，剝完兩次皮才准放行運銷內陸各省，出口成品亦由洋人稽徵出口稅始准裝船駛離；上揭進出口關稅均由洋人海關上繳中央，償還列強依不平等條約索償的外債。

　　對軍頭陳濟棠言，懾於洋人淫威，海關稽徵的關稅碰不得，南天王遂勾結擅長面相堪輿的五哥陳濟湘，於 1935 年初花港幣三十萬元洽購船齡僅十五年的英製千噸級商船 SS LiLa 號，加裝新式一二〇毫米英製艦砲，以陳濟湘俗名維周命名為海「周」號武裝公務船。同時亦向廣州廣南造船廠訂製兩百噸級海「維」號武裝公務艇行駛淺水江河，再花港幣十萬元標購英國怡和洋行的兩千三百噸級舊商船，改裝為永福號武裝公務船，行駛珠江出海

口深水區，三艘船艇納編入兩廣鹽運署掩人耳目，實則運載大宗高檔洋貨走私從中抽頭，連海關都對鹽運署武裝公務船艇公然走私莫可奈何。南天王還漂白鹽運署的永福號武裝公務船，作為黃埔海校未來招考新生入學後的見習船，我班同學還登船參訪過。

南天王更將廣州市河南劃為賭博區，「番攤館」（粵語指賭場之謂）林立，由「社團話事人」（粵語指黑社會幫派角頭之謂）廣東賭王霍芝庭包辦，賭稅日獻萬金。上揭販售食用鹽巨額差價、走私貨物與徵收賭稅三大財源，充實了南天王的金庫，整軍經武才有譜。至於廣東開徵的田糧稅、房捐地稅、商店營業稅及牌照稅等，相較之下均乃蠅頭小利，一向歸屬省政府及縣市等地方政府所有，軍頭不沾其油水，也不擋父母官財路。

陳濟棠控制三大財源，自1929年以來軍費自給自足。南天王行事可謂聰明絕頂，甫奪得軍政大權，不宜多樹敵人，因而主張與周邊軍閥和諧共處，實則防範桂軍、閩軍、湘軍侵粵，並依照中央編遣頒布之第一集團軍番號，自任總司令並修編其所轄部隊。南天王加強原有三個軍級部隊裝備外，還暗地大幅擴編私兵的武裝團隊，讓蔣委員長始料未及，以下是南天王第一集團軍擴軍後各級部隊編制。

第一軍軍長余漢謀（保定軍校六期步科）駐韶關，師長為保定同窗葉肇、莫希德與鄧龍光；第二軍是陳濟棠的嫡系鐵衛部隊駐湛江，基層官兵均來自南天王故鄉粵西防城周邊欽州府、高州府、雷州府、瓊州府等下四府各地，軍長由南天王交給副軍長張達（保定軍校六期步科）升任，師長為保定同窗李漢魂、巫劍雄（欽州講武學堂九期工兵科）與李振良（西江陸軍講武學堂十七期）。

第三軍軍長由燕塘軍校中將代副校長李揚敬（廣東陸軍速成

學校三期步科）駐汕頭掌理，師長為黃延楨（保定軍校九期步科）、黃質文（清國廣東陸軍速成學校）與張瑞貴（清國欽防軍官講習所肄）。

以上三個軍、九個師是中央編遣會議認可的部隊，南天王將其招滿員額、編實裝備，軍長、師長都是爾後抗日名將，粵人均耳熟能詳。

南天王暗地增編私兵的武裝團隊有：第四軍由黃任寰（清國廣東武備學堂二期）之獨立師擴編而成，黃內升軍長；再增編第五軍由繆培南（保定軍校六期步科）駐廣州市之教導師擴編而成，繆內升軍長。另籌備成立第六軍，內定燕塘軍校中將軍務副校長杜益謙（保定軍校六期）為軍長，唯校軍擴編的第六軍遲遲未能成軍。

此外，南天王另有一個獨立旅，旅長為陳章（廣東陸軍講武學堂十五期砲科），一個警衛旅，旅長為陳漢光（清國廣東護國第二軍講武學堂十二期），一個砲兵團與一個戰車營，陸軍總計兵力七十個團級部隊，正規兵力約二十五萬人。至於廣東省財政廳還有四個鹽警團與兩個緝私特務營，連同省、縣、市地方警察、武裝民團，南天王擁兵五十萬大軍，已經超過一個省所需兵力實在太多。

畢業自美國紐約寇蒂斯航校首屆的張惠長，被南天王延攬為原廣東獨立軍種之空軍首任總司令，但於 1932 年「被離職」，改由同是留美的黃光銳少將出任降編為第一集團軍附屬的空軍司令。廣東空軍擁有各型飛機一二六架，其中三分之一為新式戰鬥機及轟炸機等實用機，編成兩個獨立隊，餘為運輸機、練習機及一戰期間老舊飛機，另編成五個獨立隊。

　　1936 年廣東發生「六一事變」。事變的遠因是南天王兵力過度膨脹、擁兵自重招忌所致，其近因該從這年年初國內政局動盪說起。黨國元老胡漢民於是年元月從歐洲返國，中央遂派大員居正迎胡漢民赴南京共襄國是；南天王親率西南政務委員諸公勸駕，懇請胡漢民棄南京返廣州主持大政，與中央分庭抗禮。胡漢民是廣東番禺人，遂決定留在故鄉拒絕北上支持中央。

　　不料胡漢民於是年 5 月腦溢血猝世，開祭之日冠蓋雲集，黃埔海校全體官生亦停課一天，我們穿著夏季白色軍常服，黎明搭校船到廣州，步行至西南政務委員會之靈堂祭拜。中央亦委派大員孫科、居正等來粵致祭，蔣委員長亦致輓額四字曰「聰明正直」，治喪委員會製作紅色霓虹光管「聰明正直」四字懸於靈堂入口，足見西南政務委員會對蔣委員長尚維持表面的崇敬。告別式中，南天王有始有終地全程守在靈前，不像某些方面大員鞠個躬應個卯轉身就離去，陳濟棠敬老尊賢的態度，令我們在場的後輩動容。

　　胡漢民之喪禮可謂生榮死哀，他遺囑中有句話：「非抗日無以圖存」。南天王藉此祭典勾結桂系，組成「粵桂救國軍」約四十餘萬正規兵力，於 1936 年 6 月 1 日發起全國軍民立即參加抗日，暗指蔣委員長忙於「安內」清剿共黨、疏於「攘外」抗擊入侵之日軍。中央值此剿共關鍵時刻，力勸粵桂救國軍切勿輕舉妄動。而兩廣軍頭則認為自從中央簽署喪權辱國的《塘沽協定》與《何梅協定》後，日軍侵華態勢已甚明顯，若不抗日，則必遭滅國矣。

　　中央與兩廣文電往返互相辯駁，各說各話，並各自動員新聞媒體以助聲威，了無寧日，國家再度瀕臨一觸即發的軍閥混戰局

面。兩廣依原定計畫誓師出兵抗日，廣東的粵桂救國軍由第一軍軍長余漢謀陳兵江西省大庾鎮，廣西的粵桂救國軍由桂軍白崇禧（保定軍校三期步科）深入湖南省境零陵鎮，兩路部隊均請中央指示抗日作戰路線，並請中央發給餉銀、糧彈。在我看來，粵桂軍頭哪有真正動員部隊作抗日整備，根本是藉抗日之名達致北擴版圖入湘贛省境攻城掠地之實。至此，「六一事變」已發難出兵，中央則力求容忍，以待轉寰時機之來臨。

南天王賴以掌握空優的廣東空軍，在戰雲密布之際，中尉飛航員黃志剛（廣東航校六期甲班）突於 7 月 6 日率先帶領廣東空軍最新式之戰鬥機及轟炸機七架，北飛投效中央航空委員會（航委會，中央空軍對外的名銜），不願捲入軍閥混戰！同日，粵軍第二軍副軍長兼師長李漢魂悄然離職，以明哲保身。13 日，粵系海軍魚雷艦隊中校隊長梁康年（烟臺海校駕駛科 1924 年班）宣告反對南天王打內戰，率一號 PT 魚雷艇艇長鄺民光、二號PT 魚雷艇艇長鄧萃功（兩人均為黃埔海校航海科 1932 年班）駛往香港避戰。

14 日，廣東部隊主戰兵力第一軍軍長余漢謀突然接受中央委派為廣東省綏靖公署主任兼國民革命軍第四路軍總司令，在江西省大庾鎮駐地就職。最令陳濟棠難堪者，是昔日與南天王共打江山的第二軍軍長張達，竟於同日在廣州市發表聲明歡迎第四路軍余漢謀總司令回粵主政，等同削掉南天王的職權！18 日，空軍司令黃光銳再率所有妥善機四十八架集體北飛投奔中央空軍，海軍司令張之英也察覺所屬錨泊艦艇之官兵怠勤，遭中央策反脫離南天王掌握，根本指揮不動。至此，陳濟棠在眾叛親離的窘境中，遂於 7 月 18 日宣布下野，率張之英倉皇避走香港。

　　陳濟棠脫走時，我班同學正放二年級暑假，六一事變是否會對黃埔海校校務與海校生的受教權益產生衝擊，同學們不約而同返校打探消息。其實，我對陳濟棠其它作為相當尊敬、懷念，昔日南天王主政期間，社會治安良好、工商業發達、金融穩定、教育普及故民眾安居樂業，如此政通人和景象長達七年之久，頗為父執輩所稱道。

　　我讀小學、初中的服裝書籍費與黃埔海校的生活津貼，統由南天王供給；他雖從未親自督教，但訓令學生須用功讀書報效國家，若黃埔海校生涉足黃賭毒會館經查屬實，則一律開除。蔣委員長惜才，希望脫走的陳濟棠北上到中樞出任要職，以分擔國政辛勞；八年抗戰及戡亂期間堅決反日的南天王爾後再度從政，對國家的貢獻卓著，這是後話。

　　待鄺民光、鄧萃功學長率 PT 魚雷艇從香港駛返魚雷艦隊基地時，在碼頭受到我們留校後輩英雄式的歡迎。我私下向鄺學長請益，為何南天王主導的六一事變，粵軍在短短一個半月內遭策反像摧枯拉朽般潰散？鄺學長表示，基層官兵多年來對軍閥互鬥十分厭煩，不想再為軍頭的權謀政爭賣命；鄺學長的開示，方讓我體會到在廣東的陸海空三軍，缺乏宏遠的建軍思維，至少在黃埔海校的學程，我從沒學到任何有關軍人武德與指揮道德的精神教育課目。

　　余漢謀回粵主政後，遠不如昔日南天王之威風八面，余總司令的實權，僅限於接掌陳濟棠原有陸軍第一軍部隊之兵權。陳濟棠的陸軍燕塘軍校一向極具規模，能訓練大批軍事幹部與政府官員，事變後遭軍事委員會接管，改為中央軍校廣州分校；中央軍校已在成都、武漢與洛陽遍設分校，唯燕塘的廣州分校是

中央收編首座地方軍閥的軍校。

　　粵系空軍則由中央的航委會派員來粵接收，廣東航校七期乙班好友劉俊告訴我，六一事變後廣東航校已更名為中央航校廣州分校，班隊也改稱中央航校七期；中央航校校本部在浙江筧橋，已在洛陽設置分校，唯白雲機場的廣州分校，也是中央航校收編首座地方軍閥的航校。

　　六一事變平安落幕對海校生而言更是件好事，黃埔海校不再是廣東軍閥陸軍轄下的海校，改由上級兵監機關的軍事委員會軍政部接管督教。此際，廣東軍閥的部隊多了個頂頭上司來督軍監控，這個新衙門叫「軍事委員會委員長廣州行營」，至於這個中央空降下來的新衙門是否指揮得動廣東軍閥部隊，不無疑問。廣州行營竟然設營於黃埔海校內，海校遂將校址之半的實學館騰讓給委員長的行營辦公，正門改由行營掛牌立衛，從此海校官生不准再由正門出入，永無機會溜進歷史悠久的實學館。

　　行營主任由陳誠（保定軍校八期砲科）上將兼，他代表蔣委員長駐粵監軍。海校正門被廣州行營佔用後，黃埔海校校名匾額改懸於校舍之東側門，不過，校船於假日仍利用正門前之碼頭作為離靠之用。

　　行營主任陳誠上將到職後立即接掌粵系海軍，收編了鹽運署走私的三艘武裝公務船艇與省府財政廳三艘巡緝艦艇，重行混編為「廣東省江防司令部」，從此，廣東海軍被降編為廣東省江防司令部，海軍變江軍。江防司令由虎門要塞司令馮焯勛（保定軍校一期砲科）中將接充，陳策則從中央回鍋接任虎門要塞中將司令，以近百門逾齡舊砲扼制珠江出海口。不過，中央對非嫡系的粵系海軍仍存有戒心，從此對廣東省江防司令部的建軍備戰甚少著墨。

二、日軍侵華海防盡失　海校後撤女友離散

第一學年艦訓　　第三學年校閱　　第五學年畢業

圖 3.4　1935 年至 1939 年黃埔海校第一、第三、第五學年期間作者的海軍學生工作服與軍便服（鍾漢波數位典藏）

　　在新設委員長廣州行營後，中央立即僱用民船數艘，運載中央軍教導第二團及其裝備駛抵黃埔下卸，派出兩個營的兵力佔領黃埔島對面廣州各渡口，作為廣州行營外圍警衛之用，教導第二團直屬部隊鎮守海校內外，防止廣東地方軍閥部隊渡江攻入黃埔島。斯時南天王的第一集團軍遭裁撤，廣東地方部隊建制被打散、打亂，甚至調離粵境避免群聚割據；廣東空軍飛行部隊被調離粵境整編，縮減為六個飛行中隊納入中央空軍。

　　廣東省遭中央接管後，採軍、政、經分離各自獨立運作。省政府方面，由中央派黃慕松（日本陸士支那留學生六期工兵科）擔任省政府主席；而地方首長如市長、縣長，亦由省府黃主席選派任免。至於財經方面，舉凡鹽稅、貨物稅等國稅亦收歸中央，賭稅則因屬行禁賭而停徵。這是南天王下野後，廣東一省之政軍大權被清洗改由中央主導的大略經過；事變之因果及雙方謀略，

極其複雜，我雖身歷其境，亦僅能記憶其梗概而已。

六一事變後，李宗仁、白崇禧等軍閥所率之桂系第四集團軍二十餘萬正規軍，得知南天王下野，就將前鋒部隊自湖南省境撤回。好在桂軍上下同心齊一對抗中央，遂能退避封關自守，完整保住廣西省桂系軍閥的一片江山。六一事變平安落幕對我而言是件好事，軍閥掌控的粵系海軍，總算回歸到軍事委員會手中。我一心只想趕快畢業任官，上艦巡海報國，環航全球三大洋、乘長風破萬浬浪。

我入學後隔了兩整年，黃埔海校才招考初中畢業生兩班，學制四年，足見陸軍主掌的粵系海軍並不重視海校教育。這批新生即第二十三期航海科胡楚衡等三十七人及第二十四期輪機科曾妙錦等三十九位學弟。他們適逢六一事變兵制混亂，無暇接受南天王陸軍燕塘軍校的六個月入伍教育與三個月艦訓見習，這兩個班隊浩浩蕩蕩隨委員長廣州行營幕僚，搭軍差船來校入學。在新生隊伍中喜見黎國炘學弟也入學，我在中大附中讀初三時，他讀初一。這時校園共有四期海校生在校，成為黃埔海校全盛時期，學生總人數達一三二人之多，是為校史上前所未有之盛況。

省江防司令部能出海巡守大洋的軍艦加總僅有三艘，即艦齡三十七年的七百噸級英製 PG 海虎艦，查扣並改裝鹽運署的英製 PG 海周艦與永福運輸艦（Light Cargo Ship, AKL）。江防司令部另有新式淺水巡邏艦（Patrol Craft, PC）如查扣的兩百噸級海維號、港製執信號與堅如號；淺水巡艇（Patrol Yacht, YP）如港製五十噸級巡艇仲元號與仲愷號，魚雷艦隊轄有英製、義製 PT 魚雷艇各兩艘，另有二十五艘五噸級內河電船差艇，待修須汰除的艦艇還有十餘艘，這就是省江防司令部全部的艦艇兵力。

前揭艦艇除查扣鹽運署走私的海周、海維、永福等三艘外，都是陳策在總司令任內所籌劃之建軍購案逐年執行的擴編案，與陸軍的鄧龍光、張之英、馮焯勛主政的粵系海軍完全無關。扣除長年失修的 CL 肇和艦與必須汰除的報廢艦艇，粵系海軍三艘軍艦與三十四艘巡艇，總噸位才五千噸出頭，僅及全國四個地方海軍艦艇部隊總噸位的十分之一，局面不大。

自從我考入黃埔海校就讀後，就立下一個堅定不移的願望：矢志當一任的艦艇長，則終生無憾矣。雖然粵系海軍艦艇數目不多，小局面我也有小胃口的想法。每逢週日我都搭乘校船，上午9時許抵達廣州放假，下午 17 時收假搭船回校，如是達百餘次。在天字碼頭前臨河之開闊水域，每見到碇泊了幾乎全部粵系海軍大小各型艦艇，真是令人嚮往。

其中艨艟舊艦如 PG 江大艦、寶璧艦及舞鳳艦，都是上世紀清國的逾齡廢船，這三艘 PG 舊艦幾年來似乎未曾移動過錨位，艦長都是上校編階，以備司令部軍務處、人事處、軍需處及艦政處各上校處長執位搬風之用，這種一級艦艦長寶座，我想都不敢想。

整齊碇泊江面另有新式內河淺水砲艦與巡艇共四艘，即 PC 堅如艦（紀念革先烈史堅如）及執信艦（紀念革命先烈朱執信），YP 仲元艇（紀念革命先烈鄧仲元）與仲愷艇（紀念國民黨黨代表廖仲愷）。這四艘內河砲艦與巡艇作立體密封，若以今日眼光看來，是一艘比康定級二代艦外觀還更現代化的軍艦。其實裡面並沒有什麼搞頭，只是船體密封留有觀測孔，駕駛臺有防彈玻璃方便瞭望，桅頂還設有重機槍防盾塔。

這種密封式的內河淺水砲艦與巡艇，粵人稱之為「火柴盒兵艦」，專門在珠江三角洲清剿基圍內外之「大天二」（粵語指

盜匪之謂），所向披靡，把珠江的河匪殺得片甲不留，綏靖河道確保航安，功莫大焉。YP 艇艇長編階是海軍資深少校，PC 艦艦長編階是資淺中校，我這個海校生卑微的奢望，幻想當個火柴盒巡艇艇長與砲艦艦長，僅此而已；我推想將來幹個艇長與艦長巡守江海保鄉衛國，有了資歷進而上大軍艦或遠洋商船環球航行，應該不是痴夢。

廣東四鄉輪渡公會為感念海軍官兵清剿河匪之恩德，凡穿著軍服之海軍軍官可坐頭等艙、士兵穿軍服者可坐二等艙，不論航程長短均可免票。海校生嘛非官非兵，打個馬虎眼，免費坐進頭等艙也無人過問。豈料抗戰軍興，廣州失陷於日軍，粵系海軍所屬各型大小艦艇或遭擊毀或沉塞阻敵，使我年青時代的美夢破碎無遺，這是後話。

第三學年上學期開學，班長仍由蔡惠強連任；到了下學期，班長交由學霸劉定邦接替。他讀廣東省立勷勤大學附中高二時考取黃埔海校，他的學期成績無人能超越，故劉定邦從此五連莊，擔當爾後五個學期的班長迄畢業。

第三學年全年期間，有兩件重要事項概述如下。其一，在校最高年班的二十一期（比敘海校輪機科 1936 年班）黎樹芬等三十名學長，於 1937 年 1 月畢業，但陸軍出身的江防馮司令對輪機科學長派職上艦服勤非常消極，學長們僅能在廣州市政府渡輪實習，實習結束後也無處可去只能繼續留校，績優者選任為授課教官，餘擔任海校生隊職官。其二，第三學年下學期開學時，梁永煊、李華幹與僑生李榮安三位同窗累計成績「科科肥佐」（粵語指全部不及格之謂），降班留級編入二十三期航海科，本班剩二十三人。

　　斯時我與就讀中大附中高二的永貞學妹持續交往，愛情穩定增溫。我與永貞相愛得刻骨銘心，猶憶昔日我倆曾攀登廣州城內觀音山頂，仰視銀河繁星，等待流星曳光，爭先許願；我倆俯瞰羊城一片燈海，像是讚頌家家幸福團圓。我倆也曾徜徉城外沿河堤岸，欣賞珠江夜景，月光隨人而動，形影不離，凝眸江水清澈滔滔，如同人間無限情長。舊時遊蹤寫景，種種情形只是一幅紙上桃花。我的初中國文老師劉常，曾對我寫的情書讚云：「桃花已薄紙更薄，紙上桃花薄可知！」尤其是對羊城八景，我與永貞時相結伴出遊，相依相偎的情形確實可以大書特書，留為紀念；惜因國難當頭崇尚實際，一切寫景情趣，只好把它暫時擱在一邊吧。

　　三年級暑假循例於 1937 年 7 月 1 日起放假一個月，我依然選擇住校；我搭校船回廣州市與學妹永貞約會；在碼頭巧遇童年玩伴日籍的惠子，她父親是日本山下汽船株式會社駐粵分社的社長，我的日語是惠子教的。婷婷玉立的惠子憂心忡忡地用日語對我說：「阿貴君，家父要我立刻返回內地廣島家鄉避戰禍，待會兒就要登船離開廣州市；家父說日本與支那終必一戰，目前正在加快從支那撤僑返國，真的很遺憾兩國間竟然要用武力解決爭紛。元氣保重呀。」我愣在碼頭上，揮手目送惠子登船返鄉，我只與日軍對戰，日籍平民不是敵人。

　　一週後，震驚中外的七七蘆溝橋事變發生，八年抗戰意外地展開。抗戰之前，中央政府有句口號：「和平未到絕望時期，絕不放棄和平；犧牲未到最後關頭，絕不輕言犧牲。」蔣委員長認為七七事變已至最後關頭，號召全國軍民奮起共同抗日。此際，暑假返鄉之同學紛紛自動回校聽候作戰命令，我於七七事變後回家告知父母，抗日戰事已經發生，會有一段很長的日子不能回家，

但請父母放心，國家興亡匹夫尚且有責，何況身為海校生乎。

　　中日戰爭始於 1937 年蘆溝橋事變，人稱八年抗戰；日本軍國主義挾「布國威於海外、建立大東亞新秩序」之侵華政略，指導「速決戰略、三月亡華」用兵原則。日軍妄圖用兵三個月占我國全境，係指運用長江水系大動脈，先襲取出海口的京滬地區，再快速溯江而上，數日內奔襲華中，數週內奪占上游的四川。中央穿心破斬我軍政中樞後，群龍無首的華北、華南、西北、蒙疆與青康藏地方軍閥，可在三個月內將之各個收編；完成清理戰場後，在華設置親日政權，納入「大東亞共榮圈」。

　　抗戰直前，我海軍雖擁有近百艘艦艇，但近半為清國水師逾齡殘艦如海圻、海琛等舊艦；少數新造戰艦如甯海軍艦備多力分，不易形成優勢戰力，加諸四個地方海軍互別苗頭，聯合出擊談何容易？軍事委員會鑑於日軍制海、制空武力占絕對優勢，我地方海軍若盲目出海求戰，以卵擊石絕無勝算。故而蔣委員長針對日軍溯江西進「三月亡華」戰略，定頒海軍抗戰的基本綱領：「於啟戰時出敵不意，三軍協力斷然擊滅來犯敵艦，爾後針對敵艦，封鎖沿江沿海。」換言之，可用來運輸侵華日軍的長江水上高速通路，以我劣勢地方海軍的「折劍鎖敵」戰術，將之翻轉成處處阻塞的大盲腸。

　　「折劍鎖敵」的戰術，就是請四個地方海軍啟戰後，各自在轄區內拆除江海航標、徵收江輪並點編舊艦如前述之海圻、海琛艦，沉塞於江海航道與港池；再於長江咽喉峽灣處，以主戰艦艇如前述之甯海艦，遂行江面決戰。另於敵後沿江、沿海敷設水雷阻絕日艦航行；舊艦沉塞前，拆卸艦砲由海搬陸變成岸砲，置於沿江要塞化的砲堡封鎖水道。唯地方海軍的四個艦隊啟戰後即沉

損殆盡，極少數倖存的河防船艇狼狽退守內河。

戰時的黃埔海校亦有特別措施，凡暑假在校學生均配發平日上操時所用之國造七九步槍一枝，刺刀一柄，皮製子彈帶一圍。圍帶上有十四個彈袋，每一彈袋內有七點九二毫米步槍彈十五發，每人共領子彈二一〇發，人不離槍，槍不離彈。平日這些槍彈鎖在軍械庫內由陸軍隊職官保管，而今抗戰伊始，隊職官將庫內槍彈木架改置於大寢室兩旁，以便海校生隨時取、放槍枝及彈袋。有效射程達四百米的國造七九步槍都附有槍榴彈發射器，可將木柄手榴彈用槍擲射，射程比手擲更遠；本來海校生每人尚應配賦木柄手榴彈兩枚，隊職官以手榴彈易生意外，暫不配發，等到上火線時再發放。如此，各人雖在暑假，亦須分神保養槍枝及保管彈藥了。

五年制的海校第四學年是 8 月 1 日開學，在我們上課兩週後，淞滬戰場已發生激烈戰事，而廣東方面偶有日機臨空偵察，尚無入襲徵兆；本校師生雖已進入備戰狀態，但仍照表攜槍上課，對於已經來臨之全國抗戰，好似泰山崩於前而不驚。

8 月 22 日星期天循例放假返家探視，父母並未受戰火驚嚇。向父母告辭後，我順路至廣州天字碼頭海軍同學會的辦公室一轉，適遇恩師一哥李鳳台與同學劉定邦。一哥已調陞電雷學校當學生隊隊長，他先帶我倆回黃埔魚雷艦隊基地的艇庫、碼頭、吊臂、油庫與魚雷整備室，由高兩期的基地少尉副官楊汝聰說明參訪的動線是否順暢後，一行三人搭校船又回到廣州天字碼頭待命，搞得定仔與我一頭霧水。

蒙一哥告知：電雷學校的 AKL 改裝練習艦自由中國號，由艦長陳立芬（烟臺海校駕駛科 1916 年班）率領該校第二屆航海

科應屆畢業生四十八人，赴南洋各地作遠航見習，練習艦已靠泊香港，海校生由陸路抵達廣州。他們因抗戰軍興，故搭粵漢鐵路火車北上返校參戰，而練習艦則由陳艦長駛往香港，在英軍保護下免遭日軍劫走。

我倆由一哥帶領，陪同電雷學校應屆畢業生，搭校船往返黃埔魚雷艦隊基地參訪，再赴廣州市粵漢鐵路起點黃沙總站，向電雷學校第二屆學長送行致意；這次陪訪初識該班周非與褚廉方學長，我很羨慕彼等馬上就能執干戈以衛社稷。周學長還告訴我，他原訂要緊隨電雷學校第一屆畢業生的訓練流路，赴德國受訓接收 PT 魚雷艇返國抗日，現在抗戰軍興，出國夢頓成泡影，不無遺憾。聽周學長說，電雷學校的新購 PT 魚雷艇隊在長江阻敵入侵後，再經由鐵道運輸至珠江江面，找日軍再戰，這也是一哥率他們匆忙參訪黃埔魚雷艦隊基地的緣由。

開學後上課的平靜時光就只有一個多月。9 月上旬起，日機開始轟炸廣州天河機場和大沙頭機場，報紙號外說廣東空軍二九中隊由少校中隊長何涇渭（廣東航校三期甲班）親率七架霍克三型戰鬥機起飛攔截，旋遭擊落三架。隨後日機企圖瓦解我民心士氣，就濫炸廣州城區，店舖住宅被炸得滿目瘡痍。日機轟炸廣州時，往返均經黃埔島上空，迫使師生不得不攜槍彈上山疏散；兩個星期下來，日夜跑警報弄到疲備不堪，以致難以聽課。

此際省江防司令部奉中央指示，將現役逾齡艦艇及除籍廢船填充磚石，自沉於珠江出海口，因而我過往三年往返江面錨區的 PG 寶壁艦、海瑞艦與廣金艦，YP 江澄艇、利琛艇與省府財政廳移撥的廣源、靖東巡緝艇，悉數自沉江底阻敵，僅留通往虎門要塞的航道通暢，讓來犯日軍艦船陷入要塞火網遭轟沉，進而

全面阻塞珠江入口。

9月14日起連續多天，日華雙方的虎門戰役在珠江三角洲開打，啟戰那天是週二晨，我在教室內聽到二十浬外的虎門方向砲聲隆隆；隔天隊職官說分明，昨天粵系陸海空三軍協同，合力阻斷日軍登陸虎門企圖。

戰事是這樣的，日軍夕張號巡洋艦率旗風號驅逐艦等四艦，側護甘丸運兵船裝載特別陸戰隊，妄圖登陸虎門占領砲臺，打開珠江缺口進而侵犯廣州。是日省江防司令部檢派 PG 海周、海虎兩艦，帶領兩百噸的省府財政廳納編的海武號 PC 巡緝艦、七十噸的 YP 海鷗艇與四艘 PT 魚雷艇，協同虎門要塞大虎砲臺的要塞砲及留守的三架空軍二九中隊霍克三型戰鬥機，正面迎擊來犯的日軍艦隊。交戰後廣東空軍戰鬥機全遭擊落，逾齡的 PG 海虎艦被轟沉，PG 海周艦艉中彈坐灘重損，上校艦長陳天德（廣東海校駕駛科1916年班）負傷。

虎門戰役期間，逾齡待修的三百噸級 PG 江大艦與舞鳳艦在珠江錨位遭炸沉，兩百噸級的 PC 堅如艦接敵迴避不及亦遭轟沉，殉國的海軍官兵達二十一人。日軍受到出其不意的廣東海陸空三軍激烈抵抗，阻斷日軍登陸進犯廣東企圖，只得撤兵，推遲日軍再犯整整一年。

隔天週三，日機轟炸 CL 肇和艦，該艦早已失去動力長達兩年餘，從未移動錨位。我當時疏散在後山的高崗上，可遙見一公里外日機轟炸肇和軍艦過程。日機落彈似乎未曾直接命中過肇和軍艦，而艦上高射砲也打得滿天爆黑煙，使日機不敢俯衝轟炸。日機高空水平投彈多落在江心與岸際，我在山崗上亦覺爆炸聲震耳欲聾，同時亦感受到空氣因爆炸震波的衝擊。

　　有些野史記載 CL 肇和艦曾高速巡弋珠江，參加虎門戰役抗擊日軍由水路來犯，殊非我親見之事實。戰前肇和軍艦待料失修兩年多，沒修復竟能駛出作戰，匪夷所思。野史謂肇和軍艦在珠江江面參戰往復衝殺，替肇和軍艦平添戰功，原屬美意，但與我親眼目睹該艦兩年來待料失修、錨位從未移動的事實相去太遠。虎門戰役期間，CL 肇和艦的上校艦長方念祖（日本橫須賀帝國海軍砲術學校 1912 年班）竟棄癱艦於不顧逕自潛逃，後遭軍事委員會緝捕槍斃。

　　當天，李校長毅然決定遷校至後方繼續授課，不與來犯日軍對戰，遂下令破壞校內重要設施，遣散匠伕，師生漏夜將衣物、被褥打包，各人自行搬運至校船下層，人員則全副武裝待命。此際，十餘位陸軍隊職官不願遷校退避後方，集體脫出黃埔海校，歸建粵軍余漢謀所率領的新編第十二集團軍去抗日殺敵。所遺隊職官空缺，李校長當即下令由留校的高一期輪機科畢業尚未派職的少尉附員接充補實。

　　校船也失修多日，負責拖帶的海軍 YP 平西巡艇此時已升火待發，校船終於被拖離學校碼頭，從此黃埔海校就永遠遷離黃埔了。臨行匆忙，我竟沒空在戰亂中與家人及就讀中大附中高三的永貞學妹告別，殊為憾事！

三、黃埔海校二度西遷　疏散入山弦歌不輟

圖 3.5　1937 年底黃埔海校三個年班的學生自治幹部在廣東省鬱南縣連灘鎮縣立平民醫院臨時校舍前合影，作者在中排左三（鍾漢波數位典藏）

　　隨後兩週，大編隊日機天天低飛江面，搜索粵系海軍的艦艇展開轟炸，致使 CL 肇和艦、PG 海周艦、PC 海維艦先後遭炸沉。AKL 永福艦趁夜駛離廣州，退避至香港，為避免該艦遭擄，省江防司令部遂將其出售籌措戰費抗日；粵系海軍經費拮据到要賣艦苟存，實乃軍閥不疼、中央不愛所致。至此，省江防司令部可巡守大洋的軍艦全數耗盡，殘餘的 YP 巡艇與 PT 魚雷艇，沿西江上行退避。

　　粵系海軍歷經連續兩週大轟炸，殘存屬艇噸位加總，尚不及千噸，從此廣東省海防形同虛設。我班同學在遷校路途上得知此惡耗，無不掉淚！虎門戰役結束後，省江防司令改由海軍少將黃

文田（烟臺海校駕駛科 1923 年班）臨危受命接替，同學們均表示要痛定思痛，緊隨科班出身的黃司令戰後重建海軍。

　　9 月 17 日下午，海校師生抵達西江與南江合流之廣東省德慶縣城，我十五歲時參加中大附中初中部反日宣傳隊曾路過這兒，此回再訪時始知遷校臨時校址是對岸的廣東省鬱南縣連灘鎮，距黃埔海校八十八浬。南江流域水源出自粵南雲霧山，匯集未曾污染之山溪而成，水清可見游魚；南江之水緩緩向北流入西江，而東北季風常吹向南，是以搭船下行則順流而下，若上行連灘則順風滿帆逆流而上亦頗順暢。春夏無風之時期，就得靠船伕划船。

　　在南江口師生轉搭帆船往南，溯江上行三十餘浬至連灘鎮。帆船中途經過古蓬鄉，有位用全英語講授微積分的留英受訓海軍少校教官陳玉書（廣東海校駕駛科 1916 年班），愛抬槓嘴巴大，明知江岸公路行道樹幹上懸有斗大「古蓬」（粵語指大笨頭之謂）兩字，還要問船家此為何地，梢公答曰：「古蓬阿馬！鄉下那班古蓬都姓陳。」粵語阿馬指難道你不知道之謂，陳教官連忙說：「不是吧，不是吧？」在艙內尚有上校總教官陳祖達（烟臺海校駕駛科 1923 年班）、中校學生中隊長陳祺永（廣東海校駕駛科 1916 年班）、少校人事官陳公勸等，海校生聽到梢公大罵姓陳的長官都是大笨頭，無不竊笑樂見長官出糗，一煞其平日之威風，心中悠然稱快。

　　帆船抵連灘鎮，學生全副武裝起旱，步行約十餘分鐘就抵達連灘公車站，此站為南羅公路（由南江口至羅定縣城）之中途站，頗具規模，建有永久性橫跨公路之遮陽棚，全校師生就在棚下休息，等候命令進駐車站旁半完工的縣立平民醫院臨時校舍。這間縣立醫院，是由委員長廣州行營徵用，撥交黃埔海校作為臨

時校址；當時縣府正在為海校在醫院釘裝木樓板及木梯，斯時物價與工錢還十分便宜，樓板木梯連同上下統舖，海校僅支付材料費與工資兩百多元法幣。

以平民醫院作為宿舍之木造簡易施作，當晚就完工，讓各期學生入住。爛尾樓的連灘平民醫院，非因縣府鎮公所缺錢，而是醫護人員、醫療器材與設備在戰時均無法順利籌獲，致使醫院施工半途停頓等候上級指示，所以黃埔海校撿個便宜遷校於此。由於戰時海校生槍彈從不離身且夜間派出機動武裝巡邏隊，意外使連灘鎮的治安非常有保障，頓時變成夜不閉戶的典範小城，海校遷來此偏鄉，也算是以軍保民始料未及的效應。

醫院前面有個廣場，地籍屬天主教育嬰堂所有，法籍神父慨允將其借予海校生用此一廣場操練，體育課的排、足、籃球，也借用天主堂現成場地設施。泳訓則利用南江江面施教，我們游泳校隊喜歡結伴到「宋貴灘」（又名送鬼灘）游泳，當地人怕鬼，以致人跡罕至，校隊隊員卻喜其清靜無人干擾。說來臨時校址一切生活與黃埔海校就讀時無太大差異，只是香港大學出身的文職教師及北方海校出身的教官紛紛辭職離校，返鄉照顧家眷。而粵籍海軍教官遂晉階補位，如陳祖達上校總教官升任教務主任，學生中隊長陳祺永中校晉陞上校兼代訓育主任。

恢復上課後，隊職官早點名時宣布我班艦訓的逾齡海圻軍艦，於 9 月 26 日自沉於長江江陰航道，冀望阻塞日軍沿江上行入侵我國；雖然我在海圻軍艦遭逢兵變，但三個多月的駐艦見習多少有些感情，聽聞到軍艦未戰自沉，我沉默不語。

在連灘臨時校址安頓後，我急切寄出家書與情書報平安；兩個月過後始接獲親人回函，永貞的情書略以救亡圖存乃軍人志

節，請我勿被兒女情長牽掛分神云云。唯字裡行間，看的出她為我的安危與時局憂心不已。

時值抗戰伊始，為喚起民眾奮起共赴國難，由學生中隊陳隊長核准並指導我們成立「黃埔海校學生救亡歌劇團」。團內分為歌詠組、話劇組與粵劇組，我唱工不夠好，粵劇也得從頭學，我只能參加話劇組。其實不參加分組也可以，同學大都只擔任後臺工作如管道具、拉布幕、充當化粧師、擔任服務員接待觀眾等雜役，不然就跑到臺前臨時串場跑跑龍套如扮演群眾路人，上臺也無須開口；黃埔海校三個年班同學幾乎人人都在歌劇團有份角色，當然，排練、展演逢堂課與操課，陳隊長一律核予公假不必到課。

男團員只多不少，但獨缺女團員，在連灘鎮有間省立喜泉農業職校，我們向其校長道明來意，欲向該校女生徵求志工女團員，惜因該校校風保守、女生不多且不願上臺只好作罷。但在低一期學弟中有三人願男扮女裝，如許江興化起妝來煞是個美嬌娘，嬌滴滴的看得令人發癡、想談戀愛。

這個歌劇團之所以能夠演出，也多虧低我一期的學弟黎國忻，他向西關村一間頗負盛名的「位元堂」藥局鼓其蓮花之舌，募得上好紫色布料縫製而成百呎的舞臺大布幕一幅，上有銀白字，橫額書寫「黃埔海軍學校學生救亡歌劇團」，右有廣告「位元堂養陰丸」六字，左亦有六字，是「位元堂姑嫂丸」，養陰丸專治不孕婦女，而姑嫂丸是婦科隱疾良藥。在商言商，他們贈送之巨大舞臺布幕，視之為廣告看板，既愛國又替藥局作宣傳。

位元堂另外還致贈海校廣告費，海校也託位元堂代購胭脂女妝與各式假髮以便粉墨登場。有了舞臺布幕，可藉之更換場景，

要不然無戲可唱；有了假髮，更可以男扮女裝。此外，又得連灘富家女免費借予服飾，於是歌劇大戲就可演成。我們在連灘一共演出三次，每次展演三天，觀眾人山人海如同廟會；各村村民湧至替連灘帶來經濟繁榮，至於黃埔海校戲棚場租費用，概由當地商家分擔。

我們的演出深獲觀眾肯定，連督教的隊職官也十分讚許。至於演出之效果，則以改良粵劇最為叫座，歌詠次之，話劇則吊車尾；我身為話劇男主角，覺得十分慚愧。此外，團員以短波收音機守聽、記述新聞，抄錄要聞張貼於布告欄，使民眾得知戰況局勢發展，如是戰時海校生的社團活動算是多采多姿。

1938 年元旦連假收隊晚點名，我因盤點歌劇團的道具遍尋不著缺件而遲到，缺件遺失加上點名未到，被值星官記了一個申誡。唯晚點名還少了位同窗李鎮靖，過了一週仍未見人影，黃埔海校訓導處遂向連灘憲兵分隊舉報李鎮靖逾假不歸，視同逃亡遭通緝。未幾同學竊竊私語，謠傳李鎮靖棄學赴陝西延安加入共產黨去「抗日」另謀職涯，同窗遂減縮為二十二人。果不其然，訓導員趁同學上課時，在宿舍翻箱倒櫃，抄出左傾書籍筆記一律沒收，涉案的同學也遭偵訊作筆錄記過處分，軍心浮動不安。

1938 年 2 月，我國的舊海軍體制又有了變革，行政院海軍部被裁撤，在軍事委員會復編直屬的海軍總部，蔣委員長冀望抗戰能激勵派系團結攘敵，就近掌控閩系海軍，卻發現依然指揮不動，閩系的海軍總部與中央及各路殘存的地方海軍依然明爭暗鬥。在戰爭邊陲的黃埔海校，竟不知即將遭裁撤廢校的悲慘結局，這是後話。

4 月中旬，日軍遣小部隊再犯廣東虎門，遭我守軍奮力擊

退；6 月下旬，日軍占領廣東汕頭外海的南澳島。6 月底，我接到一封由湖北武漢輾轉寄來的郵簡，原來是入伍生同梯空軍翁克傑的平安信。翁同學告知，去年日機轟炸廣州市期間，中央航校廣州分校的應屆畢業生，也立即搭機前運至武漢至飛行部隊見習，投入武漢會戰。他說在嚴格的美籍飛行教官把關下，今年 2 月底他畢業任官時，原廣東航校近百位同學被美籍教官汰除一半，能畢業的飛行生剩下五十六位，餘皆被刷掉轉服地勤工作，空軍軍官「飛航員」的稱謂，也改採美軍慣用的「飛官」。翁同學天資聰穎、手腳靈活，有幸通過鑑定成為合格的飛官，此刻正在熟飛俄製戰機，不久就可上陣捍衛長空殺敵！

　　廣東航校在南天王主政期間培育了八期的飛官，超過五百人悉數由中央空軍收編，並肩抗日。憶當年我若航空體檢時喝飽、喝足開水增加兩磅體重符合空勤標準，說不定此際也能駕機抗日呀。至於為何翁克傑同學從歐美製的戰機改習俄製戰機，我向見多識廣高三期的學長上尉航海教官黃錫麟（黃埔海校航海科 1935 年班）請益。

　　他耐心地解釋，七七事變後歐美列強對我國抗日均不看好，袖手旁觀等著我國覆滅，再掠食我國天然資源。唯獨蘇俄深怕一旦我國遭日本鯨吞，蘇俄將與日本在西伯利亞正面對決，故蘇俄主動替我國幾乎犧牲怠盡的空軍重新武裝，全面換裝俄製戰機繼續抗日。由於日軍進犯受阻，英、美、法等南洋殖民列強為使日軍身陷中華戰區泥淖，無法轉用兵力侵奪南洋，遂於俄援大量湧入後，接力將我國亟需的戰爭物資經香港輸入我大後方。

　　1938 年 6 月底，學校下令本班四年級暑假取消照常上課，冀望提前一個月畢業任官殺敵。我於期末考一結束，請准事假兩週

回到廣州市探親。自從我家兄弟倆從軍後，雙親已無租住廣州市都心之必要，全家遂於抗戰開啟後疏散遷返廣州河南尚明里故居。

我大哥鍾漢威在 1932 年職校畢業後，任第一集團軍汽修總廠陸軍少尉技佐。1936 年南天王下野，中央的廣州行營斬除粵軍的機動能量，故汽修總廠被裁撤，家兄斯時累積年資已擢升至陸軍上尉。他由中央空軍接管的大沙頭飛機修配廠收編，但降級為空軍少尉機械員試用。大哥在我請假探親返抵尚明故居時，恰於三日前攜新婚妻子、失寵的母親並帶四歲庶出幼弟漢琪一行四人，隨空軍疏遷至廣西省柳州機場，庶母則在今年初因患頸瘤過世。庶母入家門僅五年，未及教養一對親生兒女成長遽然離世，可謂人生苦短，想是命中注定非人力可挽回也。

在尚明里故居由父親扶養三歲的幼妹寶珍「蘇蝦女」（粵語指女幼童之謂）亦不孤單，她上有祖母凌氏，並有我大伯父、八叔和我的堂兄弟姊妹等十餘人共居，具大家族規模好生熱鬧；全家靠祖田及房地產收租維生，在戰時鄉下日子還過得去。我與父親話別離開故居，這是我此生最後一次與父親相聚。

學妹永貞是年夏已自中大附中高中部畢業，透過范伯父商界老關係，安排她在廣東省工商總會任職，這是永貞第二份正職在商界服務。范伯父自從南天王下野後，已從廣州市府稅務廳廳長寶座降調改任龍川縣捐稅稽徵所主任，范家亦遷往龍川縣老隆鎮，離范家故鄉大埔縣青溪鎮不遠，所以范伯伯欣然屈就小縣微職。而學妹永貞之所以不願隨父遷居，是執意留在廣州市要等我見一面之後，才決定行止。

我告訴永貞我仍在學，無法帶女友一齊逃難，廣州市隨時可能遭日軍入侵，而她家鄉大埔縣是廣東省東陲的偏鄉，對永貞這

種知識青年言毫無發展餘地，且日軍遲早清鄉掃蕩，還是要有心理準備逃難至閩境更偏遠的山區。反倒是我造訪過的港九，那邊英日兩國外交關係尚稱良好，可在殖民地避兵燹。倆人研商結果，她答應考慮我的建議，即刻赴英國殖民地避難。雖說兒女情長，戀人久別暫聚有說不完的情話，但處於戰時，日機天天臨空，我的兩週事假須準時回營，故與永貞短暫相處兩天就匆匆話別，不知此生何時能再相見。

　　以上探親、訪友兩件大事辦完了後，我遂急忙返黃埔海校一行，來回均乘廣州市至番禺縣新造市航線之渡船，經新洲轉搭橫水渡小舟，至黃埔魚雷艦隊基地附近登岸。航途中我親見 CL 肇和艦坐沉在新洲與倫教之間河床錨位，艦上艙面甲板空無一人，顯然已棄艦多時，是乃 1938 年 7 月 4 日我所親見，此情此景讓我憶及三年前就讀黃埔海校第一學年艦訓期間，曾在在同一錨位的肇和軍艦輪機艙見習翻修汽渦輪主機。肇和軍艦於去年 9 月遭日機連續轟炸後，官兵在棄艦時將內艙灌滿河水，遂四平八坐沉於河床上，我待過的主機艙，就在我眼前浸泡在珠江江面下，令我不勝唏噓。

　　我從魚雷艦隊基地登岸，營區人聲沸騰，聽說電雷學校新購的四艘英製 PT 魚雷艇將從武漢經粵漢鐵路撤退至廣東省江防司令部，準備與入侵廣州的日軍再戰。我步行返回母校，見一半校舍已遭日機炸毀，我無心踏查憶舊，只匆匆從貯藏室取回自己的原文版書籍，搭廣新線的輪渡回頭船返廣州市，又馬不停蹄乘廣三鐵路火車至三水鎮，由此再搭江輪至南江口，坐南羅公路公車返抵連灘，學校已提前開學上課近一週。黃埔海校臨時校址安定如恒，照常上課；7 月下旬，學生救亡歌劇團又再度公演，我參

加演出，觀眾盛況如昔。

　　此時全國對日抗戰已在激烈進行，而廣東省境尚無戰事發生，故教學進度甚為順暢。豈知日軍急襲入侵廣州市，我們又再度遷校，撤退途中所耗時程，全遭提早開學而抵消，到頭來還是沒提前畢業。

　　舉國對日抗戰進口的軍需物資通路有三，依運量多寡首為經香港入粵、次為經蘇俄入新疆迪化、三為經法屬中南半島入桂滇，最後都匯集在重慶大後方；其中半數以上的軍需物資，經由英國殖民地香港進口。日軍避免與英軍正面對戰故不敢奪取香港，乃思考再行攻奪廣州市作為截斷我國自香港進口物資的替代方案。

　　1938 年 10 月 9 日，日軍於廣東省大亞灣登陸，隔週廣州市我駐軍棄守，日軍入城，魚雷艦隊的四艘 PT 魚雷艇陸續遭炸沉，包括我艦訓時參訪過的英製一號魚雷艇。日軍劍指西江準備溯江入侵，師生被迫第二次遷校遠離兵燹，黃埔海校揮別令人懷念的鬱南縣連灘鎮，搭乘淺水民船再度西撤。

　　校租民船順流而下，半天即到南江口，轉乘校船再溯西江上行，航程僅數小時即進入廣西省境，未幾抵達大城梧州市。全校師生換乘帆船三艘，食宿均在艙中，帆船停泊於桂江與西江合流處，休假三天，以便校部先遣人員赴柳州市尋覓校舍。同學都很納悶校舍何以無著？訓育組陳主任始透露，粵系的黃埔海校退避至桂系軍閥的廣西地境，時任參謀總長兼軍事委員會委員長桂林行營主任的白崇禧拒絕配合提供校舍，李校長只得另找關係，四處請託安頓我們師生。

　　候命期間同學登岸遊覽，但見市民行色匆匆，又目睹許多旅客聚攏於梧州江畔渡口，排隊等候渡船橫渡西江至對岸的戎虛

村。據聞難民可從戎虛村搭公車直達內地南寧，由南寧可往鎮南
關進入越南避戰禍。斯時殖民中南半島的法國與日本尚能維持正
常外交關係，越南無戰事。

在梧州市循七年前我參加中大附中初中部反日宣傳隊的足跡
閒盪，無意中有人用法語喊我：「繽珠，阿貴哥！」原來是昔日
廣州鄰居玩伴何月瑛、何月娥兩姊妹，她倆是法屬中南半島越南
西貢市郊堤岸的僑生，我的法語就是何家姐妹教會的。她倆亦急
促赴戎虛村轉返越南故鄉，所見一片逃難景象，令人唏噓。

三天假滿，海校師生分乘三艘帆船由一艘淺水蒸汽動力的
YT 拖船帶纜拖曳，慢慢溯西江上行，兩天之後抵達桂平市。桂
平市也是廣西省大埠，由此西至南寧市，北沿柳江上行可達柳州
市，桂平也是省港華洋雜貨集散地。我們在此停留一夜，等候汽
船加裝薪柴燃料，用薪柴燒鍋爐爐水提供蒸汽動力。桂平市的特
產是臘鴨，而且臘鴨可以分成鴨身各部位零售。我嗜食鴨屁股，
難得有此特產販賣，遂買不少攜回當成私房菜慢慢享用，此種珍
品美味，大多數同學不能接受，如此僻好唯我獨專，不須防範同
學揩油。

第肆章

畢業赴渝青島海校任教官

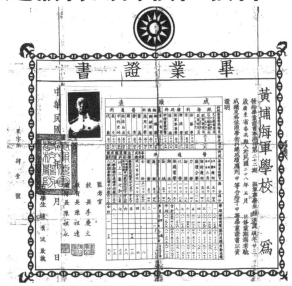

圖 4.1　1939 年 5 月作者獲頒黃埔海校軍字第 41 號畢業證書（鍾漢波數位典藏）

圖 4.2　作者海校畢業後於 1939 年 9 月獲頒首份少尉任官令，由軍政部何應欽部長簽署的人令文號為渝總和（人）字第 9174 號（鍾漢波數位典藏）

一、江海水軍淪為山軍　派閥內鬥裁撤海校

蔡惠強　譚祖德　林迺榮　容國材　黎宗源　區祥驊

黃思研　阮紹霖　林永裕　利錦忠　馮翔志

圖 4.3
（上圖）1939 年 5 月黃埔海校停辦裁撤廢校後憤而離校的蔡惠強、譚祖德、林迺榮、容國材、黎宗源、區祥驊六位同窗。
（下圖）黃埔海校同窗畢業任官後分發至廣西梧州與日軍作戰的黃思研、阮紹霖、林永裕、利錦忠、馮翔志五位同學（鍾漢波數位典藏）

　　壞消息又來到。隊職官集合全校同學訓話，略以廣東省江防司令黃文田少將率殘餘巡艇與日軍周旋，決定不再撤退保存戰力。黃司令於廣州市淪陷一週後的 10 月 21 日起，在距離廣州二十五浬的三水鎮西江馬口江面，出動十四艘殘餘艦艇與來犯日軍對戰，此舉雖為退無可退的正面迎戰，但在毫無空優下求戰無異以卵擊石，各艦艇遂遭日機追艦炸射。

　　PC 執信艦與 YP 仲元、仲愷、湖山、飛鵬等巡艇先後遭炸沉，

高六期的執信艦中校艦長李錫熙（廣東海校航海科1919年班）、高七期的中校副長林春炘（廣東海校駕駛科1916年班）、高四期的中尉槍砲員周超杰（黃埔海校航海科1935年班）等官兵計二十三人殉國，僅九十噸級的YP平西艇率電雷學校撥交的PT魚雷艇、雜役電船與舟艇溯江上行疏散，廣東省江防司令部形同全軍覆滅！

聽完隊職官的說明，全校同學啞口無言，悲慟莫銘。我環顧周邊起伏的山巒，粵系海軍經一年前的虎門戰役，再經這個月的馬口戰役雙雙失利，讓我覺得距離「加入海軍就可環遊世界」的夢想更遙不可及！不過，軍人沒選擇戰場的權利，身為海校生那就繼續用功讀書，抗戰到底吧。

我們全校同學從廣西桂平市搭船溯柳江上行，未至柳州市前，先抵達象縣石龍鎮，YT拖船因吃水深，不能再溯江而上，海校師生則全副武裝在石龍鎮起旱以減輕帆船載重，帆船則改用船伕人力拖曳至柳州市。由石龍鎮至柳州市約五十餘公里有公路可通，不過班車太少，海校師生採取戰備行軍，中途在一處穿山峽谷的鄉野露宿一霄。我們以禾稈鋪在晒穀場為床墊，蓋軍氈以手帕覆面，以防露水及蚊蟲叮咬。鄉民非常熱情供熱水浸腳，以備翌日再出發，部隊過境鄉民供應糧水不收分文，可見鄉下農民風俗之淳厚及抗戰時期民敬軍之一般。

第二天師生全日步行約三十公里，傍晚終於抵柳州市，在官辦農民銀行倉庫二樓住宿一霄，因樓板積塵太厚，入睡後微塵刺鼻，噴嚏之聲彼起此落，一夜不得好睡。大哥與慈母落腳在鄰近的柳州機場，但我身在遷校隊伍不得脫隊請假探親，就算准假我未必在亂局中能找到親人，那就等校址安頓好再說吧。

第三天離開柳州農民銀行倉庫，再全副武裝行軍三天到廣西省三都墟，這是黃埔海校第二次遷校的臨時校址。李校長與富裕地主協議，日夜檢派海校生武裝衛哨機動巡守地主周邊良田以軍保民，遂免費借得地主的糧倉三間，將之打通為三個年班的教室，並以地主的宗祠作為全體學生寢室，以禾稈鋪地為床墊，因祠堂的地勢頗高且通風良好，故不潮濕，國難當頭，大家也不覺得簡陋；地主還請工匠接水通電，讓海校生安心讀書。至於在校服勤高一期輪機科畢業學長，一直跟著海校遷徙，他們在三都墟就以官員身分租住民宅。

附近的大塘鎮位居交通要津，北沿山路可至貴州省，南下南寧可轉往雲南省，大塘鎮是乃軍事要地。李校長指出，黃埔海校之所以選三都墟作為再遷校址，就是因為地近大塘鎮，若須再行遷校，則可視情況有北撤貴州省或西遷雲南省之選擇。黃埔海校遷抵三都墟後，並未改變其原來外貌，從空中鳥瞰實在看不出有部隊進駐，故日機數次轟炸柳州市及大塘鎮，均未波及三都墟。

距黃埔海校水路三五〇浬的廣西省三都墟，是原住民壯族世居之地，其語言、風俗、習慣與柳州居民迥異，文化水平不高，墟內僅有糧食店和雜貨店等數間商家而已，若要購買生活用品，須等待墟集。墟期為每旬逢一、四、七等三天，各偏鄉部落來人異常擠擁，地攤百貨雜陳，非常熱鬧但為時甚短，大約在上午 9 時開市，下午 14 時收市。

遷校三都墟待一切就緒後，已是 11 月上旬。我班繼續上課補足遷校旅途耽擱的教學進度，總算依課表完成五年級上學期學業，準時舉行學期期末考。1938 年 12 月 16 日，廣東省江防司令部遭降編為廣東省艦務處，改隸廣東綏靖主任行署；殘存的船

艇，含 YP 平西、南康、陳特艇，還有六艘雜役電船與電雷學校
PT 魚雷艇，全因缺料失修先後報廢除籍。原江防司令黃文田少
將轉任無艦無艇的廣東省艦務處處長，江軍淪為山軍。

　　母親緊隨大哥西遷柳州機場落戶，但距三都墟臨時校址也有
近百公里，兩地間無公車通行，山路崎嶇步行單程至少也要三
天，我雖因遷校一直都未收到大哥來函報平安，但思親殷切遂於
期末考結束後請准兩週探親假步行到柳州，在柳州城南十公里的
機場四處打探大哥駐地，一週後終於在原廣西航校校區的飛機棚
廠一角見到親人，大哥在基勤大隊之車輛機具中隊服勤。

　　生性宿命的母親在農村舊社會與父親結髮，但在廣州新社會
增長見聞；父親娶妾後，失寵的慈母一方面守舊認命，另一方面
也想離家。適逢大哥隨軍撤退西遷柳州，母親遂毅然決然捨夫從
長子。我與母親共進晚餐留宿一夜後，隔日拂曉話別親人當即步
行返校銷假。

　　1939 年 1 月，我終於在三都墟臨時校址收到學妹永貞的來
信；她為免遭兵燹，於日軍攻入廣州市前夕辭去工商總會職務，
堅強地走避至香港殖民地。永貞雖貴為廣州市府稅務廳前任廳長
的掌上明珠，但她沒有富家女的嬌縱習氣，勇敢單獨面對逆境人
生，在香港馮強橡膠廠「寫字樓」（粵語指商辦之謂）找到祕書
職。於焉，戰爭愁霧中，戀人又恢復魚雁往返。

　　在山窮水盡的三都墟臨時校址，完全沒有球類體育活動的場
地可用，這也難不倒體育教官，他們規劃了約三千米沿小徑的跑
步路線，不論晴雨每天清晨所有海校生都要全付武裝跑一圈。步
槍實彈靶訓，選在人跡罕至的三都墟外，海校生分批每天在山凹
執行靶訓，將庫存即將過期彈藥耗掉，讓槍響迴聲敲山鎮虎，威

儳周邊山賊土匪等不肖之徒。不過，我從入伍教育到海校就讀都第五年了，打靶始終不是我的強項，即便累計打掉近千發步槍彈，我的命中率從未超過四成。

1939年清明節過後，廣東省艦務處再遭改編，少將處長黃文田去職，艦務處易名為江防處，設營於廣西省梧州市蝴蝶山的省立廣西大學理工學院舊址，隸屬委員長桂林行營；江防處專司水道布雷兼辦江河稽徵交通稅，由桂系軍頭白崇禧派資深少將徐祖善（清國江南水師學堂管輪科1909年班）接充處長職。斯時我班就讀第五學年最後一學期，隊職官說江防處這個部隊將會是我班畢業後任官唯一的去處。

晴天再度霹靂！5月初黃埔海校奉軍事委員會《文號辦一通》電令，略以「查黃埔海軍學校在校生無法實習，畢業生任官又無法分發派艦，甚至因海校一再遷厝連泳訓均無法施教，著該校即刻停辦，所有學生按其志願分發入陸軍砲兵學校或中央軍校步科繼續施教，校產公物、器材、槍枝、械彈、校車、校船，成立保管組保管，所有官兵列冊聽候安置，合行令仰遵照。」文號辦一通電令，是代表軍事委員會電「文」，電文的字「號」來自兵監機關軍政部「辦」公廳第「一」處交「通」科，黃埔海校將此電文抄錄貼於公告欄上，這是很多年前的舊事，我僅憑記憶，文句或有所出入，惟文意應無遺漏。

公告一張貼，立即引起海校生騷動憤慨，大家都在質疑，閩系的福州海校生還有殘艦與河船可實習、派職，為什麼我們不可以派往那邊？黃埔海校「被停辦」，難不成是閩系把持的海軍總部對粵系海軍斬草除根？本班二十二位同學當即有蔡惠強、譚祖德、林迺榮、黎宗源、容國材與區祥驊等六人憤而離校不歸，低

班學弟也落跑十三人，包括同窗留級低我一期的梁永煊與李華幹，他們不願被充配到陸軍，均遭學校舉報兵監機關，由憲兵通令全國以敵前逃亡通緝。

李校長是一位標準軍人，對上服從、對下負責，遂將黃埔海校生受業實情上電軍事委員會請命。大意謂全體在校學生合議：懇請廢校後於本學年 7 月底結束再轉赴陸軍各校深造為國效命；尤其第二十二期海校生已修業期滿行將畢業，際此功敗垂成，非常惶恐，謹將下情上達，懇求允准該期海校生在廢校前畢業任官等語。

擔任軍事委員會駐港特派軍事代表的陳策也替我們奔走請命，加諸桂林行營少將高級參議（高參）的老校長姜西園極力斡旋，不久獲軍事委員會覆電，略以本校五年制的第二十二期海校生，於完成畢業考後准予在廢校前任官；四年制的第二十三、二十四兩期海校生，5 月底期末考考完後解散，學生依其志願分發至陸軍砲兵學校、中央軍校與軍事委員會軍政部所屬青島海校，繼續就讀最後一學年的第四學年，餘照前令辦理結束校務。上述命令，海校生大體上都可以接受。

為什麼在校低年級生不能全部轉學至其青島海校呢？自詡為中央海軍的福州海校，早已自福建馬尾西遷貴州銅梓繼續辦學，招募中學肄業生，學制八年四個月的閩系海校，嫌我們黃埔、電雷、青島等三所地方海校學制亂、學生素質差，故閩系海軍對三所海校的師生一個都不收。

電雷學校自江蘇省江陰撤遷湖南岳陽，因其教育長作戰失職遭扣押槍斃，電雷學校於去年「被停辦」。電雷海校生何其有幸，在蔣委員長交辦下，這些委員長的嫡系子弟兵共二一七位海校生全部轉入西遷入四川萬縣的青島海校。至於黃埔海校低年級

在校生跑剩的六十六位學弟，均盼能比照電雷學生全數轉入青島
海校；唯該校因收納電雷轉學生致海校生人數過度膨脹，故僅就
黃埔海校在校生成績前三分之一者，同意其轉入，其餘只能入學
永遠缺人的陸軍各軍校。

　　我班同學順利畢業任官後，除我之外十五位同窗全分發至
桂林行營江防處水雷總隊與掩護總隊，兩個總隊部都設營在廣西
省梧州市，下轄六個水雷中隊與五個掩護中隊，我班五人一組共
三組，遣至各中隊配置的分隊服勤，赴交戰區在敵火下沿江、沿
河布雷。其中分發至廣西省梧州市江防處周邊水域布雷的有黃思
研、阮紹霖、林永裕、利錦忠、馮翔志等五位，分發至廣東省肇
慶鎮水域布雷的有陳慶堃、李北洲、謝炳烈、盧珠光、朱文清等
五位，分發至廣西省省會桂林市水域布雷的有方富捌、劉定邦、
趙慕西、劉次乾、潘植梓等五位。

　　江防處也收容電雷學校與青島海校出身的軍官，當時日軍
已由廣州市沿鐵路向西攻陷三水鎮，斯時桂林行營江防處最前線
在廣東省肇慶鎮，憑肇慶峽據險死守與日軍對戰。而江防處前線
指揮所，則位於肇慶廠排，爾後我班同學炸毀日軍與汪偽政權的
「和平建國軍」（偽軍）等艦艇多艘，屢建奇功。

　　一年後江防處擴編為粵桂江防司令部，成為戰時閩系海軍
總部以外最大的海軍作戰部隊，轄官佐近三百員，軍士與兵卒
一千五百人。而舊海軍的規模約有官佐千餘員，軍士與兵卒約兩
萬四千員，在六百萬國民革命軍當中如滄海一粟，但不論軍種、
兵科，各路地方海軍官兵的抗戰殺敵之志，始終如一。

　　所有同窗都去了桂林行營江防處抗戰殺敵，那我去哪？竟
然是青島海校的教育組少尉附員！劉定邦與陳慶堃分發到前線冒

極大風險在敵前作戰，我卻奉命派職為大後方中樞軍事教育機關服勤。我在校五學年的總成績不怎樣，才八十一點二分，與畢業第一名學霸劉定邦的總成績八十九點六分相去太遠，連第二名陳慶墊的總成績也比我高出一截，甚至我自認最拿手的國文一科，都遭「同上校」（即比照上校軍階之軍簡級聘僱文職人員）教師陳瀟風評定為七十九分。我成績普普但沒奉派前線殺敵，絕非因我是超齡學生在班上年歲最長，當時我實在無法參透奉派此優差不用上火線的原委。

黃埔海校的教官分發至青島海校服勤者，有高三期的上尉航海教官盧宜剛（黃埔海校航海科 1935 年班）、高一期的中尉輪機教官梁茂宣及李大同（以上兩人係黃埔海校輪機科 1936 年班）與學長黃錫麟教官等四人。其餘教官與隊職官則分發至中樞機關、原電雷學校校屬同心、同德兩艘補給艦（Freight Supplier, FS）、交通部修船廠、民生實業公司旗下的江輪、陸軍兵工署、陸軍砲兵學校與中央軍校第四分校（原廣州分校，已自廣東燕塘撤遷廣西宜山）服勤。

至於黃埔海校低班在校生之轉學分發，整整歷時一個多月方告完成。轉入四川萬縣青島海校就學的資優生，有在校第二十三期航海科桂宗炎等九人與第二十四期輪機科陳念愚等十三人。轉入中央軍校第六分校（已北遷桂林）第十六期步科正期班者，有第二十三期航海科黃紹榮與駱耀棠、第二十四期輪機科吳文彬共三人。轉入陸軍砲兵學校（已自南京湯山西遷貴州都勻）編入十六期砲科二十總隊正期班附託代為施教者，有在校第二十三期航海科姚耀書等十九人與第二十四期輪機科郭李殷等二十二人。

師生分發告一段落後，「黃埔海軍學校」正式廢校，永無復

校的機會了。我班同學逃跑了六位，故僅有十六位同窗如期在黃埔海校裁撤前順利畢業任官。迄抗戰結束後「新海軍」成立，當年落跑的同學陸續歸隊，本班有四位同窗補訓拿回學資，這是後話。及至「新海軍」遷臺，考量四所地方海校不同學制的平衡以利統一學資，為求公平起見，「黃埔海校軍事科二十二期」同窗因求學期程長達五年，畢業年班資序蒙被提早學資改敘為「海校航海科 1938 年班」，實則於 1939 年 6 月 1 日我班同學才任官派職。

　　我國近代史充滿了悲劇，列強恣意在國境內橫行，瓜分蠶食我資源，欺凌我善良百姓。尤其近百年來，晚清及民初政府幾淪為次殖民地，被迫與列強簽署了諸多不平等條約。究其原因，乃因邊防空虛，尤其是海防脆弱門戶洞開，任由外國軍隊進出國境。有鑑於外軍的「船堅砲利」，清國乃有籌建水師的倡議，是乃有我國近代正規海軍之肇建。及至甲申、甲午海戰失利，清國不能記取海戰落敗血的教訓，海防仍不受當局的重視。

　　民國肇建後，由於軍閥割據局面形成，加上列強為了既得利益加速分化國人的共識與團結，中央政府始終無法建立集中統一、捍衛疆土的海軍；及至抗戰軍興，沿海防線一一遭日軍突破，戰力脆弱的四支地方海軍亦於開戰之初即損耗怠盡。

　　晚清及民初有近八十年的期間，海軍軍官養成教育的海校，先後竟有十六所之多；學校的分散與學制的差異，是權謀的產物也是時代的無奈。這十六所海校，遍布沿海沿江各省，期間或因改朝換代更名，或因戰亂遷校甚而奉命停辦廢校，但均替國家造就了海軍基層幹部。這十六所跨世紀、跨政權的海校，依序是晚清建置的十一所學堂與民國肇建後新成立的五所海校。

　　清國執政期間設立的有福建船政前學堂與後學堂（1866 年興

學）、黃埔西學館（1877 年興學）、天津水師學堂（1881 年興學）、北洋旅順口魚雷學堂（1881 年興學）、北京昆明湖水師學堂（1886 年興學）、北洋威海水師學堂（1890 年興學）、南京江南水師學堂（1890 年興學）、烟臺練營附設海軍學堂（1903 年興學）、湖北（武昌）海軍班（1907 年興學）及上海吳淞商船學校（1911 年興學）等十一所海校。

民國成立時遞嬗的尚有六所海校，即福州海軍學校、福州海軍製造學校、（黃埔）海軍學校、（南京）南洋海軍學堂、（烟臺）海軍學堂與吳淞海軍學校。民國肇建後始創校設置的還有五所海校，即天津海軍醫學校（1915 年興學）、福州海軍飛潛學校（1918 年興學）、東北（葫蘆島）航警學校後更名為青島海校（1923 年興學）、（福建長門）海軍陸戰隊講武學校（1923 年興學）及（鎮江）電雷學校（1932 年興學）。

儘管這些海校學制不同，唯培育及教學方式多師法歐美先進國家，海校生均予分科施教，主要係以駕駛（航海）科及管輪（輪機）科為主，佔畢業員生的四分之三；其它尚有製造（造船、造械）科及魚雷（槍砲）科。及至民初，海軍艦艇工藝日趨複雜，分工亦趨精緻，乃另有軍用化學科、航空科、軍醫科、無線電（通訊）科及陸戰科之設立，期以建立一系列完整週全的海軍軍官養成教育。以上十六所海校所培育的種種專業海軍軍官人數，迄抗戰結束前，八十年間總人數達三八〇五員之多。

在跨世紀朝代交替的近代史中，造就海軍軍官人才最多的海校，首推歷史最悠久的福州海軍學校。這所福州海校承先啟後，肇始於晚清的閩系福建船政前、後學堂，延續至福州海軍製造學校、福州海軍飛潛學校及福州海校，所培育出的海軍軍官人數，

佔全國的四成。其它較為大型的海校，尚有晚清南洋水師的江南
水師學堂、粵系水師的廣東黃埔水師學堂、遜清北洋水師的烟臺
海校及東北海軍的青島海校。

各海校校史傳承中十分特殊的是廣東黃埔水師學堂，因民國
肇建後將校址讓予黃埔軍校而一度停辦九年。我就讀的黃埔海
校，歷經清國、民國兩個政權，這個地方海校畢業生包括我在
內，合計五一五名。

迄政府遷臺前，黃埔海校的校友在軍旅服勤依功勳晉陞上將
的有三位，一是前揭的譚學衡，二是楊樹莊（清國黃埔水師學
堂駕駛科 1903 年班），曾任南京國民政府行政院海軍部上將部
長，三是陳策，廣州陷共前任廣州綏靖公署中將副主任在任內猝
逝，後追贈海軍上將。政府遷臺前，黃埔海校畢業生晉陞中將的
有潘文治（清國黃埔水師學堂校駕駛科 1903 年班）等四人、晉
陞少將的有李慶文校長等十人，合計十七位海將。

隨政府來臺服勤的黃埔海校校友，在臺依功勳晉陞上將的
有馮啟聰學長一人、晉陞中將的有林鴻容學長等七人、晉陞少將
的有陳宇鈿學長、溫可人學弟等十七人，合計二十五位海將。兩
相加總，黃埔海校畢業生平均每十二名就有一位海將。

黃埔海校從無校歌，但我在校時的學長、學弟每天都唱黃埔
「陸軍軍官學校校歌」，我經常唱頌黃埔軍校校歌，以憧憬黃埔
精神。這首校歌詞曰：

怒潮澎湃，黨旗飛舞，這是革命的黃埔；
主義須貫徹，紀律莫放鬆，預備作奮鬥的先鋒；
打條血路，領導被壓迫民眾；
攜著手，向前進，路不遠，莫要驚；
親愛精誠，繼續永守；
發揚吾校精神，發揚吾校精神！（尾聲56721）

　　這首歌我個人全憑唱熟默記，爾後不論在國內、國外、前線、後方、軍艦、商船，只要聽到校歌，都會熱血滿腔，仿佛又重頭一遍又一遍走過民國多難的歷史。

二、青島海校生鬧學潮　匆忙代理力學堂課

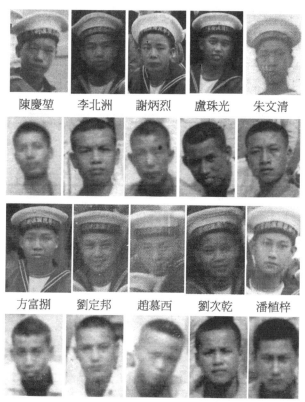

圖 4.4　1939 年 6 月黃埔海校同窗畢業任官後

（上圖）分發至廣東省肇慶鎮與日軍作戰的陳慶堃、李北洲、謝炳烈、盧珠光、朱文清五位同學
（下圖）分發至廣西省桂林市與日軍作戰的方富捌、劉定邦、趙慕西、劉次乾、潘植梓五位同學（鍾漢波數位典藏）

　　我於 6 月 1 日掛階任官，赴四川省萬縣就職需等到 8 月 1 日學年開始方能向青島海校報到，新科少尉被留置於三都墟臨時校址；6 月與 7 月分我的職務與薪餉，因黃埔海校已奉命廢校故無職缺也無糧餉，所以這兩個月分我掛名在委員長桂林行營江防處，當個少尉附員領乾薪。7 月中旬我向江防處軍需室領取人令及差旅費，隨轉學至青島海校的學弟們搭校車離開三都墟臨時校址，沿山徑開赴百公里外的柳州市；學弟們兼程轉赴四川省萬縣的青島海校入學，銜接 8 月 1 日開學的最後一學年，我則留在柳州機場與慈母相聚一週。

　　大哥憂心忡忡地告知，情資顯示日軍即將進犯廣西，空軍準備北撤但嚴令不准攜眷移防，他不知如何是好。我分析局勢，日軍極欲切斷經由法屬中南半島越界輸入桂滇的軍需物資，在不與法軍對戰的前提下只能進犯廣西；中央軍校第六分校因應敵情威脅，已自邊城南寧北遷，桂系軍閥部隊已全面動員，於龍州至戎墟一線迎戰。我安慰大哥，空軍一定會妥善照顧眷屬，您就安心隨部隊移防吧。我與母親話別就趕赴四川省任職，逢此戰亂困局，真不知何年才能與身陷柳州市的慈母再聚。

　　在柳州機場不期遇到搭機離職赴昆明的黃埔海校末任訓育主任陳祺永上校，他告訴我在畢業班上脫穎而出優先派職大後方軍事教育機關的原因。青島海校按照黃埔海校師生比，要求商調黃埔海校廢校後四位教官與一位應屆畢業初官赴任。陳主任說奉李校長口諭擇一位德育、群育表現傑出的應屆畢業生赴青島海校任職，而非畢業班的課業學霸；我五學年的考勤成績九十一點一分，比學霸劉定邦八十七點三分高，我全學程的操行成績八十一點三分，也較學霸劉定邦的七十九點六分略高，德育、群育成績

高下立分明，我的綜合表現奪冠。陳主任鼓勵我赴青島海校一定要負責盡職，替黃埔海校爭光，方不致辜負李校長對我的提攜。

　　廣西省柳州市地處西南公路起點，我要到四川省萬縣青島海校報到任職，必須車行西南公路全程兩千兩百公里，橫跨桂、黔、川三省到達終點重慶，再由重慶乘江輪沿長江下行始能到達萬縣。我 8 月 1 日天未亮就趕抵柳州公路總站，首要之務是在官辦西南運輸處購買車票赴貴州省貴陽市，再轉車往四川省重慶市。一大早我抵達總站售票處窗口，乘客半夜就已開始排長龍；首班車尚未開出，望著人龍數回來，首班車座位根本輪不到我。

　　忽然有人用葡萄牙語喊我：「蹦極亞，阿貴兄！」原來是廣州市立第四十四小學同窗好友雞胸鄭的鄭渭宏。他邀我到票房辦公室小憩，原來，他竟然是官辦西南運輸處柳州站售票主任；這不算頂重要，最重要的是他虛歲二十三且已經娶妻生子，誰謂雞胸的人不能活過十六歲？雞胸鄭是熱血青年，拒絕返回宣告中立的僑居地澳門避戰禍，毅然到大後方參加抗日聖戰，雖因體格欠佳未能如願從軍報國，但交通特考上榜當公務員體現愛國情操，我為他驕傲、為他祝福。

　　看著排隊買票的長龍陣人聲吵雜，他低聲用葡語叫我稍安勿燥，並保證我能搭上首班車，且幫我保留最安全座位，即最前排第一號座位，靠車門最近容易逃生。他勸我購聯票，這種柳州至貴陽轉重慶的聯程車票，不但八五折優待，而且拿聯票去貴陽站劃重慶的座位，還有優先權搭到車。若只買柳州至貴陽車票，到了貴陽轉運站再重新買票就麻煩大了，往往一票難求而等上個兩三天也是常事，我就依言付款請他低調購票。

　　我前後花不到半小時就搭上首班車，離開柳州公路總站時，

我再三感謝雞胸鄭並祝福他闔家平安：「歐比利嘎都，後會有期，雞胸鄭。」多年後我赴美接受兩棲作戰訓練，在加州聖地牙哥市還巧遇雞胸鄭的胞妹，這是後話。

自從廣州遭日軍佔領，經香港把國外採購的機具零件及械彈油料運往大後方已遭截斷；現在五成以上的進口軍需物資，在北越海防港下卸後，經諒山跨國境入廣西省抵柳州市，銜接西南公路運往重慶大後方延續抗日能量。

進口的軍需物資尚有另兩條通路跨國境，除蘇俄援華物資陸運經新疆入境，另一為歐美海運經緬甸新關的滇緬公路入境，再經滇黔公路銜接西南公路送往大後方。這條西南公路軍運大動脈，兩千餘公里的山路完全用人力開闢而成，路基材料僅用泥土和碎石，所以晴天車行塵土滿天飛，下雨就泥濘不堪。

我所乘之班車，車行不久即遇滂沱大雨，在廣西省懷遠縣境翻車，原因是雨中車速太快，過彎時向外傾斜因離心力關係，迴正不及遂釀成翻車之禍。車身側躺，車頭反向，車尾大旋滾，所幸翻車動作極慢僅有兩人受重傷。西南公路之翻車乃屬常事，此種側翻算是不幸中之大幸，我座位緊鄰朝天的車門，故得以迅速爬出離車。旁觀車禍之民眾說此處有鬼魅抓交替，非也，非也；這是道路保養不良，司機又不注意路況在雨中車速過快所致。

夜宿簡陋客棧，由西南運輸處埋單，屬於「未晚先投宿，雞鳴早看天」的三流旅店。翌晨公司派木炭客車來接駁，木炭汽車經常拋錨，有打油詩云：「一行二三里，拋錨四五回，修理六七次，八九十人推。」形容得真絕！8月3日車行至貴州省都勻鎮，再免費投宿一宵，陸軍砲兵學校就在此地。8月4日中午抵貴州省貴陽市轉運站，我持西南公路聯票去劃位，果然劃得隔天8月

5日晨開往四川省重慶市的首班車。

　　8月4日下午趁候車空檔，我赴貴陽警備司令部，拜訪中將司令官余華沐（廣東海校航海科1919年班），蒙高六期的學長余司令官垂詢黃埔海校廢校結束與師生同窗星散情形，並問我有何困難，一副慈祥長者風範，令人感動。我說車票訂好、旅費夠用故沒有困難，完全是仰慕司令官，前來覲見長我二十歲的大學長，向前輩請安而已。他說：「細佬你很會講話，真係個世界仔。」粵語細佬指年輕人、世界仔指做人處世圓融之謂，余司令官與我晤談約二十分鐘後，我就興辭而退。他居然陪我步行至司令部大門口告別，我立正敬禮等余司令官轉身回去，才禮畢離開。

　　守門口的有一官四兵，無不對我側目，守門值日官是一名陸軍上尉，竟而發口令向我敬禮，因而使我受寵若驚！中將警備司令官嘛，在清國京畿內叫做九門提督，官高至正二品，城門監守武弁是個小官；戰時的警備司令部大門守衛由一名上尉帶班，似乎也不為過。

　　在貴陽市候車還有些時間，我就到轉運站旁我國紅十字總會救護總隊隊址，會見鍾靜蘭小姐。紅十字總會由林可勝（英國愛丁堡大學醫學系1919級，戰後調升為國防醫學院首任中將院長）掌理，鍾小姐在救護總隊隊部任文書幹事。她與我沒有任何親戚關係，在廣東鍾家算是大姓，她是黃埔海校高一期輪機科鍾俊民學長的胞妹，黃埔海校遷校時她順道隨行轉往貴陽市任職，故彼此認識。我看到她在隊部勝任愉快，兩人敘舊後我就安心辭退。

　　8月5日上午搭早班車由貴陽市出發北上，路經貴州省息烽鎮，不久遂抵西南公路有名的烏江渡口，等候搭乘擺船渡江。臨江各式車輛大排長龍，擺船僅有兩艘，兩岸對開，每次只能搭載大

車兩輛；由於軍運優先，故我在渡口連等帶渡足足花了四個小時。當天夜宿貴州省遵義鎮，翌晨繼續北行，路上車多塵土滾滾；車經貴州省北部的山城桐梓不停，遠望遷校至此的福州海校，塵埃蔽天矇矇朧朧，隱約可見金家樓的友校，但如霧中看花。

　　8月6日下午，我耗時五天半跑完西南公路全程，抵達終點站的四川省海棠溪，渡長江即達重慶市朝天門，晚上我投宿朝天門附近一家旅店。入夜不久，聽聞全市各警報臺發出空襲警報，旅店主人帶領我這個唯一的房客，前往樓高十二層的官辦川鹽銀行地下室躲空襲。旅店主人告訴我，日機空襲重慶幾乎無日不來。他知我目的地是萬縣，遂勸我沒事就快點離開重慶市，免受日機轟炸驚嚇。戰亂期間，旅店已經很少有房客光臨，主人無可奈何地解釋，旅店收入不足以請個夥計，百事都由客官自己動手；他的家人早已回鄉避禍，旅店是祖產他不得不守住，說不定哪天旅店就被炸塌。我在川鹽銀行地下室躲警報，歷時兩小時餘，未聞隆隆轟炸聲，警報解除後遂返旅店鼾睡。

　　翌晨起床，方知昨夜是十公里外川軍軍閥的四川航校所在廣陽壩機場遭炸，但未知損失如何，市區並未落彈。我清晨首要之務是搭江輪前往萬縣，遂趕往民生實業公司售票處，購得當夜開往萬縣之民有號江輪的船票，子夜前均有多班駁船接船客登輪。船票購妥後，遂回旅店收拾行李付了房錢，將行李暫存帳房。店主古道熱腸，他告訴我如遇空襲警報跟著大夥跑，就可到達防空洞，所幸白晝並無空襲警報，得以安然暢遊重慶。

　　抗戰軍興後，中央政府一再西遷終於定陪都於重慶市，也是全國對日抗戰的司令臺。此地軍民士氣高昂，氣象萬千，有人說能造訪重慶市，戰死也甘心。市區所建的精神堡壘是位於大樑

子的起點，用巨大木方砌釘成六角形，上嵌有標語六句，分別是「國家至上」、「民族至上」、「意志集中」、「力量集中」、「軍事第一」、「勝利第一」。路過軍民無不在此停留片刻環視精神堡壘一圈，心情無不振奮萬分，是乃戰時全國軍民人人所嚮往的地標。此一莊嚴神聖之精神堡壘明信片銷路不錯，各城市書店都有出售。

到了大樑子的盡頭有間小廟宇，在牆壁上漆有黃底紅字佛偈，勸人素食，偈云：「鮮血淋漓味足珍，一般痛苦怨難伸，路人試各捫心問，誰肯將刀割自身」，牆漆遙對精神堡壘，可謂大煞風景。抗戰末期青年軍從軍高潮期間，有瞧不順眼該偈所云之年青士兵，於其後繼其偈題詞曰：「一寸山河一寸血、十萬青年十萬軍、那來閒心談葷素、不如練兵殺敵人！」

戰時國民政府位於上清寺區，是多棟普通建物，不過牌坊很宏偉，上雕刻有「國民政府」四個大字。國民政府主席是黨國元老林森；上清寺區有一巨大宅第名曰范莊，是滇軍軍閥范石生（清國雲南陸軍講武學堂五期）購置的宅邸，門前恒有武裝便衣衛哨逡巡，據云是高官借居之地。整個上清寺區刁斗森嚴，行人稀少無啥看頭，我遂沿嘉陵江畔，順步朝西南走向佛圖關。行至關前仰望刻石「佛圖關」三字凌空雕鏤，巧奪天工，是國民黨黨政軍幹部訓練班所在地，佛圖關後更名為復興關，該訓練班培育出不少政工幹部。政府遷臺後，在臺北北投設立之政工幹部學校（政工幹校，今稱國防大學政戰學院），校址亦定名復興崗，是乃紀念復興關之意。

軍事委員會設在林森路儲奇門附近，佔地甚廣，內有建物甚多，無從一一盡覽。儲奇門的軍事委員會是抗日戰爭發號施令的

機關，也是全國眾望所歸的蔣委員長戰時辦公場所，這才是指揮全國對日作戰之核心陣地；外圍的機構如督導青島海校兵監業務的軍政部，就隱身其內，但難以從儲奇門外窺其堂奧。

我於 8 月 7 日晚搭乘民有江輪赴一八〇浬外的萬縣，半夜啟航以免遭空襲，8 日晨中停長壽、涪陵、酆都等大埠，卸載船客與貨物，入夜再啟航，8 月 9 日晨抵達萬縣。江輪無碼頭可靠，長江水位高低因季節而定，冬天枯水時，江輪的駁船僅能駛近北岸河壩砂灘，船客遂得拾級而上。春暖雪融河水漸漲，及至雨季河水暴漲，水流若萬馬奔騰，水浸百餘階石級，水位幾及岸際低窪道路。

我抵達時已 8 月上旬，江水漸枯，水位亦已距離道路有六、七十階之多；駁船抵達石級，有黃包車伕爭相前來幫忙船客提取行李，我亦不怕車伕順手牽羊，因為戰時軍法甚嚴，「當眾打劫，就地正法」肅殺的標語就漆在沿江河壩高牆上，當時武裝巡警四布，是以治安良好，且和睦氣氛之溫馨，甚於戰前、戰後。

西遷大後方之青島海校校址，是在萬縣獅子寨賀家花園，聽來是一個美麗而又令人嚮往的桃花源。我把賀家花園地址告訴黃包車車伕，白丁車伕卻無人知曉地址到底在哪。但我說要去海軍學校，則車伕人人均知，所以我就很順利地坐上黃包車到山腳轉僱轎子由苦力抬客上山。

轎子用兩根粗竹扎個位子並有靠背甚為輕巧，行李掛在靠背後，由兩位苦力肩扛，他倆似乎不費什麼力氣，還一邊抬轎一邊抬槓說這裡只有「雞哈寨」，沒有什麼「獅子寨」。行行重行行，苦力拾級而上凡兩千餘級，到了隘口空氣清新；入隘口後一片平地，賀家巨宅連連，房舍櫛比不計其數，其中第一間豪邸，

頗有庭園之美，建材亦甚講究，保留為賀家祖厝，其餘全部借予青島海校作為學生宿舍及教室之用。

青島海校後方為古堡式的賀家獅子寨，還要再爬石階兩百餘級；寨上四面懸崖削壁，石級前面的寨門門樓上嵌有青黑色雲石，刻有正楷「雞哈寨」三字，隱約可見新塗的漆金餘痕。獅子寨的賀家確實非常富有，光是梯田插秧就需要十八輛牛車滿載的秧苗。不過萬縣與梁山縣一帶向來宵小橫行，常在偏鄉搶劫，賀家以雞哈寨為城堡避難之所，三百米落差居高臨下，而今四川成為抗戰大後方核心要域，安全上並無顧慮；賀家又將雞哈寨外圍的賀家房舍借予青島海校作為校址，海校的衛哨荷槍實彈以軍保民，更讓山頂的雞哈寨賀家有安全保障。

苦力把我抬到校本部門口，我原以為這所管教嚴厲的日式教育機關的青島海校威武肅穆，卻發現海校既未設傳達室，又無值日官守值，我手持人令問竹搭校門口武裝衛兵，也不得要領。我當場愣住有點不知所措，憶及初入黃埔海校艦訓時，差點遭軍閥綁架至青島海校繼續未竟學業，如今畢業任官又來到青島海校服勤；所以嘛，人生起起伏伏，該是我的青島海校，這輩子想躲也躲不掉。

我回神後只好請苦力將行李提進校門，通過一個白石大天井來到教育組石階下。我付費遣走苦力，正在四周張望之際，巧遇教育組中校主任宋鍔（烟臺海校駕駛甲 1924 年班）出來問我何事，我報上軍階姓名，表明身分我是分發來此報到服勤的，宋主任說你來得正好。原來，校方早已派定我在教育組管理教學儀器並代理教育副官，職務相當於助教。

教育組宋主任的幕僚有祕書、繪圖員，文牘員各一人，連我這

個少尉附員全組不過五個人而已，但組辦公室非常敞大，內有辦公桌甚多，是為各課目教官座位；現場我只遇到黃埔海校老長官少校教官田樾曾，另有初次見面的上尉教官王恩華（電雷學校航海科 1934 年班）、劉廣凱（青島海校航海科 1934 年班）與中尉教官宋長志（青島海校航海科 1937 年班），爾後我到臺灣重返「新海軍」派艦服勤時，在劉、宋兩位長官麾下的作戰艦，足足跑了多趟的臺海戰鬥偵巡。

這學期青島海校各班隊的課表亦已排好，不勞我費心。學制四年的青島海校，抗戰開始時校內僅有第五屆航海科三十五名學生就讀一年級，海校由青島撤遷漢口、宜昌而萬縣。該校未設教育長，由校長一肩承擔全校校務，其下僅設三個組。第六任上校校長劉襄與麾下的教育組宋主任、總務組中校主任方聯奎、政訓組中校主任姚汝鈺，都是烟臺海校駕駛甲 1924 年班同窗。但劉襄官階高人一級而貴為校長，當然不能說他沒有長處，從人事結構看來也無可厚非；本來嘛，東北河防江軍就近延攬烟臺海校早期校友主政，也是理所當然。

當時無眷的官長多住在校部宿舍，因床位有限早已人滿為患，校址後方的獅子寨石階旁，校部租茅舍一間可容三名資淺單身教官住宿。黃埔海校高一期的學長中尉教官梁茂宣及李大同兩位先我一步到職，就住在裡面，我這個少尉助教則住在門口置物間，也恰如其分。

我到職後青島海校已開學進入第二週，應用力學文職專科教師戈本櫛先生，係河北唐山交通大學校友，受不了一再遷校干擾教學，遂掛冠辭職一去不返。因戈老師是「同少校」軍薦級聘僱文職人員，沒有軍職身分無法管制，匆忙間致使第五屆輪機科內

班（五輪丙）應用力學這門課開天窗，無人承教。8月底總務組的主任副官李鳳台少校到我的教學儀器室來找我，恩師一哥原係電雷學校的隊職官，隨學生移編至青島海校，他在青島、電雷、黃埔三所地方海校都當過隊職官，算是獨一無二的青年才俊，深受各派系長官器重。一哥找我的來意，是向校長推薦我去繼戈老師講課。

我驟聽之下，本不欲趟此渾水，但以老長官好意難違，並見其手上所拿之教本是美國普渡大學（Purdue University）卜門教授（Prof. Alfred Poorman）所著1930年出版的英文教科書 *Applied Mechanics*。我一看到這本原文書，如同他鄉遇故知，這本教科書我行囊內有一本，也是黃埔海校學生時代我的最愛，軍事學科類的應用力學與普通學科類的力學共兩百堂的成績，我都有八十分。我隨極盡謙虛推辭，但不敵一哥苦苦催請，遂立下決心應承試教，不過我提出兩個條件，一是給我這個助教三週時間備課，開始代課後絕不接受教官津貼或變相饋贈禮品，若學生要我休教時，我也走得心安理得，二是如果我教完一整學年課程，青島海校應發給我專科教官職歷證明。

一哥笑著說：「唉！滯皮，這算什麼條件嘛？照准！」我表明這是非常重要的條件，含有人格清白與與位階提升的意義在內，而且有煩一哥帶我去謁見劉校長，陳述我所要求的兩個條件。8月14日週一李主任副官與宋主任連袂帶我覲見劉校長，校長非常高興答允我的條件，並感謝我的老長官不費吹灰之力牽成一位應急的代課教官，劉校長還應允，待我授完一整學年課就核發教官職歷證明。

我到差後不久，得到通知准予加入中國國民黨；若未被考核

甄選入黨，在黨軍的國民革命軍內，就甭想向上派職。1939 年
8 月 21 日，青島海校官生兩百餘人在獅子寨校部的大天井集
合，舉行集體入黨典禮，後蒙頒發黨證字號為「軍收字第 13039
號」。提攜我入黨的貴人，是青島海校航海科 1937 年班的徐升
平學長，斯時他任職於軍事委員會交際科兼辦黨務。

設在重慶佛圖關的黨政軍幹部訓練班，由中央黨部祕書長
朱家驊（同濟醫工專門學校電機系 1914 級）主辦，青島海校許
多資深長官得蒙徐升平學長之轉介入班受訓；黃埔海校黃錫麟、
盧宜剛兩位移編青島海校的教官，晉陞少校後也在該班受訓結
業，且蒙蔣委員長賜贈玉照一張，掛在家中客廳，既光采又令人
羨慕。我因資淺沒資格進訓，政府遷臺後，海軍軍官曾在該班結
訓者，多能及早出人頭地。

9 月 1 日週五開學第五週，我到五輪丙教室開授應用力學，
班上的學生有來自電雷學校三年級第四屆輪機科田敬一等四十四
人與黃埔海校四年級第二十四期輪機科彭大雄等十三人。

我在黑板寫了我的姓名和年班出身外，開場白是：「我不
是什麼專科教官，我只是個少尉附員在教育組擔任副官職務，我
這個助教之所以來到班上講授這門課，完全是自願義務代課，幫
助大家研究。我講課用中文，考試用英文，英文講義取材自卜
門教授所著教科書 *Applied Mechanics*；教育兵監機關派人來視察督
課，課表上有我代課，成績亦同樣有我負責評定，樣樣都合乎規
定，我的任務僅此而已。如果在座兩所海校的學弟們認為我教得
不好，可由班代表請我休教，我必回到我的工作崗位，請學校另
聘高明。」

一席話下來，學生們頓覺壓力舒緩。我繼續解釋：「我興緻

勃勃來代課，本著義務講學立場，非但不拿校方分文津貼，而且我會盡心盡力去研究這門學科與大家詳細討論，俾能教學相長彼此有成。至於本課程前面五週開天窗，我找晚自習時段補教；閒話就此打住，現在開始授課。」

　　我就讀中學與海校時，因常寫應用文章有個基礎，過往三週備課期間我早就撰寫好課程計畫與授課講稿；稿寫好了，我反覆預講演練多次，自己寫的文章容易牢記，到時講課不用看稿，因而我的授課頗受歡迎。我擔任應用力學代課教官期間，除班上學生知道我的出身，其他班隊學生甚至大多數教職員都以為我是輪機科畢業的校友返校授課，後來才得知我是航海科出身，都嘆為奇才，我在青島海校浪得海軍才子虛名，實在慚愧。

三、青島海校生鬧學潮　又遭清洗停辦裁撤

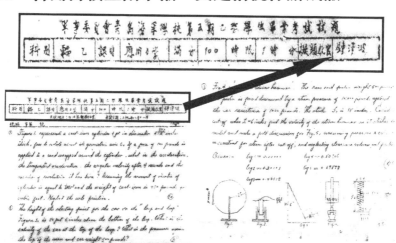

圖 4.5　1940 年 8 月青島海校五輪乙畢業考應用力學的全英文試題，擬題教官為作者，署名在考卷右上角（鍾漢波數位典藏）

　　我開始代課的前一天到班不久，即見有許多海校生臉色陰沉來到校部的大天井，有不少學生越過校部走廊擅自闖入校長室，吵鬧咆哮的鼓噪聲達室外，顯得非比尋常。學潮風波發生後，凡在渝萬之海軍同儕莫不知曉其事，細考原因就必須從各路地方海校學制說起。

　　電雷學校停辦時之在校生學制三年，全數撥入青島海校繼續未竟學業，這包括 1936 年秋入校之電雷第三屆航海科及輪機科各五十九名，還有 1937 年秋入校之電雷第四屆航海科五十五名及輪機科四十四名。因為電雷學校第三屆入學較學制四年的青島海校第五屆航海科入學要早，故電雷學校第三屆學生改稱為青島海校第五期甲班（五航甲及五輪甲），原先青島海校第五屆學生退居為第五期乙班（五航乙），而電雷學校第四屆學生，則改稱青島海校第五期丙班（五航丙及五輪丙），以上共五個班級。

　　我的黃埔海校於 1939 年奉命停辦廢校時，少部分在校資優學弟分別轉入青島海校，在五航丙班有四年級劉立根等九人及五輪丙班有四年級李學靈等十三人，他們在黃埔海校屬四年學制。此時青島海校共擁有海校生二七四名，頓時成為前所未有之巨型海校，所幸雞哈寨的賀家騰出房舍五大間給海校五個班級借用，權充教室，解決了教室荒。

　　青島海校排定上揭五航甲、五輪甲、五航乙、五航丙、五輪丙等五個班級，預定從 1940 年 6 月起五航甲與五輪甲先畢業，年底五航乙再畢業，1941 年 6 月起五航丙與五輪丙最後畢業，並奉中央核定實施公告，馬上就引起電雷學校第三、四屆轉學生一致反彈。原因是電雷學校和青島海校同是招募高中學歷者入學，電雷學校規定就讀三年就可畢業，青島海校卻是四年學制，

故電雷學校第三屆轉學生認為五航甲、五輪甲早應於 1939 年 6 月讀完三年就該畢業，不應多拖一整年到 1940 年 6 月才任官。電雷學校第四屆轉學生也自認五航丙、五輪丙應於 1940 年 6 月畢業，不應多拖一整年到 1941 年 6 月才任官。

校方則認為併校後各班隊修業時程表，係奉中央兵監上級的軍政部核定，依青島海校四學年制施行，不可更改回電雷三學年舊制。於是甲班及丙班的電雷學校轉學生，積壓之失望與不滿情緒爆開，實行請願、談判、抗議，遂成為學校與轉學生間對壘的學潮風波。黃埔海校我的學弟們之學程，也被耽擱三個月始能畢業，但他們人少且是初中畢業入海校，學歷出身就矮一截，屬弱勢族群，敢怒卻不敢言。

後經多方協調折衷，結局是電雷學校第三屆轉學生的五航甲、五輪甲學程縮短三個月，提前於 1940 年 3 月底畢業；電雷學校第四屆轉學生五航丙併入青島海校生的五航乙，雙雙提前於 1940 年 9 月底畢業，電雷學校第四屆轉學生五輪丙改成五輪乙，亦與五航乙同時提前畢業。然電雷學校第三屆轉學生自認還是多讀九個月、第四屆多讀三個月，抱怨依然吃虧。

9 月 16 日週末，電雷學校第三屆轉學生在青島海校修課已超過三年又三個月，再度到劉校長官邸鬧學，請求立即畢業，然雙方卻無法達成協議，校園動盪不安。軍事委員會得知青島海校鬧學潮，震怒下派遣教育兵監高參海軍少將劉田甫（日本橫須賀帝國海軍砲術學校 1912 年班，第二任青島海校校長），會同軍政部所派之督教楊秉離少將來校調查、視導、處理、勸導，坐鎮緩解學潮，歷時五十多天，迄十月底風波始漸漸平息。

由於教職員引導學生提高學習情緒，慢慢沖淡了學潮風波

的影響。電雷學校轉學生難掩失望情緒，只得遵照上述折衷時程表依序畢業。我代課不久，五輪丙轉學生改稱五輪乙，可提早在我授完整學年應用力學後畢業，因此，全班學生的學習意願頓見提高，我的講課愈見順利，期間偶有空襲警報師生須疏散進洞，但次數很少不影響教學進度。

我兼差代課教官過一季之後，始收到學妹永貞自香港寄來的平安信，展讀再三，烽火兩地相隔，僅能靠情書往返維持戀情的熱度。同時我也收到廣州市故居父親寄來的家書，始得知我祖母凌氏於年底病逝，享壽八十有五。憶及我年幼時體弱多病，祖母總是在床邊關懷，見我病到昏昏沉沉都會喊我乳名阿貴讓我回魂；念及祖母的慈愛，她守寡二十四載含辛茹苦把子孫拉拔成長，我衝動到欲返鄉潛入日軍占領區奔喪，唯時值抗日聖戰方興，還是以國家為重，含悲繼續在軍旅服勤。

我赴四川省萬縣青島海校到職時，薪俸依東北海軍第三艦隊規矩，少尉岸職月薪法幣八十元，時值抗戰軍費開支浩大，軍人僅拿「國難餉」的七成薪，每月我實領到五十六元。四年前財政部推出法幣時，美金一元依官匯可兌換得法幣三元，抗戰軍興後財政部無限制發行法幣，兩年前已貶為美金一元官匯法幣四元；待我領得首份少尉月俸時，日本已將小面額的法幣偽鈔倒貨入市擾亂金融體系，致使法幣大幅貶值到美金一元官匯法幣二十八元。

我在校搭伙菜色也蠻不錯，且天府之國物價遠較兩廣便宜；我拿法幣一元交請廚房替我燒隻香酥鴨加菜，食勤兵說錢太多了用不完的，我說請扣除工錢，倘有餘錢替我買些雞蛋，結果香酥鴨燒好還附有一小簍滿滿的雞蛋，足見當時農產豐富物價之便

宜。萬縣產糧食過剩，一至秋涼漫山遍野之果樹橘柑累累，枝椏密掛金黃果實，令人垂涎欲滴，叩問果林主人可否嚐鮮，必蒙允許免費當場摘取潤喉。若私取攜帶而歸，則以竊盜論罪送辦。橘柑製成的水果酒，在萬縣叫作「橘精」，與瀘洲「老窖」齊名，兩者之香醇殊無二致。

1939 年深秋，到差三個月我始收到郵寄來服勤青島海校少尉附員的「人事委派令」（人令），由軍事委員會軍政部部長一級上將何應欽補發。這份 1939 年 9 月 22 日簽署的人令文號為渝總和（人）字第 9174 號，是我軍旅生涯的首份任官令。此際歐戰爆發，德軍毀約入侵波蘭，英法向德宣戰，看來歐美等大國自顧不暇，無力在南洋防範日軍就近侵奪英法的殖民利益，歐美為自保，更會捨棄軍援我國，這使得抗日聖戰進入灰暗期。

1939 年 11 月，一如所料日本為截斷我國自北越進口軍需物資跨境運往廣西，銜接西南公路送至重慶大後方，日軍遣調支那派遣軍第五師團入侵廣西省，與國軍在桂南大戰三個月是為「桂南會戰」，參謀總長白崇禧是桂系軍閥，因作戰指揮不當，致使崑崙關與南寧遭日軍占領，白崇禧遭蔣委員長懲處，從一級上將總長降階為二級上將副總長的閒職。

桂南會戰期間，我非常擔心身陷柳州市進退失據的慈母，所幸日軍攻陷廣西省南寧與崑崙關後，就地固守不再北上奔襲柳州市。隨後接獲慈母的信函，略謂帶領家人隨空軍眷屬躲避兵燹，移居距柳州機場百公里外的廣西省宜山縣偏鄉之野村農舍，與陸軍燕塘軍校眷屬為鄰，戰時原燕塘軍校的中央軍校第四分校，已由廣東省燕塘沿路撤往廣西省宜山縣。

青島海校前方是一條寬闊石街，街上房舍林立，皆為海校官

員眷屬所租居，岩塊堆疊的寨上並無泥地，故不長花草與樹木，人云寨上賀家並無花園，乃屬事實；最奇怪者，在我租屋前的石級途中有一活水山泉，泉池甚闊汲取不盡，足供寨上數千人口飲用。泉水上噴而非下滴，挑伕常取之生飲，從未聞發生腹瀉，是否合乎衛生則不敢斷言。

1939 年 12 月冬至進補，萬縣雞哈寨天寒地凍，單身軍官所住的茅草寮，生了個燒炭的火盆。火盆有三大好處，一是取暖，二是外出回來腳向火盆把褲管抖幾下，把路上所招惹的狗蚤、恙蟲抖入盆中，以免後患。最妙的是在火盆之上可置個鐵架承個小罈，以防星星之火四竄，再將雞腳或鴨翅放入罈中慢慢熟熬，作為隔天餐食加菜其味無窮。若無暇買餚，開門到石級旁的山泉汲水在火盆上烹煮，不但可以調和乾燥之空氣，而且隨時有熱水可飲。

有件趣事還值得一記。一日我隨同一群教官及學嫂們，下了寨到賀家大屋沿山北行，往開縣府方向前行約七公里，到達一村落叫做糖坊去趕集。此行我原無所為只是排遣時光，但見諸位教官及學嫂，左提右攬買了不少山貨土產，我也興起購物之念，遂到豬肉攤買兩三斤溫體上肉，準備以罈熟熬，作為寒冬補品。

肉切好了，肉販又加切約四兩豬肝、豬腎配搭星秤，我說我不買肝腎內臟。須知在兩廣豬肝、豬腎是上好補品，比豬肉貴兩倍，我的意思是不欲購買價格高昂的肝腎，然而肉販卻唸說你不要、他也不要，那麼肝腎誰人要？當我知道豬內臟與豬肉同樣單價後，我說那就多切些肝腎罷，豈知肉販語出驚人地回答：「這樣不成，會壞了行規。」真是令人啼笑皆非。

據聞四川省其它各縣城內傳統市場的肉販行規也是如此，隨後入川的「下江人」（四川語指外地人之謂）愈來愈多，見豬

肝、豬腎相對便宜，遂被搶購一空以致市場豬內臟絕跡。臺灣光復後，早年豬肝、豬腎昂貴歷時三十多年，直到專家檢驗出豬的內臟會聚集致癌物與重金屬，致使豬內臟賤價求售而乏人問津，豈非早年四川肉販已有先見之明，是以賤價求售？

更有趣的是歸途中，有一隻初生不久的黃毛小狗，跟著我亦步亦趨。起初我以為自己手提豬肉及內臟引狗來聞，於是我把肉品交給同伴，但是小黃狗仍然跟著我。我故意在同伴中超前落後或混在眾人之中，都不能擺脫小黃狗的追隨。我好幾次捉住牠調個頭，拍一下牠的屁股要牠往回跑，牠根本不聽，旋即就回頭又找我，可憐這小黃狗跟著走了七公里路，我遂停下來餵牠一點餅食，從此牠就跟定我了。

海校廚房的食勤兵也覺得這小黃狗很可愛，經常餵牠吃廚餘，不到半年就長成大黃狗；這黃狗很忠心，在廚房飽餐之後就立刻回到我的茅舍門口守值，亦很勇敢常與入侵毒蛇纏鬥。我曾患痢疾，晚上多次走到糞坑如廁，牠形影不離守在外頭側護。

冬天枯水期，四川省萬縣長江河壩萬商雲集，沿江各地特產應有盡有。1939 年冬，物價還算平穩，法幣尚未急貶，蘿蔔百斤售價僅法幣一元，的確價賤傷農；橘柑則堆積如山，批發價亦甚低廉，飲食攤販林立，可以隨意小酌亦可大快朵頤，長江河壩是我公餘最愛逗留的地方。

我無酬擔任應用力學代課教官，贏得清譽而備受推崇，但我不逾矩自詡為教官趾高氣揚，課後即回教育組執行副官本職，兼管教學儀器保養維護助教之責。忽有一日，總務組方聯奎主任和教育組宋鍔主任兩人，彼此絮絮爭論不休，方主任說總務組的那具雙筒望遠鏡是否還存放於教育組，宋主任說教育組好像早已將

之移交總務組，各說各話，難有交集。

適逢我授課回來，聆悉之餘，我恭謹報告兩位主任，容我去找個紀錄請兩位長官垂鑑，我拿出教學儀器流水帳簿，內有一項雙筒望遠鏡記事，原存教育組，奉命代為移交，移交人是副官的我，接收人總務組某副官，雙方簽字並註記日期。於是兩位主任遂成雙贏局面，各展歡顏而散，因而我更得教育組宋主任之器重。

不過，我絕少到校級以上長官的家中拜訪，免遭拍馬屁之嫌，但對總務組的主任副官李鳳台少校則屬例外，因為一哥原本就是我讀黃埔海校一、二年級時的學生區隊長，赴恩師宅邸踵門訪候請安，乃理所當然。

我任官後如脫籠之鳥，喜歡交友與郊遊，黃埔海校先後期同學在萬縣服勤一共五人，自是彼此經常交往。此外，與我年齡相若之電雷學校第二屆的學長們，有槍砲教官黃崇仁中尉、魚雷教官李福侒中尉、區隊長李秉惕中尉與徐繼明中尉等，彼此均甚熟稔。李福侒學長有家室兒女，且對我非常照顧，視我如兄弟，學嫂有好吃的，就留些給我解饞。而李秉惕、徐繼明兩位學長與我當年均無家室之累，他倆每逢假日就帶我暢遊郊區名勝如天生城、西山公園、沙河子、白岩山、白岩書院和白龍潭。隨學長們行至各處名勝必留連忘返，甚至反覆重遊亦不厭倦。誰謂「聚散匆匆莫牽掛」，我對如兄如弟之學長們，至今難忘。

白龍潭距青島海校僅四公里之遙，地點隱密不易發現，源頭是一條小溪，經過突岩直瀉而下深谷，瀑布如同絲綢自天而降。潭水不深而清澈見底，十分安全適於游泳，我這個黃埔海校游泳校隊就在白龍潭重溫泳技。我只要去游泳，就帶黃狗去洗淨全身，樂趣無窮。

1940 年 6 月，德軍繞過「馬其諾防線」攻佔巴黎，隨後日本加入德、義的軸心國組織，企圖分食全球利益，日軍同時進駐法屬中南半島，完全切斷我國自北越進口的軍需物資。斯時陸運的進口軍品，僅能自蘇俄跨境經新疆送往大後方，海運軍品經緬甸商港的滇緬公路入滇黔送往重慶，因此，邊陲各省在抗戰後期的戰略地位益發重要。

青島海校五輪乙轉學生畢業直前，我已把整學年的應用力學教完，於 8 月 18 日舉行一小時全英文期末筆試；雖然我不領鐘點費，但我卻獲益匪淺。經過了一整年的講課，我的表達與溝通大有進步，已能口齒清晰、言簡意賅，的確終生受益不盡。劉校長沒食言，他在我授畢整學年應用力學後，於 1940 年 8 月 14 日就開列「查本校教官鍾漢波經委代理輪機教官」證明書。

是年 9 月，我佔中尉機械教官正缺。依粵系海軍規矩，在軍中任官少尉一年半才可升中尉，故我的中尉敘階人令，必須等到該年底才領得到。青島海校畢業生則依東北海軍傳統，先歷練半年准尉見習，期滿後晉陞少尉，一年才可升中尉，黃埔與青島兩海校的畢業生，都是任官一年半才可掛階海軍中尉。

10 月底青島海校五航甲畢業生顧錚等五十九員恰完成鄰近軍民機關半年的准尉見習訓練，我奉劉校長令，公差率領孫逢濱等二十名少尉初官，前往貴州省都勻縣向陸軍砲兵學校報到，接受初官術科專長教育。

國軍的軍官任官後，須接受術科專長教育，爾後方能繼續向上派職；逐級晉陞校級軍官後，另須接受軍種業科指揮參謀（指參）教育，晉陞將官前，還須接受頂層戰略教育，陸海空各軍種的人事經歷管理（人事經管）規定都一樣。在抗戰結束前，忝為

陸軍附隨的舊海軍不受重視，自清國開海禁以來連航海、輪機、槍砲、通信（航輪槍通）等術科專長教育班隊樣樣都缺，更遑論海軍指參教育了。我自黃埔海校畢業任官後，在海軍苦無航輪槍通術科教育班隊可進修，形同學資不全的「斷刀」尉官，看到青島海校學生輩畢業見習半年後，就到陸軍砲兵學校進修術科教育，好生羨慕。

我們一行二十一人買船票搭民生實業公司的民有江輪，由萬縣上行重慶市；在江輪上的頭等艙內，我認識了第十一集團軍兵站分監部的分監陸軍少將何以鳴前輩。他也是廣東人，彼此以粵語聊天十分融洽，我趁便向他討了張名片；他原以為我是眾畢業生中的一員，後來他知道我是佔中尉缺的帶隊官，他說你這個「細蚊仔」（粵語指小童之謂）容貌看來比隊伍內的少尉初官們都還年輕哪，直呼小小年紀就率眾出來闖蕩江湖，真不簡單。

何將軍主動幫忙我，解決一行人由四川省重慶市至貴州省都勻縣的交通問題。江輪抵重慶市後，我吩咐眾初官在朝天門渡船場，等我去辦理軍用便車免費乘車證，每人都可以省下法幣十餘元車費，所以大家都十分高興。

我在朝天門下船，緊跟著何將軍到地名為「兩路口」旁嘉陵賓館之國民革命軍第十一集團軍總司令部駐渝辦事處，「兩路」指市區公車路線及長途客車路線，公車與客車總站都設於此。我在賓館沙龍等候片刻，何將軍即出來，我猜想該集團軍上將總司令黃琪翔（保定軍校六期）必不在賓館內，否則何將軍不會這麼快就出來。何將軍說現在進口軍需物資經滇緬公路大量湧入雲南省，滇黔公路在貴陽市銜接西南公路的軍運繁忙，他已設法找到赴緬甸仰光的回頭車車位，何少將真是我的貴人。

　　何少將隨即帶我到軍事委員會後方勤務司令部（後勤部），大門外軍品堆積如山宛如城牆；我將全體赴陸軍砲校報到的初官名冊，呈交何將軍去辦免費乘車證，我則在後勤部會客室等候。我早就聽聞後勤部中將參謀長黃振興（廣東海校駕駛科 1916 年班）是我的大學長，可惜無緣觀見，至以為憾。不久，何將軍把名冊交還給我，名冊封面批了「准予優先搭乘便車，此致海棠溪車站司令辦公室」，他並囑我趕快回去帶隊過江，到海棠溪搭車為要。

　　我向何將軍致萬分謝意後，離開後勤部在「兩路口」搭公車回朝天門。我們這群少尉從朝天門乘輪渡過長江，抵達海棠溪起坡，就見到一長串稱謂的招牌曰：「軍事委員會後方勤務司令部海棠溪車站司令辦公室」矗立擋住大路，非常顯眼。只怪自己去年 8 月經過海棠溪時，已是夜色蒼茫，匆匆趕渡未曾留意此招牌而已。海棠溪是重慶市的大門，車站司令一職非常重要權責亦大，所有軍民車輛抵達海棠後，必須接受其管制，聽從其軍運調度。

　　我將已批准優先搭便車的少尉名冊，遞呈車站司令辦公室，蒙其值日官告知，馬上就有車開行，囑我們趕快買點餐飲吃飽好上路。海棠溪是西南公路大動脈的北上終點站，也是南下的起點站，賣餐飲的挑擔及攤販林立，吃的問題非常容易解決。我閒來無事觀看布告欄，才得知少將車站司令官竟是吉星文（中央軍校高級教育班九期）；行伍出身的他，是東北軍的抗日英雄，與流寇出身的馬占山、馮庸（北洋陸軍講武學堂一期砲科）等將領齊名，我在黃埔海校就讀時，就對七七事變蘆溝橋開抗日第一槍的英雄吉星文團長欽慕不已。

　　我們餐後不到一個小時，軍車車隊就從停車場駛出，幾乎每

一輛軍車都裝滿軍品，車隊特備空車一輛給我們這群少尉；我坐車前駕駛兵旁的座位，少尉初官則坐在車斗上，以行李為坐墊。經過四天三宿，抵達貴州省都勻縣陸軍砲兵學校。這群新科少尉報到後，我的任務就算達成。

都勻縣是個中途小站不太好購回程票，我忽然心生一計，遂拜訪地區憲兵檢查站；都勻憲兵檢查站值日官是位軍士長，見我手持第十一集團軍兵站分監部的少將分監名片，就一口答應把我及早弄回陪都。經過一天才找到一輛嶄新的商用貨卡，由於憲兵檢查站的託請，我遂蒙卡車司機的照顧，得能平安、順利、舒適地免費返抵重慶朝天門碼頭。

候船之際，巧遇昔日中大附中初中部的三位同窗，他們都在重慶歌樂山的行政院農林部任職。1940 年春，被削除兵權的昔日南天王陳濟棠，自香港抵達重慶擔任農林部部長，副手的農林部政務次長，是國立中山大學農學院前院長鄧植儀（美國威斯康辛大學農科碩班 1914 級）。同窗們向我抱怨，他們翹首盼望陳部長快快回部發薪，難道是南天王自己帶錢上京來做官耶？

我輾轉回到萬縣青島海校，已是十一月初冬了。青島海校五航乙本科生與轉學生九十八名及五輪乙轉學生五十八名，亦於1940 年 9 月底畢業，候命陸續分發見習半年，分發完畢已是年底，青島海校遂空無學生。劉校長曾具文並附計畫，呈請軍事委員會軍政部准予續招海校生，並於年底辦理招生說明會由軍政部派員視導；為充實學校師資陣容，劉校長於我晉陞中尉後，又再發給我一張中尉機械教官的實職證明，沒料到兩年後我就憑劉校長頒授的兩張教官證書，又到空軍官校擔任教官，這是後話。

因青島海校鬧過學潮風波，且閩系的海軍總部火上澆油，激

烈反對東北系、粵系與電雷系合流的青島海校繼續招生，軍政部
又對處置青島海校學潮事件耿耿於懷，最終斷然拒絕續招，甚而
下令青島海校於 1941 年 3 月底裁撤結束校務！至此，地方海軍
的青島海校、黃埔海校與電雷學校三個海校，逐次遭清洗消滅，
僅剩福州海校在海軍總部力挺下還在招生。

　　青島海校奉命裁撤結束校務前，軍政部在校址另成立「特種
兵器研究所」，由海軍中校王天池（本名王浣，烟臺海校駕駛乙
1924 年班）主掌，接管海校教職員、裝備與器材；教育組的宋
主任則充任該所首席研究員，少尉教官裴毓棻（青島海校五航甲
1939 年班），亦獲留任研發水雷。

　　至於未被留任在該所者，則由學校列冊呈報軍政部聽候安
置；我這個中尉芝麻官並非王天池所長的人馬，自是無緣留下，
只得自謀生路。特種兵器研究所訂制之識別胸章用金屬為底，表
面燒以琺瑯，胸章圓形直徑約八公分，藍色圖案當中有一個顯眼
的黃色「特」字，讓人驟看之下不寒而慄。

　　昔日同儕朝夕相處，如今東勞西燕各奔前程，心中不無依感。
我的愛犬大黃狗竟然此時失蹤遍尋不獲，不知是否早早預感我將
被迫遠離此地，不可能帶著牠遠行；足見世間人類與寵物互動早
有定數，緣來相聚緣盡即散，若能隨緣煩惱自消。

第伍章
抗日聖戰海陸空軍走一回

圖 5.1　1942 年 1 月由軍政部何應欽部長令頒作者任職陸軍江防要塞砲兵教導第四總隊第八隊上尉隊附，任職令文號渝（31）總（人）字第 01116 號（鍾漢波數位典藏）

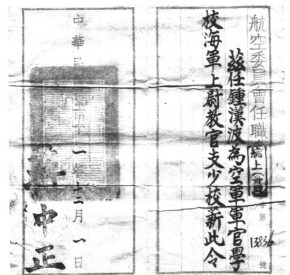

圖 5.2　1942 年 12 月由航委會兼委員長蔣中正簽發作者赴空軍任職令，文號航上字第 13836 號（鍾漢波數位典藏）

一、投効陸軍干城部隊　肺癆病危幾乎命喪

圖 5.3　1941 年 10 月作者轉入陸軍服勤，陸軍戎裝照的衣領掛有干城部隊領章
（鍾漢波數位典藏）

　　趁此青黃不接的職涯空檔，我也該替自己任官後欠缺的術科
專長教育想法子找機會進修補齊，正在茫然不知所措之際，適巧
陸軍干城部隊來校輔導訪視（輔訪），陸軍對青島海校結束校務
廢校消息之掌握，似乎比我等在校教職員來得早、來得確實。
1941 年 1 月下旬，干城部隊就到寨上的校本部來商洽，請將有
關砲兵適用之教學儀器如望遠鏡、測距儀、碼錶等撥交干城部隊
砲兵使用，否則必遭閩系舊海軍整碗端走。

　　但干城部隊來校真正目的，乃在招募陸軍要塞砲兵的幹部訓
練班（幹訓班）第二期學員，特別指定凡海校畢業生任職海軍初
級軍官者，支薪一律升一階免試成為學員，入術科專長教育班隊
受訓八個月結業後，保證派職陸軍砲兵部隊且在陸軍晉陞一階、
向上派職。

老天有眼哪，這是千載難逢的機運！舊海軍無從辦理航輪槍通的術科專長教育班隊，且海校畢業生任官後，目前都送陸、空軍的術科專長教育班隊補資。既然舊海軍我無緣加入，陸軍又收容我且加薪又保證畢業派職陸上尉去抗日，我當即去應募，立即被錄取。

抗戰中期海軍變山軍後，有六成的海軍官員屬非閩系，這一千八百餘非閩系海軍官佐須自謀生路他就，除粵桂江防司令部收容三百官佐外，餘在各戰區陸、空軍單位服勤，甚至到各級政府機關由軍轉公職，還有少數流落在地方游擊隊帶兵繼續抗日，我忝為非閩系的一員，何其有幸加入陸軍要塞砲兵部隊。

1941 年 2 月 8 日，奉要塞砲兵幹訓班發布我為第二期學員支上尉薪。我是新科中尉，按人事法規須本階停年兩整年後，依考績才能晉陸上尉；而這次受訓僅八個月，結業後居然就可佔陸軍砲兵官科實缺晉陸上尉，陸軍真的對地方海軍初官愛護有加。就這樣，我暫時揮別熱愛的海軍，不過，這期間無論在哪兒服勤，我的業務還是與海軍有關；倒是我離開粵系、東北系海軍後，閩系海軍總部並沒有撥給我經理裝備如海軍的制服、臂章、軍帽，在閩系把持的海軍總部看來，我從來就不是海軍的一分子。

陸軍干城部隊是軍政部要塞砲兵幹訓班的代號，在萬縣是名知度甚高的作戰部隊。入學後我才弄清楚，幹訓班第一期學員甫畢業分發，幹訓班還要繼續辦下去，目的在長江成立四個江防要塞砲兵教導總隊，預劃成立宜巴區（宜昌三斗坪至巴東）及巴萬區（巴東至萬縣）兩個江防要塞砲兵指揮部（砲指部），以備接管由閩系海軍所把持的四個江防要塞總臺。

閩系海軍之所以放風聲自宮、裁撤四個江防要塞總臺，係因

軍事委員會主導派遣各路地方海軍優秀軍官赴英美見習參戰，閩系海軍威脅層峰，若不給舊海軍總部主導甄選初官出國受訓，那就裁撤所有江防要塞總臺，讓日軍沿江上行直取陪都重慶。我既然報到入學幹訓班受教在先，舊海軍赴英美見習參戰的機會當然不會有我的份。

閩系海軍沿江的石牌、廟河、洩灘、牛口、萬流、青山、巫山、奉節、雲陽等九處要塞砲臺，每個砲臺的砲隊相當於連級單位，轄數個分臺，分布在湖北省宜昌至四川省萬縣間的山崖中，總計有一○六門艦砲、山砲及野砲，平時各砲均藏在山洞中，作戰時方推出洞外轟擊溯江而上的日軍艦艇。干城部隊接管要塞砲臺的兵力部署計畫，是編成宜巴區與巴萬區兩個旅級要塞砲指部。宜巴區要塞砲指部轄教一及教二兩個團級總隊，接收宜巴區閩系海軍兩個要塞總臺及所屬四個砲臺；巴萬區要塞砲指部轄教三及教四兩個總隊，接收巴萬區閩系海軍兩個要塞總臺及所屬五個砲臺。

干城部隊編制單純，由第六戰區副司令長官陸軍中將吳奇偉（保定軍校六期步科）掛名兼任要塞砲兵幹訓班班主任，實際負全責的是副主任陸軍少將段筱晉（保定軍校八期砲科）。要塞砲兵幹訓班教育長是陸軍砲兵上校胡家屏，走起路來兩肩左右搖晃，實在不堪為範，故渾名叫「游動桿」。班本部編制更屬人少事多，僅有教育組及總務組而已。學員一隊為中尉至少校級的軍官，學員二隊為少尉級的初官，合計兩個隊，由資深學員任自治幹部帶隊，毋須班本部費神。

干城部隊甄選青島海校教官編入學員一隊，計有少校教官姜瑜（中央軍校八期步科轉電雷學校航海科 1934 年班）和同窗汪

濟，上尉教官雍成學（青島海校航海科 1937 年班），中尉教官徐繼明與我。另外調來陸軍砲兵上尉秋伯文等十一員，陸、海軍十六位學員混編成第一隊，由少校學員姜瑜、汪濟輪流擔任一隊隊長。

至於學員二隊，青島海校五航甲班畢業生，已經任官海軍少尉留校尚未分發者，立即被錄取的學員計有毛卻非等九位電雷學校轉學生。另外，由砲兵學校十六期砲科正期畢業生派來賀人鎮等三十八名少尉入二隊受訓。

這批砲兵學校畢業生，過半數為原黃埔海校的轉學生，學弟們於前年 6 月海校停辦時，是第二十三期航海科及第二十四期輪機科轉入砲校的學生。彼等包括以下二十名晚我兩年任官的少尉學弟，即第二十三期航海科李榮安、陳志文等十人，第二十四期輪機科蔡穎生、謝永湉等十人。其中僑生李榮安與我既是中大附中初中部同學，又在黃埔海校同窗五個學期，他留級降班，現在和我沒啥差別，先來後到都由海軍轉陸軍。

黃埔海校學弟陳志文與我還真有緣，他入學海校後與我重疊三年，海校廢校時陳學弟被分到陸軍砲校當軍校生，沒想到現在殊途同歸，我倆都在陸軍干城部隊一齊受訓。我退役後轉業跑商船，第一份工作也是學弟陳志文一手鼎力牽成的，這是後話。不過，陳學弟進訓時也稍來惡耗，黃埔海校我的同窗潘植梓公殞，是同窗於抗戰期間在桂林水域布雷為國犧牲的第一人。

根據以上錄取名單統計，陸軍要塞砲兵幹訓班第二期兩隊的學員，總數為六十三名，其中具有海軍學資背景者過半共計三十四人，以原就讀海校統計，黃埔海校二十一名最多，次為電雷學校十二名及青島海校一名。以這個陣仗，陸軍要強行接管閩系海軍

總部九個要塞砲臺的方式，就是運用各路地方海軍幹部為主的軍官隊，「以海制海」強行接管閩系海軍要塞砲隊的作為。

本期於 1941 年 2 月 10 日上午開訓，我懷著惴惴不安的心情報到，從此由海軍轉到陸軍服勤，到底是禍還是福？再次讓我覺得「加入海軍就可環遊世界」的夢想就此徹底幻滅。開訓典禮並無來賓，僅由段副主任主持，訓話就寥寥數語而已。

但胡教育長上臺講話，興緻勃勃激勵士氣，反覆宣導要塞砲兵幹訓班的班本部正積極籌劃復校。原來，兵科學校的「國防要塞砲兵學校」辦至第三期未結業即因抗戰初啟潰退而停辦遣散；一旦復校成功，我們幹訓班第一、二期就銜接期別，正名為國防要塞砲兵學校術科第四、五期，以後各期繼續辦下去，聽來好美。胡教育長又說明各位學員的課程為期八個月，內容不論是堂課或操課，均以要塞勤務、義製重型巨砲火砲射擊、觀通指揮為主云云。典禮至此禮成，皆大歡喜。這不就是我最需要補強學資的術科專長教育班隊嗎？

幹訓班開學後，我們就近到閩系海軍江防要塞第四總臺參訪，走馬看花不詳也不盡，總臺長海軍上校劉煥乾（清國烟臺海軍學堂駕駛科 1911 年班）係老一輩的官長，對我們來訪採敵視態度且非常冷淡。我僅記得參訪的雲陽要塞砲臺有四個砲洞，各置有易拆易裝的小口徑艦砲一門，對於艦砲諸元、彈藥存量、觀通器材等均未解說，但我瞧見對岸懸崖峭壁上漆有白漆圓點多處，如同垂直梯點，隨江水水位之高低，鎖定其中一點瞄準，等待敵艦駛來，立即連續發砲射擊艦船水線與駕駛臺，非常簡單。

我冷眼觀察砲洞內三數百位閩籍官兵，多為上了年紀的冗員且暮氣沉沉；我又見雲陽要塞對岸高山上，有間廟宇供奉張飛，

香火鼎盛、建築巍峨但目標顯著，對雲陽要塞之隱蔽性有負面影響。廟簷有一木質黑底金字橫匾，隔岸清晰可見，由右向左正確讀法是「清風上江」，由左向右讀是「江上風清」；兩讀其義不盡相同，令人莞爾。

待一切進入狀況後，干城部隊就發給學員軍郵址，讓我們恢復對外通信。我再度接到永貞學妹自香港來函，永貞此番待在香港就業已近三年，她問我英國是否會與日本在香港開戰？我不知該怎麼回答這個戰略議題，但提醒學妹一旦開戰，就得遠離戰火免受波及。我曾去過英國港九殖民地兩回，一回是九年前讀中大附中初中部時以童軍身分參與廣九徒步旅行至九龍，另一回是六年前海圻軍艦叛逃碇泊香港釋放我這個海校生人質返鄉。我夫妻倆首度連袂赴香港會親訪友，那更是三十六年之後的行旅了，這是後話。

時值俄援年代，兩位蘇俄砲兵顧問用化名隱蔽身分在要塞砲兵幹訓班駐點講課，課題為「步砲工協同渡河作戰」，但透過傳譯的授課內容卻平平泛泛。俄國佬強調以砲兵掩護步兵渡河擴張戰果，步兵控制河流兩岸後掩護工兵架橋，砲兵隨即跟進渡河，發揮火砲威力延伸射擊……陳腔濫調，了無創意。

蘇俄軍事顧問非常低調，從不與學員互動，這兩位俄國佬用假證件掩飾真實身分，登記入住萬縣城區之豪華旅店；傳聞他倆早餐每人吃十二粒雞蛋，駭人聽聞，但我不相信這誇大之詞。不過，蘇俄顧問講課有點兒心不在焉、心事重重，原來，他倆的祖國面臨德軍陳兵邊界，德軍將於冬雪融盡後入侵蘇俄，蘇俄顧問隨時會奉調返國參戰。蘇俄為避免同時對德、對日兩面作戰造成潰亡，於 1941 年 4 月與日本簽署互不侵犯條約，來華助戰的蘇

俄武裝部隊已離棄我國返鄉，剩餘在華的兩百餘名蘇俄顧問，遲早都要返國參戰，我個人認為俄國佬靠不住，一定會背棄我國向日本示好。

陸軍第十醫院位於萬縣南郊，從干城部隊營區沿小徑步行入西山公園、下山谷涉溪再上山坡即可達該院，約五十分鐘步程。是年5月受訓才過三個月，我的左鼻孔經常流鮮血不止，遂往該院門診，診斷結果認定是血小板不足又缺鈣，須住院療養，每天注射氯化鈣一劑並三餐飯後服藥增加血小板數目，還得經常驗血。於是我攜診療證明回干城部隊請假住院，由院方收治分配入住一間八床病房。我身強力壯入院治療，同房病患多屬久病不癒患者，我乃效勞替同房資深病友們遞茶送飯樂此不疲，大家同病相憐，處的非常融洽。

隔壁為肺結核病房也住滿八位肺癆病患，我和肺癆病友每日都得做靜脈注射二十西西氯化鈣溶液；我原擬住院一週，注射七劑氯化鈣後攜藥出院回部隊休養。那天是我住院的第六日，由於護士不察，將氯化鈣溶液以同一針筒注射八位肺癆病患和我體內。天黑前打針的九人因交叉感染同時發高燒而暈迷，等到我醒來叫喊口乾求飲，同房病友均說我把命給撿回來了，原來我已經昏睡三天，多虧同房病友輪流頻頻替我用冷水濕毛巾把頭殼包住交互替換，以免燒壞大腦。他們還替我蓋軍氈以免畏寒著涼，盛情可感，我曾替同房病友們遞茶送飯，投桃報李此為因果循環。

醫官知我甦醒立即來診，准許我不時可飲少量開水，隔日試著攝食米湯。喝了米湯之後，下氣如雷並有稀量大便。再隔一日醫官才准我進食濃稠稀飯，真是感恩載德。又知隔鄰病房有四位肺結核病友熬不住高燒，已然謝世，聞之不勝哀悼。我攝食濃稠

稀飯三天後，就奉准吃乾飯，體力漸增，但因重病之後營養不良骨瘦如柴，膚色灰暗眼球黃濁，嘴唇乾焦兩頰凹陷形同骷髏，一副半死不活的模樣，令人望之生畏。這是我此生接續年幼病痛第二次闖鬼門關。

　　住院第三週，干城部隊突然派官兵各一人，押解我回營區去見副主任段少將。我不置一詞，遂收拾盥洗用具及換洗衣服打包隨行，押我官兵見我狀如行屍走肉，無不表情凝重，出了醫院以後，彼此更不交談一語。在途中我猜想必有人認為我藉住院半個多月逃避炎夏操課，而詼進讒言打我小報告。原本不到一小時步程，我因體弱走走停停，竟費時兩個多小時，始回到營區觀見段副主任。

　　副主任劈頭一句話竟是：「原來你是真病！」此無異口吐真言，我說「是，長官。」他再交代：「准你在營半休一星期。」半休指僅上堂課而免操課，足證副主任尚有心護晚輩之意，而我亦懂禮貌地再次回答：「是，長官。」一場晉見，我一共只說了六個字，我深切瞭解多言無益。當日我就輾轉知道是誰打我小報告，因為打小報告者必屬小人自有凶死報應，我不必費神與小人一般見識。我遵照段副主任指示半休一星期，早上免陸操、下午免砲操。

　　我被押回營區的翌日，半休但 8 時須準時到堂聽課，課目是「砲兵有線電話通信」，內容是電與磁的原理。教官講授近半，課室後排即有人叫停。原來後面坐有軍政部派來督教之教育兵監少將高參吳國禎（保定軍校三期），由段副主任陪同聽講。教官停講後，兵監吳少將立即舉行隨堂測考，試題由吳少將親手在黑板寫出「試述電與磁的原理」。

　　我在黃埔海校就讀時，無線電學本就是我所喜好，曾拿下九十二分的成績，而今應試當然能夠運筆如飛，藉題發揮得淋漓盡致，在時限十五分鐘內我寫滿了三大張十行紙約一千兩百字。經吳少將評定為最優，成績滿分一百，因而蒙段副主任公開表揚，遂使我的名聲不脛而走。也可以說我是因禍得禍，如不是有人打我小報告，我必在醫院多住幾天，如此就甭想趕上這場兵監隨堂測考，世間人皆好功名，我奚能例外。

　　我出院返干城部隊半休一週之後就參加操課，兩三個月我逐漸恢復原有強壯的體魄。為防止日機轟炸營區，幹訓班學員自活自戰挖機槍堡對空射擊，我也加入挖槍堡與交通壕的行列，自覺體適能已與過往讀海校時相差無幾。

　　在歐洲戰場，德軍於 1941 年 6 月底對蘇俄發動「巴巴羅薩」閃擊戰，我收聽新聞得知蘇俄潰不成軍，直到 8 月才在列寧格勒（今稱聖彼得堡）挺住德軍的圍攻。幹訓班的兩位蘇俄軍事顧問，一去不返。蘇俄為專注對抗入侵的德軍，避免兩面作戰而向日本交好，甚至切斷所有援華的軍需物資，關閉中亞阿拉木圖跨境通往新疆迪化的陸運通路，致使我國抗戰進入孤立無援的黑暗期。斯時，我國採購的進口軍品，通路僅剩滇緬公路。

　　干城部隊很守信用，歷時八個月的訓期於雙十節舉行結業典禮，由段副主任親自主持，既慶祝國慶、頒授結業證書，又可晉陞上尉，可謂三喜臨門。三十年後我在左營海軍官校服勤時，居然與段副主任的二公子共事，這是後話。

　　要塞砲兵教導第一、第二兩個總隊，於要塞砲兵幹訓班第一期學員結業時已經成立滿編，第二期學員一隊的五名海軍正牌軍官，畢業隔日即派汪濟中校與我兩人至干城部隊隊本部軍士隊見

習，姜瑜中校、徐繼明上尉兩人至隊本部學兵第一隊見習，雍成學少校至學兵第二隊見習。

三週後的 10 月 29 日，干城部隊新設教導第三、第四兩個總隊，除納編要塞砲兵幹訓班第一期結業尚未分發的學長外，第二期學員一隊海軍出身的同學，除汪濟見習完畢出任干城部隊隊本部軍士隊中校隊長外，其餘四人重行派職。教三總隊轄有第五、六、七等三個連級砲隊，準備接收舊海軍萬流、青山、巫山等三個要塞砲臺，教四總隊轄有第八、九等兩個砲隊，準備接收舊海軍奉節、雲陽兩個要塞砲臺。姜瑜為第七砲隊中校隊長，徐繼明為其上尉隊附；雍成學為四總隊隊部少校總隊附，我為第八砲隊上尉隊附。我首次奉調陸軍的任職令，遲於 1942 年 1 月方由軍事委員會軍政部部長何應欽補發，任職令文號渝（31）總（人）字第 01116 號。

接收閩系海軍四個江防要塞總臺的陸軍干城部隊，除轄管九個砲隊，隊本部其下另轄有觀測隊、通信隊、勤務隊、煙幕隊、布雷隊、守備隊與軍士隊等七個連級支援單位，尚有兩個砲指部的特務連與四個總隊部的勤務連，連級單位加總共二十二個，編制官兵兩千五百人，至於閩系海軍江防要塞冗員充斥的五千官兵，干城部隊一個都不留用。

干城部隊巴萬區要塞砲指部所轄教四總隊的中校總隊長，是畢業自要塞砲兵幹訓班一期的曹開諫（中央軍校八期轉電雷學校航海科 1934 年班），他坐鎮奉節縣白帝城總隊部，率第八、第九兩個砲隊與總隊部勤務連共計官兵約四百餘人，進駐獅子寨賀家大屋。昔日此處曾為青島海校，營舍容納教三、教四總隊共千人住宿綽綽有餘。不久，曹開諫中校升任巴萬區要塞砲指部的

指揮官，曹中校搖身晉階為相當於砲兵旅長的指揮官，下轄五個砲隊及三個直屬連級支援單位，好不威風。他的電雷學校同窗姜瑜在幹訓班晚一期結業，只能在曹指揮官的麾下屈就當個連級的砲隊隊長，兄弟爬山有快有慢，在所難免。

猶記得 1934 年廣東陸軍燕塘軍校海空軍入伍生中隊的中隊長邵沖中校，開訓時對我們說過：「你們海空軍入伍生……這裡入伍僅教授戰術、兵器、地形、築城四大教程。如果你們能夠領會貫通，將來不能適應海空軍職涯，轉換軍種回到我們陸軍當個帶兵官，絕不成問題。」當時我們聽來很刺耳，並不覺得喜樂，萬萬沒料到，我果真從海軍轉入陸軍服勤，還當了上尉帶兵官。

我的第八砲隊少校隊長范範九（陸軍砲兵學校十期砲科）因故未能到差，我麾下的四位隊職官都是要塞砲兵幹訓班第二期少尉級學員，派職時一律以中尉任用，計有沈邦寧與王嶸（均係陸軍砲兵學校十六期砲科）、陳振民（電雷學校轉青島海校五航甲 1939 年班）等三人為八砲隊中尉區隊長，謝永涒（黃埔海校轉陸軍砲兵學校十六期）為中尉觀測員，我遂幹個陸軍砲隊代理隊長職，相當於副連長兼代理連長，負責全般隊務，有責無權。

依據《軍事委員會印信條例》，連級組織有「鈐記」官章須由主管妥為保管，上級頒授給新編成的第八砲隊之鈐記，遂由我這個代理隊長負責保管，我的個人武器與砲隊鈐記隨身攜帶，槍不離肩、章不離袋。

由於第八砲隊隊長遲未到差，致我隊人事權與財務權由總隊部代策代行，我也樂得如此，否則光是「賠軍服」一項，就會使隊職官頭痛不堪。我隊的士兵，是由軍士長從萬縣鄰近的梁山縣拉伕搶下的新兵；部隊駐地太近新兵家鄉，故逃兵不斷，逃了一

個兵就損失一套軍服。為加重部隊主管責任，每逃一兵，就得賠國家一套軍服，抗戰時哪有窮小子帶錢來當芝麻官？其實賠軍服可由部隊經費挹注，然則，若無逃兵，豈非經費多有節餘？這個連級單位財務小金庫問題，只能藏在心裡免招言禍。

　　帶兵還有兩大難題，就是士兵吃不飽也睡不暖。戰時副食費微薄、數額抵不住百物通膨騰貴，根本談不上肉食。政府確已盡所能發給大米實物，官兵每人每日配給糙米二十二兩，副食則僅能以青菜蘿蔔燒湯，放點油鹽。但見湯菜搬將出來，表面只有小片油花，蘿蔔湯淡淡不鹹。配給的糙米經伙房碾米再過秤發放，由班長負責替同桌班兵添飯，吃完一碗就得停下來，等候班長第二度勻循添飯。如此作法，雖然公平但每餐班兵僅有一碗半的米飯配給，對整天出操食量大的新兵言，無法療饑，更遑論補充營養。

　　好在教三總隊第六砲隊的中校隊長崔之道（電雷學校航海科1934年班）在萬縣待的比我久，明瞭當地環境及生活機能。干城部隊幹訓班一期結業的崔隊長對我開示，用公發大米換土產地瓜與豬肉或可改善伙食的質量。他親自帶我出營門北行，經過糖坊再走十餘公里路到達縣境高地，旱地缺乏水源無法種稻，僅靠四川有名的濃霧濕氣滋潤大地，故盛產地瓜。我用一斤大米可換得二十斤地瓜或半斤豬肉，療饑加菜補充營養問題，藉此得以解決。崔隊長的盛情相助，解決我這個代理隊長第一個帶兵難題。

　　第二個帶兵難題是新兵天寒睡不暖，萬縣營區海拔千餘米，冬夜氣溫不到攝氏十度。面對這個難題，我遵照上級指示的「兵工代價辦法」，經由教四總隊部統籌向四川省萬縣電力公司簽約，經過合法手續替萬縣火力發電廠挑煤賺錢打棉胎被褥。我隊出動兵力挑煤、結帳和購棉花、打棉胎，完全由軍士長負責向總

隊部洽辦，以免發生代理隊長干涉中飽舞弊之嫌。過不久，兵工代價帳務完成，達到兩兵使用同一床厚棉被之標準。按戰時前線夜晚一半兵力須輪流戰備守值，兩兵值更交接都可鑽入同一暖棉被熟睡。從此新兵吃不飽、睡不暖之問題，獲得徹底解決，亦絕少再發生逃兵情事而順利進入砲兵訓練與防空作戰階段。

二、要塞遭裁奉調中樞　求婚女友後方團聚

圖 5.4　1942 年底陪都重慶軍政部城寨局設計科的長官與同儕，作者（圖內左後）身著在青島海校服勤時配發的東北海軍冬季外套（鍾漢波數位典藏）

　　1941 年 12 月 10 日，巴萬區要塞砲指部的曹指揮官突現身營區，召集所有軍官訓話，略謂日軍於前天突襲美軍珍珠港，美、英兩國旋即對日宣戰，太平洋戰爭開啟，我國也趁勢公開對日宣戰，加入以美、英為首的同盟國組織，並肩作戰對抗以日、

德、義為首的軸心國。當下僅有美國大力支援我國抗日，企圖於戰後在我國享有獨尊至高無上的地位，可單獨取走我國的資源。曹指揮官也說，今晨外電報導，昨夜日軍由廣東方面突破英軍在香港殖民地的新界防線，日軍尖刀部隊已於今晨出現在九龍。我聽了之後如晴天霹靂，永貞學妹能否逃離香港兵燹呼？

　　第八砲隊依時限完成新兵教育，到了 1942 年 1 月底，興緻勃勃地收拾裝具，以便遵照計畫於 1942 年 2 月沿江下行六十浬，接收舊海軍奉節要塞砲臺，將閩系海軍官兵請走。等到 2 月來臨，尚無開拔接收砲臺之消息，竟然先傳來惡耗。陸軍干城部隊突奉軍事委員會特急命令，所有編制立即撤銷，原擬復辦「國防要塞砲兵學校」之干城營區，亦交給第六戰區之當地陸軍進駐，四個要塞砲兵教導總隊打散，編入全國各戰區陸軍所屬砲兵部隊。小道消息盛傳，閩系海軍總司令質問層峰為何要「以海制海」謀奪要塞？蔣委員長為息事寧人，讓海、陸軍合諧共處齊心抗日，遂著令解散干城部隊，化解對立。

　　至此，四年來陸軍慘淡經營所培植之江防要塞砲兵，竟在萬縣煙消雲散，我擔任陸軍砲隊帶兵官，率部眾抗日僅僅三個月又三天爾，不禁喟然三嘆。至於陸軍「干城部隊」的代號，消失十三年後，於 1955 年由駐防台中的陸軍預訓司令部恢復使用，再於 1979 年由陸軍新編第八軍團接續沿用「干城部隊」代號迄今。

　　陸軍要塞砲兵干城部隊內海軍出身的幹部，則聽候軍事委員會另行安置派職，我和徐繼明兩人有幸避開分發去陸軍「新編舊裝」甚至「有編無裝」的遠征軍砲兵部隊入印緬作戰；我倆經高層選優奉調重慶中央高級司令部（高司）的軍政部城塞局報到，這是我任官後繼第一個正職海校教官、第二個正職陸軍要塞砲隊

隊附後，第三個正職擠入中樞高司機關。尤其這兩年多以來，我待過的黃埔海校、青島海校及陸軍干城部隊，三次都奉命裁撤解編，所幸每次均獲妥善安排出路，僅經兩年多的奮力任事，由少尉迅速晉陞上尉，尤感滿足安慰。

不過，我首次奉調中樞高司機關的任職令，遲於 1942 年 9 月方由軍事委員會軍政部部長何應欽補發，任職令文號渝（31）總（人）字第 18661 號。唯一懸念在心頭的，是永貞學妹在香港安然無恙嗎？她若寄信來四川省萬縣遭裁撤的干城部隊軍郵址，我離職後情書會轉寄到重慶軍政部城塞局我手上嗎？

戰時軍事委員會的部級高司機關，除軍政部尚有軍令部、軍訓部、總監部、政治部與前揭抗日英雄吉星文將軍任職的後勤部等六大部；軍政部部內轄軍務、軍法、兵役、交通、馬政等司級幕僚單位，另有獨立的四個署級機關與兩個局級機構，即兵工署、軍醫署、軍需署、總務署、軍糧總局與城塞局。中央機關各部、司、署、局內的科層組織，由上而下再設處、室、組、科、股；直屬的外勤單位有隊、所、庫、站、臺，衙門真的深似海。

高司機關的軍政部，位於我曾造訪過的重慶市兩路口，但城塞局卻在兩路口的偏村設營；在兩路口搭前往磁器口的公車，在站距十公里的小龍坎必須下車，步行方可前往城塞局，否則往東北行駛的公車繼續開往沙坪壩、南開中學、重慶大學、中央大學迄終站，越開越遠。由小龍坎至城塞局無路可通，只得沿田埂走二十分鐘，到一個小地方名曰「紅槽房」，推想古代應是個釀酒工場。此地除一條小街與劉家大院之外，居民稀少，實在荒涼至極。

城塞局選擇此為局址，是因為要防日軍轟炸，由局轄工兵自

建土牆竹樑的辦公室、宿舍、眷舍，稻禾鋪上屋頂後，用竹條以防禾稈為強風所吹散，這種千百年來的房舍冬暖夏涼，別有一格。營房散布在農舍周邊，從空中鳥瞰實在分辨不出紅槽房偏村藏有軍事機關，隱密性高有利防空。

城塞局中將局長李青（保定軍校一期騎科）是廣東梅縣人，終日笑口咪咪，對下屬非常慈祥。城塞局的編制十分特別，致使新到差的官員一時無法明瞭。局本部設有兩處一直轄科，即材料處、經理處與直轄局本部的設計科。

城塞局兩處之一的材料處，編制最大，少將處長下轄採購組、倉儲組、運輸組和汽車大隊。偌大的一個處居然冷清清，因為採購的外出訪價，倉庫則設在離局不遠的公路旁，押運員亦派出押車，故留在處內官兵不多。城塞局另一個處級單位的經理處，組織也非常奇特，除少將處長外，尚有兩位少將副處長，從其老態龍鍾的相貌看來都相當資深。經理處也負責本局轄下二十多個坑道隊的人事考核與升遷調補。

城塞局直屬的設計科，所有科員都是局內的菁英，我就是向少將編階的科長陸軍工兵上校胡光熹（中央軍校六期交通科，來臺後累功升任工兵學校少將校長）報到。科轄三個股即要塞砲兵股、要塞工兵股及海軍股。要塞砲兵股及要塞工兵股的官員各八人，階級全是陸軍砲兵與工兵的資深上校。三個股連科長在內一共二十四名軍官，都是陸、海軍的軍校正期班出身，科本部還有陸軍檔案官一名、軍委級聘僱文職總收發一名與文書錄事六名，全科上上下下一共三十二人，唯中央各級機關一個科級單位編制員額通常僅有十人左右，我們局本部的設計科堪稱中樞高司機關第一大科，應不算誇大。

　　海軍股的上校股長是我讀黃埔海校時的訓育主任徐錫圉，資深股員是上校丁其璋（青島海校航海科1926年班）；股內參謀還有海軍少校孫甦（中央軍校八期轉電雷學校航海科1934年班）、上尉劉義銳（黃埔海校輪機科1936年班）、青島海校同儕的上尉李秉惕、徐繼明與我。海軍股是附加編制，納編舊海軍不要的非閩系海軍軍官；老實說海軍沒有構築城塞的需求，至於海軍本業的築港工程與港灣濬深，也非城塞局的本務。設置海軍股在城塞局內，旨在留住七位非閩系海軍軍官在中樞服勤，海軍股袍澤算是十足的溢員，僅能替陸軍構築城塞打打雜。

　　至於城塞局的預財軍費，係根據設計科的作戰需求規劃編列預算，去申領年度巨額國防工程費，撥配給材料處購料，發放建材器具給經理處各坑道隊實施城塞構築，如此，城塞局看得見績效的重頭戲，就落在經理處身上構築抗炸坑道。此外，城塞局裡海軍的官長另有經理處的海軍少校人事官黎永年（黃埔海校航海科1935年班）及材料處的海軍上尉科員凌奎（黃埔海校輪機科1936年班）兩位學長，閩系舊海軍也不要他倆。

　　1942年2月過完農曆春節，我被派在設計科擔任上尉附員的第二天，徐股長批交一件公文由我承辦。這是一件下級的呈文，內容是設計科請求增加員額。我因從未寫過公文，看完批示之後竟手足無措，喉頭發乾，這是一種震駭後的生理反應。黃埔海校高一期的學長劉義銳上尉見我表情異常，就對我說：「滯皮你不要怕，我來替你辦，擬好稿你來抄。」學長用我在校時渾名相呼，倍感親切。他對我伸出援手，那真是如獲大赦，但是我心中自覺非常窩囊，靠劉學長的盛情照顧也不能長此下去，否則成何體統。

　　我從未接受過業科的指參教育，如今躋身中樞機關辦理參謀業務，像我這種形同「文盲」的小官，人稱「行伍參謀」，我連公文都不會撰稿那該怎麼辦？我決定去請教陸軍上尉檔案官林同和，到底要如何執筆去撰寫來往公文。蒙他一口答應，相約每天早起一小時，趁著科內尚未有人到班，他就可以朗聲教導我。他令我把坊間買來的《公文程式》一書擱置，因為那類書東拉西扯不切實際；作為一個中央機關的參謀，承辦公文非得字句流暢不可，且格式尤其重要。他有他自己集成公文術語之祕笈手抄本借給我閱讀，一個通宵我就把它抄錄下來，奉為公文祕笈。

　　檔案官林上尉教誨我公文有三類，第一類是上級對下級令文（如軍事委員會對軍政部的令文），第二類是平級函文（如軍政部城塞局對外交部領務局的函文），第三類是下級對上級呈文（如各坑道隊向城塞局的呈文），以上三類行文的常用格式，均已詳述於祕笈之內。

　　公文來了，不論是上級令文、平行函文或下級呈文，須先細讀，然後開寫簽呈。簽呈內容有三部分，一是把來文濃縮成簡單的「案由」，二是審認來文「內容」，三是依來文內容撰「意見具申」，四是按意見具申擬「對應辦法」。有了案由、內容、意見具申與對應辦法等腹案，就據以書寫正式「覆文」。難就難在如何書寫一篇覆文，這可將所擬的辦法套用公文的古板詞句，這些詞句均抄錄在祕笈內；譬如套入「等因奉此」、「等情據此」或「等由准此」套語，還有許多古板句語如「合行」、「理合」等行文用語。

　　覆文寫好後，另紙撰簽呈加蓋自己的官章，簽呈連同覆文（合稱簽文）呈交徐股長審核；若簽文無瑕疵，則股長批示「呈

請核閱」蓋上他的官章，再轉呈胡科長核閱。胡科長若認為簽文可行，就加簽「擬如擬」三字並蓋官章於簽文的文稿上，呈送李局長核示。通常沒有問題的簽文，局長會在簽呈批個「如擬」，在覆文文稿上劃個「行」字，至此就大功告成，以後就是設計科文書錄事和總收發的事了。

戰時公文經辦的時限，「最速件」的紅色卷宗從收到發，是即到即辦不得延宕以免貽誤戎機，其次「速件」須在二十四小時擬妥發文，再其次「普通件」則三天之內必須辦妥發文。話雖簡單，但我挑燈苦讀公文的套語，不眠不休也經過半個月方能瞭解，說來在京畿的大衙門裡當個小參謀，可真不容易哩！

我到差不及兩週，適逢局內每月舉行一次的軍官團專題演講，恰輪到海軍股派員主講。徐股長指定我這個當過海校教官的參謀負責給個演講，是上級發下來 3 月分的軍官團指定題目「工作競賽」。我心想資深的海軍長官大概都已輪講過了，該是我的無從躲起。我雖最資淺又剛到職，覺得義不容辭很快就將講稿擬好。我的破題和承題是這樣開始的：工作競賽是工作的比較、是工作的觀摩、更是工作的獎勵，它的意義是在於工作精神的增強、工作方法的改進、工作效率的提升及工作範圍的推廣，如此就按上述析題逐點引伸。

上級規定主講二十分鐘時間一到，須把資料講完，緊接著全局同僚自由發表意見，但總不會離開我所講的內容。有位陸軍砲兵上校參謀說我所講的言詞不夠活潑，有點像是八股文章；局長問我有什麼回應，我自忖位卑言微，能夠上臺演講已是非分，奚敢對高我三階的上校級官長反唇相譏，我恭敬的答曰：「謹受教誨！」自問主講這一專題，其內容結構已盡心盡力，亦問心無

愧。全局同儕對我均有好評，尤其對我恭敬的態度更為欣賞，認為我這個資淺上尉參謀能敬老尊賢，真是圓融。

三個月後，又輪到海軍股同儕給軍官團專題演講，徐股長再度要我披掛上陣演講，顯然各股都派出菁英講員，這明明是打擂臺，絕非輪派。我自擬題目為：「法國馬其諾防線失效後的要塞戰術新趨向」，內容大意是要塞之存在，已收防護國土宣教之效果，但缺點是要塞重型火砲固定，兩翼容易被敵軍迂迴越過，所以馬其諾防線遭德軍機甲部隊繞道衝入法國導致法軍降伏。今後要塞須在兩翼實施諸兵種協同作戰、軍種聯合作戰。此外，更須在前線要域布下機甲重兵，引敵陷入我預設之口袋陣地而以要塞重砲聚殲之，馬其諾防線之悲劇方不致重演。

我是要塞砲兵幹訓班出身，對於要塞作戰問題自是有話可說。演講完後，材料處少將處長向我的胡科長詢問，剛才軍官團演講者是哪裡請來的專家？胡科長回說哪來什麼專家，僅是我科內一名海軍資淺參謀而已；海軍股爾後每季的演講，都由我包場。

1942 年 5 月，日軍攻入緬甸，滇緬公路遭切斷，我國所有進口軍需物資的海運、陸運通路遭全面阻絕，所幸美國適時伸出援手，在美國陸軍航空兵（陸航）新編成「印度中國空運司令部」ICFC，經由印度阿薩姆邦，把軍品源源不斷運抵雲南昆明機場，這條 ICFC 空中運補航線，就是舉世聞名的「駝峰航線」，歷時整整三年。直到 1945 年初我國遠征軍反攻緬甸，新闢的「中印公路」（史迪威公路）通車，才紓緩 ICFC 駝峰航線的軍運量。

我自黃埔海校畢業後，分發至每一個軍事單位服勤任事，秉持為人正派、做事盡力原則，交辦業務均如期達成，且與設計科內長官和睦相處，彼此都非常熟稔，故我人緣甚佳且好友亦多。

我在城塞局屬資淺年青後輩，同僑眷舍須粉刷室內土牆或屋頂抽換禾桿，公餘有暇我必當志工參加一份。此外，與我深交如同莫逆者，尚有經理處陸軍少校參謀潘正華、軍薦級同少校祕書李隸萼、警衛連陸軍上尉連長易越超、材料處陸軍上尉押運員伍大成、局長辦公室副官陸軍中尉楊錫華、駐重慶第八坑道隊陸軍少校隊長卓達群等，真是不愁假日無處去。

回憶當時城塞局各處、組、科、股的主管從來沒有查閱過簽到簿，要洽公找人不在位置先別急，不是上廁所就是回宿舍取物，頂多等個幾分鐘，他自己就會回來辦公；局內同僑從無爆粗口或背後密告，長官與屬下互信，是城塞局最大的特色。我軍旅生涯中，以城塞局同僑間相處最為溫暖，感情如同一個大家族的親兄弟，私人有事大家一定幫忙。

如劉義銳學長與學嫂一齊遠行至重慶市，不便攜帶子女同行，我遂夜宿其家中為學長的稚女麗安壯膽。假日我喜帶領同僑之子女去捉蟋蟀，掘蚯蚓作魚餌垂釣；記得有多回我手牽丁其璋上校年僅六歲的次子丁強（來臺後就讀政工幹校影劇系四期），暢遊沙坪壩參觀南開中學、中央大學和重慶大學等以勵其志。後來他在臺灣與影視明星李璇結婚，丁強是早年臺視連續劇的當紅主角，以主演「糊塗經理」而聲名大噪。

我個人私事，得到城塞局裡長官、好友很多的幫忙協處，茲記述如下四件事。第一件事，是經理處粵籍祕書李隸萼應允替我留意遭裁撤的陸軍干城部隊軍郵遞送信件去向，我內心一直打鼓，掛念學妹永貞的行止安危，千萬別遭戰亂弄成我倆永久失聯。我在城塞局任職第四個月即 1942 年 5 月，李祕書飛奔而來大喊：「滯皮，你日夜盼望的情書終於輾轉寄遞來到了！」我興

奮地開信展讀，永貞接受我的建議，決定在太平洋戰爭爆發後辭退香港工作回故鄉避禍。她向長輩請益後，立即遞辭呈給橡膠廠，搭上從香港開赴廣東梅縣的運棉紗空車，去年底安抵廣東省大埔縣故居。那封信是寄往干城部隊營區軍郵址的，流浪了四個多月才到我手中，真的非常感謝李祕書費盡心思找回這封情書。

　　第二件事是三年前我探視困在廣西省柳州機場的母親，後來她移居廣西省宜山偏鄉躲避兵燹，現在我在京畿任職生活安定，家兄困在甘肅省大漠機場，理應由我這個次子侍奉母親，就打報告給李局長，請求配發眷舍接慈母來住以盡孝道。事為科內前輩陸軍工兵上校張立成獲悉，他說近期內根本沒眷舍可分配，叫我撤回簽呈，他慨允把配住的眷舍半間騰讓給我家眷借住。於是我立刻寫信恭請家母帶同我大嫂和幼弟來渝團聚。家母等一行適巧於1942年9月24日中秋節傍晚抵達，真是天佑「月圓人亦圓」。時近子夜，加以紅槽房是個荒村，連餐館都沒有，只好在雜貨店買些月餅，算是賞月又可療饑，符合抗戰期間一切從簡的之生活規則。

　　第三件事是我大哥在甘肅省每次來函都訴說身體不好，長年生病更兼畏寒，恐怕客死大漠等語，這種悲觀情緒，在信函內表露無遺。我立即回信建議大哥向蘭州空軍第五驅逐大隊請長假來重慶團聚，經過一個多月他才獲批「因病准予長假」。我在大嫂來渝的行李中，翻出舊日家兄的職校內燃機修造科初中畢業證書及陸軍第一集團軍汽修總廠上尉遣散令等文件，就交由押運員陸軍上尉伍大成拿去想法子牽成調職，後蒙城塞局錄用家兄為材料處上尉押運員。命令頒發不久，家兄亦從蘭州抵渝正好立即報到就任；有伍大成這位貴人隨時照顧，家兄當個押運員，自是不成

問題。

第四件事是黃埔海校高兩期的學長李定強，在我到職不久後，他請辭粵桂江防司令部軍務處上尉作戰參謀職務來渝，參加空軍招募領航員考試，合格者可插班空軍官校校十二期赴美受訓。美軍對日宣戰後就將大批航程較遠的運輸機與轟炸機移撥我空軍，故空軍需要有天文航行定位素養的二十名海軍軍官加入，直接選送至美國領航學校施教。李學長在重慶因航空體檢不及格未被取錄，頓時進退失據，來局裡找我幫忙謀職。

我安慰李學長，當年我也因航空體檢不及格未被廣東航校錄取，空軍不要您、海軍您又回不去，要不要學學我加入陸軍？李學長無奈地點點頭。我遂請科內諸好友想法子，李學長隨即由同鄉的李局長委派為城塞局駐重慶菜園壩第十六坑道隊上尉隊長占少校實缺，可稱流落他鄉因禍得福。他搖身一變而成為京畿小主管，不但有權而且還有專屬勤務兵伺候，得意非凡，連我也羨慕不置。

四件私事辦妥後我心中的石頭暫時放下，恢復與永貞緊密的情書往返。未幾，日軍開始清鄉掃蕩，結合汪精衛的偽軍，從廣州市朝閩粵省界挺進。永貞連續來信，略以故鄉如我所料，高中畢業學歷又有工作經歷的新時代女性在偏鄉謀職根本沒適當工作，且散兵游勇四處游竄燒殺擄掠，永貞自身安危難保，逼問我想法子給她拿個主意。

當時軍官超過二十四足歲不需報准就可結婚請領眷補，我已適齡成家且生活安定，加諸接奉高堂與親屬來渝定居，遂決心揮函邀請輕熟女的永貞前來重慶相聚。此一信函等同是求婚書簡。我倆相交十年，乃屬純真年代，恪遵禮法不敢逾越，更未私訂

終身，故函中措詞，十分委婉含蓄。記得我在信中一段曾云：「……汝來渝之後，若欲進修，有校可讀；若欲任事，小差事一份，已蒙友人允予安排；若欲在家閒居，則余當負起陪伴終身之責……」口氣之大，如同吃了生蒜頭。

　　不過信中並無花言巧語誆騙之嫌，事實上，在城塞局附近之沙坪壩，有中央大學與四川大學，歌樂山有藥專與師專，來此四校升學者，多屬各省逃避戰禍之失學青年，故教育當局允予流亡學生入學以公費待遇就讀。離重慶更遠之地，則有多所公立大專院校可選，永貞不愁無書可讀。任事方面，早已蒙局內同僚安排，在行政院交通部替永貞覓得雇員職位；若云在家閒居，家母已經來渝居住，眷舍餐桌上多加一雙筷子爾。所以我在信中所云，並無一句花言巧語。

　　說句良心話，來到氣象萬千的陪都重慶，見見世面，總比蟄居在廣東邊陲大埔縣多見森林少見人煙的不毛之地，委實好得太多。倘若永貞來到重慶市，看見我不是以前初戀的阿貴，那也不辜負當初相識一場，兩人都會心安理得。我倆倘若能結成連理，即使「牛衣對泣」，也勝過相隔萬里牽腸掛肚。邀請信函投軍郵寄送後，不久永貞回信說準備啟程來渝相聚，順道攜領故居鄉親咐託之少年作伴同赴大後方升學，我頓覺身輕如燕，快樂無比。

三、赴空軍官校任教官　烽火姻緣萬里牽成

圖 5.5　1943 年 3 月永貞（圖內右二）自廣東省大埔縣故居跋涉六個多月來到雲南省昆明市重聚，與中大附中姐妹淘同遊昆明湖，作者在側陪伴（鍾漢波數位典藏）

　　永貞回函應允求婚後，我忽覺心神不定，有驛馬星動之感。我又再發一函，說明我可能會被調離四川省，希望她遠在兩千餘公里外的廣東省故居出發後先抵貴州省貴陽市，立即赴紅十字總會救護總隊隊址，先尋訪鍾靜蘭小姐協助找份差事暫時安身，等我進一步消息再決定會面處，同時我也備函一封給鍾小姐請她照顧永貞。抗戰時期必然彼此幫忙到底，人情味濃郁，肝膽相照令人畢生難忘。

　　有件事困擾城塞局海軍股徐股長幾近兩個月，就是空軍呈文軍事委員會請求派一位海軍資深校級軍官前往昆明空軍官校任教授課，但閩系的海軍總部反應冷漠，軍事委員會只好在中樞指派其它地方海軍的賦閒資深官去空軍服勤，這位出任教席的軍官一定得具有講學名望，因此軍事委員會就把腦筋動到軍政部頭

上，令城塞局海軍股的徐股長與參謀丁上校，二擇一去空軍報到。他倆天天嘀嘀咕咕，不知談些什麼。我只是個資淺上尉，不會而且也不可能與我有關，所以聽都懶得聽。

10月底，徐股長忽然告知我，城塞局李局長的意思是要派我去空軍官校當教官；我回應不嫌我資淺濫芋充數丟海軍的顏面嗎？況且我上有高堂須侍候，下有戀人待娶，這件事得容我琢磨琢磨。我在陸軍為主的城塞局深感專長不符注定沒啥發展，我的處境不上不下，經詳細考慮後，覺得自己在城塞局服勤八個月下來倒也一帆風順，學會承辦公文，獲得眷舍借住並接奉親屬來聚，家兄在局裡謀職亦已有成。我在設計科內曾演講過多次，深得資深前輩好評。我頂至此一極限，未來實無向上派職的空間，應該見好就收，趁此機運離開中樞，去空軍闖闖也好。

其實，徐股長擬試探我赴昆明任教意圖，也算是提拔，雖然在城塞局內海軍的校級軍官比我能力更強者，大不乏人，然經多次徵詢，他們均不願去邊陲的昆明空軍官校屈就教職。但我自問任官至今尚未滿三年半，按規定還沒輪到我晉陞上尉，而我卻在陸軍任職上尉軍官實缺年餘，出外歷練一下也是好事。況且空軍生活津貼非常優渥，聽說在空軍官校的教官也吃空勤丙類伙食，教官加給還用斗米實物計算。昆明戰時米價飆漲至每斗法幣四百元，一斗白米竟相當於陸軍上尉的月薪。

但空軍官校也不好惹，堅持赴任的必須是資深的海軍校級軍官，且須在軍校曾擔任過教官職。此際，當年曾對我說過：「Join the Navy to See the World」這句話的鄭姓貴人，已在軍中累陞至中樞軍事委員會的軍令部中將副廳長；我就近觀見他後，他認為海軍轉空軍照樣可環遊世界，風聞你在青島海校代理輪機

教官與城塞局歷次軍官團演講屢獲佳評，那就去空軍官校當教官吧。我在青島海校講授過應用力學一整學年的課程，還隨身保存有兩份校長簽發的任職少、中尉教官證明書；透過中樞鄭姓貴人的安排，這兩張證明書果然管用，空軍勉為其難同意接納我這個資淺上尉，在空軍官校教育班隊擔任教官授課。

不過我也不是憨子，以遠赴空軍任職難望按時升級為由，請徐股長想個法子破解，他遂硬著頭皮專簽給李局長轉請空軍派任我為少校教官做為條件。唯因我年資實在太淺，空軍僅以教學清苦為由，應允我擔任支少校薪的上尉教官，並蒙航委會兼委員長蔣中正於 1942 年 12 月 1 日頒發派職令，文曰「茲任鍾漢波為空軍軍官學校海軍上尉教官，支少校薪，此令，蔣中正簽章。」任職令文號航上字第 13836 號。

在啟程前我把家事安排穩妥，家兄身體屢弱不堪，押運員須久耐長途顛簸之苦，此事令我深感為難，幸得伍大成兄拍胸膛此事包在他身上，叫我放心前往昆明報到。果於三個月後家兄改派城塞局運輸大隊任上尉汽修技術員，兼管駐重慶南岸三十公里外土橋鎮苦竹壩汽修站，回歸汽修本行，自是容易發揮所長。在家靠父母，出外靠朋友，誠非虛言。

同時又喜知永貞易容女扮男裝，穿越日軍重重封鎖線與盜匪橫行的粵、桂、黔鄉區，由廣東省大埔縣搭車兼步行，途中遭半官半匪的游擊隊掠走所有隨身首飾，且與作伴同行的少年失散，經萬重山水折騰整整三個月，方安抵貴州省貴陽市，暫時在紅十字總會任職救護總隊看護，我就去函告知永貞，我須馬上動身赴雲南省任職，抵達後再寫信給她擇期團聚，並另函感謝鍾靜蘭小姐之照顧。

　　我須由川滇東路前往昆明空軍官校報到，12 月 17 日晨離紅槽房至重慶市打探船期，夜宿第八坑道隊卓隊長的辦公室，18日晨搭乘民享江輪沿長江上行一五〇浬抵瀘州，過江到藍田壩向空軍運輸站登記搭便車赴昆明。在站內認識空軍中尉飛官徐大友（又名徐世友，中央航校十期），蒙其照顧甚多，同齡的徐大友亦前往空軍官校報到，遂結伴同行。

　　與飛官徐大友閒話家常，他非常驚訝國民革命軍四支地方海軍居然互不隸屬，且各路海軍艦艇啟戰後大都陸續沉損；我更驚訝全國各路軍閥總計有十六支互不隸屬的地方空軍，但抗戰時已由中央收編整合，十六支地方空軍培育出的飛官不分彼此，齊心殺敵。各路軍閥的地方空軍按成立先後，依次為東北系、粵系、皖系、直系、浙系、滇系、蘇系、晉系、魯系、豫系、西北系、川系、閩系、疆系、湘系與桂系。

　　徐大友也告訴我，當下空軍有八個飛行大隊，每個大隊轄三個飛行中隊，共編配約五百餘架軍機，目前正汰除俄援軍機，換裝美援戰機。主戰兵力部署在四川拱衛京畿，重慶有第三與第十一驅逐大隊，成都有第二轟炸大隊與第四驅逐大隊，祁峽有第十二轟炸大隊，後方甘肅省蘭州有第五驅逐大隊及第八轟炸大隊。我倆赴滇報到的昆明市有正在換裝美援 B-25 機的第一轟炸大隊。徐大友還說空軍第三與第五驅逐大隊，即將轉赴印度全面換裝美援戰鬥機；難怪家兄困在甘肅省蘭州第五驅逐大隊，風聞要開拔駐防印度，唯恐客死南亞異國才找我想法子調回京畿。

　　飛官徐大友出身正統的中央航校筧橋校本部航空班，戰前中央航校收併了我投考過的南天王廣東航校，易名為廣州分校；1937 年 8 月，中央航校洛陽分校連同廣州分校疏遷至廣西柳州，

隔年1月把桂系軍閥李宗仁的廣西航校收併改為柳州分校。戰時筧橋的中央航校亦西遷雲南省，會同洛陽分校、廣州分校與柳州分校合流，再整併滇軍軍頭龍雲（雲南陸軍講武堂四期步科）的雲南航校，並將總校區設營於昆明巫家壩雲南航校舊址。收編各路軍閥自辦航校的中央航校，於1938年7月晉名為空軍官校。

　　12月18日我夜宿空軍運輸站，19日晨空軍便車由川滇東路起點站藍田壩出車，卡車輪胎已箍上鐵鍊；開車不久，即低達納谿縣爬坡上山。天寒地凍路面結冰、山巒與樹葉、松針均成銀色，經四川省境內大城敘永市打尖。敘永市曾因1940年日軍入侵的「桂南會戰」暫為西南聯大分校校址，準備作為校本部由滇撤川的後方校區；敘永分校校舍借用數棟破舊的祠堂授課，一年後日軍全面撤出廣西省，無敵情威脅的敘永分校遂停辦，西南聯大師生遂遷回昆明市校本部。

　　19日宿貴州省畢節鎮，經赫章縣城欲買熟雞蛋作點心，為好心之同行旅客所阻止；聞說赫章雞蛋產於麻瘋村，母雞啄食麻瘋病患痰沫而生雞蛋，吃了蛋就被麻瘋桿菌感染，聞之喪膽。過貴州省咸寧縣城，就駛入雲南省境，20日宿宣威縣城；宣威以盛產火腿著稱，名曰「火酒肉」，味香尤勝浙江省所產金華火腿。出宣威至曲靖，到了曲靖縣城即有火車通往百公里外的昆明市，再也不怕汽車拋錨。空軍便車於21日下午16時抵達昆明市，我夜宿西南大旅店，22日週二，飛官徐大友中尉帶我乘坐馬車至巫家壩空軍官校報到。

　　人生無定數，想當年我壯志凌雲，投考廣東航校七期乙班卻被體檢刷掉，如今我站在空軍官校校門口，以官校教官身分進入校本部，真是萬萬沒料到。我首先晉見上校教育長王叔銘（廣東

航校一期，九年後累功調升第二任空軍總司令），隨後教育處中校處長陳嘉尚（中央航校一期，十四年後累功調升第三任空軍總司令）在聯誼餐廳宴請我用餐，算是接風，兩位長官對我這位資淺上尉禮遇有加，想必是中樞軍事委員會鄭姓長官交辦的調職必須買帳。空軍官校校長是由蔣委員長兼，我的燙金空軍官校教官派職令，就是兼校長的委員長蔣中正簽發的，校內無人斗膽對我調來當教官說三道四。

　　飯後有勤務兵帶我去見教務組中校組長王清茂（東北航校一期），安排我宿舍及熟悉校舍配置。我在空軍官校任教，可分為前半年在昆明巫家壩校本部任教，後面近兩年時間調往雲南省楊林空軍官校偵察轟炸班（偵炸班）任教，一共在官校擔任了兩年四個月的教官職務。

　　1942 年底我在校本部入伍生隊試教，顯然空軍官校想先拿捏我的斤兩；官校招來十六期航空班新生近兩百名，於校本部巫家壩入伍施教三個月。入伍生結訓後，先由美軍 ICFC 空運司令部回頭空機送往印度臘河（今巴基斯坦境內）的空軍官校駐印分校，接受練習機的初級飛行訓練，完訓及格會分批前運美國接受一整年的學科教育和中級、高級飛行訓練。他們須搭乘軍差船跨印度洋與大西洋赴美受教，海程一萬四千浬航行長達一個多月，故我才會在入伍生班隊講授「海軍常識」，著重艦艇常規和救生部署，對我言算是牛刀小試，對入伍生言則是即學即用。

　　其實，我非常羨慕空軍官校入伍生，他們結訓後可航行印度洋與大西洋赴美受教，完成學業後再飛越大洋返國參戰；空軍入伍生不用當海軍就能夠繞著地球航行，看來改個海字成空字「加入空軍就可環遊世界」照樣應驗。不過，我退役後轉業跑商船，

真的隨著空軍官校入伍生後輩的航跡，帶領商船橫渡過印度洋、大西洋與太平洋多次，這是後話。

我向空軍官校報到時，第十五期部分航空班學生已完成入伍教育還在校區等候飛赴印度分校。太平洋戰爭爆發後，空軍官校飛行生自第十二期起讀到半途就分批赴美，完成未竟學業在美國畢業；從我講課的第十六期入伍生開始，爾後招考的各期飛行生，在校本部入伍結訓就直接送出國接受完整的飛官養成教育，在美國畢業任官後才返國參戰。是以抗戰結束前，我在空軍官校從未參加過航空班的畢業任官儀典。

黃埔海校學長及學弟有二十餘人在昆明市服勤，高三期的馮啟聰學長與我最談得來；馮學長畢業任官後在電雷學校當隊職官，抗戰初啟該校遭裁撤他脫離海軍，插班空軍官校九期航空班就讀但遭退訓，故在雲南省昆明市留下，負責滇黔公路物資轉運，收入頗豐。單身的馮學長白天忙於軍運，夜晚酬酢不斷，我公餘之暇常替馮學長分勞記帳，他的諱字是伯曼，滇黔公路跑單幫的司機都稱馮學長為「馮百萬」，我沒這個膽稱呼學長的渾名，僅依黃埔海校傳統尊稱馮啟聰學長為「聰哥」。

1943年初，我正準備接訓空軍官校十七期飛行生入伍施教之際，校本部說把我擺在入伍生教育班隊講課實在是大才小用，就調我去校本部照相判讀組第三期，講授「海軍艦艇識別」，班上是飛行潛質鑑定無法勝任飛官的官校生，結訓後可派任飛勤組員的偵察員（Observer）。

照相判讀組上校班主任單德森遣空軍上士冉里當我的助教。我全憑一本就讀黃埔海校時自費購得1936年英文版《詹氏海軍年鑑》做教本。照相判讀組將我那本年鑑複照了許多圖片，作為

空軍官校其它班隊教科書之用。冉助教取出很多判讀儀器教我使用，倒使我受益匪淺，無形中也增強我的攝影技巧，如調校照相機光圈、快門都頗有心得。

太平洋戰爭爆發前後，日本零式機橫行我川滇上空，美國志願軍飛虎隊由美籍顧問陳納德（Claire L. Chennault, 美國路易斯安那州立大學預官訓練團 1914 年班）率領來華助戰；美國對日宣戰後飛虎隊解散，另於 1942 年 7 月成立美國陸航「駐華航空特遣部隊」（China Air Task Force, CATF），備役的陸航上尉陳納德恢復現役並躍陞陸航准將指揮官，率領 CATF 駐防昆明巫家壩機場，CATF 初期僅有飛虎隊留交的三十一架 P-40 戰鬥機，給 CATF 二三戰鬥大隊所屬七四、七五、七六中隊繼續使用，陳納德將軍親率 CATF 指揮部駐防昆明巫家壩機場。

我到差空軍官校三個月後，美國陸航擴編 CATF 為第十四航空軍，陳納德由准將指揮官升任少將司令官，同時 CATF 又納編三〇五重轟大隊，所轄四個中隊編配三十五架 B-24 重轟機，其中四二五中隊隨司令部駐防昆明巫家壩機場。連同美軍 ICFC 空運司令部五個空運大隊數百餘架運輸機由印度穿越駝峰來去巫家壩機場，超過萬名美軍官兵湧入內陸高原的雲南省昆明市，美軍入夜後穿梭於都心買醉，熱鬧情況與我戰前在廣州鬧區濠畔街遇到熙來攘往的「鬼佬鬼婆」（粵語指外籍男女之謂）情境不相上下。

我在巫家壩機場時，美國陸航二三戰鬥大隊僅有七五中隊留守，大隊部其它兩個中隊前推至湘桂火線；機場空襲警報無日無之，但與過往日機臨空往復肆意濫炸大不同，在巫家壩機場日機都遭美機攔截纏鬥，敵機匆匆投彈就撤離。

　　我親眼看見漆有鯊魚頭的 P-40 戰鬥機訓練情形，我還保存有陳納德將軍發表「我們的空戰方案」（This is Our Battle Plan）英文版簡介，說明 P-40 戰鬥機僅利用警報時間緊急起飛，採取有利方位迅速爬升；慢速的 P-40 因機翼厚，比快速的零式機爬得更高。佔高位時就只作一次向下衝程，由上而下運用重力加速度俯衝，P-40 的機身較重，故俯衝速度較日軍零式機快，尾追掃射後繼續俯衝脫離，零式機想跟也跟不上。P-40 戰機絕不與輕巧的零式機纏鬥以曝已之短，如此揚己之長就剋制了零式機，使其陷入只有挨打的份兒。

　　在空軍官校看著學生輩壯志凌雲我同感驕傲，尤其是我初中畢業後考不上廣東航校，現在居然翻轉成為空軍官校教官，成就感十足！期間日軍對官校的空襲，頻遭美軍及我空軍戰機迎頭痛擊。在昆明周邊的機場，最歡欣鼓舞的事，就是聆聽剛返場落地的飛官歸詢，陳述痛擊侵華日軍的戰鬥過程。

　　隨後第十四航空軍陸續補充更新型的戰機，漆有鯊魚頭的 P-40 戰鬥機就移交我空軍使用。值得一提的是飛虎隊、ICFC 空運司令部及陸航第十四航空軍的飛勤組員所穿著之飛行夾克，背面印有一面我國國旗和蔣委員長所寫的白布黑字血幅，曰「來華助戰洋人（美國），軍民一體救護」，收效甚大，此種夾克現已成為全球航空迷的珍品。

　　此際學妹永貞收到我從空軍官校寄出的軍郵信，就跟隨紅十字總會救護隊在國軍側護下，沿滇黔公路來昆明市相聚；公路各兵站均妥予照顧並互通訊息，唯軍運繁忙日軍轟炸頻仍，單在貴州省晴隆縣著名的「二十四道拐」山路，日機轟炸、山崩塞車加交通事故就耽擱行程近一個月。紅十字總會救護隊走走停停加

上迂迴繞路，永貞這趟會親之旅不畏艱險，於 1943 年 3 月始抵達雲南省昆明市與我重逢，她從廣東省大埔縣偏鄉行行復行行耗時三個月方抵貴陽，再於滇黔各埠等候我的消息又跋涉至昆明市，耗時三個多月；兩人因戰亂離散五年，在空軍官校大門會面時相擁喜極而泣、恍若隔世。

永貞跋涉六個多月抵昆明市後，找到她昔日中學同班女同學，陳麗芳在西南聯大讀化工系四年級，遂邀永貞入住女生宿舍空舖。永貞的手帕交，另有黃詠漪就讀昆明師範學院四年級，許紹芬、莫惠蘭已自廣州中山大學醫學系轉入昆明的昆華醫院實習，此外尚有高中同窗吳素馨任職昆明中國銀行。昔時在中大附中低班學妹移居昆明者亦不在少數，因此永貞抵昆明後忙著敘舊。我帶永貞暢遊昆明附近名勝，如英國花園、情人路、黑龍潭、鳳鳴山吳三桂銅像及金殿、昆明湖大觀樓，處處留下倆人倩影。

我在空軍官校任教待遇頗優，除少校月俸「國難餉」法幣五百多元外，尚有教官加給用實物配給四斗米，變賣白米後每月合計可領取法幣約兩千多元，比起在陪都重慶城塞局當個上尉月領法幣四百餘元，竟達五倍之多，只不過法幣快速貶值，兩千多元兌換成美金，每個月僅得三元爾！既然收入足堪養家活口，我倆遂擇吉於 6 月 28 日結婚，在市區大綠水河街租屋，作為蜜月新居，女方一切結婚事務，由她五位在昆明的姐妹淘協辦。

我是婚宴前兩週的 6 月 15 日接到內調人令，從昆明巫家壩校本部調楊林偵炸班，從第四期起任教官，這個班是四年前航委會將直屬的偵察班與駐新疆伊寧的轟炸班合併而成的，班上也是飛行潛質鑑定無法勝任飛官的官校生，他們結訓後可派任飛勤組員的領航員（Navigator）或轟炸員（Bombardier）。據該班教育組

上尉組長賴琳（中央航校洛陽分校五期二班，來臺後累功升至空軍中將）告訴我，請個海軍教官來校任教的主意，是他向航委會提出的，因為在空軍官校中，有不少陸軍教官講授空地密接支援作戰，但居然沒有一位海軍教官講授空軍對海攻擊的專業，等同是賴組長把我請來。空軍官校偵炸班班址在昆明市北郊約五十公里專屬的楊林機場，偵炸班擁有空軍官校撥配的美製「新北美」式 AT-6 雙座攻擊教練機六架，供學生上飛行線練習領航轟炸。

我在偵炸班擔任的課目是「海軍作戰」和「天文航行」，前者側重艦船航行特質與防空火砲特性，以利轟炸員追監偵炸，後者著重領航員飛航定位。高空偵察和遠程轟炸的夜間天文航行，領航員測算飛航位置是用「水泡六分儀」，用水泡代替水平線，那個水泡是否在水平中央頂點，就得把握精準。水泡六分儀比艦船用的六分儀方便得多，不必等待時辰，夜間雲上飛行既見天地線又見夜空清晰星座；艦船用六分儀晨昏僅各有十餘分鐘之時機可用，而水泡六分儀在飛機夜航時可整夜觀察星座仰角方位，以定飛航所經位置。而今有衛星導航及全球定位系統，省卻許多測星推算之繁複手續。但在上一世紀我使用水泡六分儀測定夜間軍機飛航位置，還算是一手絕活。

我赴楊林空軍官校偵炸班報到後，直到我婚前兩天賴組長才准我一週婚假放行，他於 6 月 26 日晨親自駕駛 AT-6 雙座攻擊教練機，專送我至巫家壩校本部機場降落，陪我去婚宴當新郎倌，這是我生平第一次遨翔藍天，而且竟坐在雙座教練機的前座。

黃埔海校學長及學弟，加上空軍官校同事與美軍友人，永貞的女同學與紅十字總會姐妹們，都獲邀參加我倆在昆明市冠生園的婚宴，筵席滿滿開六桌，在抗戰期間算得上是盛會。蒙高我五

期的學長西南兵站統監部交通處少將處長黎尚武福證，結婚當天黎將軍遣其座車、副官與駕駛兵供我使用，得以赴西南聯大女舍接載新娘；馮啟聰代表新娘、新郎尊長主婚，他特別要到場來賓多喝幾杯囍酒。

當年鼓勵我投考廣東航校的中大附中初中部恩師劉常先生，定居於雲南省澂江縣，他臨時有要事無法來參加婚禮，寄來賀軸一卷，上款是「漢波、永貞學隸結婚嘉禮」，下款是署名；軸曰：「嶺南有俊士，壯志會風雲，學劍屠長鯨，橫海隨雄軍，願得同心人，並鏡商功勳、綠水珊瑚影，相對共良辰，高翔鳳已雙，千里安足論」，錄之以作紀念。

偵炸班賴組長居間安排美軍友人，讓我夫妻倆在一週蜜月期間就近去巫家壩機場的美國陸航第十四航空軍的軍官俱樂部免費用餐，並使用俱樂部的健身室、劇院等休閒設施。鑒於婚後在昆明租賃新居奔跑於楊林、昆明間諸多不便，我遂於八月下旬將昆明大綠水河街新居退租，攜妻崇返楊林鄉下定居。

第陸章
抗戰甫結束高司充斥冗員

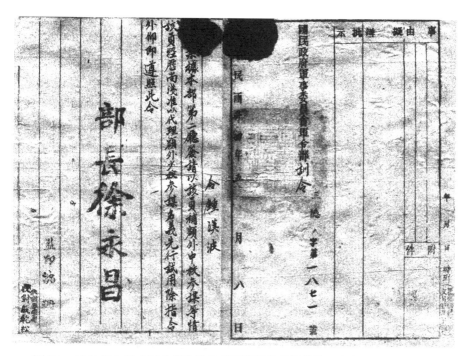

圖 6.1　1945 年 5 月由軍令部徐永昌部長頒授作者服勤第二廳任海軍上尉情報
參謀訓令，文號三德人字第 1871 號（鍾漢波數位典藏）

一、昆明任教錯失派艦　軍令部任情報參謀

圖 6.2　1944 年底抗日後期作者站在雲南省楊林空軍官校偵炸班共乘多次的 30 號 AT-6 雙座攻擊教練機右翼上（鍾漢波數位典藏）

　　賴組長隨後高升離滇，而偵炸班的長官們尚有班主任空軍中校金恩心（東北航校一期，來臺後累功升至空軍少將），班副主任空軍中校羅德馨（廣東航校三期乙班），教育組組長空軍上尉趙敦序（中央航校六期，來臺後累功升至空軍少將）。偵炸班飛行教官另有張德爵（中央航校洛陽分校五期二班）、李善明（廣東航校七期甲班，來臺後累功升至空軍少將）、樊懷錄（中央航校洛陽分校六期二班）、樂以純（中央航校八期）、曹朝覺（廣東航校六期丙班）、林學良（福州海校航海科 1933 年班，廈門海軍航空隊出身）與莫浩仁（廣西航校二期）等七位，飛行教官均為空軍上尉也都是空戰英雄。

　　楊林航空站空軍上尉站長吳興泉（原名吳星泉，中央航校二期偵察班）是廣東人，長我十一歲與我最稔，經常對弈象棋，一個屎棋一個盲棋殺得難分難解。偵炸班的中英數理化有三位軍薦級文職教師，均由西南聯大畢業生聘僱而來，要打橋牌三缺一，請我參加但我不會，他們願教我，我遂於授課空檔時勉可湊合，

當年打橋牌是美軍帶來的風氣，也是抗戰時期最流行的正當娛樂。美軍飛官甚至空運哈雷機車來滇，在楊林山路上風馳電掣，我也從他們處學會騎乘，在楊林飛機跑道上飆哈雷甩尾，人車一體；我還借得美軍吉普車自行摸索駕駛，在機場內外奔馳。我也從美軍飛官那兒學會使用打字機繕打英文稿，還向離職的美軍友人購買中古雷明頓牌英文打字機自用。

　　空軍教官們對我這個海軍來的同儕都很照顧，為避免我遭官校生訕笑是「光說不練」的旱鴨子教官，只要偵炸班的 AT-6 雙座攻擊教練機一有空檔，他們都熱心催我坐前座，帶我上藍天嚐嚐試駕的樂趣。起飛後我兩眼不時要瞄一下高度表、空速表、油量表、航向儀與狀態儀，接手拉桿、推桿改變爬升、下降飛行姿態，我還要用力踩腳舵讓教練機轉向，飛行真的要手腳並用、人機一體。昔日我投考廣東航校被刷掉，無緣當個飛官，但在楊林體驗過多次試駕 AT-6 攻擊教練機後，對飛官置生死於度外捍衛長空的那種人機一體之豪氣，我更能感同身受。

　　1943 年 9 月，空軍官校偵炸班第五期學生入學，於是我又忙著授課，10 月永貞躲避日機空襲，跌入機場跑道清除區的排水溝，緊急送醫才知道初孕的她摔傷流產，甚傷身體，從此羸弱多病影響終生！慈母由重慶市寄來正川當歸補身。永貞的姐妹淘聞訊，也從昆明市搭車來探視病況，友情彌足珍貴。

　　無獨有偶，永貞於隔年 8 月間再度害喜。桂籍飛行教官莫浩仁之粵籍學嫂陳鳳翥 10 月臨盆生一女，他們請薑酌時，我夫妻倆滿懷期待前往取經，豈知所聽到的盡是笑話，滿堂賓客無不笑彎腰。莫學長說，要永貞妹子放心，接生婆愈土就愈有經驗，較之大醫院有證照的助產士更安全且可靠。

　　聞說楊林一位在地接生婆去接生，嬰兒先遞一隻小手出母體，驚駭眾人，接生婆說不要慌不要慌，鹽缸裡抓一把鹽放在嬰兒的小手掌上，於是小手就縮回媽媽肚子裡，接生婆在孕婦肚子上搓來搓去，結果就順產了。永貞問莫學嫂生產時辛不辛苦，豈知她答得更妙：「皮嫂呀，凡想當母親一定要生產，管它啥辛苦不辛苦。」我倆滿懷希望去取經，卻取得一場歡笑而回。

　　留在楊林這種小地方，連婦產專科醫師都沒有，醫診資源匱乏。遷回大埠昆明市待產當然相對穩當，何況永貞又有中大附中同學在昆華醫院任實習醫師，找對人接生絕無問題。但因距臨盆尚早，我自己則因公不能一直在昆明、楊林兩頭跑，孕婦若乏人照顧更不安全，事在兩難，久久不能定奪，遂興起念頭攜妻北返陪都重慶。永貞二度懷孕此際大腹便便走路時雙肩已向後傾，因前曾小產一次，夫妻商議決計峀返重慶，請慈母照護以免動了胎氣。

　　夫妻倆婚宴的主婚人馮啟聰，也稍來令我驚訝的訊息。聰哥錯過赴「美國接艦班」的考試，擬離滇返重慶報名參加赴「英國接艦班」的甄試，他問我要不要去，要去就得儘速回重慶市郊唐家沱的軍事委員會「赴英接艦辦事處」報名。在消息閉塞的偏遠雲南省服勤，我哪知英美兩國慨允接訓海軍軍官接艦的驚天消息？「加入海軍就可環游世界」一點兒都假不了。

　　聰哥告訴我，我倆因待在昆明市太久，完全錯過這些出國受訓機會；斯時黃埔海校我的同窗畢業任官一路走來，不是在敵前布雷殺敵，就是像我身處滇緬邊境，大夥兒都遠離中樞陪都，哪曉得有機會報名去英美接艦？

　　1941 年我在陸軍干城部隊幹訓班受訓時，英美兩國各撥

五十名官佐的員額給我海軍，派人到「參戰班」赴海外參戰見學，我已加入陸軍身不由己，就沒緊盯出國參戰見學的後續發展。兩年後「參戰班」的報名與會考，由軍事委員會主導，層峰刻意避開海軍總部循私僅派閩系軍官出國參戰見學，四個地方海校畢業之年輕軍官都可報考，但我人在空軍官校任教，對報考出國參戰見學資訊竟毫無所悉。

黃埔海校校友考取「參戰班」受訓者眾，有高一期的凌奎、同窗港僑黃思研等九人，凌學長赴美後還考入麻省理工學院獲造船學碩士，令人欽佩。港僑黃思研中尉英語溜，由粵桂前線調中樞軍事委員會擔任華美聯盟作戰的機要祕書，是為同窗放洋赴美受訓的第一人。

1944 年 10 月美英同盟國又答應我國請求，慨允借艦共同抗日，美國先發借予我國作戰艦八艘加入「新海軍」參戰；軍事委員會又跳過海軍總部，主導招募七十名海軍軍官入「美國接艦班」，名額均攤給電雷、黃埔、青島、福州四所地方海校畢業的年青軍官，但報名須有主官推薦且得通過考試，我遠在滇省邊陲消息閉塞，錯失良機。

黃埔海校校友考取赴「美國接艦班」共十人，最資深的學長是高四期的徐亨（黃埔海校航海科 1932 年班），他已自重慶飛印度轉搭美國軍艦赴美，亨哥還赴美接掌二級艦當少校艦長呢。我同窗的學霸蔡惠強畢業前棄學，投效直屬蔣委員長的軍事委員會調查統計局（軍統局，國防部保密局與情報局的前身），也獲軍統局舉薦考取「美國接艦班」，且內定為二級艦部門主管的中尉槍砲官。此外，還有修過我在四川省萬縣青島海校開授應用力學低我兩期的學弟劉鐵桑（來臺後累功陞至少將）及鄧善培，都

在「美國接艦班」榜上有名。

轉眼間 1945 年來到，我在空軍服勤已超過兩年，看著官校生紛紛出國赴印度、去美國受訓還搭船橫渡大洋，「加入空軍就可環遊世界」卻始終沒我的份。年初空軍官校我施教過的照相判讀與偵炸兩個班隊官校生，陸續回報噩耗！很多畢業生不是戰死殉國，就是飛安事故摔死。

過了農曆春節連假，在楊林巧遇廣東航校入伍同學翁克傑，他已累積戰功晉陞為上尉分隊長。他告訴我，廣東航校七期乙班飛出來的五十六位同學，迄今陣亡十位、殉職十一位；我急著問他：「那入伍教育時我倆的鄰兵劉俊呢？」他安慰我道：「劉俊目前人在印度接受轉換訓練，駕駛美製轟炸機。」翁克傑熟飛楊林機場的 AT-6 攻擊教練機後，隨即轉往昆明換訓，接裝美製偵察機。我目送好友駕機離去，呆若木雞，當年若我灌飽飲水通過航空體檢，也僥倖考上廣東航校七期乙班又飛出來畢業，我能存活到今天的機率只有六成！

我沒趕上赴美接艦，現在若從空軍回海軍，尚有「英國接艦班」的機會向我招手。時值教學空檔，偵炸班十一期官校生尚未入學，我遂於元宵節後的 1945 年 2 月下旬請准事假三週，與永貞搭便車由楊林赴昆明巫家壩機場，找到空軍第五總站少校總站長董鳴歧（青島海校航海科 1931 年班，東北海軍航空隊出身），他安排我倆搭空軍空運隊 C-47 便機自昆明飛抵重慶珊瑚壩機場，機場跑道在南紀門下方長江之砂壩，永貞大腹便便首次搭乘飛機，起降時顯得格外緊張。夫妻倆落地後旋即渡江至海棠溪，坐公車沿西南公路南行三十公里，赴土橋鎮苦竹壩家兄漢威租屋居停處。

　　見過家母及兄嫂，庶弟馬騮仔漢琪已十一歲，我回家團聚覺得十分開心。大嫂亦首次有身孕，是以高堂見到兩位媳婦都身懷六甲，笑不攏嘴。苦竹壩這個地方，可稱為窮山惡水，家兄漢威從城塞局我借住的眷舍遷到這個不毛之地的原因，一方面是我離開城塞局轉職空軍當教官後，家兄不便再借住長官的眷舍，再方面是苦竹壩為家兄掌管城塞局汽修站的場址，專門拆零併修城塞局所有爛車，搬遷至此荒村，家眷與工作均能兼顧，生活倒也恬靜不煩。

　　軍事委員會「英國接艦辦事處」張貼公告略稱，凡有意赴英接艦官兵，免予考試，立即向停泊在唐家沱徵用之江順渡輪報到，並供膳宿候命隨時出發云云，我立即攜證件向家人告知意欲赴英接艦去也。唐家沱位於四川省巴縣下游十浬，無論由重慶或海棠溪出發，均須先至地名為「江北」的巴縣縣治轉搭渡輪，每天有多班來往，交通倒甚為方便。海棠溪、朝天門與江北三地，位於嘉陵江和長江交匯之要津互成倚角。

　　我日落後登輪時，赴英接艦辦事處已經下班，見過劉姓管理員，他遺憾地說赴英接艦首班車，已於三週前由九名軍官率軍士與水兵自重慶出發。他帶我去渡輪大餐廳拿餐盤吃免費自助餐，在船上用餐者有接艦總隊三百餘軍士及水兵，他們都是沒趕上赴「美國接艦班」現在搶搭赴英接艦的末班車。我遇見幾位熟面孔，原來是十年前在海圻軍艦見習時我的助教群，他們係海軍練營出身的老海狗。餐廳內大多數年幼的學兵，是愛國從軍的初中畢業生，是由軍政部兵役署遠征軍八個教導團撥來的少年，他們都略諳英語且在教導團受過三個月的入伍訓練，已略具軍人氣質，這批學兵與蔣委員長「十萬青年十萬軍」號召加入青年軍的

知識青年，完全無關。

　　飯後劉管理員帶我到官員住艙，艙內卻空無一人，原來已報到的軍官如馮啟聰學長皆可外宿，每天到接艦辦事處打探行期，隨時集合啟程出國。餐後我與劉管理員聊天，他人很世故且十分客氣地解釋：「長官，這兩年來招募了三批海軍軍官均已選送出國，第一批赴英美見習參戰、第二批赴美接艦與第三批赴英接艦首班車，這回報名出國赴英是第四批，也是最後一批的末班車，你加入海軍要環遊世界，這是最後一把機會，要把握好！」他補充說，最近日機都不曾臨空，陪都幾乎沒有空襲警報，不久雙方應該就停戰了，出國接艦參戰跟著就會取銷，長官您要抓緊機運呀。

　　我向劉管理員深入打探，得知如下五事。一為赴英接艦報到，各路地方海校畢業軍官均有案可查，無須繳驗文憑，但須遞交各人的原單位離職證書；若無證書者可將原委列明陳報，接艦辦事處代為辦理徵調手續。二為赴英接艦官兵是否在國外有津貼，目前不清楚。三為赴英接艦的末班車，接什麼艦艇不得而知，接多少艘亦不得而知。四為啟程日期不清楚。最後赴英接艦末班車軍官員額多少，目前並無限制，預估與赴美接艦錄取的七十名官佐相若，但赴英國前，皇家海軍會派員嚴選並剔除不及格的官員。

　　如此說來，似乎是一片混沌不清。我覺得赴英接艦末班車的變數太多，如同一腳踩進不確定的命運，就決心放棄赴英接艦。翌晨我起床回到江北，轉返大哥家中，家人對我放棄出國反而覺得高興，因為若我匆匆一走赴英接艦，家中有許多事情都還沒有安排好，懷胎八個月的永貞更不知所措，我一回來，家人都像吃了定心丸似的。

　　我回到老東家的軍政部城塞局拜訪昔日同儕，他們大抵沒什麼人事更動，且都歡迎我調回設計科，尤其是徐股長殷殷囑咐我，即刻返滇辦好空軍離職手續就回來上班吧。徐股長告知局內的人事更動，是經理處人事官黎永年與海軍股參謀孫甦於去年底考取赴「美國接艦班」，令我羨慕不置。若我沒去空軍官校服勤而繼續留在軍政部城塞局，老早就加入他倆的行列赴美接艦啦，我真的悔不當初，傻傻地應允徐股長離開城塞局。

　　我踽踽重慶街頭，不期而遇黃埔海校輪機科低兩期的學弟溫煦棠，他因海校停辦而轉入陸軍砲兵學校十六期砲科，畢業後他任職於後勤部直屬第二十六兵工廠駐渝辦事處當上尉聯絡官，而又值新婚不久，少將廠長劉東來在四川省萬縣兵工廠內駐廠辦公，劉廠長在南溫泉後山擁有閒置別墅一棟，溫學弟已蒙劉廠長允許借住，因別墅太大，遂邀我夫妻倆前往同屋居住，彼此作伴，而免山居岑寂。

　　我遂前往察看，大為滿意，恰逢劉廠長返家順便見我，歡迎我借住且不收任何房租報酬，真是喜從天降。劉宅別墅板壁瓦面堅固，房舍足容兩家人居住，而且庭園優美，又有長工打理，負責挑山泉為飲，折取山林枯枝為柴，生活甚為方便。此位長工是劉廠長的老家僕，我從未住過如此豪華的房舍，在感謝劉廠長及溫學弟厚愛之下，隨即陪奉高堂、幼弟漢琪與即將臨盆的永貞，一行四人告別苦竹壩的兄嫂，遷住南溫泉後山別墅。南溫泉本是一處名勝，設有公共溫泉，假日遊人如鯽，居停別墅無異是種尊榮體驗，我就這樣享受華貴別墅長達八個月。

　　為了打聽謀職的消息，我頻頻進出城塞局，遇見好友押運員伍大成、祕書李棣鍔、警衛連長易越超，彼此談個不停。在重慶

都心，我也拜訪城塞局第八坑道隊卓達群隊長。隨後又到菜園壩探訪第十六坑道隊李定強隊長，多年睽違一旦見面自是熱絡不過。這兩個坑道隊，都負責炸劈重慶山城防空洞，以備市民躲避空襲之用，可謂立下血汗功勞。

第十六坑道隊隊部的對面，就是軍事委員會的駐外武官儲備訓練班，也是我日夜嚮往投效的班隊；李定強隊長和該班為鄰，認識該班官員自是不少，遂領我前往拜訪，但見空蕩的辦公室僅有一兩人在整理卷宗。據云武官儲訓班半年前招考末期學員六人後即奉命停辦，學員結訓後均已調軍令部候派海外。

回想昔日武官儲訓班招考非常嚴格，取錄人數每期僅個位數名額，而報考者則戶限為穿，此種盛況，已然不再。我匆匆向李定強隊長告別，逕往軍令部第二廳第二處訪舊識陸軍上尉參謀孫承祖，他是墨西哥華僑。他告訴我駐外武官、副武官及語文軍官就是由二廳二處派出，但現已滿額停止外派。但二處內有好幾個科都缺人手，若有意可替我從速安排調職。我非常感謝他告訴我這重要消息。

時近黃昏，各處奔跑了一整天，我拖著疲憊的身軀回到南溫泉山居時，早已萬家燈火。我無緣加入赴英美接艦班隊，不論軍令部二廳是否有空缺待補，我都得於 3 月中旬飛返雲南空軍官校銷假不可；我在家中逗留數日，終於等到空軍空運隊便機由重慶飛昆明，轉抵楊林空軍官校偵炸班，本擬註銷事假改請長假謀職，不料碰上意外的結局。

偵炸班班主任已由副主任羅德馨調升，斯時空軍官校校部行將搬遷至印度臘河，偵炸班已奉命縮編遷回昆明巫家壩機場，收併照相判讀組，留駐昆明繼續開班訓練。我非空軍科班出身，

羅主任認為縮編後沒理由讓陸、海軍教官繼續占缺，當然我在編遣名單中，並將於 4 月 1 日生效。

我講授過的空軍偵炸班與照相判讀組，戰後亦遭裁撤，來臺後又復辦，但易名為「領航轟炸班」（航炸班）。我的命盤真的帶衰，就讀的黃埔海校遭廢校、服勤的青島海校與陸軍干城部隊遭裁撤、任教的空軍官校班隊縮編我遭編遣，唉。

溯自 1942 年 12 月 1 日我被派任空軍官校當教官講課歷時兩年餘，情感上不無依依，只得向朝夕相處之飛行教官珍重道別。既然遭編遣，那我就決定飛返重慶去軍令部當個參謀；我領取離職證件及搭乘便機機票，4 月 2 日飛回重慶返抵家中。

軍令部是軍事委員會掌管作戰的部級高司機關，軍令部號稱對日抗戰的「天下第一部」，上將部長是徐永昌（清國武衛左軍隨營總堂）。軍令部直屬幕僚有四個廳級機構，一廳管作戰、二廳管情報、三廳管總務、四廳管測繪。軍令部二廳主要任務為掌握敵情動態、國際情報、防諜肅奸、外僑調查、武官業務、情報教育及諜訊技研。二廳中將廳長就是我軍旅生涯的鄭姓貴人鄭介民（黃埔軍校二期步科），少將副廳長是龔愚（中央軍校六期交通科）。廳內設五個處級幕僚單位，一處管日本境內情報、二處管國際情報、三處管國內情報、四處管電訊監察、五處管邊疆情報，外勤單位有電訊總隊、通信總所與印製所。

4 月 6 日週五當晚，蒙第二廳鄭廳長召見，他劈頭就對我說：「小老弟你來得真巧，我們軍令部二廳這邊缺一位掌管國際情報與戰略密情的參謀，這位參謀必須外語流利且陸、海、空三軍都服勤過，看來你是六百萬國民革命軍內唯一的人選！」

人生就是連串機緣，有些是擦肩而過，像是無緣出國接艦，

有些是陰錯陽差，鄭姓貴人一席話又再度改變我此生。隔日週六我直接前往軍令部晉見二廳二處少將處長曾慶集（清華學校1927級，美國陸軍騎兵學校1931年班，後外派駐加拿大任首席武官），辦公室位於雷公嘴，那是重慶大樑子的最高處。軍令部二廳二處掌管國際情報與亞太戰略密情的情報研析（情研）業務，經過形式上的面試，英、日語鑑定合格，曾處長見我是海校出身，就派我到缺海軍參謀的第六科服勤先行試用，當即由處辦公室上尉主任何寶森收取我的證件，替我辦報到手續，並帶我到第六科晉見中校代科長汪子清（來臺後累功升至國防部情報局情報學校少將校長）。

第六科的前任科長，就是我昔日在青島海校任教育副官時的老長官教育組宋鍔組長，他已外派為駐美海軍副武官。他當二廳二處六科科長時，就兼辦科內海軍參謀業務。他一高陞出國，不但找不到人接替科長，連海軍情研的參謀業務亦無人接手。我之所以被取錄，除了鄭廳長交辦，實與六科此窘態有關。二處曾處長認為第六科走了一位海軍上校情研高手，經鄭廳長力薦補位的海軍上尉之情研能力，應該也不會太差，就先替我申請跳兩階以中校參謀任用；然鄭廳長批駁下來，認為我年資尚淺，僅准予先跳一階以少校參謀試用。

不料呈文到了徐部長那兒，因尉級軍官需時七年半經營，而我當時還差一年八個月，經歷尚淺，是以僅獲得徐部長簽署委派我為「上尉參謀代理額外編制少校參謀，支領少校薪」的訓令，訓令文號三德人字第1871號。

高司機關任官非常嚴格，一點都不打馬虎眼，我自己也覺得很公道。我這個資淺上尉趁著在高司機關勤練參謀業務，累積了

經驗，未來晉陞校級軍官後，有資格就讀軍種業科指參教育班隊時，進修才能輕鬆上手。因此，我對情研指參作業用心鑽研漸次熟悉，由於深受長官器重，爾後他們都不放我回海軍，我在軍令部二廳這一待，就是五年多。

二、血腥抗戰意外勝利　戰後高司塞爆溢員

圖 6.3　1945 年 5 月抗日後期作者離開海軍在中樞高司機關任職，因遭斷絕海軍被服經理補給，只能身著陸軍布帽皮帶組制服（圖內右二），陪產後永貞（圖內右四）與軍令部二廳廳長鄭介民中將（圖內右六）及二處軍官團同僑攝於陪都重慶市雷公嘴（鍾漢波數位典藏）

汪代科長介紹我見過科內其它六位同僑，他們每位都通曉好幾國語言。我到差當天，資深科員陸軍中校廖更生（後外派駐澳州任陸軍武官）就立刻交給我一大疊破譯電文翻譯成中文，從這些軍統局將偵獲的閃急電文，我已嗅到軸心國即將敗亡的慌亂與無助。

軍統局除對軸心國偵譯，對英美等同盟國也不手軟；4 月 9 日週一，我正式上班的第一個星期，第二廳各處集合了三十多位

懂英文的參謀，除非有緊急重要事情，我們全都擱下來，去翻譯由軍統局搜報分送來的「美軍兩棲登陸臺灣計畫案：堤道作戰」（Operation Causeway）。

六科參與翻譯的參謀，僅有陸軍上尉宋哲生（升少校後外派駐美陸軍副武官）與我。為了不讓眾參謀縱觀全貌確保機密，所採方法是輪流翻譯，二廳將英文計畫案拆開，從首頁開始，第一輪每人分得四頁，各人譯完之後，依序收齊百餘頁，交由汪代科長整理呈交第二處，由曾處長及龔副廳長修改接龍；參謀又再分四頁，不眠不休這樣一路分下去，終於不到七十二小時內，就將全部計畫五千餘頁譯畢，修訂後呈鄭廳長與徐部長核定，再以中文付印。

此一堤道作戰計畫，機密等級極高，譯畢後參謀們彼此之間，絕口不談自己所譯內容；但我注意到美軍初期登陸南臺灣的核心灘頭堡，竟是帝國海軍的壽山桃子園左營軍港，當時沒料到我後半生的第二故鄉，竟是壽山山腳下的左營，這是後話。譯本完成時美軍已在沖繩實施登陸作戰繞過臺灣，至於此一「堤道作戰」中譯本歸檔何方，我就不便過問了。

抗戰後期，美國海軍及陸戰隊官兵兩千餘人，由美國戰略局（Office of Strategic Service, OSS, 中央情報局 CIA 的前身）派赴我國遍布全境，與軍統局合作，提供盟軍亟需的氣象情報與戰術情報，並策應盟軍在臺灣及華南登陸作戰之預案。軍統局徵召海軍年青軍官與美軍混編，可是閩系的海軍總部拒絕派人給軍統局，是以軍統局另請黃埔、青島、電雷三所海校畢業軍官加入，包括同窗林迺榮與黃思研。林迺榮的經歷頗曲折，他於 1939 年廢校時棄學逃亡，跟著老校長姜西園投奔汪精衛政權的偽海軍，

其實林洒榮暗中加入軍統局，奉命潛伏在汪偽海軍臥底情蒐沿海布防動態。

汪代科長教導我學著去做國外所蒐集之海軍戰略情報的情研參謀業務，遂將前任宋科長之竹製公文箱交付給我自行翻閱，有樣學樣。若有駐外各國武官送回外國海軍情報資料，特別是日本海軍部隊在境外動態配置，依樣整理、彙集、摘要、分析、研究，做好了底稿先拿給他看，一旦有疏漏，他會教我修刪，這就是第六科海軍情報參謀的情研要務梗概。

透過六科資深參謀陸軍少校楊清鏡（中央軍校十三期工兵科，來臺後累功升至陸軍總部情報署少將副署長）的教導，我很快就學到情研的竅門。情報蒐集的決策循環體系，是從資料搜集、題材彙整、分門別類、辨識標的、研析價值、判別難易、預判敵行動、造成衝擊之風險、投入適量成本反制後編定行動準據。滾動應對後，產生新的情蒐需求到蒐集更多相關情資，循環不息，這對我退役後在海運界服務時商情的掌握幫助很大，這是後話。

我因家居南溫泉後山，往返軍令部路途遙遠而且交通不便，不能每天返家探眷，汪代科長於焉又替我安排住在軍令部宿舍過夜，每逢週日休假方得返家，4月15日起，我就每週探眷一次。我每逢星期六下班後連餐廳晚餐都放棄，就由軍令部飛奔至朝天門，搭過江輪渡至南岸海棠溪，搶搭公車至南溫泉入山回家，行程足足要花去兩小時餘。回程星期一拂曉趕路，去南溫泉搭六時正首發公車，到了軍令部還可趕上吃餐廳早餐。長女玲兒是在4月底週間出生，由高堂督導接生婆順產；時值抗戰末期參謀作業量極大，我就低調沒將喜訊驚動同儕，更不敢請長假陪家眷。

我六年前離開青島海校後，東北海軍配發的軍服穿到現在，

縫縫補補已破損不堪；我在陸、空軍服勤期間，舊海軍從未提供像我這類非閩系海軍軍官的制服、臂章、軍帽等經理裝備。在中樞服勤，我只能穿著軍令部配給的布帽皮帶組陸軍制服，這是我三年內三度穿著陸軍軍服。

我見前任宋科長的檔案竹箱內有許多國際禮儀資料，頗有運用價值，故呈報汪代科長，他得知後當即令我纂編一本《中華民國陸海空軍駐外人員交際須知》手冊，我真是沒事找事做。汪代科長交付這個任務給我，實在把我看得太重了，我從無編纂手冊的經驗。然既身為軍人，對上級交付任務就要絕對服從，我遂硬著頭皮承接下來；從此，我開始接下人生頭一回的編撰業務。

好在六科參謀陸軍上尉周大利（前駐美陸軍語文軍官任滿調回本科服務，來臺後累功升至國防部連絡局少將局長）出手指導，他說纂編這本須知手冊，說難不難，因為本科早已向各駐外武官蒐集足夠的國際禮儀資料，從其積存壓摺梱紮滿布塵埃看來，顯然是人人不願觸摸、開拆、閱讀的舊檔案。但周參謀提示要說容易吧，可也真不簡單，須從這批雜亂無章的資料中，抽絲剝繭編撰成章句。周參謀要我先把資料看幾遍，然後分類挑揀出重要章節，再進行編訂目錄，有了目錄，就可撰寫內容串接，我還記得編成那本須知手冊的目錄包括軍人禮節與外交禮儀：

（一）會晤、覲見、公務洽談、會議及正式拜候等。

（二）宴會從國宴到茶敘共有二十多種官式飲宴。

（三）觀賞會含歌劇、演奏及珍品陳展等，以上各種盛會禮儀，在須知內詳列性質與特點，俾使參加者預作準備。

（四）服裝可依常規穿著，請柬都註明穿著何種服裝；不過，我國規定在戰時以軍常服兼代軍禮服穿著，所以請柬上雖註

明穿大禮服或軍禮服也不打緊，穿軍常服赴會可也，承平
時期就須講究穿著。

（五）伴手禮如參加友人在私邸舉行的節慶、喬遷或慶生等飲
宴，通常受邀者會帶恰如其分的禮物，如有不明可請教禮
品店。

（六）外交禮儀依駐在國習俗行之，至於官邸舞會及餐桌禮儀，我
則翻譯周參謀攜回的 1942 年版 Emily Post 撰寫的 *Etiquette*。

　　我公餘花了兩個半月時間，把這本十萬字須知手冊編好，
給周參謀審認，我謄清後在須知手冊的封面另簽註「適宜在戰時
盟邦國家內使用」，以免因平時、戰時服裝規定相左而衍生後
患。我驚慎戒懼將須知手冊稿本連同簽呈，恭請汪代科長核示，
生怕他又另有主意，要我歸零重編，那我就吃不完兜著走了。

　　汪代科長閱讀了一整週後對我說：「編得很好！」於是他蓋
了官章送到處長室去。曾處長也蓋章往上呈報，才不過兩天，通
過了二廳龔副廳長、鄭廳長和軍令部徐部長三關，終於核批下來
刊印，我就把須知原稿再次校對後，親送軍令部印製所刊印五百
本。此「限閱」機密等級的手冊一出，本處各科同仁都來索取一
本參用。我纂編的手冊，被鄭廳長評定為「辦事靈光、使命必
達」，實在過獎啦，我由衷感謝貴人一路相挺。

　　我國戰時的閩系海軍總部，位於重慶歌樂山，地名叫「山洞」
（非山中的洞穴），完全是舊海軍閩系官兵所組成的封閉機構。
總部軍官以福州海校畢業生為主，次為其它海校畢業的閩籍官佐，
尚有部分畢業自福州海校及馬尾練營的非閩籍官兵，他們從不與非
閩系的地方海軍接觸。據聞總部內均用福州話交談，或用英語和
訪賓溝通；在我個人看來，閩系把持的海軍總部極具神祕色彩。

　　1945 年 6 月初，墨西哥駐華大使館陸軍中校武官白明里申請參訪位於重慶山洞之海軍總部，陪賓任務本來是即將外派駐墨西哥陸軍副武官的孫承祖上尉之責，孫上尉遂邀我這個科內唯一的海軍參謀同往，以免軍種文化迥異鬧國際笑話，我以機會難得遂欣然從命。我倆均穿著陸軍制服，所以海軍總部根本不知我這個陪賓是海軍科班出身。

　　我倆陪白明里武官於週三到了海軍總部，在接待室聆聽英語的組織簡報，然後參觀辦公大廳；不知何故，當日竟無人上班，亦不見有人逗留或出入，空空蕩蕩了無一人，但大廳布置及辦公桌椅俱在。也許陳紹寬總司令與蔣委員長因派官兵赴英美接艦參戰的案子起了衝突，海軍總部遭剝奪接艦參戰案主辦權，無所事事連班也不上了。陳總司令的辦公桌位於講臺，高高在上環視群僚，遠方科員亦可在望。每一直排是一個處，如軍衡處、軍需處、艦械處、祕書處等等，處長坐在第一橫列，後面跟著是眾科長和科員，一直排有二、三十張辦公桌，辦公大廳共有兩百餘座位。

　　嚴格說來，一個辦公大廳實在沒啥值得參觀的，聽說在此辦公最大的好處是即辦即呈、會稿方便，可收時效。我們就只參觀了這間辦公大廳就告辭。接待人員用福州話交頭接耳後，就捧出一大捆鮮花送給白明里武官，因為戰時海軍總部以栽植花卉出名，前庭及後院可稱繁花似錦；捧回鮮花，或許就是白明里武官參觀海軍總部真正之目的。

　　6 月初，美軍第七艦隊上將司令金開德（ADM Thomas Kinkaid, USN, 美國海軍官校 1908 年班）代表美國政府來渝謁見蔣委員長，密交美方協助我國戰後籌建「新海軍」的規劃案。此案係依據美方與軍統局過往三年合作的經驗與基礎，著眼於戰後美國在遠東

的重大利益，由美方替我國的「新海軍」擴充百餘艘美援艦艇規模、建置美式教育訓練機關、清理沉塞港口、新增岸勤設施，還要把軍統局子弟兵五萬之眾的敵後別働軍與忠義救國軍，整編為美式裝備的海軍陸戰隊。

軍令部集合各廳海軍參謀詳閱這份英文版的規劃案，轉譯後提報情研意見上呈大簽予層峰；此一擘劃建案鉅細靡遺，令我大開眼界，據聞此案深受蔣委員長嘉納。蔣委員長跳過閩系舊海軍，親口責成軍統局，全力配合美方辦理戰後籌建「新海軍」。

8月6日美軍在日本廣島投下原子彈，舉世震驚；隔三日又在長崎投下第二枚原子彈，我從戰略情報密電往返得知廣島及長崎兩地，死傷之眾慘不堪言；對原子物理略有涉獵的六科參謀陸軍少校白環（後外派駐瑞典任陸軍副武官），預測日本撐不了許久。果然，日本昭和天皇於8月15日週三下詔，宣布降伏，消息大概是下午16時傳到二廳辦公室，斯時重慶市區已萬人空巷，百萬軍民均走上街頭慶祝勝利，大家不斷唱國歌、吶喊！

不久，蔣委員長發表寬大和解「以德報怨」的演說後，也坐著敞篷車經過市區，接受民眾歡呼，我和孫承祖連袂跑到街上去狂歡，兩人各拿了一瓶瀘洲老窖，身不由己，跑進人群往前行進，邊走邊喝，隨著擁擠的人群被推著走；從大樑子到小樑子，經朝天門到臨江門，過校場口又回到大樑子，走到筋疲力盡才回雷公嘴宿舍睡覺。

一覺醒來我宿醉猶存，第二天上班全身還是暖烘烘，餘歡未盡，同僚談論抗戰勝利後的將來，但僅只兩天而已，宿醉後第三天就恢復常態，嚴嚴肅肅的到班服勤，軍人就是軍人！抗戰甫結束，共軍部隊就急奔各地劫收日本降軍武器裝備，我又忙著逐日

蒐報共軍的軍事動態。

蘆溝橋事變一聲意外的槍響，啟動血腥的抗日聖戰；兩枚原子彈逼使天皇降伏，八年抗戰對我國言，也算是意外的結束。我雖無赫赫戰功，但抗戰全期身為軍人，我肩負執干戈保衛社稷之責，唯不若海校同窗有機會與日軍在戰場正面對決廝殺。戰時無論我在任何崗位，都以「我死國生」為職志，貫徹上級交辦任務，始終都槍不離身隨時應處突發戰況，我雖在黃埔海校與楊林機場兩度遭日機炸射，倒也認為自己盡心盡力參與過全程抗日聖戰，絕對問心無愧。

八年抗戰我國犧牲慘重，一五〇萬國軍官兵陣亡、失蹤。另有二〇〇萬公殞、病亡，包括我在陸軍第十醫院住院時同受不當治療的四位往生鄰房病友。換言之，投入抗戰的國軍官兵，在艱辛的備戰環境下病亡的較陣亡多，每十位至少就有三位無法親見獲得最終勝利，令人唏噓！各路地方海軍未忝為陸軍附屬軍種，但仍有二六二位烈士作戰陣亡，讓後輩永懷他們為國捐軀的錨鍊精神。

黃埔海校二十二位同窗就有容國材斃命、區祥驊失蹤、潘植梓與朱文清公殞。其中容國材同學的死亡最為離奇。在 1939 年黃埔海校奉命停辦移交給陸軍接管後，容國材未畢業就逃亡，隨同老校長姜西園投靠汪精衛南京偽政權，容國材在汪偽政權任海軍廣州要港司令的副官，後累陞至上尉侍從官。1943 年同窗李北洲任軍事委員會桂林行營江防處水雷隊第十七分隊上尉分隊長時，於 3 月 27 日在廣東省順德縣珠江布雷，炸毀汪偽政權海軍廣州要港少將司令薩福疇（清國烟臺海軍學堂駕駛科 1908 年班）的協力號座艇，生擒司令及隨員等七人；侍從官容國材護主

心切，以肉身作盾保護高三十個年班的薩司令，遂與同窗李北洲扭打，遭李北洲以手槍近距離擊斃。

　　抗戰全期，政府共頒授一〇七枚青天白日勳章予有功受勳軍民，舊海軍僅陳紹寬總司令一人獲頒，算是職務酬庸恩給性質，無關戰功。但第二次世界大戰啟戰後，我國與英、美並肩作戰，英國國王喬治六世在 1942 年頒授三枚大英帝國勳章予我國的軍官，以表彰他們協助英軍在遠東抵抗入侵日軍的赫赫戰功。世人皆知、名震中外的戰將，就是陸軍少將孫立人（清華學校 1923級，美國 VMI 維吉尼亞軍校 1927 年班）在緬甸協戰英軍獲頒大英帝國 CBE 司令勳章。

　　另兩位英王頒勳的國軍將校，竟都是黃埔海校學長，一是陳策中將獲頒大英帝國 KBE 騎士勳章，另一是徐亨少校獲頒大英帝國 OBE 官佐勳章，他倆二戰初啟時在香港協戰英軍。身為黃埔海校學弟的我，不但與有榮焉，更踵武前賢，以策叔及亨哥作為我奮鬥的標桿。

　　我國抗日全期雖無力擊潰日軍，但也牽制三成日軍地面兵力，否則盟軍在太平洋戰爭能否贏戰，不無疑問。戰時大日本帝國陸軍有五百萬地面部隊，平均配置在第一總軍（總軍的司令長官部駐東京都）、第二總軍（廣島）、關東軍（長春）、南方軍（西貢）與支那派遣軍（南京）；六百萬國民革命軍抗戰期間，就牽制了日本支那派遣軍的全部，在印緬戰區牽制日本南方軍的一部，連同派駐支那的大日本帝國海軍陸岸兵力，我國讓兩百萬日軍陷入持久消耗戰，無法抽離兵力轉用於他處。

　　回想我在黃埔海校畢業後，因抗戰期間海軍無艦無艇，歲月蹉跎下，我的艦艇基層歷練全缺，無緣當個艦艇初級軍官如航海

員累積資歷；及至抗戰末期我國借艦參戰，黃埔海校校友多人及時搭上順風車出國接艦，這些旱鴨子同學的海勤年資累計，被迫從艦艇部門主管職務（如中級軍官的航海官）開始補資歷，我也都擦身而過無緣出國接艦。就算我在軍令部二廳當滿兩年一任的參謀，再回海軍派艦時，同窗都已當小噸位的三級艦少校艦長，我若遞補艦艇部門主管職缺我太資深、若補實艦長大位我根本不夠格，真是不上不下。

抗戰勝利隔天的 8 月 16 日，軍令部二廳的高參上校李樹正（中央軍校七期工兵科）與王丕承（日本陸士支那留學生二十一期步科）兩人，緊急奉召擔任徐部長的隨員，動身飛往菲律賓馬尼拉候命參加在日本舉行的盟軍受降典禮，真是令我等後輩既羨慕又興奮。1945 年 9 月 9 日，日本支那派遣軍的大將總司令長官岡村寧次（日本陸士十六期步科），在南京向我陸軍總司令何應欽呈遞降書，我國接受日軍降伏後，政府各部會紛紛還都南京。

戰後六百萬國民革命軍的官兵不是急著復員退役還鄉，就是忙著找門路調個閒差不想打內戰。高司機關於焉一下子湧入許多有背景的冗員來佔爽缺，終日無所事事。像我服勤的軍令部二廳，抗戰期間編制員額不到一千，現有員額上限維持在兩千上下，編制員額與現有員額的比例（編現比）是一比二；現在抗戰勝利了，上面檢討欲裁減至少半數編制員額，然戰後靠關係擠進二廳的現有員額，竟高達三千之眾，畸型的編現比竟成一比六！戰後二廳內每六位官員就有五位是冗員。

為了安插有門路的冗員佔實缺，我在二廳的職缺「被騰讓」出，我於 11 月 24 日先由代理少校參謀被降調為上尉參謀讓出高缺，任職令文號為文上字第 2765 號。接著在兩週後於 12 月

9 日我也從可外派任職武官的二廳二處六科，被調離到辦內勤的二廳二處五科，遺缺讓出給官二代放洋，任職令文號為文上字第 2801 號，短短十五天內我「被內調」兩回，人令文號僅差三十六個序號。這是戰後高司機關軍令部二廳該瘦身卻虛胖「充實高層、裁減基層」之怪現象，突顯抗戰勝利來的意外、來的太快，層峰壓根兒沒有贏戰後復員的規劃，只能過一天算一天。

　　戰後「新海軍」的籌建，才是我的歸宿，我在軍令部二廳服勤只是個過客。戰後才一個月，軍事委員會突然於 1945 年 9 月 9 日在中樞的軍政部內新設「海軍處」，由軍政部上將部長陳誠兼首任的海軍處處長，掌理海軍教育、訓練、行政等業務，架空了閩系把持的海軍總部。更有甚者，海軍總部遂行作戰管制艦艇之權責，也遭軍事委員會剝奪；戰時十四艘殘餘艦船、戰後管收日本五十二艘降艦及二三六艘降艇之綏靖作戰，在增設海軍處當日起，改由陸軍指揮，形成陸軍總部指揮海軍艦艇的畸形局面，令我詫異。

　　我差點報名「英國接艦班」末班車的軍官名單，此際出爐共八十四人上榜，戰後分三梯次陸續赴印度接受英軍甄選；黃埔海校校友搭上赴英接艦末班車的校友共十三人，包括高三期的馮啟聰與同窗譚祖德，不過，馮啟聰與譚祖德於是年 11 月在印度孟買英軍基地甄試時，英語測考與體能鑑定均未過關，同遭英方退訓。

　　戰後，在軍令部我得知美國海軍第七艦隊擬將原先集結登陸日本的大批兩棲艦艇，除役前悉數以熱艦狀態贈予我「新海軍」。這些兩棲艦艇滿載噸位由大至小依序為二級艦的四〇八〇噸戰車登陸艦（Landing Ship, Tank, LST, 俗稱開口笑）十艘，三級艦的九〇〇噸中型登陸艦（Landing Ship, Medium, LSM）八艘，另

有較小者如三九〇噸的步兵登陸艇（Landing Craft, Infantry, LCI）八艘，二六〇噸的通用登陸艇（Landing Craft, Utility, LCU）八艘，三十五噸的機械登陸艇（Landing Craft, Mechanized, LCM）與八噸的車輛人員登陸艇（Landing Craft, Vehicle and Personnel, LCVP）十艘。

　　1945 年 12 月，美方責成軍政部海軍處在青島設置「中央海軍訓練團」（中央海訓團），接訓海軍官兵接收美援兩棲艦艇；不過，中央海訓團直屬軍事委員會，海訓團團長由蔣委員長兼，副團長由軍政部部長陳誠上將兼，沒有閩系的海軍總部插手的份。

三、舊海軍遭清洗出局　無緣返新海軍服勤

圖 6.4　1946 年 8 月參謀本部二廳二處同僚參訪泊於南京江面的美援永寧軍艦，作者著海軍黑色甲式軍便服（右二）立於上甲板（鍾漢波數位典藏）

　　在青島市設置中央海訓團的同時，閩系的福州海校被強行改組為「中央海軍軍官學校」，軍政部海軍處為其教育兵監上

級，從根架空了閩系海軍總部勢力。果不其然，1945 年底蔣委員長下令裁撤閩系的海軍總部，並嚴令一個月內完成業務移轉至軍政部海軍處；至此，跨越兩個世紀、長達九十年派閥分明、軍頭把持的舊海軍，一夕間遭裁撤化為烏有。我官階不高，但身在軍事委員會的核心高司機關，已感受到蔣委員長唾棄軍閥割據的地方海軍舊勢力，四個地方海軍即將崩解重新洗牌，「新海軍」呼之欲出。

僅靠一個中央四級機關的軍政部海軍處掌理「新海軍」，自然亂象叢生；1946 年 3 月，海軍處大幅增加員額預算後，擴編為海軍署，首任署長仍由陳誠上將兼任，還新設海軍艦隊指揮部（艦指部），由陳誠兼指揮官，指揮屬艦遂行綏靖作戰，終結由陸軍總部指揮海軍艦艇的荒謬現象。

軍令部二廳二處照統一規定，所有二處同儕分三批還都南京，第一批是各級主管及官二代，於 1945 年 11 月搭船還都；我被排擠在第二批，預定隔年三月出發，我家預先搬遷到重慶市區臨江路租屋待命。1946 年 3 月中旬，我侍奉高堂攜妻帶女及幼弟，全家五口乘民生江輪順長江下行，有幸於白晝經過三峽，一睹兩岸崖壁直上雲霄，航經三峽天色頓時灰暗如坐井觀天，而船行如萬馬奔騰順流而下，經歷李白《白帝下江陵》「兩岸猿聲啼不住」詩句的境界。

一出三峽，湖北省宜昌在望，眼前江流所經處均為一片平原，心情怡然開朗。我心想，「輕舟已過萬重山」全長六十浬的長江三峽，抗戰期間我雖無緣進駐奉節江防要塞砲臺，但在江心下行時，我仰望三峽峭壁上百餘個毗連的江防要塞砲洞，只要江防要塞砲據險迎擊，日軍絕不會硬闖遭轟沉而阻塞航道，反而失

去溯江上行奪佔重慶陪都之戰術目的。

到了湖北省漢口江輪停靠碼頭，裝載兵工廠沉重的木箱，想是步槍子彈。江輪再下行湖南省長沙與江西省九江停靠卸下彈藥，耽擱了兩三天，全家登岸逛街市買點瓷器，一嚐鄱陽湖水產美味，飽食一頓九江鱸魚，甚為嫩滑可口。

江輪走走停停，經安徽省蕪湖再卸彈藥後，終於在 4 月初抵達江蘇省境的南京下關碼頭，全家五口僱了輛馬車，馬車是戰後南京市唯一的大眾交通工具；馬車四個座位，我手抱玲兒正好坐得下全家五人，腳踏行李亦不礙事，馬車進挹江門入城，向珠江路的聚東旅店進發。

戰前聚東旅店原址本是軍令部印製所，南京淪入日軍手中後成立維持會，印製所不但遭刁民非法霸佔，還改建旅店公然營業斂財。抗戰勝利後，軍令部將此建物收回，聚東旅店則改為還都後官員眷舍；所幸我抵達時尚有空餘房間，遂選得一間面積十坪雅房作為居室，並經管理員告知，可自行到印製所倉庫，領些木製傢俱使用。

我遂僱輛人力板車前往倉庫，庫兵見我前來索取傢俱，表示毋任歡迎，想是司空見慣。我一共提了四張單人床、一張餐桌、一張辦公桌和好幾張椅子和凳子，一派鱸魚作風，連自己也覺得不好意思。我將傢俱搬回聚東旅店房間，擺設妥當勉強將就住著，較之第一批於年初還都的高官尚有敵偽獨棟官舍可以接收配住，真是不可同日而語，所謂人吃佳肴我喝湯，是最佳寫照。不過，第三批的同儕抵達南京時，連湯都沒得喝了。

戰後我服勤的二廳二處五科遷回南京時，又補實一位飛官空軍上尉參謀程敦榮（空軍官校十二期，升少校後外派駐英國空軍

副武官），於是科裡陸海空三軍參謀都齊全。第二批還都官員於1946 年 5 月 1 日恢復上班，遂積極展開聯合參謀情研業務。辦公室位處南京小營中央軍校校部原址，昔日校內有遠東著名之溫水游泳池仍未損壞，乍暖還寒試爐時，我在適溫之游泳池一展藏拙多年在海校培養之游泳身手，大呼過癮，可謂苦中作樂。

八年抗戰下來物價飛漲，即便妻女領有實物配給的眷糧，我的少校月薪只能兌換得美金四十分錢，軍民皆節儉刻苦度日。永貞營養不良又須哺乳，亟須補充鮮肉食材。我遂親自陪她採買。但南京的菜市場，不似四川民淳物阜，南京菜販十分滑頭，講價歸講價，斤兩歸斤兩，所以主婦們都自備星秤一枝，以便駁秤。永貞生性平和不喜與人爭，但也攜把星秤上菜場，圖能發生嚇阻作用。

南京肉食以鴨肉供過於求故相對便宜，聚東旅店斜對面就是碑亭巷，也是南京板鴨的批發市場。板鴨店自菜市場鴨販處把賣相不佳的成鴨低價購回，切宰成水盤鴨出售。永貞耗資法幣百元，勉可討價還價購得水盤鴨一隻，鴨肉堅實而無肥油，宜清燉或紅燒，讓全家每週餐餐有丁點兒南京板鴨增加營養。我的月俸大都奉獻給南京下關碑亭巷板鴨店，這與我戰前入伍訓練時在廣州市購買一隻成鴨相比，抗戰一路走來我的「成鴨物價指數」，竟然漲價百倍以上，特別有感！

還都南京後我期盼加入的「新海軍」，又有招募動作。沒有海軍總部的「新海軍」，向電雷、青島、黃埔等三個海校畢業校友招手，願意重返「新海軍」投效的通通錄用，故短短半年內，回歸的海軍軍官爆增，致使留用的福州海校畢業軍官不再寡佔海軍職缺。唯獨我，在中樞高司機關兩年一任的任期未滿，動彈不

得！我的「加入海軍就可環遊世界」夢想，始終未能達陣圓夢。

　　遭「英國接艦班」退訓返國的馮啟聰，亦有幸立即派艦任艦長服勤，聰哥在二級艦的 LST 中基軍艦當見習艦長，誠可謂失之東隅、收之桑榆。同窗依抗戰的戰功派職，李北洲因生擒敵偽海將送辦拔得頭籌，任三級艦的 LSM 美朋軍艦見習艦長，陳慶堃與謝炳烈分別擔任聰哥的見習副長與部門主管的航海官。

　　「新海軍」僅靠一個中央三級機關的海軍署掌理，仍無法遂行捍衛海疆重責。1946 年 6 月 1 日，中樞軍事體系全面改組，軍事委員會轉型為國防部，蔣委員長換個頭銜，高高在上成為國民政府蔣主席；為配合政府行憲，國家歷經訓政即將邁入憲政時期，軍隊高唱國家化，故沿用二十多年的「國民革命軍」，則晉名改稱「國軍」。我服勤的軍令部，改編為參謀本部，第二廳也就是今日參謀本部聯合情報參謀次長室（聯二）的前身；至於軍事委員會的軍統局，改稱國防部直屬的保密局。

　　同一天，海軍署也改組復編為海軍總部，一來一回把舊海軍的高階將校全部裁免清洗出局；當然，「新海軍」的首任總司令，還是由高陞為陸軍一級上將的陳誠兼任。老實說，蔣委員長鏟除舊軍閥的地方海軍勢力，運用的手段非常粗暴，舊海軍的高階將校三百餘人遭「戰後復員」編遣，滿懷怨懟離退後，多被中共吸收。爾後在戡亂時期，中共運用這些失意將校策反仍在營的海軍舊屬投共，人數就超過三千八百餘官兵，成為解放軍新設海軍的骨幹人才。

　　6 月 16 日，中央海軍軍官學校併中央海訓團，易名為「海軍軍官學校」（海軍官校），成為「新海軍」軍官養成教育的搖籃，由蔣主席兼校長。二十五年後，我申請退役（申退）前還擔

任過海軍官校的末代少將副校長，這是後話。

　　戰時「美國接艦班」官兵駕駛八艘美援軍艦與隨行的峨嵋號運油艦（Oiler, AO），編成二三點九特遣支隊（Task Group TG23.9）於 1946 年 7 月 21 日航行一萬五千浬自美國返抵南京，在江面錨泊，威勢凜然，九艦遂成為「新海軍」的骨幹，我沒像同窗蔡惠強趕上赴美接艦隊伍，實為憾事。支隊中的徐亨學長，當完美援優級掃雷艦（Minesweeper, Admirable Class, AM）的永寧軍艦艦長後，調來我服勤的參謀本部二廳二處當上校主任參謀，斯時二處曾處長已赴加拿大就任首席武官，少將處長職由粵籍的唐君鉑（中央軍校九期工兵科）接事，唐少將與徐上校都是我的頂頭上司。

　　徐亨熱心安排二處同儕與寶眷就近參訪永寧軍艦，這是我首次登臨美製兩年新的現代化作戰艦，我從未見過平面雷達、掃雷機具與深水炸彈，令我眼界大開、內心澎湃！有朝一日，我一定要回「新海軍」，擔當像永寧艦的二級艦艦長，效法亨哥「加入海軍就可環遊世界」，巡守海疆。

　　事實上，亨哥交出艦長職並不是很愉快。他說復編「新海軍」的總部雖然將閩系把持的舊海軍總部清洗一遍，但殘存的閩系將校挾怨反撲，也把甫返國的亨哥艦長職拔掉；亨哥黯然離開「新海軍」後，調來參謀本部二廳，感受到無所事事，是個不折不扣的冗員，遂興起罷官念頭，去民航界經營自己的運輸事業也。隔年農曆春節假期亨哥問我：是否願辭官跟他去擁有百餘架民航機的中央航空公司（央航）從商發展旅遊業，「加入民航就可環遊世界」他缺人手幫忙，我不為所動，矢志不移在海軍幹一任艦長！

　　戰後舊海軍官兵扣除戰歿、公殞者外，納編轉入「新海軍」的人手，不足以操作龐大的英美贈艦與日降裝備；故「新海軍」

向我的黃埔海校落跑之四位倖存同窗招手，經補考輔訓回軍服勤。我班落跑的譚祖德、黎宗源與赴美接艦返國的蔡惠強，經補考拿回黃埔海校的學資與畢業證書，回到「新海軍」敘階任官。另一位落跑同窗林迺榮，竟可未經輔訓，由軍統局保薦直接到「新海軍」敘階任官，擔任二級艦的逸仙軍艦少校副長，不用補學資。

當然，戰後離開海軍的也大有人在，包括我的黃埔海校同窗利錦忠、馮翔志兩位回僑居地香港發展、港僑林永裕赴美定居，加上拿到輔訓學資就退役的黎宗源也赴美定居。昔日海校同窗畢業後迄抗戰勝利，我均無緣碰面，但在中樞情報機關仍可充分掌握同窗動向；扣除戰歿、公殞、退役者，戰後繼續在海軍服勤的同窗尚有十四人，包括我在內，最終都追隨政府來臺定居。同窗捌哥方富捌與七哥陳慶堃是姻親，捌嫂慕德是陳慶堃的四姐，七嫂穎儀是方富捌的姑姐，同班又聯姻的兩位同窗，都深受長官的倚重。

日本降伏後將臺澎歸還我國，舊海軍於 1945 年底新設「臺澎要港司令部」接收日遺物資裝備，司令部設營於左營軍港；「新海軍」編成後，就把舊海軍的「臺澎要港司令部」升格成甲級「第三基地司令部」。最早赴臺服勤的同窗是阮紹霖，他於左營海軍「第三基地司令部」編成時，在港務課就任上尉課長，旋調陞「技術員兵大隊」少校大隊附，招募「元」（日本語指「前」之謂）日本帝國海軍有經驗的臺籍兵卒工匠，加入「新海軍」服勤，是以阮紹霖是同窗中定居左營日遺眷舍的第一人。

「新海軍」的艦艇擴充太多、官兵依然太少。就連戰時各海校在校肄業失學者，連同星散百工百業者，「新海軍」通通都要，

他們於 1946 年 9 月陸續被召回，入「新海軍」的中央海訓團「軍官補訓班」受教，訓期半年將淡忘的海軍基本知識拾回，結訓後比敘海校 1940 年班學資。黃埔海校四十四名失學學弟戰時由海軍轉陸軍，戰後歸隊回海軍的就有三十五位。就連汪偽的「中央海軍學校」在校生與畢業生，「新海軍」都廣納入學就讀軍官補訓班，施以再教育重用；軍官補訓班四個隊，戰後總共召回失學、失散的各路地方海校培育的準軍官共一〇五員，補齊海校學資。

黃埔海校低我兩期輪機科的學弟張國源，在校與我重疊整整三學年，海校停辦時他被發配到陸軍砲校，畢業任官後不願屈就砲兵部隊，遂報考軍事委員會外事局翻譯官第一期，結訓後張學弟留在中樞外事局服勤。戰後他經補訓班二隊航海科受訓結業總算回到「新海軍」，張學弟與我的結緣還展延到我倆退役後。1973 年我應以色列輪船公司之聘，擔任雜貨船（General Cargo Ship）船長跑遠洋非洲線，船上的三副（Third Officer, 3/O）竟是比我早退役轉業的張國源。

9 月 7 日，蔣主席令天子門生陸軍中將桂永清（黃埔軍校一期）接掌海軍副總司令職，並兼代總司令，好讓兼任總司令陳誠專注於參謀總長新職，聚焦調兵遣將執行綏靖作戰。抗戰初期桂永清擔任戰時工作幹部訓練團（戰幹團）一團中將教育長，子弟兵遍布黨政軍各科層組織，我們後輩暱稱四十五歲的桂副總司令為「桂老總」。桂永清為了便於直接指揮海軍各屬艦，把艦指部這個專業指揮機構裁撤，從此各艦艦長直接聽命於陸軍出身的桂永清。

桂永清的任命，在國防部二廳卻有不同的傳聞。當時蔣委員長口袋內接掌「新海軍」的人選，既非軍政部部長陳誠上將，也

不是陸軍桂永清中將，而是資淺的軍統局少將副局長戴笠（中央軍校六期騎科）。美軍顧問極力推薦戴笠接掌「新海軍」，乃因戰時戴笠的「中美特種技術合作所」績效卓著，深受美方情報機關肯定。蔣委員長是否願拱手讓功高震主的戴笠接掌「新海軍」聽命美國指使，我就不得而知。

戴笠於 1946 年 3 月 17 日空難殉職，這場空難也與戴笠接掌「新海軍」有關。斯時美國海軍第七艦隊上將司令柯克（ADM Charles Cooke Jr., USN, 美國海軍官校 1910 年班）在青島駐防之際，約見戴笠「面試」，藉以考核他對建軍與海權的認知。戴笠會晤完柯克上將，搭乘空軍二二二號 C-47 專機從青島飛上海，孰知風雨中在江蘇岱山撞毀，全機乘客與組員無一生還！專機的上尉副駕駛，竟是我入伍教育時的鄰兵馮俊忠！祖籍廣東鶴山的馮俊忠與我編在同一區隊，長我四歲的他，對我照顧有加。馮俊忠畢業後飛運輸機，八年抗戰飛官殉職率高達四成，他都倖免於難，怎料戰後專送高賓卻撞山失事殉職。

蔣委員長少了戴笠這位美國屬意的「新海軍」總司令候任人選，人事布局被打亂，就派陳誠整肅閩系海軍；拖了近半年肅清閩系核心將校後，蔣委員長才覓得桂永清出線。為了把「舊海軍」連根拔掉清洗乾淨，桂永清作詞的〈海軍軍歌〉令頒全軍教唱，歌詞頻頻提到四次「新海軍」，頭兩句就是：「我們是中華民國的新海軍，我們是三民主義的新海軍……」。迄今，海軍一直都還在唱「新海軍」這首軍歌。

「新海軍」點編設置後很有效率，立刻對任職中樞高司機關的我，恢復補給海軍制服、臂章、軍帽、軍鞋等冬夏季全套經理裝備，至少讓我的穿著，可恢復海軍軍官應有的英挺與尊嚴。

　　我抵南京安頓好家眷後，有天在辦公室走廊巧遇黃埔海校低我一期航海科的黃益鏗學弟，我倆在校也重疊過三學年，海校停辦後他轉入陸軍砲兵學校第十六期砲科，是少數幾位戰後志願留在陸軍發展不回海軍的優秀軍官。現在的黃益鏗是陸軍整編第九十三師的師砲兵上尉連長，他這趟由駐地趕來京畿，是赴國防部報名留美接受進階砲訓。他公餘之暇，由我夫妻倆陪伴遊覽南京名勝玄武湖、雨花臺及中山陵，他啟程返回華中駐地時，我依依不捨互道珍重，後來輾轉得知 1948 年底黃益鏗學弟在徐蚌會戰殉職了。

　　1946 年 8 月，參謀本部改編也帶來人事更動和人心浮動。在不得罪有力人士安插官二代占缺的「充實高層」前提下，竟把我從參謀本部二廳二處五科（掌管情報）調回編制內的參謀本部二廳二司二處八科（掌管文宣），而且升了一階占了代理少校參謀的實缺，這根本是明升暗降，逼我讓出外派武官的職務去辦文宣。

　　參謀本部二廳第二司是個臨時過渡的臃腫新衙門，首任少將司長是出身自北京清華學校 1926 級的王之（美國 West Point 西點軍校 1932 年班，來臺後累功陞任總統府中將參軍）。隨後，二廳於 1946 年 9 月奉層峰嚴令，大幅編遣戰後過度膨脹的冗員，再把二廳疊床架屋的兩個「司」級幕僚單位裁撤掉，第一司移編入保密局，第二司裁撤但底下八個處級單位保留，移編回二廳直轄。我從二廳二司二處八科移編至二廳四處六科（掌管國際情報），又回到熟悉的國際情報與武官業務。

　　我在參謀本部除原有的職掌外，因應「新海軍」職掌，又追加兩項業務到我手上，一是與海軍總部二署情報部門密切連繫與公文往來，一是登簿紀錄諜員回報外國軍艦在我國各港口、海域

的動態，如英國軍艦頻頻進出我東沙群島、法國軍艦頻頻踏查我南沙群島、美國軍艦頻頻造訪我臺澎地區；雖然如此，卻也未見業務量大幅增加。

戰時我錯過的「英國接艦班」首班車英贈巡防艦（Frigate, PF）之伏波軍艦，亦於同年 12 月 14 日駛抵南京在江面錨泊，中校艦長是我在陸軍要塞砲兵幹訓班二期一隊的學員長姜瑜，他甫由副長直升艦長，這違常的內陞，桂老總破壞了各國海軍千百年來的人事制度常規：副長不能直升該艦艦長，亦不能升任該艦之同級艦艦長。我由辦公室遙望伏波軍艦，艦容不若美援軍艦整潔。

海軍體系的計畫晉陞我無緣被納入，但高司機構人事作業卻依規章澈底執行，尉級軍官任官滿七年半後，經長官保薦方可順利晉陞少校。1946 年 12 月 25 日，由國民政府主席蔣中正簽發我晉陞任職參謀本部二廳四處的海軍少校參謀，晉陞少校任職令文號為國銓校第 4660 號。

尉級軍官任官後少尉幹滿一年半可升中尉、中尉幹滿兩年可升上尉、上尉幹滿四年有機會可升少校；我的少尉幹滿一年半升中尉，中尉僅幹了十個月就在陸軍升上尉，但在上尉階卻蹲了五年又兩個月，到頭來還是幹滿七年半升少校。我在尉級軍官這個階層，陞遷算是快中有慢。

我由尉級軍官晉陞為校級軍官的這一天，「制憲國民大會」三讀通過《中華民國憲法》並擇期公告、實施；政府邁向憲政時期我又逢晉陞少校，對我言別具意義，但憲法規定的「軍隊國家化」並未真正實施，國軍依然是國民黨的黨軍。

第柒章
奉派駐日本擔任海軍武官

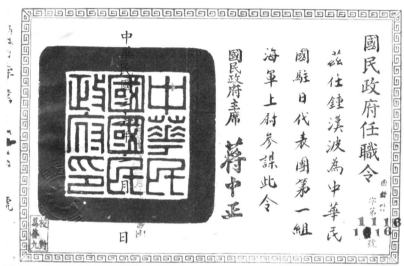

圖 7.1　1947 年 2 月奉派駐日任職令，由國民政府主席蔣中正頒授，文號國銓自第 1116 號，任職令尚未將作者已晉陞少校階納入（鍾漢波數位典藏）

圖 7.2　1947 年 3 月作者（左）身著海軍夏季黃色乙式軍常服率行政官海軍上尉劉光年（圖內右），在養正館前由我國駐日代表團首任團長朱世明中將接見（鍾漢波數位典藏）

一、駐日代表團逢困局　遠赴東瀛死案活辦

圖 7.3　1947 年 3 月外派駐日代表團服勤的軍官與高階長官寶眷，在上海登臨美國軍差船瑪麗蓮號赴日本，作者著海軍黑色乙式軍便服在圖內最右（鍾漢波數位典藏）

　　我在參謀本部當個小參謀快屆滿兩年，缺乏武官儲備訓練班的學資放洋出國當個駐外武官肯定希望渺茫。我正苦思如何上簽調回「新海軍」派艦服勤之際，1947 年 2 月 18 日突然奉令即刻調往我國駐日代表團第一組（軍事組），任海軍少校參謀兼首席海軍武官，占中校缺！國民政府主席蔣中正頒授給我的國銓字第 1116 號任職令，卻未將我已晉陞少校階納入。這次奉派至駐日代表團擔任參謀職務的，連我在內一共九位軍官，只有我一人是海軍軍官由二廳四處派出，其他八人全是陸軍軍官，由二廳一處（掌管對日情報與情蒐計畫）派出。

　　雖然日本是敵國，但終究是少數倡導軍國主義的軍頭主張入侵我國，七千萬日本平民與我無冤無仇，我奉派駐日，全無勝利者的姿態，內心沒有丁點兒去東瀛凌辱對方。戰後降伏的日本形同亡國，並非「正常國家」，由美國任命麥克阿瑟元帥（GA Douglas MacArthur, US Army, 美國 West Point 西點軍校 1903 年班，

簡稱麥帥）占領統治，各國不得在日本設館派出大使，僅參戰國可由美國核准設置大使館級的駐日代表團。

鄭廳長之所以圈選我赴任，是因為我通曉英語可應付占領日本的盟軍最高統帥總司令部（General Headquarters, Supreme Command Allied Powers, GHQ, SCAP, 簡稱盟軍總部或盟總），我更通曉日語可對付降伏的元帝國海軍官兵，我由衷感謝貴人一路相挺。

我一則以喜，一則以憂。喜的是年方三十就首度出國見識，不輸給令人稱羨僑居海外的街坊鄰居；憂的是我匆忙遠赴戰敗國日本，必定有棘手待解決的驚天任務等著我去完成。我赴日具雙重身分，一是駐日代表團團員兼本團對盟總的連絡官，受大使級的團長管制，另一是參謀本部二廳廳長派出的武官，涉密情報業務直接聽命二廳鄭廳長，不得向團部透露，所以，我有兩個婆婆。

臨行前，又接到海軍總部來電，說代總司令桂永清中將有急事約見密議，桂老總要約見我這個隸屬中樞的芝麻官？想當我第三個婆婆？事情絕不單純。被桂老總約見，我一點都不緊張，我很好奇一位陸軍中將到底要怎樣指揮、領導「新海軍」？但我也謹小慎微，深怕桂老總託付的事情沒辦妥，我這輩子就甭想再回海軍艦艇部隊服勤。

桂老總見到我非常親切，並以英語、日語和我寒喧，順便測考我這個即將外派的海軍武官語言水準。桂老總很無奈地對我說：「蔣主席非常在意甲午國恥，甲午海戰落敗割讓給日本的滿洲、臺澎失土，抗戰勝利後早已拿回，但前清遭擄軍艦的鐵錨、錨鍊及砲彈仍流落在日本，勝利迄今一年半載都索不回來！承辦的前任的海軍參謀辦事不牢靠遭蔣主席解職調回，聽說蔣主席為此還要拔掉駐日代表團團長。你外語辯才無礙、辦事靈光，麻煩

你赴日到職後，在 7 月底甲午海戰週年祭之前，索回遭擄鐵錨等物件，以昭雪甲午恥！」我立即回應：「索錨案死結我來解開，清除國恥我使命必達」。原來，桂老總弦外之音是「新海軍」內實在派不出幹練的軍官駐日，故桂老總勉強同意參謀本部二廳鄭廳長舉薦我赴日。

這次外派的薪俸，不是發放法幣而是領美金，可立即紓緩我家面對戰後法幣貶值到如同廢紙的窘境。3 月初奉派赴日本時，在南京我月領的法幣，在黑市急貶至僅能兌換美金四分錢，或整個月僅能購買兩碗陽春麵充饑，南京板鴨就甭想啦！我隨即申辦外交公務護照，辦理美國簽發海外旅行命令的入境證（Entry Travel Order）及海關通關證（Customs Clearance）前往日本。我必須隻身先行赴日到差，申請到眷舍後方能接妻女來日本團聚。

在我出國前，家兄漢威與大嫂的兩位姪兒鎮宇、健宇，於 1947 年春由渝來南京，抗戰末期家兄所掌管之軍政部城塞局汽修站，戰後奉命結束任務遭裁撤，他也復員退役。這是我此生最後一次與母親、幼弟、兄嫂、姪兒同住相聚。在我赴日後，家兄陪慈母返廣州市與父親團聚，由永貞親送他們搭乘客船峕返廣州市原籍。家兄返原籍後常來信，他在市郊開設自營汽車修理廠，生意鼎盛風光了幾年；其後他在中共統治下的悲慘命運，就非常坎坷了。

3 月 5 日下午 15 時半，全家隨我到京滬鐵路南京總站，殷殷話別，同僑家眷亦到車站送行，形成一片依依難捨的景象。火車下午 16 時半啟程，午夜抵達上海，同赴日本的陸軍中校趙鴻福（日本陸士支那留學生二十八期）來接我們到他家打盹。

天亮了，先抵上海的高階長官與寶眷都來集合，我方知在駐

日代表團服勤的有眷官長，還領有日本當局發放「攜眷占領費」的日幣津貼，外派駐日的津貼十分誘人。3月6日上午7時，我們由本團上海聯絡處派車接赴碼頭，搭乘美國徵用軍差船瑪麗蓮號（*SS Marine Lynn*）放洋。聯絡處代辦登船手續，我們訂的船票是食宿全包兩人一室的頭等艙，每位船客單程票價是美金八十元，雖由參謀本部埋單，船票卻相當於國內少校月俸的兩千倍，貴的令人作舌。

我登船後，在艙房整備妥當已經是上午8時許，全船海員都已站出港部署，梯口管制進行各艙室航前安全檢查，故遲遲未供早餐。這艘軍差船可稱得上簡陋透了，也許因為戰時軍運繁忙，裝潢富麗堂皇的頭等艙房現時非常破舊，大概頭等區內的兩間貴賓大套房也好不到哪去；船上游泳池與健身房廢棄失修，使我無法大顯身手。

我讀初中時曾徒步旅行出境至英國殖民地九龍，加諸黃埔海校艦訓時叛艦脫走避泊香港，但這回是我生平首次持護照放洋出國，更是第一次搭乘萬噸級軍差船，終算實現「加入海軍就可環遊世界」夢想！

軍差船預定上午9時啟航出港，等到解除出港部署後，我急欲見識見識軍差船上的生活及其舉辦之各項節目，期盼之高可以想見。上午10時，餐僮穿猴子裝沿走廊彈木琴，催告用膳；頭等艙餐廳開出早午餐，我餐後在船上四處閒逛，船已過崇明島沿長江下行出東海，朝東南航行。我從船艏走到船艉，見到頭等艙的上甲板有暖房日光浴場所，提供許多躺椅給船客曝曬之用。

頭等艙內有音樂室，供船客聆聽音樂，另有專屬酒吧間、餐廳和船醫室。聞說船長於每埠開航之首夜，會請頭等艙船客在酒

吧間喝杯雞尾酒，俾使彼此攀談認識；逢星期六晚上，船長還會主持 Saturday Night at Sea 舞會，舉杯慶祝後隨即由船長開舞。如此說來，船上雖無泳池但有舞池、無器械健身房但有日光浴暖房，憑這些開放設施及夜航節目，應可值回票價。

這艘軍差船的船籍港（Port of Registry）是菲律賓馬尼拉，一萬八千滿載噸，比我在黃埔海校見習三個月的海圻軍艦噸位大四倍。我們首日用過晚餐後，軍差船已駛入風高浪急的太平洋，噸位再大的艦船也經不起折騰。第一夜強烈東北季風襲打軍差船的正橫，將船吹得左右橫搖，人都站不穩，還舉辦什麼雞尾酒會？船客只好早早就寢。

隔日晨船身橫搖更劇，但餐僮仍然依時敲打木琴如故，我好不容易進入頭等艙餐廳，未見有侍者服務，餐桌亦未擺餐具，但有一簍小麵包、一桶熱狗、一桶切絲生洋蔥與各種醬料及一桶熱咖啡，均固接在餐檯上，任憑船客自取。我仗著黃埔海校練就抗暈的本事，攜回熱狗麵包加外帶咖啡，給暈船的室友陸軍少校陳鴻寶（回臺後累功升至軍官外語學校少將校長）食用，日復一日。

第三天入夜後，軍差船通過日本九州鹿兒島縣的正南，此處是影響帝國海軍至巨的江戶年代之薩摩藩屬地；該地出了不少帝國海軍名將，左右了日本近代史與我國的國運。這晚，我為了雪甲午國恥，輾轉難眠。

對甲午海戰的得失成敗，我從戰爭之戰略指導、軍武整備、作戰指揮、後勤支援、人才培育等各方面，作了全面的整理檢討並書寫註記。清光緒二十年（1894 年）甲午海戰雙方之指揮與執行，體現出清國腐敗無能，北洋水師較之明治維新的日本聯合

艦隊，在用兵上相去甚遠。在開戰的前五年，清國不曾添購一艦一砲，北洋水師只知「避戰保船」，舉國上下忙著為慈禧太后準備六十大壽慶典活動，清國甚至將水師軍費挪用建造頤和園逢迎上意，這些都是不爭的事實。

甲午海戰前，清國選派一批閩系船政後學堂出身之海校生送往英國皇家海軍培育，返國後向上派職接掌北洋水師各艦的管帶（艦長）。由於閩系軍官始終得不到朝廷滿族的重用與信任，慈禧太后寧可委之於陸軍馬弁出身的丁汝昌為水師提督（艦隊司令），會同洋藉顧問來指揮作戰。所以，閩系船政後學堂出身的一批北洋水師管帶，在海戰中由陸軍指揮，不可能有優秀的表現。

日本從明治維新後，較清國遲三年於明治二年（1869 年）開始籌建帝國海軍。日本起用的一批重臣名將，幾乎都是南九州薩摩藩的藩士出身。如聯合艦隊司令長官伊東祐亨大將、海軍大臣西鄉從道大將、海軍軍令部部長樺山資紀大將（後成為首任臺灣總督）、海軍大臣辦公室主任山本權兵衛少將與浪速艦艦長東鄉平八郎大佐（上校）等。不過，帝國海軍各部門的基層主管，全畢業自培養軍官的三所海校：廣島縣江田島海軍兵（軍官）學校、京都府舞鶴海軍機關（輪機）學校與東京都中央區海軍經理（補給）學校。

最特出的是山本權兵衛少將。在甲午海戰前，他襄助海軍大臣西鄉從道大將執行的三大人事調整案，其中之一是力保帝國海軍大學校前校長坪井航三少將出任聯合艦隊司令長官伊東祐亨的副手，襄助指揮作戰。山本少將舉荐的坪井少將副司令長官，果然不負眾望，以「單縱隊戰術」，擊潰清國北洋水師取得全勝。

山本少將精於運籌帷幄，深諳國際事務，力主日本須置國

防重點於確保海上貿易通暢，始終主張建設全球大海軍；山本少將終其一生為大日本帝國海軍之建設奮鬥奉獻，識者譽其為日本「海軍之父」。但日本長年窮兵黷武、挑釁侵略，導致現在的亡國滅軍下場；甲午海戰日本擄獲清國水師軍艦的鐵錨、錨鍊及砲彈，對日本言僅只是曇花一現，敗軍豈能言勇哉？我心想，向降伏的日本當局索回前朝水師遺物，應該不難。

　　航行第四天的 3 月 9 日，軍差船轉向正北，駛向東京灣。由於本州飛驒山岳擋住東北季風，故風力漸減，下午 13 時頭等艙餐廳已恢復正常營業，開出午餐，這是到東京的船客最後一餐，我們照航行慣例給付侍者小費，算是與頭等艙餐廳服務的海員道別。這趟單程一二〇〇浬的「加入海軍就可環遊世界」海上渡航，我有些失望，非因狂風巨浪頭等艙未提供雞尾酒會、舞會等節目，而是身為船客的我對航行幫不上忙，只能冷眼袖手旁觀海員的操作。我真正的環遊世界大夢，是當個航海王親自領船駕駛、縱橫三大洋。

　　下午 16 時，軍差船抵東京灣，靠泊本州關東地方神奈川縣橫濱港的國際客船碼頭，船客下舷梯秩序很亂，所幸我們各人行李不多，可以不求人而以雙手將行李提著下船，斯時碼頭上已有本團同僑多人來接，並替我們辦好入境手續，免除排隊等候通關。

　　帶隊官陸軍上校余誠敏（日本陸士支那留學生二十一期野砲科，任滿回臺後累功升至少將）在海關問我這個海軍出身的武官，為什麼他們登岸後都還覺得天旋地轉又頭暈？我說各位長官三天多的海程幾乎都躺平暈船（sea sickness），一路暈過來；現在上了岸腳踏著不會動的地面，當然輪到長官您腦袋混亂還以為仍在左搖右晃，這叫做「暈陸」（land sickness）。我安慰余帶隊

官，再過幾分鐘您腦袋會清醒過下來告訴自已不在海上，暈陸現象就慢慢消退。

來接船的官長，抗戰末期原與他在重慶軍令部二廳同一棟樓辦公，一見就很面善，一經介紹就想起來了，接船的長官是陸軍上校參謀王武（日本陸士支那留學生二十七期）。我們分乘五輛掛有外交車牌的黑色公務車離開橫濱，沿京濱大道經過川崎重工業區、大森逸樂區及大田輕工業區向都心奔馳。但見工業設施、商辦大樓與住宅區都是斷垣殘壁，滿目瘡夷，這都是美軍戰時有系統的戰略轟炸所致，在我看來，即便美國沒投原子彈，日本也撐不了多久。

車隊進入港區，沿六本木大道北行，未至澀谷區前，向西南轉入橫街到達麻布區，繞道先赴戰前我國駐日大使館舊址憑弔。根據同行陸軍中校陳昭凱（日本陸士支那留學生二十八期，回臺後累功升至少將）追述，戰前我國駐館佔地雖然不大館舍並不宏偉，但精緻典雅，紅牆綠瓦、畫棟飛簷、噴水魚池皆齊備，似錦繁花可以比美桃花源。而今滄海桑田，館舍已被美機徹底炸毀，留下一片叢生雜草，昔日美好景象空留記憶。不過鐵杆焊成的正門，仍然完好屹立，兩門各鑲有圓形青天白日國徽清晰可辨。

我們憑弔一番，遂繼續驅車前行，駛過團本部的養正館，停在木造慎廬宿舍前；渡海隨行的寶眷由高階團員迎接，我們新來九位軍官的宿舍，已安排好入住慎廬的單人雅房。富麗堂皇的養正館，是天皇為明仁皇太子出生所興建的青少年修養道場，昭和十二年（1937年）年底啟用；養正館附隨的「清風寮」宿舍，戰後美軍徵用改裝，交予我國使用並更名為慎廬。

我們把行李放下後，齊到大餐廳用晚餐，此餐廳來頭不小，

是養正館附隨的講堂改裝。餐畢即回慎廬整理行裝、入浴。慎廬的美式公共盥洗室倒是一流的，而且有多套不同的衛浴隔間，使用者無須久等就可輪到。環視窗外佔地五甲的團部夜景，是個氣派非凡的外交場址。晚間資深參謀王武上校替我們新到差同僑講述本團的組織架構，方便我們儘速進入狀況。

　　軍事組新到差九人，翌日用過早膳立即束裝上班，時為 3 月 10 日週一上午 8 時；我由慎廬穿過大草坪，由養正館後門進入一樓第一組辦公室。辦公室所佔面積約為養正館樓下四分之一，內設有辦公桌二十餘張，每桌附有檔案櫃及內外線電話各一，文房用具備齊，另有大會議桌兩張以備查閱軍圖和繪圖之用，在當時標準看來，是非常周全的武官辦公場所。

　　第一組不設副組長，僅編配軍種首席參謀兼軍種首席武官，督導各軍種之參謀業務。空軍首席參謀是上校雷炎均（美國紐約寇蒂斯航校一期，比敘中央航校三期），他長我三歲與我有同鄉之誼，我尊稱為雷大哥；陸軍首席參謀是王武上校，海軍為我本人。第一組的資深同僑還有陸軍上校廖振威、陸軍上校王公五（美國 VMI 維吉尼亞軍校）、空軍中校鄧華高（廣東航校六期乙班）；另有行政官海軍上尉劉光年（電雷學校轉青島海校五輪甲 1939 年班）專司一組檔案管理及收發文稿，另有軍薦級聘僱人員魏兆良（日本華僑，早稻田大學法律系）專責法制業務，傳令及勤務兵各一。

　　新來報到的官佐一下子把軍事組既有員額補滿，新舊任共十九人，是一組滿編最旺的時期。報到後彼此談個不停，一組少將組長王丕承是我在軍令部二廳服勤的老長官，他集合我們全組新舊同僑簡短訓勉之後，就算報了到，大家也樂得如此自然不落俗

套。其後王組長輪流約詢我們新人公私兩方面有何問題，彼此商談兀自真心誠意。

王組長召見時，我遂提出一直懸在心頭令我寢食難安之索錨案，驥望王組長開示如何順利取回遺物。豈知王組長嘆口氣說分明：去年駐盟總我國首席聯絡官陸軍少將王之、副團長外交公使沈覲鼎（東京帝國大學農科 1916 級）與第三組組長吳半農（北京清華大學經濟系 1929 級）早就搶辦過索錨案邀功，但先後鎩羽而歸丟還給一組；軍政部海軍署曾派桂永清的心腹海軍中校盧東閣（青島海校航海科 1934 年班）前來處理，也都沒有辦妥，我到差就是接盧中校的燙手山芋。聆聽之下，我竟是第五隻羔羊闖虎口，剎時如墜落冰窖，感到心涼孤立無援，眼前一片漆黑無光。

處境儘管如此嚴峻，但出國前對桂永清許下之諾言我不能反悔，事實上當時那種臨急授命情形，我騎虎難下也非得使命必達不可。離開王組長辦公室，我心中力求鎮靜，因為這件事情已經無人可幫忙，唯有靠自己想辦法。

緊接著團長朱世明中將個別召見新進官員，朱團長召見我時，顯得意興闌珊，不看好我能取回清國水師遺物，他無奈地對我說：「索錨案歸美軍掌管，日本當局不能插手過問；這是特急案件，你須接續辦理。」原來我搞錯了，索錨案不是向日本當局要，是向美軍索取！

朱團長學識廣博英年有為，是北京清華學校 1922 級高材生，赴美留學於 1926 年獲美國麻省理工學院機械工程學系工學士，再轉至堪薩斯州 Norwich 威爾猛軍校寄讀，為 1927 年班工兵科畢業生。觀其在盟總電話簿之尊稱為 His Honorable Ambassador, Head of the Mission, LTG Chu, Shih Ming, Chinese Mission in Japan，即可知其

尊榮。朱團長喜歡鼓勵青年軍官進修，常暢談他攻讀麻省理工學院的畢業專題，是「旋錯螺栓導致裂損」，魔鬼藏在細節，小題也可大做。

到差不久我就接獲二廳電文，參謀本部沒忘記我，補發給我三軍通用的光華甲種二等獎章與抗戰勝利紀念章各一枚。依《陸海空軍勳賞條例》，國軍官兵的勳賞分勳章、三軍通用獎章、軍種獎章及紀念章四個等級；抗日戰爭期間我無戰功，當然不敢奢想獲頒最高等級的勳章。至於次高等級的三軍通用獎章有四類，陸海空軍通用獎章的勳功最高，我獲頒的是次高勳功的光華甲種二等獎章，獎章執照字號 36 副若字第 1591 號，國民政府主席蔣中正簽發表彰我「服務勤奮著有勞績」，是我無上的榮譽，也是我從軍任官八年後首次獲頒勳獎。

至於官兵的紀念章，有戰役紀念章、專長紀念章、服勤部隊紀念章與畢業紀念章等；補發給我的紀念章，是國民政府主席頒授「參與全期對日作戰犧牲奉獻功在國家」之三軍通用抗戰勝利紀念章，表彰我從海校生起全程參與對日作戰整整八年，作為紀念。

3 月底從行政官劉光年上尉處得知，抗戰末期英贈 PF 伏波艦返國才三個月，於 1947 年 3 月 19 日夜暗，在馬公外海被招商局輪船公司（現稱陽明海運公司）的海閩輪撞沉，除他的同窗上尉輪機長焦德孝一人獲救外，全艦官兵連同十八名海軍官校見習生及便載海軍總部五署供應總處官長四員共計一三〇人，全部殉難屍骨無存。

伏波軍艦中校艦長姜瑜夜航領導無方，自有報應死於非命，還賠上百餘官兵同為波臣。伏波軍艦殉職幹部還包括我帶領過的

青島海校五航甲 1939 年班畢業生赴陸軍砲校送訓之魚雷官孫逢濱上尉，還有修習過我講授應用力學的青島海校五輪丙之輪機官朱崇信上尉。憶及兩年前我趕赴重慶想搭「英國接艦班」的首班車，所幸我根本沒趕上，否則在海難發生時我應該還在艦上服勤，也會隨伏波軍艦與袍澤同淪為波臣！

二、智索甲午國恥遺物　團部編制龐大複雜

圖 7.4　1947 年 5 月清國水師被擄遺物歸還儀典在東京芝浦碼頭舉行，由作者點交予我國海關飛星號緝私艦，隨後運載水師遺物返國（鍾漢波數位典藏）

到職後我馬不停蹄埋首在卷宗檔案中，依情報蒐集的決策循環體系要領，我須立即找出癥結並解決棘手問題。四位前輩曾接力就「索錨案」向占領日本的盟總爭取索回，歷經年餘徒勞無功，乃因盟總堅持僅有二戰期間日軍掠奪盟國的資產，方能檢附證明索回，並頒布行政令雷厲施行。上一世紀甲午海戰日軍擄獲之清國水師戰利品，係半世紀前日清戰爭的遺物，盟總依法不受理聲索，形同死案。

我再請教團部少將顧問龍佐良（日本陸士支那留學生二十八

期）尋求替代方案，他對我開示：「賢弟，索錨案的清國水師遺物，雖不屬日本資產，但仍由日本行政代管維護，唯戰敗國日方無權擅自歸還予我國，索錨案仍須向盟總主管民政事務的民產局（The Office of the Civil Property Custodian）聲索。」這位本團額外官員的龍少將，他長我九歲也是我的同鄉，負責團內保防業務非常神祕，行事低調謹慎，與中樞保密局等情治高層淵源頗深，連朱團長都讓他三分，龍顧問也是我日後的另一位貴人。

綜整所有涉案情資，這個死案依然要活辦，而且要一次就得達陣。我先鑽研盟總民產局主管索錨案的美籍陸軍上校組長柏斯（COL J. Push, US Army）人格特質，發現他對日本的軍國主義充滿怨恨，占領期間這位上校組長嚴禁日本傳媒散播軍國思想。我電話打去盟總求見這位美國陸軍上校組長，柏斯組長很大牌，只約到三週後方能接見我，趁這三週空檔我就擬妥應對方案並熟記懇談步驟。

3 月 18 日下午組長王少將宴客，須換穿軍常服，下午 17 時在辦公室集合，陪同組長夫人赴宴。起初我以為是對我們九位新到差官員接風洗塵補請一餐，也是人之常情；當我們到了中央區銀座「日本橋和風料理店」，一看內部陳設十分高雅，便知我等新來官員沒有這麼大的面子，我們頂多只是陪客；細詢之下，方知是王組長低調設宴歡迎我國駐美軍事使節團（美團）上將團長商震（清國保定陸軍速成武備學堂三期步科肄）返國述職路經東京，替他設宴洗塵。

我們一行包括主人王組長、夫人及參謀十四員，到齊後依風俗脫鞋進玄關，寬敞的塌塌米餐廳中，筵開二十席位。主賓商將軍及其隨員三人亦相繼而至。我們觀見過有軍閥霸氣的商將軍並

與其隨員互相介紹後，遂分別入席。日式高級料理吃法，是賓客入坐小腿盤膝在日式蒲團上，每席位餐桌高僅尺許，桌前跪有穿著和服女僕一員，侍候賓客勸酒挾菜，日本清酒溫和多飲幾杯也不易醉；日式菜餚甚多，一餐下來歷時約兩小時，賓主盡歡。

本團編制內的團員領美金正薪，編制內佔缺者如我，一個駐日海軍少校本薪月領美金三八五元，約合駐日盟總美軍少校月薪的七五折；至於本團額外官員的薪俸仍由國內原單位發放等同廢鈔的法幣，僅海外津貼支領美金。額外官員酸言酸語說我們編制內的團員，高薪存滿淨賺無虧很快就變成富豪，你想的美。

身為團員兼參謀，哪像主管還有額外特支費與事務費支應公務花費，我左手要宴請盟總美軍官員套交情，右手買伴手禮贈送元日軍將校博感情，甚至陪長官酬酢還要主動積極埋單，這些花費均從自己薪俸袋內抽用。像款待商震上將的奢華宴，每位陪同參謀須上繳美金十元分攤消費，由薪資內扣無從閃躲，著實令我心疼不已！

4月初，我依約至盟總民產局柏斯組長辦公室會晤，柏斯上校組長冷酷的開場白當然是依法行政，欠難辦理索錨案。我以英語婉轉陳述此案是鏟除日本軍國主義的指標大案，言簡意賅。聽到日本軍國主義，他立即回神請我繼續說明，我遂詳細分析：「軍國主義源自大日本帝國明治維新的富國強兵思維，軍國主義布國威於海外的侵略第一戰，就是大獲全勝的日清甲午海戰；這些清國水師被擄的鐵錨等戰利品，被明治天皇陳展於公園與神社，達致教育軍國主義、啟示軍國主義與發揚軍國主義思想之宏效。」柏斯組長聚精會神聆聽，請我繼續說。

「從此，軍國主義也因陳展鐵錨等戰利品而根深蒂固，導

致贏戰的日本接續發揚軍國主義，對外侵略擴張版圖，如 1904 年的日『露』（日本語指沙俄之謂）戰爭、1931 年的日華戰爭、1941 年的大東亞戰爭。要徹底將日本軍國主義思維連根拔起，得先把軍國主義首戰的戰利品清除乾淨並歸還我國。」

柏斯組長邊聽邊速記陷入長考。我再補充道：「我政府忝為戰勝國重要一員，當然恪遵盟總民產局頒布之行政令，請另行考慮將索錨案歸類為鏟除日本軍國主義的首件指標大案。」柏斯組長頻頻點頭，顯然頗有同感，遂主動與我相約隔週再深談。我研判他不是不辦，而是要加快辦妥；他下一步將會是徵詢盟總法制局（The Legal Section）意見再定奪如何妥處。法務意見？我先一步早就透過一組僱員法律專家魏兆良摸清楚了，戰敗國的日方與占領國的美方對鐵錨等戰利品均無產權，唯有承續大清帝國的我國，才有資格聲索產權。

我依約隔週再赴盟總民產局候見上校組長柏斯，隨員室的美軍少尉值日官面帶笑容向我敬禮：「報告少校武官，今次會晤已取消。」接著遞上卷宗說：「柏斯組長專簽上呈核定的公文請您會簽，副本請攜返憑辦。」我一看公文頓時喜上眉梢：索錨案在盟總核定簽呈中已改寫成為鏟除軍國主義的首件指標大案，盟總民產局訂於 5 月 1 日將鎮遠、靖遠軍艦鐵錨各一、錨鍊共二十尋（Fathom，六呎長度）計一二〇呎、十二吋主砲砲彈十枚，在東京都港區芝浦碼頭舉行歸還儀典云云，備忘錄正本已發函本團。

5 月 1 日，清國水師被擄遺物歸還儀典，日方復員廳代表、監交的美方盟總民產局代表、清運遺物的監查官遠東海軍司令部上尉行政官米勒第（LT R. Millette, USN）與我共同參與。所有鐵錨、錨鍊及砲彈，已由日本當局自東京都台東區上野恩賜公園

不忍池池畔清運，集中在芝浦碼頭。簡單隆重的儀式包括盤點驗收、換文簽字，由團本部派憲兵看守歸還物件，暫存碼頭倉庫，本團經濟組組員兼「日本賠償及歸還物資接收委員會」（賠償會）祕書劉豫生，亦在場見證。

簽收儀式完成後，在歸途中我帶著萬分喜悅的心情回到團本部，將簽收正本呈交王組長核閱後存案歸檔。我所接收這批遺物分兩批運送回國內，第一批將錨鍊二十尋與二八〇磅砲彈十枚分裝十二箱，由遭擄之我國海關飛星號緝私艦，於五月四日運回上海。第二批較重的四噸艦錨兩個，遲至同年 10 月 23 日由遭擄之我國隆順號商船運滬。甲午戰役清國水師遺物，重歸故國，國恥得雪矣。海軍桂老總請求我到職四個月內辦妥的大案，我到任後四週就達陣！

讓我頗感意外的是，索錨大案辦妥後，首任駐日代表團朱團長在職僅一年又一個月尚未任滿，突然於 4 月 9 日高陞美團團長，他一年多前只不過是個美團陸軍首席武官，難不成這位儒將團長步步高升，是把我這個芝麻參謀搞定棘手的陳年大案功勳據為己有拿去邀功求賞？

龍顧問私下安慰我，當差幹個參謀，本來就是替主官抬轎子，功勳拱手上繳主子是你修養好，往後必有福報。我辦妥索錨大案，功勞全由朱團長整碗端走，我當然不會領受駐日代表團、參謀本部與海軍總部任何勳賞，我只能耐住性子，等候龍顧問說好的福報降臨。

看守清國水師被擄遺物的憲兵，不算我國派出的占領軍，盟國占領軍以四十三萬美軍為主，輔之以英、澳、紐與印度各派一個旅共四萬「大英國協占領軍」（British Commonwealth

Occupation Force, BCOF）。我國占領軍早經麥帥指定進駐本州中部地方愛知縣名古屋一帶，兵力是陸軍一個師，我政府亦已準備派遣整編第六十七師兩萬官兵前運進駐。

王組長經手本案，他提及我國陸軍部隊輜重單位尚配有騾馬，為避免騾馬這種農業社會舊時代的運具在日本出洋相，整編第六十七師輜重單位的騾馬依王組長建議全數汰除，取而代之的是人力搬運，這些輜重單位的兵卒稱為「代馬輸卒」。

至於蘇俄則藉口我國擬派軍進駐日本，即不停向盟總要求准予派遣蘇俄三四二、三四五兩個步槍師進占北海道。麥帥向來反共、防共，洞悉蘇俄野心，四萬俄軍一旦進入日本後，絕不會撤出；遂於 1946 年 7 月毅然取消我國及蘇俄派軍，以期一視同仁，我國派軍占領日本名古屋之議遂作罷。蘇俄在無可奈何之下，一場爭奪占領地盤的風波，遂告落幕，從此日本就被美軍為主體的盟軍牢牢掌控。

日本戰敗亡國，行政管轄概依美國駐日占領軍編成軍政府（Military Government in Occupied Japan）命令行事，軍政府主席由美國陸軍第八軍團中將司令官艾區柏加（LTG Robert Eichelberger, US Army, 美國 West Point 西點軍校 1909 年班）擔任，負責督管全境一級都道府縣、二級特別區與指定都市的軍政府，推行盟總政策。

沒多久，層峰另派美團上將團長商震與朱世明中將對調，接第二任駐日團長。第一組同儕曾在中央區銀座日本橋和風料理店設宴為其過境洗塵，商上將於 5 月 15 日到任時，距洗塵歡宴尚不及兩個月。昔日是座上客，如今竟成為頂頭上司；而今商團長高高在上，更不欲提起過去在日本橋料理店與同儕共飲搏感情

之事矣。

商將軍係上一輩老軍頭，家中財產富可敵國，年青時就讀清國軍校遭退學，憤而加入清國新軍暗地反清，辛亥革命時已膺任新軍的學兵營隊職官。歷次國民革命與捍衛國土之戰，他幾乎無役不與，累功升任晉軍總指揮與天津警備司令，陸續兼任河北省、山西省與河南省政府主席，為晉軍軍閥閻錫山（日本陸士支那留學生六期步科）麾下的大將。

商將軍並非蔣委員長的嫡系心腹，抗戰直前他被蔣委員長拔擢晉陞上將但遭剝奪兵權，僅擔任軍事委員會蔣委員長辦公廳主任兼外事局首任局長，商上將不厭其煩對我等後輩說教：「有志者事竟成。」他解釋自己五十歲才開始學英文，不到十年光景就能輕鬆處理涉外業務，我等若效法商團長之苦學精神，前途無可限量也。但是人各有命，商團長夫人是位入籍美國的大學教授，學英文以妻為師自可事半功倍。

團長商上將雖遭降調困在日本，但外出依然儀容整潔、精神奕奕、軍服畢挺，皮鞋光亮足可鑑人，他平常上班喜歡穿著夾克式軍便服。商上將之所以能夠光鮮亮眼、紅光滿面，完全歸功於他帶來之專屬楊州籍理髮師父及廚師努力侍候所致。是以商上將雖步入花甲之年，望之猶不及半百，尤其說話中氣充沛、動定均保持胸腰挺直，可稱為模範軍人儀態之表率。惜商上將仁丹鬍下嘴露金牙，氣質打了不少折扣。商團長到職後不久，甄選原在大餐廳妖嬈的日籍女僕安田作子為團長職務宿舍內的女僕，忝為僑社熱議話題。

5月1日會計室一下子匯入我帳戶3、4月分本薪美金六五五元，無疑是一筆龐大之數目，在日本的月俸實質購買力，較之在

南京領取不斷貶值法幣的同儕，高出十萬倍以上。永貞來函報平安也提到，在南京要十三萬元法幣才換得一美元！我歷經八年抗戰的艱苦生活，來到日本當半個外交官的收入，真有天地之別。此外，有眷的團員還領有「攜眷占領費」六千円日幣；對單身無眷團員，日本當局則另發膳費取代占領費。

我向預財室會計員請教，如何用快捷又可靠的途徑把美金現鈔交付國內需錢急用的永貞？會計員說盟總占領日本實施嚴厲的軍管，渡航日本入出境已非常困難，私人匯出存款更受層層管制，以防擾亂日本金融體系；但只要有團員返國，可依規定攜美金現鈔離境，您可託付返國團員攜回轉交親友。我在團本部剛到差，與團員尚未熟識深交，那就再等等，看看我自己有無返國述職帶美金現鈔出境的機會了。

1947 年 5 月中旬，中共華東野戰軍於山東孟良崮圍殲了國軍整編七十四師，少將師長張靈甫（黃埔軍校四期步科）陣亡；此役導致國共內戰情勢逆轉，國軍從此由攻轉守、節節敗退。為紀念殉職主將張靈甫，英贈遲來的護航驅逐艦（Destroyer Escort, DE）由層峰定名為靈甫軍艦。

相當於我國駐日大使館編制的本團，其組織之編成、團址之獲得與團員之充實，真可謂一日千里。自從日本降伏後，我國與盟總之聯絡業務，由王之少將聯絡官負責長達半年之久。及至隔年 2 月 5 日，美團首席陸軍武官朱世明中將奉調為新設的我國駐日代表團首任團長，副團長沈覲鼎公使是職業外交官，專司處理外交事務。政府所派各方索賠官員陸續抵達，團部轄管各次級單位人員亦頗具規模。

我加入本團時正逢全盛時期，編制員額約百人，額外員額

約八十人，均來自政府各部會及其所屬機構之文武官員，以當年外交部的外館外處規模言，也是空前龐大的格局。團本部除團長、副團長、團務祕書長三巨頭外，團內轄有軍事組、政治外交組、經濟組、文化組等四個對外業務組，團部直屬單位有祕書處、副官處、後勤處等三個處級內勤單位及一個憲兵隊，另兼管行政院僑務委員會（僑委會）的駐日僑務處。本團在國內，還設置了南京辦事處與上海聯絡處。

軍事組（第一組）是本團的軍事單位，相當於大使館的武官處，編制有軍官十六人，少將組長王丕承曾赴美蘇受訓通曉數國語言，他由二廳暫編第八處（主管遣俘）處長職平調為第二任駐日軍事組組長，任滿調回臺灣後累功升至國防部物資司中將司長。首任組長為李立柏（日本陸士支那留學生二十一期野砲科），回臺後累功升任臺灣省保安司令部中將參謀長，隨後晉陞為臺灣省警備總司令部（警總）副總司令。

政治外交組（第二組）負責政治研究及外交業務，政治方面的職掌是研究日本降伏後之政情變動、政制變革、國會重組、立憲趨向等，適時修訂增刪研究評析作成結論，以供國內高層參用。外交方面的業務，均須透過盟總外事局（The Diplomatic Section）行之，盟總外事局位階甚高，其局長具美國駐日大使銜。二組博士組長吳文藻（北京清華學校 1923 級），曾任燕京大學政治學系教授，掌理本團政治業務，外交事務則由沈副團長督導。組長夫人係名作家謝婉瑩（燕京大學 1923 級，筆名冰心），她亦兼任本團附設幼稚園園長。吳組長與夫人對政府政策相當不滿，常表態左傾支持共黨。二組編制十餘人，素質堪稱一流。

經濟組（第三組）組長吳半農先生，曾任中央研究院研究

員，組內正式編制人員多達二十餘人，掌理戰後扶植日本之經濟復甦。該組成立之初，編制員額一下子就被政府各部會派員占滿，人才鼎盛如經濟專員裴元齡（西南聯大經濟系 1938 級）。三組還設有賠償會，由吳組長兼主委，處理日華戰爭賠償問題。

　　值得一述的是三組附隨額外編制的賠償會。實際需要索賠之政府機關如經濟部、財政部、資源委員會、海關總稅務司署、陸軍兵工署、招商局、甘肅省油礦管理局、江南造船廠及上海工商聯合促進會等，紛紛申請近百位「額外官員」駐團，要求派員進駐向日本索賠。政府鑒於事實需要，均一一予以批准。

　　文化組（第四組）掌理涉外教科文業務，組長張鳳舉先生出身教育部，早年留學日本京都帝國大學，長居日本對當地教育、藝文、逸樂界聞人均甚熟悉，人脈甚廣。文化組內僅有四位組員，人少但經費充裕，支助橫濱及長崎兩地僑校頗有成效，並時常派員前往視察。

　　團部的內勤單位有三，一是祕書處，轄有文書室與譯電室，處長為出身自北京清華大學的崔思瑗，二是副官處，轄有隨員室、公關室及預財室等三室，處長為陸軍上校阮維新（中央軍校十期），三是後勤處，處長由阮維新兼。後勤處在團部是第二個軍事單位，首席後勤官是空軍少校錢明年，另有上尉後勤官兩員，均出身聯勤總部。

　　後勤處內還轄有公務車調度室、電話總機房、醫務所與日籍工員（日本語指基層勞工之謂）事務所，後勤處管理日籍男女雜役百餘人，含派往團員眷舍女傭六十餘人、大餐廳女僕十餘人及單身宿舍女清潔工數人；男工則有水電工、水泥工、鍋爐工、暖氣工、木匠、瓦匠、花匠、園丁以及環境道路維護工等，均向日

本政府徵用，日籍工員的薪資，統由日本政府給付。

　　本團尚直轄一個憲兵隊，由參謀本部直屬的憲兵司令部獨立第二營（國際憲兵營）甄選二十六名單身官兵編成，四年間退補合計有四十多位憲兵先後來日服勤；外派日本的憲兵隊位階，相當於獨立國際憲兵連（欠）。我到差後的隔年二月，本團首任憲兵隊隊長李建武少校始到差；李隊長是安徽人身材巍武，抗戰時曾擔任過駐印度丁江的國際憲兵營第三連上尉連長，我倆同齡很談得來。

　　至於行政院僑委會的駐日僑務處，不在團址內而位於橫濱市中華街，另設橫濱、阪神、長崎三個分處，處部由總領事林定平率僑委會十餘人專職處理日本僑務，由二組吳組長督導；橫濱分處處長劉鎮華領事，與我熟稔。

　　海軍武官主要職掌之一，是蒐報盟總美國海軍兩種刊物的公開情資（公情），一是軍方辦的 *All Hands* 月刊，另一則是非營利組織出版的 *Our Navy* 月刊，詳細報導美國海軍重要軍職異動、艦隊移防、舊艦封存與新艦成軍等資訊。我所蒐集之美軍刊物，全球各地我海軍武官或外派諜員均可購得，解繳送回國內參用，是否有運用價值呢？端視你附隨的研讀評析。

　　我在月刊資料上附加浮簽，註明其摘要及個人意見具申，包括資訊來源的專業性、資訊內容的完整性、資訊意涵的重要性與資訊結論的正確性，才專送回參謀本部二廳。至於其它機密情資（密情）蒐報業務，很多涉密任務只能做絕不能說，即便做了打死也不可認帳，終生保密就不便在此敘述了。

三、驗收日本海軍償艦　押運首批償艦返國

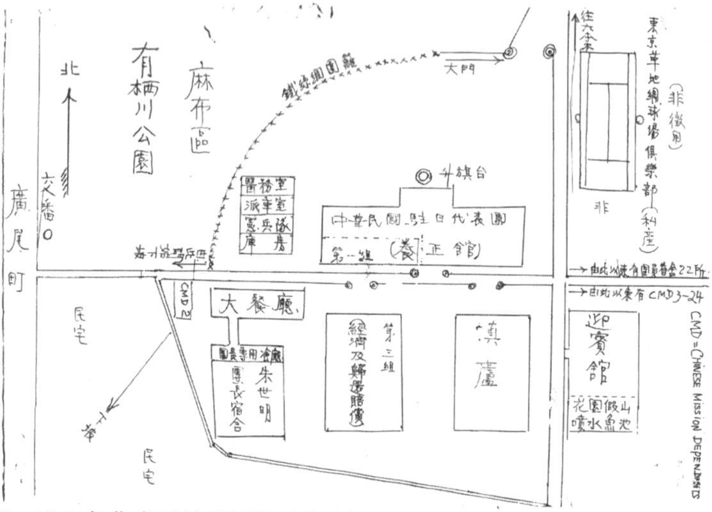

圖 7.5　1947 年作者手繪我國駐日代表團設於東京都麻布區廣尾町佔地五甲的團址（鍾漢波數位典藏）

　　本團團址設於東京都麻布區廣尾町，佔地廣闊約一萬五千坪，徵用建物甚多且莊嚴華麗，遠非其他十六國駐日代表團所能比。在本團尚未設立前，國內各部會派出之索賠代表，早已紛紛抵達東京，當時駐盟總的首席聯絡官王之將軍為安排彼等辦公處所，遂在東京麻布區覓得前日本農林省大臣官邸及其週邊房舍以資肄應，幾經交涉極力爭取終獲成功得以設置本團，此等房舍就成為團址，王之將軍之辛勞，功莫大焉。

　　本團團址及建物共有六棟，分布如下：

（一）養正館，為昔日明仁皇太子的修道場，兩層樓的西式建築作為團本部之用，樓上除團長室、副團長室、東京國際法庭法官辦公室、祕書處及副官處，還有接待大廳可容三百人供酒會、展演之用；樓下是一、二、四組辦公場所，

可容納七十餘人辦公，包括我的辦公座位。館前樓頂有升旗臺，前庭是鋪柏油的汽車集用場，後院是大草坪。

（二）迎賓館，為往昔養正館附隨的靜修堂，現為本團副團長、團務祕書長及各組處主管的值夜宿舍，美侖美奐極其豪華，館後有花園與假山魚池。

（三）慎廬，為往昔養正館附隨的宿舍清風寮，是棟完全用檜木建成之館舍，前半部是一層樓，後半部是兩層建築，隔成雅房作為團員單身宿舍用。

（四）經濟組及賠償會的獨棟辦公室，由往昔養正館附隨的庫房改建，位於慎廬側邊，庫房與清風寮兩者建築大小、格局大致相同，可容納三組團員及額外官員共百餘人辦公。

（五）團長職務宿舍，原是日本農林省賈宦臨時居停獨棟日式小別墅。

（六）大餐廳，由養正館附隨的講堂改建，與團長獨棟別墅前後相鄰，待新建餐廳啟用後，大餐廳則移作庫房之用。

　　戰時日軍大本營轄陸軍與海軍，沒有空軍，大日本帝國海軍主體，轄各海軍基地、聯合艦隊、飛行兵力的航空艦隊三大作戰體系，帝國海軍戰時總兵力超過兩百萬官兵。二戰期間，挾龐大之軍工體系戰時動員，日本海軍製造近八千艘艦艇，惜多毀於戰火沉損。扣除殘存的震洋艇、潛爆艇、迴天魚雷等迷你特攻艇不計，終戰時大日本帝國海軍十噸以上殘餘艦艇計有一一五六艘奉命降旗降伏。以 DD 驅逐艦為例，戰時服役多達一七六艘，戰爭結束時僅餘四十二艘。

　　我國於戰後為迅速擴充「新海軍」，多次向盟總爭取收編所有日軍殘艦，我身為駐日首席海軍武官，亦奉參謀本部二廳之

命，蒐集並回報戰後帝國海軍殘艦動態。我辦完索錨案後，將每艘日軍殘艦的排水量、吃水、輪機等結構諸元與維修紀錄、戰後出勤等航海功能，彙編成數大冊，上呈我的老東家參謀本部二廳參用，以盡海軍武官情蒐之責。唯美方另有算計，認為我「新海軍」應以美援贈艦為艦隊主體，好讓美方透過維修保養牢牢掌控我海軍。

　　盟軍占領東瀛後，為徹底清除日本軍國主義，特將近百艘仍具遠洋攻擊戰力的日軍主戰軍艦，包括戰鬥艦（Battleship, BB）、航空母艦（Aircraft Carrier, CV）、重巡洋艦（Heavy Cruiser, CA）及潛艦（Attack Submarine, SSK）等，或當作靶船擊沉、或拖往核試爆區當實驗品、或焊切解體。剩餘的中小型殘艦固接武裝悉數拆除，其中三二八艘執行掃海任務，清除各方在日本海域八十餘個港灣敷設的水雷共六萬七千多枚；另有一八八艘加入輸送六百萬日籍軍民返國行列，並運送滯留日本本土的一百多萬臺籍工員與朝鮮人歸鄉。為維持島國日本的行政運作，四〇八艘日軍殘艦撥交日本第二復員局，作為公務船如渡輪、躉船使用。

　　日軍降艦掃海任務與返鄉運輸勤務告一段落後，盟總在事前未徵詢各戰勝國意見下，專斷獨行強把艦況較佳的一三五艘日本賠償艦艇（日償軍艦）概分四等份，令由英蘇美華四強瓜分，算是戰敗國日本對戰勝國象徵性的戰爭賠償。6月18日，四強在盟總大禮堂抽籤瓜分，我國慎重其事自國內編成國家代表隊參加抽籤，政府特派海軍上校馬德建（福州海校輪機科1920年班）為國家代表，另派諳日本語的海軍上校姚璵（烟臺海校航海科1925年班）為副代表，我則奉團本部之命在場陪侍國家代表隊，穿梭在盟總官員與各國代表間，理順繁雜的法律程序。

會議在盟總六樓大禮堂舉行，由擁兵十萬、轄四百艘軍艦的美國遠東海軍司令部（Naval Forces Command, Far East）中將司令葛立芬（VADM Robert Griffin, USN, 美國海軍官校 1911 年班）主持。四強代表座位，面對觀禮席，在每一代表座椅之後飄揚該國國旗，我國代表馬上校坐於青天白日滿地紅國旗之下，可算得是得意非凡；英國代表是一位海軍一星代將，美國代表是一位海軍上校，蘇俄代表是一位海軍二星少將。在觀禮席上，除各盟國軍職人員外，尚有六十餘位興高采烈之僑領事先取得觀禮證，占列席來賓大多數。

會議開始，由葛立芬中將致詞：「日本降伏後，其現存艦隊包括已卸除武裝之驅逐艦二十六艘，海防艦及輔助艦艇一〇九艘，合計一三五艘，均分四份，四強每國分得一份，作為日本對盟國四強先行賠償戰損之一部；至於每一份償艦數目與總噸數大致相同，當然每份之間，不免有少許差別，均已列表置於各位代表桌上，如無異議我們就開始抽籤。」

在我看來，這種會議是由美方牽著大家鼻子走，既然份數已經分配好，而且又是抽籤，各憑運氣，哪能有什麼意見可以提出？會議程序只不過是一種形式罷了。第一輪抽籤是抽先後次序，我國馬代表抽得第二順位，然後各盟國代表再依序抽出自己國家應得之份數號碼，我國代表又抽得第二份日償軍艦，那是總噸位數目最大的一份，包括有最大之三四八五滿載噸驅逐艦宵月號，觀禮華僑於典禮完畢後無不額首稱慶，紛紛向我國代表隊致賀，可說是吐氣揚眉，稱快不止。

英、美兩國不缺軍艦，抽到的日償軍艦遲早會被當作靶船轟沉，蘇俄缺鋼鐵，一定會將抽到的日償軍艦拖返當廢鐵拆解重

煉。至於我國的處理態度，當然會把抽到的日償軍艦當國寶，繼續留在我海軍妥加運用。抗戰勝利時蔣委員長對全球廣播演說「以德報怨」，主張放棄對日索求戰爭賠償，這種華而不實的詞藻沒人會當真，否則幹嘛在團本部內，國內各機關派了近百官員塞在賠償會找日本當局索賠戰損？

既然國家代表都風塵僕僕前來日本對償艦抽完籤，應該就沒我的事。詎料美方要求各戰勝國在兩天內驗結償艦，並立即處置取走，各國又銜命急派有證照的驗船師，趕赴九州長崎縣佐世保軍港驗收償艦。當時我國還沒有合格的驗船師，國家代表又已返國，商團長召見我明快地指示：「參謀本部說你是海校畢業的，二廳要你去驗船！」

我隨四強驗船隊伍，自東京都搭國鐵特急專車，奔赴千餘公里外的九州帝國海軍佐世保鎮守府；盟總準備了三節火車臥舖車廂各有五間單人套房，並附有餐車一節，在東京火車總站候用。我上車才發現驗船師隊伍中美英兩國各派兩人，蘇俄則派三人，而本團僅派我一人單槍匹馬，遠赴日本西陲驗船。想到盟總必定要我們在兩天時限內驗結、簽字、接收，我單槍匹馬四十八小時內須驗收三十四艘日償軍艦。

其實派再多的驗船師，也絕無法在短短兩天內把分得之賠償軍艦詳細檢驗，這只不過是美軍的一手絕招，藉此驗船手續，逼使各國驗船師為美國所整備之日償軍艦性能良好而背書；即使日後發現某艦縱有瑕疵，盟國早已簽字驗結亦無從追究。驗船喬段，是盟總繼抽籤償艦另一次牽著大家鼻子走的手法。

6月20日上午8時，四強驗船隊伍登車，掛在長程特急列車之後，從東京開往佐世保。車程歷三十餘小時，於隔日黃昏抵達

目的地長崎縣佐世保市終點站，停靠於月臺旁備用軌道上，權作居停之用，回程亦坐此車。

　　驗船過程在美方主導下，勢必非得驗結、接收不可，重頭戲是驗結後的償艦必須立刻啟航返國。因此，我在勘驗過程中，得將每艘日償軍艦的適航能力進行概略評估，作為日後渡航返國時的航前整備依據。我擬定驗收步驟：每艘日償軍艦置重點於航海、輪機兩部門，我最多花一小時驗完。我把國鐵特急專車的餐桌作為臨時書桌，將前揭彙整的日軍殘艦結構諸元與航海功能書冊影本，抽取屬我國三十四艘償艦的頁數，詳加閱讀比對，預作準備。

　　這三十四艘日償軍艦，包括七艘兩千噸級的 DD 驅逐艦、十九艘一千噸級的 PG 海防艦、兩艘四百噸級的 PC 驅潛艦、三艘兩百噸級的 YP 巡艇與三艘不同類型的 AKL 輸送艦。

　　四強瓜分之百餘艘日償軍艦，全部錨泊於佐世保軍港內，依所分得之持分，由西至東，集體碰泊，以便於盟國驗船師登艦查驗。此港東西長約十浬，寬約一浬許，港嘴出口在西，港池為高山島嶼所擋，分成南北兩水道，北出對馬海峽，南通黃海。出海口的五島列島，成為佐世保軍港港池屏障，使大海的浪湧不會長驅直入港內，是以港內風平浪靜。軍港周邊又為淺山所蔽，故亦無強風侵襲，尤其是港池水深適度，平均約六十六呎左右，而且港內海底是泥質，無流錨之虞。

　　佐世保軍港沿岸兩旁設有永久性的深水碼頭，連同港內錨區水面，足以容納日本全盛時期帝國海軍聯合艦隊所有艦艇，港區就天然結構與容量而言，可稱為全世界最優良之軍港。往昔的日清甲午海戰，聯合艦隊由佐世保軍港南出黃海接戰；日露戰爭期

間，聯合艦隊由佐世保軍港北出對馬海峽，向沙俄波羅的海艦隊叫戰，日本以逸待勞能夠完勝，佐世保軍港的戰略位置功不可沒。

惜就日本當代地緣政治言，佐世保軍港位於日本西陲之九州，在戰前日本制海爭霸戰，其假想敵是東方的美國，故日本其它海軍基地，特別著重建設面向美洲的東京灣內之神奈川縣橫須賀鎮守府之軍港。其實以軍港之天然條件而言，佐世保遠勝於橫須賀多矣。此外，日本海軍還有三處大型軍港，以基地設施規模言依序為京都府的舞鶴鎮守府之軍港、廣島縣的吳鎮守府之軍港及青森縣的大湊警備府之軍港，我都親自走訪密查蒐報過。

驗船隊伍抵佐世保後，盟總還加派第二署（情報署）美國陸軍少校寇辛斯基（MAJ E. Cosinski, US Army）隨行監視俄國佬，看他姓氏就知是為俄裔美軍軍官，自是羅宋通無疑。美國處處防範蘇俄，由此可見一斑。一行九人於 6 月 22 日上午 8 時由佐世保火車站搭乘美軍派來的巴士，進入基地後分別換乘美軍 LCVP 工作艇航向港池。

每艘船上各有兩名日籍復員事務官在梯口迎接候驗，我立即依次登檢，航海部門置重點於檢查駕駛臺航儀、信號燈、信號旗、海圖紙張、電訊室收發報機；輪機部門置重點於檢查主機、電機、錨機、舵機，我以日語下令日籍復員事務官實作操控機具，檢查是否能順利啟動、運轉、關閉，並要求他們向我解釋看到的保養、清潔之缺失。此外，我還檢視法定檔卷的航海日誌（Log Book），其內是否有按時登錄航行、靠泊、作業、維修的記載。

嚴格說來，償艦不論新舊，在我驗船前，美方早已先行驗結，大缺失根本挑不到，小毛病倒是一大串。兩天驗船從黎明忙到子

夜，從這艘船跳到另一艘、從機艙爬到桅頂，搞的我精疲力盡。

驗結簽收後，我在返程途中振筆疾書撰寫驗收報告。整體言，三十四艘日償軍艦均可遠航返國，其中十四艘狀況佳、十艘普通、十艘較差，每艘日償軍艦都有些待修小問題但不影響航安。值得一提的是，戰爭末期帝國海軍的急造艦艇，裝備與設施都非常簡陋，甚至連沐浴空間都付之闕如；我驗船時，就目睹過港區錨泊的其它日艦，復員水手挽著水桶在甲板上洗澡。

回到本團繳交日償軍艦驗船報告後，立即返回慎盧宿舍倒在床上就呼呼昏睡，我已連續五天沒闔眼入眠。矇矓中被陸軍中校參謀劉子傑（日本陸士支那留學生二十八期）搖醒，我翻身立正向他敬禮後，他就說：「老弟別睡了，奉盟總令，日償軍艦首批立即要啟航返國，馬上去團長辦公室，商團長召見你。」

我睡眼惺忪地謁見商團長，他照樣明快地丟下指示：「參謀本部說你是海校畢業的，二廳要你帶船返國！」我當場愣住，婉轉解釋我是個旱鴨子海軍軍官，從無艦艇海上資歷也不會開船，團長您能否請海軍總部另派航海經驗豐富的資深官前來日本帶隊，團長不悅且蠻橫地下令：「就是需要你，你不是海校畢業的海軍軍官嗎？不行也得行！」揮揮手令我準備出發。

公文來得真快，我甫於 6 月 25 日由佐世保驗船歸來，6 月 26 日接奉商團長的訓令，文曰「茲派軍事組海軍首席參謀鍾漢波少校為遣送日償軍艦回國聯絡官，仰即遵照為要，此令。團長商震署名。」同時又接奉美軍同日發給之「出境旅行授權證書」（Exit Travel Authorization）、海外旅行命令的入境證及海關通關證，於 6 月 29 日在東京都多摩地域橫田軍用飛行場，搭乘擁兵十萬、軍機近千架的美國陸軍第五航空軍 PBY 飛艇（日本語指可裝載

人員物資的水陸兩用飛機之謂）前往九州佐世保，處理日本償艦返國事宜。

這是我駐日三個月後首次返國，終於等到機會可攜美金現鈔親自交給永貞貼補家用。說到自己在美國大通銀行（The Chase National Bank of USA）的美金個人帳戶，何時可以取得綠油油的正式美鈔呢？這個不用擔心，只要拿到盟總的出境旅行授權證書就可將戶頭內所存美金提取為現鈔帶出境。同樣，有了盟總海外旅行命令的入境證，回日本後又可將入境攜帶的美金現鈔存入美金個人帳戶。

我搭機飛抵佐世保港池走滑區，也是頭一回搭乘飛艇在海面降落。飛艇繫好水鼓關俥後，美軍 LCVP 工作艇立即旁靠，迎接我的是一位盟總海軍上尉監送官高沙（LT D. Godsoe, USN），資淺的他向我敬禮：「報告少校武官，全程您帶隊由我監送、兩百餘位日籍復員水手負責駕船。」我頓時鬆口氣，終於搞清楚我不用親自開船！

工作艇靠好碼頭後，我住在美軍單身軍官招待所（Bachelor Officer Quarters, BOQ）校級軍官套房，兩天後於 7 月 1 日晨與美軍高沙上尉帶領八艘日償軍艦返國，他交給我一份盟總頒授首批八艘日償軍艦的識別編碼與航行計畫，八艘艦船合計一萬一千餘滿載噸，領先艦為接 1 號的 DD 雪風一等驅逐艦，第八艘是接 8 號的 PG 丙級第 215 號海防艦。

各艦均已開爐暖機、煙囪輕吐白煙，桅杆升起代表日本航商株式會社用的日之丸商船旗及紅藍雙色缺口的俘虜旗，俘虜旗是虛擬的船旗國（Flag State）的識別旗，日本敗亡不具正常國家的主權，故艦船不准懸掛具主權象徵的國旗。

　　黎明前我登上旗艦，她是二〇四五滿載噸的若鷹號護送船，元帝國海軍的設網艦（Net Layer, AN），日籍船長復員事務官在梯口恭迎我，請我對駕駛八艘償艦的兩百餘位日籍復員水手訓話。訓話？將心比心吧！這批水手戰後復員或在家園周邊海域掃雷、或運送日籍軍民返鄉，絕對認真負責達成盟軍交付的任務；當下，他們卻被迫將生死與共的軍艦送終，想都知道他們內心交織著不捨、無奈與忿恨。

　　我用日語誠懇地勉勵他們：「聯合艦隊殘存的主戰軍艦如CV生駒號航空母艦，三個月前才遭美軍切鋸支解，其他大噸位BB戰鬥艦與CA重巡洋艦都被鑿沉甚至擄去當核爆試驗品。今天這批償艦，原先都是你們大日本帝國海軍的軍艦，現在，你們被英、美、蘇戰勝國取走的友艦，未來她們不是被拆除當廢鐵變賣，就是被當做靶船遭轟沉！只有中華民國海軍才會珍惜這批軍艦，把她們視為國寶，繼續妥善運用，等同延續她們原先被賦予的生命。請你們發揚大和魂的尚武精神，務必把這批艦船當成你們的傳家寶，安全駛往我國，讓她們能輪迴重生，展延守護海洋未竟的壽期。」

　　我言外之意，是請託水手們航途中別搞破壞把船弄沉，監送的美軍上尉當然聽不懂我用日語在講啥。接著，日籍船長對下屬講話，嚴令所屬恪遵我的訓示，航途中不准搞小動作，違者以家規私下嚴懲。隊伍解散後，LCVP工作艇將復員水手分別送往各償艦，著手進行航前準備。我從旗艦電訊室拿到最新的海象預報電文，與監送的美軍高沙上尉研析後，我下令首批日軍償艦啟航返國，著令拍發電文予我海軍第一基地司令部，通知本船團在五百浬外的上海會合點，到港預告時間（Estimated Time of

Arrival, ETA）訂為後天午時。

解除出港部署後，我也沒閒著，親自用六分儀作天文定位，在海圖上標定船團位置，並比對海平線上五島列島的方位、距離，確保不致偏離預劃航線。夜間因職責在身，守候在駕駛臺徹夜不眠，斯時各日償軍艦並未裝設高功率特高頻（VHF）無線電對話機，船團的艦對艦通信，賴視覺訊號的燈號、掛旗信文隨時連絡各艦，我令各艦務必維持在船團內律定的位置。

夜航適逢無雲、無風、無湧的滿月，整個海面波平如鏡，皎潔的月光經船團航跡興波的反射，如千百個亮點在海面躍舞；銀亮色澤的海面，與天頂的圓月交相暉映，令人賞心悅目。這是我人生首次押運九艘軍艦在太平洋編成雙縱隊船團鼓浪航行，那種激動澎湃的感覺，難以用筆墨形容！

隔日下午，日籍船長神色緊張地向我報告：「接 8 號 PG 海防艦的主機過燙自動跳脫故障，失去動力漂流中，請指示如何應急處置！」怎麼會？接 8 號艦是艦齡才三年的新船，去年底方進塢緊急檢修，我驗船時曾評估過他的適航狀態屬「普通」；被我評為「較差」的接 2 號、接 5 號艦都運作正常，難不成接 8 號艦的日籍復員水手動手腳搞破壞抗命交船？

「船團其餘償艦繼續減俥航行，指揮權暫交予接 1 號艦的駐艦岡田總船長，旗艦調頭回航側護接 8 號艦！」我當機立斷下令拍發燈號信文給船團所有屬艦，並交代旗艦輪機隊派遣游修班攜帶機具，候命登臨接 8 號艦支援；若接 8 號艦主機遭破壞或無法修復，依應變計畫由護送船拋纜拖帶繼續前行。

日籍船長主動請纓，旁靠接 8 號艦後，就跳上查明真相；未幾，船長以擴音器用日語回報，並無怠勤破壞情事。所幸約三

小時後，接 8 號艦自力搶修，抽換堵塞之冷卻水濾網，主機降溫後就恢復額定出力。我與船長核算各艦航速與間距，在不耽誤抵滬 ETA 時程的前提下，我以領隊官名義拍發電文予船團各屬艦加俾，務須按時抵達會合點。

我帶隊準時駛抵長江口錨泊的銅沙燈船會合點，江南造船廠的技勤官兵分別登上各償艦，在周邊海域試俥、操舵航行，確認適航力無虞後，交由引水員以單縱隊魚貫駛入黃浦江，日落前在海軍泊位繫水鼓下錨雙。我這個領隊官把指揮權移轉給海軍總部接艦處後，就圓滿達成押運任務。我在毫無海上資歷的窘境下，首次押運八艘日軍償艦編成的船團歸國，五〇〇浬海程航行六十小時安全返抵目的港。

第一批八艘日償軍艦駛抵上海情形，茲抄錄上海《新聞報》1947 年 7 月 4 日「本市新聞版」第一則報導如下：

懸掛俘虜旗魚貫入吳淞　日賠償艦八艘抵滬
經過外灘江面觀者如雲　六日舉行隆重接收典禮

（本報訊）日本賠償我國首批軍艦八艘，於昨日下午十四時二十五分進入吳淞口，十六時許經過外灘，駛向高昌廟，直至下午十八時，始一一停泊於江南造船廠前黃浦江中。該批軍艦經過外灘時，萬千市民均駐足而觀，面上多帶愉快之笑容。記者於昨晨七時，隨同海軍第一基地司令部領航巡艇海陸號，前往吳淞口外迎候該批軍艦，直至十三時十五分，始於望遠鏡內瞥見八艦之形影。我巡艇乃於吳淞口內安全港區等候；至十四時十五分，八艦及護送艦已散成一字形在港口外現身，乘風破浪而來。又一瞬間，為首之護送艦若鷹號已進入吳淞口，其時為十四時二十五

分，未幾各艦亦相繼而入，此批軍艦中七艘呈深灰色，僅初梅號驅逐艦呈淺灰，姿態亦甚悅目。護送艦過後第一艘為雪風號（以下所稱皆為日本海軍之原名）驅逐艦，第二艘為海字第十四號海防艦，第三艘為海字第一九四號海防艦，第四艘為楓號驅逐艦，第五艘為初梅號驅逐艦，第六艘為海字第六十七號海防艦，第七艘為四阪號海防艦，最後一艘為海字第二一五號海防艦。

我的姓名生平首次見報且就在標題上的第二則報導，抄錄如下：

鍾漢波少校領隊　停泊高昌廟江面

（本報訊）日本賠償我國首批軍艦八艘，於昨日下午十四時二十五分進入吳淞口，十六時許經過外灘，駛向高昌廟，直至下午十八時，始一一停泊於江南造船廠前黃浦江中。各艦於入港前，均升起海軍第一基地司令部預定之編號旗，及麥帥盟總規定懸掛之紅藍兩色缺口之俘虜旗，其下懸掛日本商船旗及萬國標幟旗，依次進入黃浦江；記者隨同駛至高昌廟江面，時已十七時許，乃登護送艦與美方代表高沙及我國領隊官鍾漢波少校敘談。記者於若鷹號艦上參觀後，其他各艦已相繼停泊江面，雖各艦仍具雄姿，但已解除武裝，艦上所有固接武器已全部拆除，各艦計有日本海軍復員官兵兩百餘人，於七十二小時後即將遵令搭原護送艦若鷹號遣返日本。八艦之接收典禮預定六日上午在高昌廟舉行，屆時當邀請各軍政機關參加盛典。

第捌章

東瀛四載軍事外交和日為主

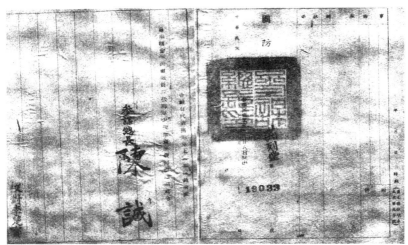

圖 8.1　1947 年 7 月作者接獲國防部更正令文，還作者該有的少校本階，由參謀總長陳誠簽署，文號（36）列堂 19033 號（鍾漢波數位典藏）

圖 8.2　1947 年雙十國慶前夕我國駐日代表團團長商震上將（圖內正中）於官邸以西餐宴請本團有功同僑與寶眷，作者在圖內右二（鍾漢波數位典藏）

一、迎接妻女來日團聚　解送戰犯由滬返日

圖 8.3　1949 年 1 月駐日代表團軍事組三位軍種武官在橫濱港接護日軍戰俘返鄉作業，由身著海軍冬季白色甲式軍常服的作者引領，圖內左為袖口一條將軍金線的組長陸軍少將王武，右為身著飛行夾克的空軍上校首席武官雷炎均（鍾漢波數位典藏）

　　永貞及兩歲稚女玲兒蒙海軍總部關照，安排自南京眷舍來滬住在上海第一基地司令部聯誼社招待所，等候押船回來的我；夫妻見面，自是萬分高興，雖然只是小別四個月，但覺得分離很久似的，玲兒缺營養，健康情況很差，讓我內疚不已。我僅有兩天可自由陪伴妻女，我塞了三個月薪俸的美金現鈔予永貞。

　　四個月的隔海思念，堅強的永貞難掩不安與憔悴；國內動亂、時局不穩加上盜匪橫行、物價飛漲，法幣鈔券貶值成廢紙，我內心既難過又不捨。我向永貞保證：一旦分配到眷舍，就有資格申辦母女來日本會合。抵滬才兩天，驚聞政府宣布總動員令，進入戡亂時期與共軍全面作戰，首批日償軍艦來得巧，將會適時加入戰局。

　　日償軍艦接收典禮，於 7 月 6 日上午 9 時在高昌廟碼頭廣場舉行；廣場外側的深水碼頭停靠著今天接收典禮主角，即接 1 號的 DD 雪風艦。廣場上排列著參加典禮的我海軍官兵、軍樂隊、儀隊及接艦保管組官兵；典禮臺是臨時用竹木搭建棚架，帆布蓬頂，算得上簡單莊嚴，典禮臺正面就是來賓及我海軍官兵，正面江邊碼頭旁靠的就是 DD 雪風艦。永貞及玲兒經本團上海辦事處安排，亦坐在貴賓席上觀禮，一般民眾因場地所限，未便准予進場，站立在典禮臺左右兩側矮牆外的觀眾，達數千人之多。

　　典禮開始後，由我海軍上海第一基地少將司令方瑩（吳淞商船學校 1915 年班）代表桂永清主持，典禮儀式依行動準據進行，盟總海軍代表高沙上尉取出日償軍艦八艘交接證明書正本一式兩份，高沙上尉分別在八份交接證明書上簽字，再由方瑩少將簽署其中一份交還高沙上尉攜回盟總，一份交付給我海軍總部，這是大典的高潮。

　　隨即在接 1 號 DD 雪風艦掛旗，並通知全體八艘日償軍艦同步掛旗，將艦上船旗國的俘虜旗及商船旗降下後，日本海員下船，繼而由我國海軍保管組接艦官兵登艦。海軍軍樂隊開始奏國歌，接 1 號 DD 雪風艦的主桅、艦艏及艦艉旗桿，同時升起青天白日滿地紅國旗在主桅、國徽旗在艦艏及海軍旗在艦艉。我國是以國旗作為海軍旗，艦艏旗（Jack）則掛青天白日國徽旗。其他七艘日艦，亦如此同步完成艦上人員離到、降俘虜旗升國旗，交接儀式遂告完成。隨即由基地司令方瑩少將致詞，致詞畢接收典禮就禮成，歷時約兩小時。

　　桂老總為何未親自主持日償軍艦接收典禮？原來他與基地司令方瑩不合。慶典後下午 14 時，桂永清自南京海軍總部趕來，

在上海基地辦公室內再度親自約見，單獨召見我個人談話，對我辦妥索錨、驗船、押運等三大案，讚許有加，兩天前桂老總還拍發滬字第 1522 號獎慰電文給我。

我隨即恭請桂老總讓我儘快回海軍艦艇部隊服勤，他未置可否地說：「你回海軍的事，我會放在心上。」我聽了之後有些失落，戰後海軍袍澤紛紛派艦服勤，每年在海上都累積上萬浬的海程；我從軍已然十三年，雖然這趟押運往返可累積一千浬海程，但在海軍正式的海上年資紀錄，我依然掛零！

下午 16 時航返日本的時限已屆，我得親自帶領日籍復員水手回航；由基地司令部派港勤艇送我回若鷹號護送船。在港勤艇上，再次有短暫機會與永貞及玲兒團聚，我匆匆登上護送船，向港勤艇上的母女不停地揮手道別，直到港勤艇離開我視界……。

盟總代表高沙上尉同乘護送船，若鷹號以戰速航行返回日本，於四十六小時後駛抵佐世保。我在美海軍基地招待所 BOQ 住宿一宵，翌日上午搭乘美軍 PBY 飛艇返抵東京橫田軍用飛行場，回到團本部向商團長作歸詢報告。

由於四強分配日償軍艦的國家代表隊副代表姚璵上校恰好來日本公訪，海軍總部著令他率剩下三批償艦返國，這讓我鬆了口氣，「新海軍」終於請到艦艇歷練完整的資深官帶隊。第二批八艘償艦遂由姚上校於三週後的 7 月 26 日啟程返滬，這八艘艦船我曾逐一驗船合格，共計八千四百餘滿載噸，領先艦為接 9 號的 DD 蔦二等驅逐艦，第八艘是接 16 號的 PG 丙級第 205 號海防艦。

7 月 28 日，我接獲國防部給我的令文，由參謀總長陳誠簽署，文號（36）列堂 19033 號，略以「令駐日代表團海軍上尉參

謀鍾漢波：茲奉核定准保留該員原級海軍少校原資原薪，仰即遵照此令」。終於，參謀本部還給我該有的少校本階，亂世要理順人事階級薪資，連高司機關都不易零犯錯。

沒料到姚上校認為連續帶三批償艦往返太辛勞，他正職的業務堆積如山，剩下兩批償艦僅願再帶一批，而且不要排太密，換言之，姚上校拒絕再押第三批償艦返國。一如我的預料，該來的躲不掉。8 月 14 日再奉商團長的訓令：「茲派軍事組海軍首席參謀鍾漢波少校監送第三批日償軍艦回國，著即遵照此令。團長商震署名。」

8 月 19 日，又接奉美軍發給旅行授權證書，於 8 月 23 日由東京橫田軍用飛行場再搭美軍 PBY 飛艇至日本九州佐世保軍港，帶領日軍償艦返國等語。由於上海基地塞港，第三批日償軍艦須轉送青島大港海軍第二基地。飛抵佐世保我當晚入住美海軍招待所 BOQ，與上回一樣也是住兩夜；8 月 25 日晨 5 時，與盟總代表海軍上尉皮爾斯（LT S. Pierce, USN）同登若鷹號護送船，再度與日籍船長合作無間。

我所押運的第三批日償軍艦八艘合計一萬一千兩百餘滿載噸，領先艦為接 17 號的 DD 宵月一等驅逐艦，第八艘是接 24 號的 AKL 輸字第 16 號一等輸送艦。船團航行六七〇浬後，於 8 月 27 日下午 13 時 25 分駛抵青島大港，18 時八艘日償軍艦先後靠泊碼頭。

8 月 30 日上午 9 時在接 17 號的 DD 宵月艦上舉行第三批日償軍艦交接典禮，由我海軍第二基地少將司令董沐曾（烟臺海校駕駛科 1916 年班）代表桂永清簽署接收證明書，儀式及典禮場所之布置雖不如第一批在上海高昌廟所舉行之盛大與隆重，但降

下俘虜旗和商船旗，我海軍保管組官兵登艦升起國徽旗、國旗與海軍旗等儀式一點也沒縮水。

我禁止妻女奔赴青島團聚，她倆沒必要往返國共內戰的戰區身陷險境。青島接收典禮完畢後，當天下午 18 時我與盟總海軍代表皮爾斯上尉會同日籍海員兩百餘人，搭乘若鷹號護送船駛返日本九州佐世保軍港。至於第四批日償軍艦十艘，於 10 月上旬再由姚上校押運駛抵青島，其經過情形亦大致相同。這十艘艦艇我亦曾逐一驗船合格，共計六千一百餘滿載噸，領先艦為接 25 號的 DD 波風二等驅逐艦，第十艘是接 34 號的 YP 萬第 22 號掃海艇。

由青島返回駐日代表團時，副官室主任就請我去他的小金庫，說道：「海軍代總司令桂中將匯來三百美元犒賞費，麻煩點收現鈔，這是代總司令的特支費，無需檢據沖銷，恭喜您。」當年日本外匯有嚴格管制，一般民眾無法在金融機構存取美元現鈔，預財主任沒發我漸趨重貶的等值日圓，他真是貼心。

現鈔是我辦妥索錨、驗船、押運等三大案唯一的獎勵，我漸次習慣抬轎子需將功勞上繳的官場文化。我將美元現鈔犒賞費託交行將返國述職的龍顧問，請他親交在南京的永貞，給稚女買奶粉補些營養。事後愛妻來函，特別要我向龍顧問謝恩，說龍顧問一下飛機，就從明故宮機場直奔眷舍留交美金現鈔。

事隔幾天，會計室又通知我，有美國電匯來給我的六十萬元美金，會計主任還向我取笑「財源滾滾您愈滾愈多！」會計室遵照盟總規定，個人帳戶收受匯入巨額美金時，須由會計室派人監督其入戶。我約好會計員隨同我到美國大通銀行替我辦理匯款入帳手續，行前會計室來電說，那筆美金不是我的匯款，我卻很

在意這件事，因為金額太大，若有閃失則不堪設想。

同儕都知道我這件鉅額匯款情事，見聞廣博者如三組經濟專員裴元齡，推測應為今年美國財政部著手調查我國留美受訓官生在美存款情形，致使他們在美銀行存有巨額美金者，紛紛提領所存美金匯出美國，以減少個人美金水位云云。

這些洗錢推測我半信半疑，我只憂心如陸軍少校參謀周念祖（回臺後累功升至中將）所研判，若是情報作業費的公款，因收款人拼音錯誤而致失落，那就大大不妙了。我一直為此事擔心了好幾個星期，然見我海軍總部和駐美海軍武官均無電報談及匯款事情，於是我漸漸把這件「誤匯」和「誤會」的事淡忘了。由於會計室始終不肯將其原委說明，因此六十萬元美金情報作業費匯錯款的謎底，此生就無法打開。

我赴日任職後立即登記眷屬來日本團聚，耐心等團長依序批准眷舍；我算是很幸運的了，等了才七個月，按辦妥索錨、驗船、押運償艦等三大案的考績就輪到我借住六號眷舍樓下。該眷舍原是離職預財室會計員借住，樓上是電務員齊竣嶺的眷舍，我分配到的是樓下十二坪半眷舍，此屋一房一廳一衛，開門見廁，除客廳向南採光外，面北方向均被高大的迎賓館所遮蔽，黑漆漆日夜了無分別，全天都要靠電燈照明，此屋是團本部眷舍中最蹩腳的一間。

當時哪能計較眷舍好壞，只要能分配到就好，藉此方可向盟總申請妻女入境日本的證件，妻女能在東京團聚就歸功於這間蹩腳六號樓下眷舍所賜。1947 年 11 月東京首飄瑞雪時，我到橫須賀美軍碼頭迎接妻女，我登上美國軍差船加拿大快遞號（*SS Canada Mail*）找到正辦理入境手續的永貞，闔家團圓自是興奮莫

名。同來迎接我妻女的還有龍顧問、劉光年上尉與團本部後勤處同仁，派車又派工協助搬行李回眷舍。

我從參謀本部獲知，美軍以大小艦艇一三一艘援贈我「新海軍」；至於財政部我海關總稅務司署，亦由美國把持，美國海軍亦贈予多達二十一艘艦艇作為緝私用。美國藉維修與零附件裝備來掌控我「新海軍」及海關，對國軍擬將三十四艘日償軍艦全數轉用於國共內戰，認為不符美國政策。美方催促我行政院向海軍索討償艦改為公務船做和平用途，國民政府蔣主席被美國逼得緊，只得令桂永清遵照辦理。

於是，教育部索求接8、接12號兩艘PG償艦作為公立海事職校實習船、交通部索取接25號DD償艦作為海底電纜敷設船、財政部索求接30、接31號兩艘PC償艦作為訓練船、內政部索取接5、接14兩艘PG償艦與接29號PC償艦作為沿海各省水警巡視船。行政院強索了上揭八艘償艦，但都要求海軍負責維修，剩下的二十六艘日償軍艦，各部會根本吃不下，還是由海軍運用。因此，桂永清再請我幫忙，在日本找技師、找料配件維修日償軍艦。

桂老總的「新海軍」雖由美國提供艦艇並予掌控，但我海軍憑空獲得日償軍艦，美軍不願見到這些償艦喧賓奪主，取代美援艦艇的風采，故對無武裝的償艦既不願提供再武裝，也不願加裝、改裝提升性能、更不願負責日艦的補給、保養、維修。若無法自日本原廠找到師傅與料配件，這批償艦很快就會待料停航，戰力歸零。因此，桂老總再請我幫忙，在日本找技師、找料配件維修日償軍艦。

我找回合作過兩次的日籍船長，他自青島返日後就遭解職

還鄉，既無業又須扶養親屬，我致送情報作業費的「紅包」厚禮給他，並託咐他低調透過舊關係，介紹給我認識很多帝國海軍聯合艦隊的將校，他們戰敗復員後多賦閒在鄉，我持拌手禮逐一密訪，用激將手腕請他們全力協助，好讓這批日償軍艦在我「新海軍」內重生。這些帝國海軍復員將校，從少佐到少將，一聽到可讓美軍難堪，紛紛私下義助我海軍，力使償艦在我海軍維繫戰力不墜。

我先透過日籍船長介紹，認識元日本帝國海軍少將高田利種（日本帝國海軍兵學校 1918 年班），他戰前是聯合艦隊大將總司令長官山本五十六（日本帝國海軍兵學校 1904 年班）的核心幕僚。日本敗亡降伏時，高田少將任職海軍軍務局次長兼大本營海軍軍令二部部長。

我還結識曾擔任水上機母艦（Seaplane Tender, AVP）的千歲艦大佐艦長佐佐木靜吾（日本帝國海軍兵學校 1917 年班），佐佐木樣安排我密訪償艦原廠如神奈川縣橫濱三菱重工造船所與廣島縣吳港武藏海軍工場，找到償艦料配件的帳籍料號，方便我海軍爾後籌補、製刮；他再安排我密訪停產的艦艇戰鬥系統生產車間如神奈川縣橫須賀海軍工場與京都府舞鶴海軍工場，拿到火砲性能諸元與維修技令手冊。

佐佐木樣另安排我私訪民間合約修造廠如東京都浦賀船渠工場與北海道道南涵館造船所，邀集師傅與技工會晤並編造名冊，我遂將上揭情資密送參謀本部二廳參用。1948 年 1 月，欣聞首批五艘日償軍艦經加改裝、整備妥善成軍服勤，參謀本部還拍發電文給我，略謂「完成特殊任務傳令嘉獎」。至於日償軍艦在國內要如何維保、加改裝、成軍服勤，那我就不便插手了。

　　1948 年 5 月，儘管國內已實施憲政體制，總統回歸民選，國民政府主席蔣中正勝選成為首任總統，但國內惡性通澎，在南京一個海軍少校居然要用二十年的法幣薪水才換得一美分！整個金融體系已然崩潰，社會動盪、民心思變。

　　桂永清於 1948 年 8 月 25 日真除職代，繼陸軍上將陳誠為「新海軍」第二任總司令；桂總司令底下不設副總司令，以防科班出身的海軍將領在旁覬覦他的總司令寶座。斯時，我經手的三十四艘日償軍艦，留在「新海軍」的終於塵埃落定計二十九艘，桂老總分別給她們命名；我押運返國首批領先艦的接 1 號 DD 雪風艦，命名為丹陽軍艦，是為「新海軍」陽字號驅逐艦的第一艦。我押運第三批領先艦的接 17 號 DD 宵月艦，命名為汾陽軍艦。大多數重新命名的日償軍艦，尚需翻修、改裝、整備，在未成軍服勤前，暫列為保管艦的編制。

　　本團一組組長王丕承少將於 1948 年雙十國慶後奉調回國，繼由本團陸軍首席參謀王武內升組長同時晉陞少將續兼陸軍首席武官。斯時國軍在遼瀋會戰潰敗，共軍拿下東北全境，劍指華北。我雙親若避戰禍來日團聚在眷舍擠一擠，應可容納得下全家；時值 1948 年初冬，我撥通國際長途電話，向世居廣州市南郊的雙親請安並催請移居東京免遭兵燹。但父親卻撥冷水，說廣州遠離戰火，日本天寒地凍，沒意願來日團聚，況且父親在廣東省府祕書處任公職，還有三年就屆齡退休，他要有始有終把公務員做好做滿。

　　1949 年 1 月，共軍準備渡江奪取京滬，蔣總統被迫下野；我突然接獲龍顧問口頭密令，要把滯留在上海的數百名日軍戰犯，祕密遣回日本，繼續未竟之刑期。1 月 23 日，我向美國遠

東海軍司令部三處（作戰處）聯絡官洽詢後，遂由該處海軍上尉聖特洛（LT D. Santrok, USN）開車送我到橫須賀軍港第三號碼頭，找到赴滬載運戰犯的兩棲攻擊運輸艦（Amphibious Attack Transport, APA）。他又帶我入住單人艙房，艙門已貼上我的姓名軍階 LCDR Chung, Han Po, GHQ, SCAP。運載日軍戰犯由美國陸軍上校奧立佛（COL T. Oliver, US Army）帶隊，並配有一個憲兵連近百名官兵、一個醫護組由上尉主任醫官率二十位醫護官兵隨行。

　　1 月 28 日除夕，APA 艦靠好上海商港怡和六號碼頭，美軍憲兵荷槍實彈占領碼頭封路管制，艦砲備便瞄準路口，顯然美軍在亂局中，對戍守的國軍部隊忠誠度存疑，防止他們譁變劫持本艦逃離戰場；其實，碼頭前檔、後檔旁靠的，還有美軍驅逐艦與潛艦，危安顧慮應該不大。監運工作組的臨時編成，完全由美方包辦，包括美國駐滬領事館代辦、美國駐華海軍武官與報話官、同艦渡海的奧立佛上校帶隊官與醫護組上尉主任醫官等，我是艦上唯一的我國代表兼押運官。監運工作組在岸上的對口，是國防部保密局上海站與憲兵司令部上海軍事監獄（軍監）。

　　雙方在高鏡鎮的上海軍監會晤，順便吃年夜飯。典獄長憲兵少將孫介君是戰幹團政治教官出身，他表示近三百名日籍戰犯人心惶惶，深怕遭共黨暗殺；保密局的上校站長接著說明：軍監周邊聚集學生數千人埋鍋造飯，準備攻入監獄公審日籍戰犯。監獄內無車輛可供遣用，京滬杭警備總司令部的上將總司令官湯恩伯（日本陸士支那留學生十八期步科）所屬軍車，已編入戰鬥序列執行上海保衛戰，不准借用，市府公車又以支援作戰為由無法徵集。日籍戰犯若步行登艦，負責沿途警戒側護的國軍士氣渙散，

只會幫倒忙，戰犯將任由暴民挾持當街處決。奧立佛帶隊官說，軍監至碼頭沿市街步行，約有十公里之遙，押運的美軍憲兵武力單薄，安全堪慮。

看到大家都愁眉苦臉、束手無策，我接著說：「押運戰犯步行返 APA 艦，風險太高切勿輕率執行；剛才離艦經過美國海軍倉庫區，我見有美軍多輛軍用巴士整齊停放，可否借用並趁夜暗車運戰犯回碼頭？」美軍武官解釋，軍用巴士近日準備裝船撤出上海，他當即令報話官使用超高頻（UHF）無線電對講機撥接數通電話，洽詢是否能借用。美方比誰都急，深怕戰犯一旦落在共黨同路人手上，無論戰犯是否已定罪，都會遭共黨當街公審斬首示眾；一如我所料，美軍武官通話後，比個手式，軍用巴士可借用，眾人都鬆了口氣，遂各自回崗位待命。

大年初一駐日代表團上海聯絡處主任來碼頭向我拜年，我從日本的個人帳戶提領美金四千元現鈔就託他轉交給家人。父親曾提及家兄在廣州市獨資開設汽車修理廠欲擴大營業，須錢週轉，我把現鈔之半就轉交父親當作孝親費，由父親支配運用、投資，另一半現鈔則交付廣東省大埔縣永貞娘家，接濟失業的親友。

大年初二拂曉前，軍監典獄長孫少將解送二六一名戰犯，塞滿七輛美軍巴士，安全駛到 APA 艦梯口邊；我按照軍監管理組長楊上校提供的戰犯名冊，用日語逐一唱名核對相片准其登艦。另有位神祕的日籍平民同艦返日，他曾是最高階的戰犯，即為名震四海的岡村寧次。

這位末任支那派遣軍大將總司令長官，四天前剛獲判無罪。軍事法庭認定岡村大將在華期間，從未下令屠殺平民與戰俘，亦從未有是項戰罪的預備犯意，故判定其無罪。唯代總統李宗仁以

岡村大將並未嚴令禁止部屬屠殺平民與戰俘為由，遂下令再次逮捕戰犯岡村樣，好作為與共黨停戰和談交換的籌碼。盟總對此頗不以為然，超然的法律不應受政治干預，遠東軍事法庭的庭長石美瑜（福建法政專門學校 1930 級）在判決書簽署岡村樣無罪飭回，美軍遂將岡村樣遣返回鄉。

　　戰犯登艦後，美軍的醫護組看護兵將除蝨白色藥粉，噴入每位戰犯衣內，並抓一把抹在戰犯頭髮中，一共花了約莫三小時方完成。在檢疫、清洗、初步體檢與疥癬敷藥後，APA 艦立即啟航，這是我最後一次回大陸，此生未再足踏神州。航途中，我曾與岡村樣單獨簡短晤談數回，最後，我用日語向他請教對國民革命軍在抗戰期間的評估與當下國軍戡亂作戰的表現，他先感謝我在兵凶戰危潰局中協助他歸鄉，再正色總結：「你們國民革命軍上自指揮官、下至基層士卒，均缺乏如日本帝國軍人鋼鐵般的鬥魂，你們抗日贏戰，是大環境使然，純屬僥倖；至於內戰失利，你們國軍需要鋼鐵般的鬥魂！」岡村樣確有大帥威武不屈的傲骨。

　　APA 艦往返海程二四〇〇浬，於 2 月 4 日安抵橫濱港，近四百名船客依序離艦，我的押運業務移轉給本團空軍首席武官雷大哥，由他和主辦戰犯業務的少將組長王武協助盟總，將一干戰犯解送至豐島區巢鴨刑務所（日本語指監獄之謂），執行未竟羈押刑期或等待絞刑。

　　恢復庶民身分的岡村寧次，由本團龍顧問親自帶離；爾後岡村寧次化名為岡存寧，是編成日籍軍事顧問團援華的總召，替撤退來臺的國軍，重塑鋼鐵般的鬥魂。

二、戡亂作戰潰局難擋　兼海軍駐日聯絡官

圖 8.4　1949 年 10 月駐日代表團團員婚宴，證婚人為袖口一條將軍金線的軍事組組長陸軍少將曹士澂，與身為介紹人的作者（鍾漢波數位典藏）

　　國內「新海軍」因派系傾軋，衍生連串艦艇叛逃投共事件；我帶隊押運到青島的接 22 號 PG 丙級第 81 號海防艦，成軍服勤後定編為黃安軍艦，竟於 1949 年元宵節趁夜色叛逃至解放區，從此開啟海軍艦艇陸續投共的行徑，令人心痛至極。是年 2 月 25 日，英贈 CL 巡洋艦重慶號，自上海北駛解放區投共，特級艦的重慶軍艦是「新海軍」最大的作戰艦，見習艦長竟然是 1946 年曾在本團服勤過的海軍中校參謀盧東閣，這令團內同儕非常震駭，意味著共黨已滲透至國軍與政府各階層，造成本團人心惶惶不可終日。

　　憶起四年前我在重慶本欲搭上赴「英國接艦班」的末班車，

去英國接回 CL 重慶艦與 DE 靈甫艦，後來左思右想未知數太多遂予放棄。這些情境在腦海中揮之不去。如今 CL 重慶艦叛逃投共，英租 DE 靈甫艦命運亦十分坎坷，在重慶軍艦叛逃一個月後她遭英國強行收回，兩艘英製軍艦先後自「新海軍」戰鬥序列中除籍。

在往後一年的亂局中，「新海軍」在遷臺過程竟有十九艘能出海跨洋航行的大型軍艦企圖投共，其中十五艘叛逃得逞，另四艘因保防措施得宜，粉碎變節平叛奪回；至於不能出海的三百餘艘河防艇舟，叛逃投共的竟也高達七十三艘。「新海軍」正忙著應付所屬艦艇叛逃，更沒空理我是否要回軍服勤，我像個棄兒沒人顧。

在這風雨飄搖的亂局中不離不棄之盟友，是跟著國民黨蔣總裁渡海興臺的美國海軍退休的四星上將柯克。柯克上將在美國國防部暗中協助下，率陸海空軍舊屬三十一員，接力在蔣總裁的臺北辦公室旁編成公司型態的「技術顧問團」（Technical Advisory Group, TAG），作為蔣總裁的私人軍事顧問，積極軍援我國，雪中送炭，據聞蔣總裁與柯克上將合作無間，兩人在困境中成為莫逆之交。

美方 TAG 的海軍組約十位顧問，於左營海軍總部內辦公。「新海軍」為維繫美援艦艇妥善率，遇有緊急維修又缺料配件的窘狀時，美方技術顧問會立即協調，商請駐東京都的美國遠東海軍司令部後勤處，應急調撥庫存物件運臺搶修。因此，「新海軍」增設一位駐日聯絡官，配屬在本團辦公，由桂永清派遣姚璵上校為首任「新海軍」駐日聯絡官，也是駐日代表團最後一位配屬的額外官員。

　　團長商震在得知日籍女僕安田作子懷孕後，為避免正宮興師問罪，他將安田女僕趕出本團。詎料安田攜私生子走上街頭爭取名分，遭日本八卦傳媒炎上（日本語指熱議之謂），推波助瀾下搞得商團長聲名狼藉。

　　部分不肖團員趁商團長廢弛公務、處理家務之際，大量購入美軍 PX（Postal Exchange）免稅商品在黑市高價賣出套利，遭盟總揭發；時值共軍即將渡江奪占京滬，商團長心中另有盤算，已不太過問團務。下野的蔣總裁遂將商團長撤職拔官；遭桃色風暴掃倒的商將軍，形同被放逐海外變成失意軍頭，去職後定居於日本神奈川縣名勝觀光區葉山，購置日式花園別墅，但較之團長官邸之豪華精緻相去甚遠。商團長另購置華宅安置如夫人安田作子與庶出兒子，以息日本皇民眾怒。

　　1949 年 4 月，任職未及半年的少將組長王武匆忙調駐南韓為首席陸軍武官，遺缺由陸軍少將曹士澂（日本陸士支那留學生二十二期步科）接充，他由參謀本部二廳一處（主掌情報計畫）處長職平調接組長；斯時政府已從南京撤往廣州，共軍渡江一路揮軍南下。我的黃埔海校同窗陳慶堃時任 AM 二級掃雷艦的永嘉軍艦少校艦長，率友艦領先突圍沿長江下行衝出，海軍駐守長江半數艦艇跟進脫險撤臺，是內戰潰局「新海軍」唯一的好消息。

　　蔣總裁急電美國，令前任團長朱中將立即回鍋日本接掌第三任團長，朱團長遲於 1949 年 5 月 1 日始姍姍到職。蔣總裁在臺灣眼見局勢潰散，於 1949 年 5 月 20 日著令警總頒行《臺灣省戒嚴令》，專注於穩定臺灣民心士氣，無暇顧及駐外單位。

　　閩系舊海軍的總司令陳紹寬於抗戰勝利後遭拔官返福州故居，與共黨頻頻來往；1949 年 8 月共軍攻入福建省時，陳紹寬

搖身一變，成為共黨福建省省委書記，以紅朝新貴之姿號召海軍舊屬「起義來歸」，令人心痛。在此風雨飄搖的亂局中，黃埔海校復辦後的首任校長陳策臨危受命，擔任「廣州綏靖公署」中將副主任穩住局勢抗共。未幾，驚聞策叔糖尿痼疾復發，加諸共軍兵臨閩贛粵桂各省，策叔竟於 1949 年 8 月底猝逝，得年五十六歲；政府遷臺後追晉陳策為海軍二級上將，以表彰其一生功勳。

我再撥通國際長途電話，催請雙親前來東京避戰禍；父親堅持繼續在省府服務，順便守住祖產，哪都不去也不逃。傳統觀念根深柢固的慈母，則認為當然該緊跟著經營汽車修理廠有成的長子頤養天年，沒道理來次子的我這邊漂泊海外。這通國際長途電話，是父母與我最後的談話，從此天人永隔。

回鍋朱團長任職才三個月，美國就發表《四年期美中關係白皮書》準備放棄潰散中的國民政府，朱團長居然提油救火，召集團內左傾團員在葉山的日式別墅舉行「葉山會議」，居心厄側。中共於 10 月建政前後，本團左傾的吳文藻、吳半農兩位組長，積極策反同是北京清華校友的朱團長籌劃易幟。唯陰謀被龍顧問全盤掌握，由軍事組同僑配合本團憲兵隊護旗，於雙十國慶升旗典禮中粉碎了共黨易幟的陰謀。東窗事發後，回鍋朱團長就很少到班，多半歸隱在本團的神奈川縣葉山別墅。

中共建政才兩週，就陳兵包圍廣州市。由於雙親一再拒絕遷離故居避禍，無奈之下，我另撥接黃埔海校同窗李北洲，他任 LST 二級艦的中興軍艦少校艦長，駐泊廣州，我請洲哥面見我雙親，催請移駕登艦撤臺，但倉皇撤退期間我竟與洲哥失聯，不知他的去向。

風雨飄搖的亂局中我人在日本，一心想盡早回海軍艦艇部隊

服勤；要想回軍，我工作上的兩個婆婆都得伺候貼切，考績好，「新海軍」才會要回我，身為海軍武官就得主動替海軍蒐報亟需的情資。

別以為戰後日本受盟總徹底消滅其軍國主義，既無軍備，就無軍情可以蒐集了；其實，在民間流存有不少極為重要的軍事資料，可資搜報。像我情報業務結識的元日本海軍佐佐木靜吾大佐，終戰時任職帝國海軍水路部總務局局長，戰後佐佐木樣經營航海圖書販賣社，自任社長。他的販賣社與臺北市牯嶺街舊書攤相較毫不遜色；昔日屬於「軍極祕」（日本語指極機密之謂）等級的軍港及商港戰時航路圖、水道誌、封港水雷布放圖以及士官兵教則、教範等，堆得滿坑滿谷。

我亦委請元日本海軍少將高田樣幫我索取軍極祕資料，如帝國海軍高雄警備府位於左營壽山彈藥總庫的公開版與私房版庫存量，方便我「新海軍」翻找盤點運用，特別是國軍現已退守臺灣，就更需要日遺軍火及裝備負隅頑抗。這批復員將校還將私藏的戰時帝國海軍艦隊圖冊密交給我，我遂將情資連同復員將校與造船所技工名冊，請專人親攜回臺灣的參謀本部二廳呈參。

軍事組組長曹少將低調隱密敦請岡村寧次擔任總召，由他募集陸士出身的元日本帝國陸軍官長組成「國際反共聯盟顧問團」赴臺抗共，指派帝國陸軍少將富田直亮（日本陸士三十二期步科）掌理團務，他化名白鴻亮，持本團一組簽發的假護照與假文件，搭民航機經香港轉臺北謁見蔣總裁。曹組長指派陸軍參謀陳鴻寶與王亮，綜理元日本帝國陸軍官佐赴臺事宜，此外，曹組長令我協助甄選元日本帝國海軍官佐赴臺。

我請日籍好友高田樣安排，徵得衫田敏三（日本帝國海軍

兵學校 1926 年班）同意，化名鄭敏三，會同十四位陸士出身的帝國陸軍將校，持本團軍事組簽發的假文件，以技術員身分由本州近畿地方兵庫縣的神戶港搭招商局雜貨船潛渡基隆。衫田樣的酬金由本團先代墊安家費美金兩百元由我親交，抵臺後國防部按月支付他月薪美金一百元。隨後，陸續有多名日籍復員陸、海軍的官佐受聘赴臺，擔任講座授課；日籍教官低調赴臺擔任軍事顧問，由白鴻亮帶隊，通稱「白團」。

　　我在神戶港陪同日籍官佐登船赴臺之際，與招商局辦事處主任攀談，方得知政府撤離大陸時，海運界航商損失慘重，很多船舶或因叛逃投共、失修停航、棄置、沉塞並未撤臺。以全國最大的招商局輪船公司為例，轄屬的四四八艘商船，隨徐姓董事長撤臺的僅有五十八艘，不到一成三；我在長江搭乘多次的民生實業公司江輪，規模次大轄有一四八艘行駛江海的商船，竟在盧姓總經理帶領下全數投共！反觀我「新海軍」艦艇，仍有四成八忠貞不貳隨政府來臺，包括六十七艘大型軍艦與一一六艘小型船艇。

　　在橫濱華埠內，有廣東同鄉日僑汪姓富商與我熟識，他在京濱兩地擁有不少餐飲連鎖企業；其女汪來鳳畢業自日本高校（日本語指高中之謂），我還當了現成的介紹人穿針引線，牽成她與本團憲兵隊隊長李建武少校結識。他倆熱戀年餘後，於 1949 年 10 月結婚，我是婚宴的當然介紹人，四歲的玲兒剛進入本團附設幼稚園入學，就首次擔當新娘花童大任。汪女面貌甜美、身材高佻，與高碩魁武的李隊長很登對，而且嫁妝甚豐。

　　1949 年底，本團甫經「易幟事件」內傷頗重，朱團長又不到班形同棄職，本團群龍無首，加諸國內戡亂作戰失利政府撤往臺灣，對本團不聞不問，團務推展陷入停滯，很多團員不告而

別，或隱居日本或移民歐美，左傾團員則返回大陸投效中共新政權。中樞的狀況也好不到哪，代總統李宗仁稱病棄職流亡海外，本團在「弱國無外交」窘境下，連薪資都發不出，自生自滅形同棄兒，僅剩具軍職身分的官兵與少數忠貞團員仍堅守崗位。

1950 年元旦我又多了第三個婆婆。除參謀本部二廳與本團外，現在多了個「新海軍」，因此在日本我身兼三職。桂老總派我接替駐日聯絡官姚璵上校的職務，與蔣總裁的私人軍事顧問 TAG 海軍組駐日辦公室對口聯繫，因此，我兼差替「新海軍」桂老總洽購物資送貨回臺。

我當「新海軍」駐日聯絡官，實則是個洽排發貨的兼職快遞員。海軍應急待修的小配件如輔機的減速齒輪，透過盟總軍郵局，我用航空快遞包裹寄回左營；重件如整套錨機，則洽排請由美艦便載前運臺灣。如果還是修不好，TAG 柯克上將已與美軍談妥，海軍美援艦艇駛赴日本的船塢上架，進行合約維修，由柯克上將埋單；至於洽商日本塢期的維修業務，也落在我頭上。

兼差當快遞說來容易，人求事須靠圓融手腕多方喬定，又涉及華美日三方的海關稅則、帳籍產權、保險運費等等，都要逐一釐清責任歸屬，更得尋求另外兩個婆婆的諒解，駐日代表團團長與參謀本部二廳廳長不需要知道的 TAG 密情，我這頭絕對不說。

當然，「新海軍」籌補的物資不限於軍事裝備。舉凡缺乏的軍需品，我都得在日本商社洽購運回，這讓我增長不少東瀛商場文化的見識。日商講究誠信與效率，特別注重商場禮節；當然，商場文化也有眉角，萬勿踩雷。初識的日商都謹小慎微疑慮重重，懇談所講的都是客套話，如「有空一齊用餐」，你千萬別一再期待邀約，最終都會落空。至於有望成交的買賣，日商一句

「須向上級請示」，你更別心急，對方的上級還要查證，不知要等到何時方有答覆。唯一旦日商決定與你交易，必然快打速決，出貨效率之高令你驚訝。

適逢我少校本階停年滿三年，可由桂永清拔擢晉陞中校，本以為擔當「新海軍」駐日聯絡官表現優良，但遲遲等不到晉階人令，倒是先等到愛妻的喜訊。永貞於 1950 年農曆春節過後，生理期異常經醫院證實懷孕已三個月，我高興的程度，非筆墨所能形容；自從玲兒出生後她已然五歲了，早已盼望來個弟妹，現在的喜訊正是時候。從此我就頻頻陪永貞按時前往美國第八軍團總醫院產檢，主治醫師是美國陸軍中校醫官格雷維斯（LTC Harold Graves, US Army），他告知我預產期大約是 9 月。

2 月底我接獲通知，「新海軍」推薦我以總部駐日聯絡官身分返國，赴左營參加為期八天的海軍全軍代表大會。3 月 1 日，我提前兩天回臺，這是我畢生首訪臺灣，臺灣也是我後半生終老的海島。多年未見的同窗們歡欣無比，不醉不歸，數數人頭，當年參加抗戰有四位同窗斃命、公殉、失蹤，戰後另有四位同窗退役僑居港澳與美國，剩下的十四位全數來臺。

同窗在海軍艦艇服勤者至少都幹到二級艦艦長，除李北洲外，蔡惠強現在是二級艦的永修軍艦艦長，謝炳烈是二級艦的中基軍艦艦長。同窗陳慶堃甚至依戰功，升任一級艦的太倉軍艦艦長，陞遷比誰都要快。洲哥的二級艦中興軍艦匆忙撤出廣州駛臺途中，竟擱淺在東沙島，坐礁已近半年，現在尚未出淺。至於在一級艦當副長的同窗除林洒榮外，劉定邦在一級艦的太平軍艦幹副長，當下他還在海南島及廣東省沿岸執行封港任務，南天王陳濟棠時任海南特區行政長官（海南省首任省主席）兼沒兵權的海

南警備總部總司令，算是定仔的直屬主官。按人事晉陞制度，除我遠在日本，其它十三位同窗都掛中校三條粗槓軍階。只有我流落在海外，仍然掛著兩粗一細槓的少校階，甚至連海上年資都還沒開始累積，不無遺憾！

海軍總部大樓，是沿用大日本帝國海軍高雄警備府司令長官部的舊址，也是帝國海軍聯合艦隊在日本本土外的第二指揮所；大東亞戰爭期間，這棟巴洛克風格的建物，遭美機持續轟炸的痕跡猶在。進入總部大禮堂就碰見同窗方富捌，他劈頭就對我說：「滯皮，洲哥率艦撤離廣州前，他親自拜候令尊、令堂敦請他們登中興軍艦來臺避兵燹，倆佬就是不肯走，這是同窗眷屬從東沙島輾轉回臺告知的消息，真替你難過；馳援東沙去拖救中興艦出淺的 PG 江元艦，艦長是黃埔海校高兩期的學長盧淑濤中校，他的江元軍艦也在東沙環礁擱淺棄艦！」我沉默好一陣子。

我抬頭看到霓虹燈閃爍照映著「四海一家」斗大字眼，我好奇地問承辦大會會務的同窗方富是啥意思，捌哥低聲用粵語交代：「滯皮，這裡人多別問，出去再跟你說！」原來，桂永清高唱「四海一家」，是指四個地方舊海軍學校畢業的軍官，要無分派系都團結在桂老總身邊，成為「新海軍」親密的一家人。這四所「舊海軍」的軍校，當指我畢業的粵系黃埔海校、東北系的青島海校、閩系的福州海校與蔣委員長嫡系的電雷學校。

抗戰初期桂永清擔任戰幹團一團中將教育長時，培育了眾多黨政軍子弟兵，他帶了大批戰幹團學生來「新海軍」，管理並整頓以閩系為主的舊海軍，其它地方派系趁機內爭卡位，間接釀成海軍官兵與艦艇陸續叛逃投共。桂老總乃下令戰幹團官佐大舉追緝潛伏共諜，迄今已逮捕近千部屬，這幾天的全軍代表大會，戰

幹團的官佐都還在逮捕艦上官兵。

少數戰幹團的官佐，自認掌握生殺大權，胡抓亂整，整頓變質為整肅，情勢逐漸失控。絕大多數無辜受害者均遭冤案、假案株連，部分受害官兵甚至遭錯殺埋屍滅證，是為 50 年代的「海軍白色恐怖案」。為轉移視聽，戰幹團的官佐對海軍叛逃投共者究責，歸咎於舊海軍各地方派系間的惡鬥所造成，遂倡議執行「四海一家」政策。

海軍首次全軍代表大會主要是聆聽桂老總訓話、各單位成果報告、分組撰寫心得，冗長的議程，像極了「防逃團結」的誓師活動。大會最高潮，是甫復行視事的蔣中正總統於 3 月 10 日上午蒞會講話、表揚黃埔海校同窗陳慶堃；七哥從整個海防第二艦隊叛逃中，率 AM 二級艦的永嘉軍艦領先突圍駛出長江。

蔣總統親自頒贈青天白日勳章予陳慶堃，這是自 1930 年起三軍統帥依《陸海空軍勳賞條例》頒授的第一九一枚青天白日勳章，也是首枚因戰功頒授給海軍軍官的榮贈；蔣總統致詞時提到，陳慶堃是海軍自甲午海戰以來表現忠勇愛國最佳的典範。蔣總統參加大會餐、合影後先行離去，桂老總隨後在閉幕典禮作成大會總決議文，並致電層峰矢志效忠、誓死完成反共抗俄、復國建國的革命任務。

參加大會的官兵代表計一四〇員，除了近半是戰幹團出身占總部高缺的陸階主管外，餘皆為戰功彪炳的海軍英雄人物，其中有五位爾後陸續高陞為海軍總司令。首排座次 1 號的是我抗戰時期老長官宋鍔，時任總部少將參謀長，我向老長官恭賀穩坐 1 號寶座，他表情卻很落漠地告訴我，因為他沒有完整艦艇服勤資歷，也沒當過艦隊部司令，向上派職的機會渺茫。

　　與會的黃埔海校校友，連我在內僅七位，同窗僅有陳慶堃（座次首排 15 號）與我（座次 114 號，算是敬陪末座）。黃埔海校校友以登陸艦隊部上校司令馮啟聰為首，在「四海一家」內鬥中是弱勢團體，鬥不贏家大業大的電雷系、東北系同儕。當然，出身閩系福州海校的官佐，是被鬥的對象，能躋身在大會席次內者寥寥無幾，僅五人爾。

　　散會時，桂永清逐一與官兵代表握手致意，輪到我時，桂永清先愣了一下，才笑嘻嘻地對我說：「老弟呀，三年沒見你怎麼還在少校軍階原地踏步？難不成離開海軍外放日本太久，管人事的把你給忘了？我叫隨員立即查明！」我再次向桂老總表明要回「新海軍」、我要派艦服勤、我要做一位真正的海軍軍官。桂永清雙手拍拍我雙肩，答非所問親切地說：「好好幹活！老弟你回日本前，在左營多參訪些機關、部隊，這幾年來，我一手創建的『新海軍』，與軍閥的舊海軍很不一樣了。」

三、加購彈藥半賣半送 三出四歸奉調返國

圖 8.5 1950 年雙十國慶駐日代表團團長何世禮中將（著軍裝坐於前排中抱幼女）及側邊的何夫人奇芬與資深團員暨眷屬合照，圖內永貞立於何團長左後、作者著海軍冬季白色甲式軍常服立於永貞左後、繼任海軍武官夏新上校立於永貞左側（鍾漢波數位典藏）

　　海軍總部遣方富捌陪我，赴海道測量局、海軍總醫院、海軍各學校、海軍訓練艦隊司令部（艦訓部）與第一造船所拜訪。在第一造船所由高我一個年班電雷系的 DD 丹陽艦首任艦長褚廉方中校接見，我倆在抗戰爆發時就相識。褚艦長在全軍代表大會是坐在首排第 3 號的平叛英雄，他一年前任職二級艦的 AKL 崑崙艦少校副長時，就粉碎艦長叛逃投共的陰謀，將崑崙軍艦平安帶回臺灣。崑崙軍艦係由招商局撞沉 PF 伏波艦的抵償商船改裝，四個月前還急馳東沙環礁搭救接載落難的 LST 中興艦、PG 江元艦官兵與眷屬，故褚廉方被層峰不次拔擢，從二級艦少校代

理艦長破格陞任崑崙軍艦中校艦長，東沙救援任務達成後，他隨即調任一級艦的丹陽保管艦中校艦長。

褚艦長正在第一造船所洽商 DD 丹陽艦艤裝與日遣火砲的固接期程，丹陽軍艦是三年前我任帶隊官押運首批日償軍艦的接 1 號艦，第一造船所上校所長是閩系的夏新（福州海校輪機科 1935 年班），我倆亦於數日前在左營全軍代表大會會場上見過面，夏所長座次是第 78 號，他曾留學英美，與桂永清是贛籍同鄉，是閩系極少數未遭整肅的優秀技勤軍官。斯時 DD 丹陽艦還擱淺在馬公港不能服勤，至少還要兩年才能成軍接戰備任務，我押返日償軍艦中次大噸位的她，要修五年才能再服勤，十足的好事多磨。

我返日本當天，捌哥送行時告訴我，全軍代表大會結束後，「新海軍」高層人事將會有調動。蔣總統接受 TAG 柯克上將建議，交代桂永清須拔擢當過艦隊部司令的專業將領佔高缺，還須重編一位副總司令培養接班人選。不久，政府遷臺後「新海軍」首任副總司令新職發布，由當過海防第一艦隊部司令的總部少將副參謀長馬紀壯（青島海校航海科 1934 年班）陞任，跳過「新海軍」第三號人物的總部參謀長我的老長官宋鍔。宋鍔也將職務交棒給海防第二艦隊部少將司令黎玉璽（電雷學校航海科 1934 年班）。我的老長官宋鍔「被騰出」位子給晚十個年班的黎玉璽後，奉調國防部離開「新海軍」。

我回日本後又接到籌補軍需品的任務，這回不是裝備零附件，而是替「新海軍」在日本採購醫材現貨的訪價。總部軍醫處少將處長游天翔（曾任桂永清的戰幹團軍醫診所所長）請我洽詢最新、最好的診斷用高解析度 X 光機現貨報價；左營海軍總醫院從大陸撤來的 X 光機，已損壞不能用。

　　我立即到 TAG 駐日辦公室請益，美國軍醫顧問遣我去東京千代田區一家最大的岡本醫療器材株式會社，索取 X 光機機型、機種圖片及現貨價目表等，寄回左營海軍總部，結果海軍總醫院選購最貴者，定價美金兩千元。我費了九牛二虎之力讓岡本樣同意以九五折成交，採取離岸價格計價。三個月後，海軍總醫院就擁有一臺國軍最大、最新的診斷用日製 X 光機，風光一時，造福國軍官兵及眷屬。

　　1950 年 4 月，聽聞蔣總統為整頓國軍，特將部隊保防工作，自部隊主官手上轉移給國防部，由「政工局」改制的「政治部」接辦，蔣總統任命蔣經國為政治部主任，並頒授中將軍銜以利監軍。此舉引起桂永清的激烈反彈，連美國 TAG 柯克上將都極力抵制，但蔣總統為求鞏固軍權、鏟除軍頭，執意再造軍中政工制度。

　　斯時，本團第一組接獲密電，蔣總統按照 TAG 柯克上將的建議，縮減作戰區域並集中兵力防守臺海當面，國軍遂陸續撤出浙江舟山群島、廣東萬山群島、海南特區的海南島與西沙、南沙群島。此際，共軍高調準備渡海奪臺，局勢危殆，風雨飄搖。

　　蔣總統為解決本團群龍無首窘境，並維持與盟總麥帥間的互動順暢，另派國防部常務次長何世禮中將接第四任團長職，歐亞混血的何世禮將軍，是英國烏烈芝皇家軍事學院（Woolwich Royal Military Academy, UK）1927 年班畢業，何團長講得一口流利的英語、國語及粵語。

　　1950 年端午節前何團長到任，穿著便服巡視迎賓館，適巧館內兩位團務顧問坐在迴廊聊天，由於前任朱團長棄職長達八個月沒再派團長領導，兩位顧問當然不認識訪視者是何許人也，他倆就開罵：「洋鬼子呀，你天天都來看館舍，真是討厭。」

　　有歐亞混血英挺外貌的何團長，最忌諱別人叫他「洋鬼子」，團務顧問竟把新到任團長誤作盟總第四署派來勘驗房舍的美國官員。他令侍從官去查報那兩位顧問姓名，後來也未見兩位顧問被炒魷魚，何團長真是大人大量，不計小人過。永貞與我曾至何團長官邸作客，他雖家境富有，惟觀其開銷亦屬平凡普通，可稱得上是個儉樸低調的富二代。

　　我還沒盼到調職令回軍，卻先遇到韓戰爆發。何團長到任不到一週的 6 月 25 日，北韓部隊南侵爆發韓戰，南韓首都漢城（今稱首爾）告急；美韓部隊節節敗退，美國第八軍團中將司令官華克（LTG Walton Walker, US Army, 美國 West Point 西點軍校 1912 年班）在漢城督戰身亡。十三萬美韓潰軍，被迫由漢城撤至朝鮮半島東南一隅的釜山。

　　美國為避免兩面作戰，將共產與民主的兩極陣營對戰單純化，韓戰初啟就宣布執行「福爾摩沙海峽中立化」（Formosa Strait Neutrality）政策，派遣美軍第七艦隊護臺，左手防止共軍伺機渡海攻臺，右手勸阻蔣總統暫停跨海反攻準備，當中還穿插美軍對中共施以戰略物資禁運。

　　所幸麥帥臨危受命兼任「聯合國軍」（聯軍）的總司令，派遣戰力強大的美國遠東海軍司令部特遣艦隊的屬艦，全天候實施岸轟阻絕北韓軍隊攻入釜山，還加派駐日的美國第五航空軍，對釜山外圍實施戰略轟炸，使釜山內圍美韓潰軍能夠穩住陣地固守不退。及至 9 月中旬美軍兩棲部隊迂迴在仁川登陸，北韓軍隊進退失據兵敗如山倒，聯軍乘勝追擊深入北韓，爾後朝鮮戰事就打個三年不輸不贏的局面。

　　團本部在韓戰爆發後甚為緊張，擔心聯軍潰散，共黨接著就

要穿越對馬海峽侵奪日本本土。我們軍事組同儕，每日向盟總第二署及第三署（作戰署）取得韓戰即時軍情資料後，立即在圖板標示雙方戰陣。每天由陸軍首席參謀向本組全體同儕提出簡報，用意旨在未雨籌謀，以防萬一南韓淪亡，朝鮮戰場情蒐任務將直接落在本組肩上。相關事宜如麥帥諮請我國出兵助戰，一旦需要本團協辦時，也不致臨時倉徨失措。

其實，朝鮮半島的戰事理應由我駐韓大使館武官處負責，不過世事難料，誰也不知駐韓大使館還能撐多久，本團超前部署也是對的。何團長每日主持簡報並聽取本組情研，7月底他突隱身兩天未主持會議，聞說他陪同麥帥赴臺密會蔣總統，評估國軍戰力是否足以擔當出兵朝鮮助戰的大任。

自從大陸失守後，「新海軍」對中共實施全面封鎖，美援贈艦的三吋口徑主砲，為執行封鎖大陸港岸並掩護國軍地面部隊撤出，庫存彈藥消耗的非常快，各艦均有砲彈不足窘況。柯克上將穿梭於美國國防部、盟總與蔣總統間，協調補充增屯我海軍亟須的艦砲砲彈。最後各方於8月1日達成共識，以備忘錄交由我國向美方發價商購艦用三吋主砲砲彈一萬六千枚，以美金一元的象徵性單價，總價美金一萬六千元，由「新海軍」駐日聯絡官的我埋單，向盟總洽購砲彈搬運返臺。

8月4日，此一備忘錄副本由「新海軍」派專人搭機自臺來日，親手交給我憑辦，同時並告知租用的招商局輪船公司海宙號雜貨船，由押運官少校劉殿章（電雷學校轉青島海校五航甲1939年班）隨船前來搬彈藥，且已在航途中。

我接奉此閃急備忘錄後，隨即向盟總第四署洽詢；據稱此事係由美國遠東海軍司令部械彈處辦理，一通電話過去，回覆是確

有其事。我稱謝後即前往洽商，好在盟總距美國遠東海軍司令部很近，只隔一條道路；見過械彈處值日官，獲知此項砲彈出售，由美國海軍橫須賀基地少校兵器官史密斯（LCDR J. Smith）負責。械彈處值日官與他接通了電話，再遞給我話筒，史密斯稱已交代橫須賀彈庫整備中；他應允商購文件與砲彈會儘速備妥，但今天快下班時間已來不及，於是推遲到隔天雙方會面喬定買賣。

　　隔日我依約前往商議如何洽購，經過械彈處的庫房，驚見各類艦用制式砲彈堆滿倉庫，塞不下甚至堆在碼頭上。兵器官與我碰面後，交給我一式五份的商購文件，文中略以美方售予我海軍的艦用三吋主砲砲彈一萬六千枚，總價美金一萬六千元，付款後發貨，付款人是中華民國海軍少校武官我本人云云。我皺皺眉頭問道：「抱歉我準備不周，還沒向預財室簽發本票，也沒帶美金現鈔……」兵器官笑著說：「不必付現，你只須在商購文件上簽字，我方事後會向貴國請款。」

　　我頓時放鬆下來，我確曾為付款問題而擔心；心情一旦舒暢，我心眼兒就靈活起來。我對史密斯少校說，橫須賀基地你們的彈藥堆積如山，是怎麼回事？史密斯少校解釋：「戰後為防日軍詐降反撲，我們占領軍前推彈庫至橫須賀基地，隨時應付潛在的日本本土危機，這批彈藥一堆，就堆到今天都五年了；五吋以上的大口徑主砲砲彈，也許在韓戰執行艦砲岸轟派用的上，其餘的小口徑砲彈還真不曉得如何處理。怎麼，你有何建議？」兵器官看我點頭又搖頭就反問我。

　　「能否讓我多買些各類口徑的砲彈，多買有折扣嗎？」我邊問邊心算我海軍所有的美援艦艇火砲類型與總數，包括三吋砲彈、四十毫米砲彈及二十毫米小口徑機砲彈全都短缺，就一併購

買吧。我對美方提出加價加購問題實在很非分，而且自己也覺得未向「新海軍」報准就擅自行動，故有些惴惴不安；但為了作戰需要，把臉皮拉厚些冒個險，那也沒啥怕的了。「能否多賣、是否打折，我得請示主管。你要多少？拿去打誰呀？」兵器官也不是省油的燈。

「我國海軍正缺彈藥防止共軍渡海奪取臺澎，如果因為缺彈藥擋不住共軍，屆時美軍又得跳下來在遠東打另一場戰爭，難免又會死很多美軍官兵。我要的不多，艦用三吋砲砲彈消耗量最大，你能賣多少我就買多少；四十毫米與二十毫米艦砲，就各買一個彈藥基數，亦即四十毫米砲彈三萬兩千枚，二十毫米機砲彈十八萬發。」我快速推估我海軍美援艦艇固接火砲數目，開出天量，但願不是天價。

「我請示看看，麻煩你明天再來一趟我們一齊搞定。」從兵器官的神色，我看得出他既不想被派去臺澎打仗，也很想處理掉手邊過剩的火砲彈藥。我內心打鼓不知是禍還是福，開車返回團本部，斯時尚未下班，得知回運彈藥的海宙商船將於 8 月 8 日抵達橫須賀軍港。

隔天，我準時抵達橫須賀美軍基地值日官室，兵器官滿臉笑容迎面而來：「少校武官，我的處長盤點庫存彈藥後交代，艦用三吋砲砲彈可以多賣些，唯雙方政府議定在先，一枚砲彈單價美金一元，不准殺價；處長核准可以賣一萬九千六百枚，總價美金一萬九千六百元，你願意簽字購買嗎？」我當然非常願意，總比原先議妥的多買了些。

接著兵器官說道：「處長還交代，你爭取的小口徑艦砲砲彈，由於雙方政府從未談及單價，處長不便收錢。但處長又裁示，

用附贈名義隨三吋砲砲彈送給貴國海軍，且再加碼多送一個基數。」我難掩心中狂喜，在重新繕打過的商購文件畫押，簽收三吋砲彈一萬九千六百枚、四十毫米砲彈六萬四千枚（每箱十六枚共四千箱）、二十毫米機砲彈三十六萬發（每箱一二〇發共三千箱），總計四十四萬三千六百枚，報價美金一萬九千六百元。

「少校武官，你還需要什麼？」兵器官又問，我愣了一下，心想總不能顯現貪得無厭的表情吧，只能裝傻一笑。兵器官佛心十足地指著窗外海宙商船預定旁靠的碼頭船席說道：「橫須賀軍港的引水部（Pilot Station）收到貴國運載彈藥商船之 ETA，後天進港裝載。」

兵器官補充道：「處長另交代，為安全搬運並裝載貴國的彈藥，港池內的消防艇與碼頭上的消防車，屆時都會備便；裝載區會拉起警戒線，憲兵也會就位執行交管，日籍工員刻正準備數百噸木材，裝釘木板以固定彈藥，以上工作都不收款。」看的出美方主動設想、完善周到，無非是有我願簽字畫押，把成堆的彈藥提取，拜託要拿就趕快拿走吧，這可大大減輕美方彈藥庫存荷。至於木板集裝箱用途，是一層一層用四方木條固定彈藥以策安全，以免商船遇風浪時致使砲彈滾動，船身重心偏移而翻船沉沒。

8 月 8 日那天，押運官劉殿章少校向我報到，我沒有裝載彈藥的經驗，他說問題不大，把近千噸的彈藥平均分置前、後貨艙，重件置於貨艙底層，較輕的置上層，所有彈藥箱須用鐵索絞緊固接艙板，這讓我又增長商船裝載的專業知識。

在日本洽購艦用彈藥，美方不准殺價卻加碼送到爆表！這是我任武官四年期間，業務辦得最順利、最饒富人情味、最有成就感的一次。一個月後，我接獲「新海軍」拍發給我本人的

電文，略謂「洽購運輸美軍彈藥回臺特予嘉獎。」顯然，「新海軍」對我先斬後奏多花三千六百美元，不是很諒解，但我不花一文錢免費弄回多達四十二萬四千枚的小口徑砲彈；將功贖罪，因此「新海軍」僅頒發我一支嘉獎。

同時我亦接到「新海軍」人令晉陞海軍中校，朔自 8 月 1 日起生效，遲來七個月的計畫晉陞，由何團長主持授階儀典，簡單隆重。唯一的遺憾，是駐日期間我承辦的數件大案，雖圓滿達成任務，僅獲電文嘉勉與現金獎勵，卻沒獲頒任何勳獎章；也許，我身兼三職推動和日政策，三個婆婆在戡亂作戰潰敗下相互推諉，真的把遠在日本的我給遺漏了。

9 月初永貞順產，堅兒出生，這間美軍總醫院規定產婦要作「產後運動」復健，產婦須到育嬰房自取裝好牛奶的奶瓶，跟著護士學抱嬰孩餵吮，根本沒有做月子恢復元氣的文化。而且還規定產後七十二小時內，產婦與新生嬰兒就得退房出院，永貞產後因有輕度發燒，才准許多住兩天留觀。何團長為激勵團員士氣，一掃去年國慶「易幟事件」變節投共的陰霾，雙十節慶那天特邀全團團員、寶眷與僑領召開國慶大會，會後在養正館前合照。

我忽然接獲參謀本部遲來離譜的電文，略謂我於 1948 年 4 月在西安綏靖公署上將主任胡宗南（黃埔軍校一期）麾下，參加陝甘邊區隴東戰役「有功」，特頒發我 37 一般令 332 號褒狀！我當時人在日本哪有參戰？難道是張冠李戴，不該是我的褒狀塞給我？我在本團辦過幾件大案該有的勳獎，功勞卻記到別人頭上？這個天上掉下來的褒狀，我呈文給國防部人事行政局，請准在我的兵籍表上把此褒狀剔除，無功就不受祿。這個呈文，二十年後始獲准把此褒狀註銷。

第玖章
返左營歸建新海軍服勤

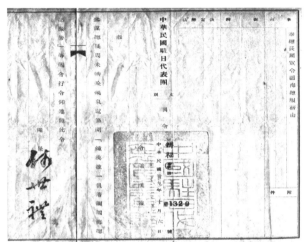

圖 9.1　1950 年 10 月作者調回海軍總部訓令，訓令文號辦祕字（39）第 1328 號由團長何世禮簽署（鍾漢波數位典藏）

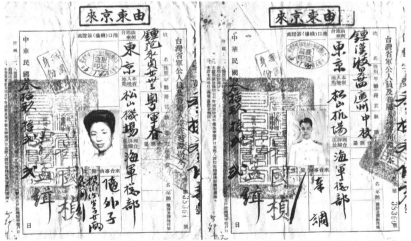

圖 9.2　1950 年 12 月臺灣省主席兼省保安司令吳國楨簽發給作者與永貞的「臺灣省軍公人員及眷屬入境許可證」，證號分別是保督字第 38360、第 38361 號，於 1951 年 1 月 4 日通關入境（鍾漢波數位典藏）

一、回海軍掌交際業務　三教九流調和鼎鼐

圖 9.3　1951 年蔣夫人訪視海軍婦聯會募款籌設育幼院，作者在海軍總部交際科長任內著海軍夏季白色甲式軍常服隨行陪侍（方融提供）

　　10 月初我連調職訓令也收到了，我奉調回左營海軍總部任屬員閒職候派；調職令由團長何世禮簽署「奉總長周調職回海總服務由」訓令，文號辦祕字（39）第 1328 號，略以「鍾漢波一員著調回海總部服務」，總長周指參謀總長陸軍上將周至柔（保定軍校八期步科）。不過，我要先留在日本與繼任上校武官夏新的業務重疊三個月，以便職務交接。

　　接下來的三個月，辭行宴一餐接一餐，行李也打包裝船運回臺灣。一些在臺灣被視為奢侈品如永貞的貂皮大衣，不方便攜回以免遭人非議，我就以友情價格假賣真送給日籍友人。大宗家當清理送人後，還是塞滿了十二支鋁製行李箱，交給招商局海運返臺。

　　至於回國的交通，全家訂好美國 CIA 中情局營運的民航空

運隊（Civil Air Transport, CAT）1951 年 1 月 3 日機票，永貞手抱堅兒，嬰兒登機免票，玲兒僅須購買一折價的孩童票，我持公務票。至於飛航服務，戰後由陳納德將軍創辦的 CAT 對我國駐外人員十分禮遇優待，招呼周到，我們一家四口，CAT 櫃檯報到劃得四個相鄰座位。登機手攜行李不多，倒也十分輕鬆。

龍顧問及多位本團同僑與寶眷，齊赴東京都大田區羽田空港（日本語指大型民航機場之謂）送行，依依不捨殷殷辭別，在機坪登機前，全家與機場展望臺上送行的親朋好友揮手作別。我一再回首，不知何年方能返回日本再聚，那時沒料到的是一年多後又隨艦來日本大修，我服勤軍旅退役後，更以商船海員身分重返日本二十一個航次，這都是後話。

全家進入班機坐定後，隨即機聲轟隆隆抬頭起飛，就此離開東京，心中不無雜感，五味並陳。我在駐日代表團身兼三職，四年任內替國家完成多項重要大案，雖屬適逢其會，卻頗感欣慰；尤其在東京家中旺添壯丁，三出四歸。更喜於返國前遲來的計畫晉陞，讓我掛上海軍中校軍階；駐外人員在國外晉階並不多見，可謂錦上添花，雙喜臨門。

我本應心滿意足，但心中仍然悵惘若失；當下許多同窗已擔任一、二級艦艦長職務，我自愧不如而耿耿於懷。我考入黃埔海校後就立下心願，即使當個三級艦艦長甚至巡艇艇長都可以，海軍軍官若未曾當過艦艇長，那還算什麼海校畢業？我因駐節國外，對公務著有勞績亦有成就，排個隊候派上艦服勤，獲個艦職為中校艦長捍衛海疆應該不難。決心已定，一回到臺灣就懇請桂永清派我上艦，即使有困難也決定硬拗到底，主意既定，始不再煩心焦慮。

　　班機有節奏的螺槳聲，似乎很賣力地載負著我全家回國；飛航平穩時，堅兒也可享受坐在自個兒的座位上，吃吃手指甚至把小拳頭塞進嘴裡，玲兒則逗弟弟笑，令父母見之樂而忘憂。隨著飛機穿越白雲，我悠然入夢，不久便被永貞搖醒，扣緊安全帶準備著陸。不知何故民航機竟在沖繩美國空軍基地降落，全體乘客下機步行前往飛機棚廠內，自行拿取開合鋁椅坐下休息，等候飛機在沖繩檢修。美國中情局營運的民航機降落在美軍基地搶修，並不令人意外。當時美國將沖繩劃為日本本土之外的美軍占領區，不算日本國土，我們等同踏上另一個「沖繩民政府」主權獨立的領地。

　　在中大附中讀書時，有僑生李榮安與我相交甚稔，當時他在沖繩美軍單位服勤。我倆初中畢業同時考取黃埔海校，但他留級又碰上海校停辦，被轉入陸軍砲校完成軍官養成教育；戰後李同學回「新海軍」，編入軍官補訓班航海三隊結業，拿回海校1940年班學資，旋即被美軍徵調派赴美國遠東海軍司令部。李同學負責協處戰後美軍剩餘裝備、油料、械彈援贈國軍遂行戡亂作戰，我擬請他來機場棚廠敘舊，軍線電話雖然接通，李同學卻告知正擬出差東京。天涯海角我來你往，近在咫尺卻無緣相聚，誠屬可惜。

　　全家在棚廠內枯坐竟夜，玲兒趴在母親身上睡覺，堅兒當然由我手抱；在棚廠內人聲嘈雜，人來人往，堅兒半睡半醒但咳不停，還會逗我笑。旁邊有兩位乘客用道地的粵語說：「睇佢個樣，就知係個湊仔公。」（粵語指看他模樣就知道是吃軟飯的男人之謂）此乃譏笑老公失業又懼內的意思。堅兒在抱我樂也融融，所以不在乎別人閒言閒語。平時最好莫當面批評別人，尤其

不要認為講方言別人聽不懂，若遇到火爆脾氣的同鄉，那就有得瞧了。

我搭乘的 CAT 班機檢修了一整夜，終於修復。翌日上午 8 時，CAT 班機由沖繩起飛，9 時許在臺北松山國際機場降落，全家辦理通關手續入境，蒙國防部總聯絡室海軍上校副總聯絡官黃錫麟學長前來接機。總聯絡室主要職掌是與蔣總統的私人軍事顧問團 TAG 對口聯繫，總聯絡官是陸軍少將余伯泉（比敘中央軍校八期砲科），下設空軍與海軍上校副總聯絡官各一，空軍上校副總聯絡官就是我駐日期間的空軍武官雷大哥，他比我早半年調返國內。黃學長降縛前來接機非因我面子大，而是我駐日後期兼海軍總部駐日聯絡官，業務與技術顧問團 TAG 直接相關。

沒料到我被高三個年班的黃學長嚇破膽！他向永貞說：「恭喜呀皮嫂，雙喜臨門！」永貞還在喜字當頭回說：「麟哥，堅兒出生您還未見過算是一喜，皮哥遲來掛中校階也算是另一喜，謝謝啦。」黃學長歡欣地說：「第一個喜，當然是皮嫂喜獲麟兒，鍾家香火有傳承；第二個喜，則是滯皮的官運亨通，即將高升駐菲律賓共和國海軍武官，皮嫂的行李就不用拆開，馬上又要出國啦！」我聽完魂飛魄散，返國派艦服勤的願望頓成泡影！

黃學長轉頭對我說：「想不到滯皮你這個小老弟如此會做官，你不回四萬餘官兵的海軍大家庭，又忙著年年外派賺美金，令人羨妒，佩服！」我驟聞之下，非常有禮貌地感謝黃學長告訴我這則驚天消息，而且是我首次聽到。戰後黃學長從美國海軍官校附設術科軍官班學成歸國，出任國防部副總聯絡官，地位很高；這則消息我心中並無半點喜悅，卻不能煩勞黃學長去阻止，只能央請他帶我去海軍總部駐臺北聯絡處，辦些我全家歸國行程

的庶務。

海軍總部駐臺北聯絡處位於泰安街，我到聯絡處除報支 CAT 機票差旅費歸墊並安頓家小膳食歇息外，立即請該處行政官向臺鐵訂票。總部與臺鐵很有交情，三言兩語就訂好了當晚 22 時半「平快夜車」附掛的頭等臥舖包廂一間；內有兩張平舖，舖位很寬，兩床之間尚有茶几方便用餐。

既已訂好臺鐵火車票，遂在聯絡處打海軍專用長途電話，直接撥通桂永清的總司令辦公室（總辦室），請副官代向桂永清報告，略謂駐日離任海軍武官鍾漢波，於今日飛抵臺北，並於當晚 22 時半搭火車回左營向桂總司令報到。此外，我又請副官關照總部總務處，到時派車到左營火車站接我們全家，並安排眷屬臨時住宿。過一會，我再打電話給總務處值日官，他回報說總辦室已來過電話交辦，都辦妥了請放心等語。

事情都已辦妥，永貞才開始發急。我們即刻就要赴菲國，而所有大件行李都還在招商局海運途中，怎麼辦呀？我說免驚，菲律賓四季皆熱，一年的涼爽日子實在無多，頂多在菲國添購幾套夏天民裝就夠穿用；我的軍裝可在海軍被服廠多訂購幾套海軍軍禮服，一切行頭我自會負責安排打理。我向永貞解釋，當黃學長告訴我再度外放消息，我一點也不意外；我駐日四年曾蒙桂老總三度召見，面予嘉勉，足證我再次獲薦外派赴菲，自非偶然。不過，這與我原先鐵了心派艦服勤之夙願，無異背道而馳。

安排好行程後，遂由總部聯絡處派人帶我去臺鐵取票，我事先以美金三十元在衡陽路銀樓一條街依黑市匯率一比四十，換得新臺幣一千兩百元；若去臺灣銀行依官匯兌換，僅得三百元爾。我握著現鈔親赴臺北火車站拿票，一共付了五百多元，等於

海軍中校一個半月的薪資；當時一碗十粒菜肉餛飩湯售價兩元，足見中階軍官薪俸養家尚不敷溫飽。付高額車資搭臺鐵頭等臥舖之舉為同窗方富捌所知，責余炫富浪費！金玉良言，豈敢不聽？自此以後，我亦絕不再買頭等臥舖票。

不過，此次攜妻帶兒女同行，購買昂貴舖位車票實因搞不清楚國內現況；一個中校攜眷搭夜車，衡量薪資收入，頂多攜家帶眷擠入三等臥舖，全家票價才四十元爾。不過，三等車廂內設有四十個上下統舖，每邊二十個，中間通道甚窄，兩人迎面須側身相讓而過，睡中一人作聲，眾臥客同受干擾。嬰兒同行不免時時啼哭、噓噓尿尿、沖拌奶粉等動作頻頻，尤其嬰兒大小便無常，臭味難免擴散。下回全家搭臺鐵夜車，我一定買三等臥舖票，把整夜難眠的吃苦當吃補。

1月5日晨火車駛抵左營，總務處已派車來接，逕行駛入左營海軍第一軍區內之「四海一家」招待所，櫃臺值班員說好只能暫住數天。安頓好後，我隨即赴總部覲見桂永清。他很高興見到我，還是雙喜臨門一番祝福我，我遂表明當軍人固然沒選擇戰場的權利，但我投效海軍的職志，就是要去艦艇部隊服勤，若繼續幹駐外武官，我的年歲會愈來愈老，終會錯失派職上艦的資格。桂老總想了一想說：「人事大簽已上呈總統，你是駐菲海軍武官第一候選人，武官的待遇，是國內薪俸連同甲種海勤加給的二十倍；既然你沒意願領高薪，我就追回大簽，加註當事人的意見具申。如果總統還是圈你，你就非去不可！」

桂老總接著說：「至於派艦職服勤，由於抗戰一路走來，海軍的中階軍官都是旱鴨子，軍艦又因叛逃減少了一批，形成官多艦少。你既然不願外放菲律賓賺美鈔，那就按年班輩分，排隊等

候派艦，那可要等好一陣子。」桂老總眼珠轉了轉，下令道：「另外，在總統定奪駐菲武官人選之前，我也不方便另派你新職；你英語、日語都行，不如先在我的總辦室打打雜吧，候派期間多讀有關菲律賓之政軍經、民情地理等書籍。」我遂稱謝遵辦而退，至此方知所傳再度外派任命不假。

我退出總辦室，順道至隔壁掌管人事的總部第一署拜見陸軍少將署長蕭西清（中央軍校八期，曾任桂永清戰幹團的兵學教官，爾後累功陞任國防部福利總處中將總處長），順便辦理返國報到手續。他已接到總辦室傳話，讓我排隊等派艦職。蕭署長審閱我的人事經管表，再翻閱全軍人事調配表，小心翼翼地壓低嗓門對我說：「老弟呀，按照人事計畫晉陞制度，你海校畢業任官後，迄今不但海勤年資從缺，也沒接受過海軍的業科指參教育；海軍總部本週才新設海軍參謀研究班，何時招考不得而知。按照你海校畢業年班看來，老弟岸上年資儘管如此豐厚，但現在已取消逐派見習艦長職務，只能委屈你在一級艦的上校艦長底下，從中校副長開始派職。目前，很多更資深的學長們都排隊等上艦，海軍一級艦就那幾艘，論資排輩，五年內你中校本階停年完畢都還輪不到當一級艦的副長！這樣吧，既然桂老總親口交代，讓我來喬喬看。」我稱謝離開。沒人事關係的，才高唱一切照「制度」，有人事關係的，就喬制度外的「人事」，唉，這就是軍中文化的「人事制度」。

軍艦之艦長與副長的人事經管排序，與其它軍種大不同。陸軍的中校團附可直升該團的上校團長，那海軍軍艦的副長又是什麼地位呢？在美軍顧問的強勢指導下，副長只是艦長的 XO 執行官而已。副長承艦長之命及依循艦規，擬定作息時間表、訓練計

畫和派工計畫,並督導推動執行,並承艦長之命貫徹執行軍艦維保、演訓、作戰任務。

但副長卻不准以其私人意旨,隨便更改艦長指示。尤有進者,依海軍人事制度常規,副長不能直升該艦艦長,亦不能升任該艦之同級艦艦長;績優之副長,只能派任次級艦艦長,也就是說,一級艦副長幹滿一任後,只可出任二級艦艦長。因此,每一艘軍艦即使派來個三頭六臂或武聖關公級的人物來充任副長,也絕對不會挖艦長的牆腳越俎代庖,所以,在海軍當艦長的,看著副長來來去去,安啦。

下了總部大樓,我順便拜訪總務處陸軍上校處長楊蘇(中央軍校十一期,曾任桂永清戰幹團的團本部參謀),我感謝他安排接車與住宿。我因為人生地不熟,一事不煩二主,遂請楊處長再派人帶我到海軍總醫院替堅兒掛診看病。他非常熱心,敦請該院派醫官外診來探視堅兒,真是盛情可感。不久一位老醫官來四海一家替堅兒診治,診斷是氣胸又輕度支氣管炎未癒,發炎就按時吃幾天藥應可康復,至於輕微氣胸就沒得醫,但不妨礙他成長。後來得知這位老醫官竟是鼎鼎大名的心臟科軍醫上校科主任周嵩祿,感唸其撥冗外診之仁德,至今難忘。

來臺灣後,全家四口在四海一家住了幾天,蒙黃埔海校低兩期輪機科的學弟麥炳坤(軍官補訓班航海一隊比敘海校 1940 年班)邀請,暫住左營建業新村十號他家客廳,一住月餘;期間我前往高雄海關領取經由招商局商船運回之行李,堆滿麥宅客廳。我返國時已申請眷舍,蒙總部軍眷管理處(眷管處)分配得左營西自助新村鳩工中的乙種眷舍一戶,兩房一廳二十坪是種急造房舍,亦聊勝於無;這個戰後募資新蓋的眷村,位於左營碑子頭前

日本帝國海軍第二一震洋特攻隊的營區。

在總辦室打雜的工作也不輕鬆，白天，我擔任桂永清接見外賓的即席傳譯，夜間，我伏筆翻譯外文密件，還得節略成百字以內的摘要，隔日當面呈參。桂老總最大的嗜好是打橋牌，美軍顧問 TAG 柯克上將具長者風範、謙和慈降的柯克是桂永清固定牌友，週末例假日柯克與隨員前來官邸牌敘，我的「海軍橋牌王」名號早已傳頌全軍，於焉又得犧牲假日當桂老總的牌搭子湊成四人一局。

桂老總在夏夜打橋牌時，必頭戴鋁合金輕金屬圓形頭盔；頭盔外圍，焊上很多中空小圓筒，據聞是他駐德時客製打造，能發散頭腦溫度。頭盔戴起來仿如外星人，形像並不雅觀，我不敢多看，恐怕自己忍俊不禁而致失態。這種週末折騰長達一年，一直到美方復編「駐福爾摩沙美軍顧問團」（Military Assistance Advisory Group in Formosa, MAAG - Formosa）強勢主導國軍建軍後，柯克上將與 TAG 美籍幹部始功成身退返鄉。顧問團首任團長是駐日美國陸軍第一騎兵師的少將師長蔡斯（MG W. Chase, US Army, 美國陸軍速成軍官隊 1917 年班）調來，他的行事風格跋扈，與柯克上將迴異。

2 月中旬總統看過駐菲海軍武官的大簽案及加註的意見具申後，挑選周家聰（青島海校航海科 1937 年班）出任，還好不是我。2 月底，我蒙總統蔣中正在陽明山的後山官邸單獨召見；雖然抗戰勝利前後，我在中樞軍事委員會多次聆聽蔣委員長訓話，但都是數百將校群集的會場，面對面的單獨交談，這是畢生頭一次。雖然如此，心中卻十分緊張；蒙召見之日，天氣甚寒，總統身穿呢絨軍裝，肩上佩戴五顆將星，頭戴毛線織成之便帽防寒，

面色紅潤，容光煥發。

　　這次總統召見，純粹是我調返國內的歸詢，總統甚為仁慈，其語音亦十分容易辨清。總統首先垂詢我駐日四年期間做些什麼事，我言簡意賅說明索錨、驗船、押船、蒐情、押解戰犯返日、協處日籍教官潛抵臺灣及軍購彈藥逐案回報。總統聽後非常訝異，他以為辦妥這些大案居首功的應是駐日代表團團長與組長，沒料到眼前這位中校武官才是幕後的承辦參謀。總統親切地再問我回新海軍歸建後不想再駐外當武官，打算做些什麼，我遂把矢志不移當作戰艦艦長的想法回報，總統點個頭說很好。

　　總統三問我日語程度如何，面對日本通的總統，我誠實敬答日文的讀、聽、說、唱沒問題，至今寫的論述功力還不行，總統微笑說，你給我多進修書寫日文、努力任事。總統四問我故鄉尊長近況如何，我據實以告，1949 年廣州陷共前，曾撥接國際長途電話問安高堂，從此失聯生死不明。總統頓了一下，說聲那就希望淪陷大陸的老人家靜待反攻復國；總統對我揮揮手，我遂鞠躬退下。

　　3 月 1 日適逢總辦室交際科科長海軍少校黃志潔（電雷學校轉青島海校五航甲 1939 年班）調任駐韓聯軍我方聯絡官，攜眷派赴南韓，桂永清遂大筆一揮簽署人令，我從總辦室中校屬員的打雜閒差，蹲不到兩個月就接學弟的缺出掌交際科。尤其黃科長無條件將其配住眷舍讓渡給我，經報請總部眷管處核可，真是令全家喜出望外。

　　這棟日遺眷舍位於左營自強新村七巷，在海軍彈藥總庫外之壽山山腳；左營闢築軍港初期，日本帝國海軍替有眷尉級技術士官建置此職務官舍，1935 年起造。這個日遺眷村係雙併日式平

房，樓板面積不大，只有二十坪，但前庭與後院各有草地二十五坪，非常寬闊，全村日遺眷舍合計一六五戶。此際，玲兒辦妥歸國官員子女轉學手續，從駐日代表團附設幼稚園跳級插班海軍總部附設高雄小學（海總附小）一年級下學期就讀，校長是安世琪（蘇州美專畢，曾為桂永清戰幹團的學生）。

二、配住日遺士官眷舍　入白團指參普通班

圖 9.4　1951 年秋作者著白色西服與永貞、玲兒、堅兒漫步於左營海軍軍區四海一家招待所前庭（鍾漢波數位典藏）

當時左營日遺海軍眷舍與急造眷舍有下列各眷村：一是日遺將級軍官職務官舍的明德新村，為「新海軍」將級首長眷區，明德一號是總司令官邸，我擔任交際科長後，負責安排官邸各種飲宴，故進出明德一號官邸，習以為常；明德二號是貴賓招待所，明德新村其餘五十六戶全是重要軍職將級長官之眷舍。

二是日遺佐級軍官與尉級士官職務官舍的建業、崇實、自

強、合群與勵志新村等約一千七百戶，是「新海軍」中階軍官眷舍，亦有將級軍官眷屬居住，資淺中校的我，能分配居住自強新村已是很不錯的了。三是光復後急造眷村，為「新海軍」基層軍官及士官眷舍，計有西自助、東自助、自立、自治、勝利、復興及創造新村等，可容納軍眷達四千兩百餘戶。

我眷舍恰好位於方富捌居所的斜對面，當中隔著幼稚園與眷村管理所辦公室，捌哥與我既是同窗又是同事，寶眷也是姐妹淘，子女們都是玩伴，兩家確有通家之好。特別是我夫妻倆因職責所在，常聯袂陪同訪賓酬酢至深夜才結束任務，這時捌嫂就坐鎮我家，替我子女煮餐餵食、換尿布盥洗、讀床邊故事，直到我們返家；當然，捌哥就得留守照顧自家長子奕強、次子仲強、三子粵強與么女融兒，兩家都把對方子女視為己出。

此際又橫生一則人事小插曲。一年前我回左營參加海軍全軍代表大會時，認識座次 36 號的海軍總部第五署的供應總處少將總處長余易麟（中央軍校七期步科，曾任桂永清的戰幹團團本部一科科長），他與桂永清都是江西老表。我一回國，余少將就邀我擔任其供應總處的中校參謀主任；當時桂老總擬派我就任駐菲武官，尚未定案，我無法認真考慮余少將厚愛。及至我被調為交際科長職，余總處長再把我叫去說：「老弟呀，總辦室交際科長有什麼搞頭，還是到供應總處來當我的參謀主任才是正途，你幹過駐日武官，英語及日文都溜，替供應總處建立物料庫管標準作業流程及英文料配件登錄系統，以免屬下乘亂盜賣日遺軍品與美援裝備。」

供應總處配置四個組，掌管十五個課級單位如通信裝備、港勤器材、料配件、燃料、械彈……等，總處直轄油池所、汽車修

理所、電池、醬油、製麵、膠鞋、被服等工廠，還有散布全國各港口的十個供應處與六個甲級倉庫，編制多達三千餘官兵與僱工。余總處長又解釋，供應總處明年初將擴編為海軍供應司令部，到時就委我擔任司令部的參謀長佔上校缺。

余總處長的英文程度無法與 TAG 顧問互動，故打我的主意；就是因為他英文差，層峰與美國顧問也不會同意余總處長調升總部直屬的供應司令部司令，換個英語溜的長官幹司令，未必會讓我繼續當差。

斯時「新海軍」的人事制度，還處於新舊銜接的過渡期，低階的中校佔高階的上校職缺，被視為常態；我一心等候派艦不肯去供應總處，余總處長遂向桂老總請令調動，桂永清說我矢志派艦，不必勉強，至此余少將遂作罷。果不其然，隔年元旦接掌首任海軍供應司令的不是余總處長，而是曾赴英國接艦的上校李連墀（青島海校航海科 1934 年班）。

總辦室交際科的業務就是替桂老總對外搞交際，與艦艇部隊的作戰職掌迥異；既然還在排隊候派艦職，我接科長職後秉持對上服從、對下負責的軍人本色，把上級的交際業務，八面玲瓏地周旋在三教九流間，如期、如質辦妥。交際科是個海軍總部的四級單位，也是總部承上啟下的協調樞紐，舉凡層峰與蔣夫人的視導，總司令接見外界訪賓的安排，總司令主持大型酒會宴請勞軍團體的籌劃，大小僑團參訪泊港艦艇日程的擬定，中外媒體記者的互動，支援拍攝海軍軍教片的張羅，與 TAG 擴編成的駐華美國軍援顧問團顧問搞好關係，都是交際科長主要協調業務。

我奉命擔任總辦室交際科長職，頂頭上司是總辦室中校組長裴毓棻，我倆在四川萬縣青島海校時一齊擔任教官故早已熟識，

　　我返國後尚不知中國國民黨因潰敗丟掉整個大陸正在實施改組，裴組長主動替我辦理歸隊，我在特種黨部（軍中黨部）登記後蒙發給新黨證，證號為國登字29538號。海外黨員返國後若沒被甄選歸隊，是絕無機會在軍中向上派職的；因此，我覺得返回「新海軍」大家庭，到處感受到極為溫暖的人情。60年代初裴毓棻高升為參謀本部新聞局少將局長，知名度甚高。

　　我到差一個月後的1951年4月，交際科由總辦室轄下轉隸總部的總務處為第三科。當時海軍總部各署、處所轄六、七十個科中，交際科是最有面子的一個科，同時也是最沒裡子的一個科。科內編制員額連我只有四位，除科長我本人，一位是陸軍上尉科員張中民（中央軍校十九期步科），一位是海軍上尉科員朱保鰲（汪偽中央海校1945年班），另一位是軍委級同上尉照相員陳治宣，他的文職員額掛在交際科，人卻在總辦室替桂老摠照相，有事才回交際科來。

　　說也奇怪，我接任交際科長後，交際事務就興旺起來，人到哪裡，哪裡就旺，然做事卻要上級的總務處支援。總務處近千人的組織原本就很龐大，副處長是海軍上校趙以輝（福州海校輪機科1936年班，轉中央軍校十六期步科）；下設有財務、採購、交際及行政等四個科，另轄有汽車大隊、消防隊及園林苗圃工作隊、文書室等。需人手支援我的交際業務時，只要總務處趙副處長點個頭，幾十位幫手立馬向我報到候遣。

　　海軍總部有兩個無人管得動的單位，竟然由總務處楊處長交給交際科掌理，真是始料不及。一個是四海一家招待所，一個是「海光國劇隊」與隨後成立的「海光藝工隊」，這些單位本應屬海軍總部新設政治部的福利處與藝工大隊，但桂永清與蔣經國

不對盤，硬將它們保留在海軍總部總務處內。

四海一家原係大日本帝國海軍高雄警備府的軍官休憩場所「水交社」，日籍友人曾告訴我：「水交」兩字取自戰國時期《莊子・山木》篇「君子之交淡若水」，足見帝國海軍官佐的文學造詣。四海一家的大型展演廳可擺設筵席四十桌，週日作為軍官攜眷入場跳舞與展演之用。四海一家軍官住宿區專供國軍差勤官員到左營臨時借宿，我歸國後全家曾暫住過。這間招待所幾乎是交際科專用，撥由交際科掌握本也應該。

此外，臺北大直還有一棟日本帝國海軍的宿舍由「新海軍」接管，翻修後易名為「四海招待所」，納入四海一家轄管。當時的四海一家主任是周良華先生，他原為上海市勵志社經理，來臺屈就此職算是大材小用。只要周主任擔綱管理四海一家，就毋庸我費心了。

頂有名氣的海光國劇隊，演藝人員京戲造詣甚高、唱做俱佳，樂器與服裝都是一流的。尤其是主角鬚生胡少安，唱工之佳為全國之冠；一俟演出同好群集，更有平劇前輩蒞臨指導。我這個交際科長對平劇一竅不通，好在楊處長熟識平劇界聞人雅士，人脈甚廣；每當接待外賓觀賞平劇，有楊處長現場解說，是我的福氣。

我自認無力掌管海光國劇隊與海光藝工隊，因為曲終人散時，他們已疲倦不堪，還要拆疊布幕、搬道具、裝運戲裝入箱籠，待一切工作完畢時，已是雞鳴時刻。他們生活起居時間與官兵正常作息，整整差了十二個小時，叫我如何去管帶？於是我請海光大隊長的陸戰隊中校戰魁武多多效勞，隊員宿舍清潔用具所須費用，統由交際科籌措轉撥，我僅能以此聊盡職責。

　　交際科若需書寫大批請柬、宴客座位表、貴賓佩帶名牌及賀卡，加上製作歡迎布幕等，科內力有未逮時，那也不打緊，總務處行政科與文書室會派人手支援。寫到這裡，我要順筆感謝在同個辦公樓的總部高參室上尉副官胡厚望，因高參們資歷太高，平日多半賦閒在家，胡副官到班後亦無要事，遂經常過來幫忙交際科工作。兼以其個性活潑，是一流的交際人才，不知者還以為胡上尉是交際科首席科員。

　　交際科業務平時很忙，也很勞累，瑣碎的事情更多，謹將三件重要交辦工作分述如下。一是凡有社會賢達、工商領袖、文教名流欲求見總司令者，先在交際科登記安排總司令接見，或由總司令派適當官長會晤。二是不時有海外僑領、僑團及國內外各界團體如影視演藝界前來獻旗、勞軍者，均由交際科安排官長接待。三是在四海一家按節日舉辦各類盛會，那時尚無冷氣設備，溽暑酷熱時只能向製冰廠購買半噸重巨型冰塊與人齊高，擺設在接待室及展演廳以風扇吹拂，涼快涼快。例如 1951 年青年節，海軍舉辦首屆集團結婚，由桂老總在四海一家福證，盛況空前，也忙翻了交際科。

　　此外，尚有值得記述軼事，是桂永清的伯岳丈南來高雄壽山狩獵。他是我抗戰期間服勤軍旅的主官，即軍事委員會軍政部部長何應欽，我在他麾下任職初官長達五年餘，今日始有榮幸親自陪侍在側。隨同總統府戰略顧問委員會主委何一級上將狩獵者，有高雄政商賢達陳啟川先生、高雄要塞中將司令官洪士奇（黃埔軍校二期砲科）及總部供應總處余總處長等，桂永清指派交際科負責全程接待。

　　荷槍實彈在壽山狩獵，並非用槍格殺獵物，而是鳴槍圍捕。

壽山之獵物以山羌最多，先由懂得羌性之獵戶，觀察羌群經常潛行草叢之通路，在草叢中布下繩網，然後狩獵者在繩網後方遠處鳴槍，圍嚇羌群倉卒循熟路竄進草叢，不意走進繩網陷阱，遭網擒四足騰空吊起，於焉被捉。羌比狗還大，僅獵戶才有足夠經驗將羌腳綁住。何上將由獵戶陪同遂順利捉住山羌持槍照相，表示狩獵之成績。隨後何上將把山羌鬆綁放歸壽山雨林；如此狩獵，目的是重溫狩獵樂趣及登山健身而已，並不在乎狩獵之得失。

至於港澳以及全球各地僑胞回國慶祝國慶，規模盛大人數以萬計，在臺北參加雙十慶典後，分批南來參觀三軍軍力展示。因人數過於龐大，交際科人手終究有限無法接待，因此大批僑胞參觀艦艇者，改請艦艇訓練司令部（由訓練艦隊司令部晉名，亦稱艦訓部）主辦接待，交際科則應急支援。

交際科搞公關的業務，既非我所願亦非我所長，我只想先蹲後跳，等待派艦職出海作戰。趁此期間，我一直關心是否有機會補齊我欠缺的海軍業科指參教育學資，即便我於抗戰後期起曾在軍政部與軍令部當過近三年的高司參謀，但國軍的校級軍官向上派職，須具備軍種業科指參教育學資。

4月初，機會果然來到，海軍籌設自有的「參謀研究班」第一期終於開始招訓，我興致勃勃地向第一署探詢可否報名參加首期受訓，沒想到當場被署長打臉。署長告訴我，輪到我派艦職時若我還在學制一年的班隊就讀，就失去服海勤的機會，待結業後重新排隊上艦，歲月蹉跎機會就愈來愈少。署長也提醒我，首度開辦的參謀研究班教官素質差，學不到像樣的海軍業科指參專業，加諸報名的學官，多為「海軍白色恐怖案」涉嫌的編餘軍官，規勸我別去淌渾水。

　　斯時海軍參謀研究班由總部少將參謀長黎玉璽籌辦，他請不動美軍顧問來教導，只好委請總部第三署陸軍上校副署長黎天鐸（中央軍校十期，後累功陞任警總東警部少將司令官）兼研究班的主任教官。黎教官原係經國先生心腹的陸軍預幹一總隊上校總隊長，守衛蔣家在浙江的故居，爾後一總隊譁變投共，黎教官僅以身免，來臺後由經國先生安插在研究班監視海軍。研究班以講授陸軍指參作業為主，老實說海軍作戰根本用不上。倒是化名鄭敏三的元日本帝國海軍教官助講艦隊指參作業，雖然一年前我在日本曾協助本名衫田敏三的鄭教官偷渡來臺授課，看來我還是無緣在他門下受教。

　　1951 年 7 月，桂永清比照《空軍勳獎條例》，在海軍也頒授五類海軍軍種的獎章，由最高勳獎的海光獎章起，依序另有海功、海勛、海績與海風等獎章，激勵同儕力求表現，在海上奮勇殲敵。

　　同年夏，總部管人事的一署署長主動找我：「老弟呀，你要有戰功才可領受獎章，就得儘速派職上艦出海。不過，你的確還缺個正規業科海軍指參教育學資；上回為了不耽擱你派艦服勤的宏願，我擋掉你去海軍參謀研究班首期受訓一整年，期間就算有機會派艦服勤你在學也脫身不了。我看這樣吧，不如甄選你去接受五週短期的業科指參教育，即圓山軍官訓練團的白團普通班帶職受訓！」所謂帶職受訓，指薪餉與職務加給仍領原單位俸祿，但由交際科的下屬代理職務，一有機會可上艦服勤，結訓時就出海作戰。我只好硬著頭皮，帶職赴白團的短期業科指參教育班隊受訓。

　　8 月 26 日我赴臺北市大直的白團普通班第八期報到入學，

這是招訓中尉至中校的軍官施教班隊。首期於上一年 5 月開訓，
目前已結業七期，另有訓期三個月的高級班，接訓上校以上的將
校。與我們第八期指參普通班重疊的，是指參高級班第二期與聯
合勤務指參班第一期。任教的全是元日本帝國軍官，課堂上則有
日文翻譯官。白團不論出操、內務整理、精神教育均極其嚴格，
堂課所講授的內容全是陸軍後勤科目，惟日籍海軍教官被排擠，
僅在渡海作戰講授有限的軍艦砲術與電探（日本語指雷達之謂）
專業課目，至於三軍聯合作戰的講授，則點到為止，著墨不多。

　　結訓前三天的 9 月 26 日，全體學官五百餘人在同一題目
下，計算一個陸軍加強師兩萬官兵的整體後勤（整後）支援量；
此種整後作業無法偷窺作弊，當然，考試時間也不夠用。連續四
小時作業下來，無人能夠提前交卷，我在終場時亦未作業完畢，
反正不會被退學，人人都能結業。10 月 1 日白團普通班八期結
訓後，我還是回到左營繼續擔任交際科長職務。三十多位海軍學
官中我最資深，還通曉日語故考第一，優先派艦職我肯定有望；
唯一的遺憾，是結訓後回辦公室但見卷宗積案如山，非急件都堆
在桌上等我處置。

　　永貞返臺後常受桂老總之託，與美軍眷屬時相往還，尚須
抽閒與黃埔海校同窗及寶眷積極交誼互動。1952 年開春，美軍
第七艦隊中將司令史樞波（VADM Arthur Struble, USN, 美國海軍官
校 1915 年班）離職前率艦隊訪臺，海軍總部在臺北舉行盛大酒
會及晚宴，駐臺美軍眷屬亦受邀參加盛會。桂永清特請永貞北上
統籌接待外賓事宜，比我還風光。永貞過往在日本居停三年多期
間，深切體認國際禮儀之重要，且為國民外交之根本，故悉心研
習歐美風土民情，並在外交場合以儀態優雅著稱。

三、白色恐怖擦身而過　白團頻遭美國打壓

圖 9.5　1951 年夏著海軍夏季黃色丙式軍便服的作者，在海軍總部交際科長任內戴雷朋墨鏡陪同香港影視男導演王元龍參訪左營泊港軍艦（左）與陪同香港女影星畢寶瓊參觀駕駛臺（右）（鍾漢波數位典藏）

　　1952 年 2 月 1 日，在總部春節團拜時，甫高陞陸軍二級上將的桂永清拉著我說：「老弟，你的一級艦副長派職令正在作業，恭喜。」這可是我的開春大喜呀！一署署長擋我赴海軍指參學校受教一整年，真的是為我好，否則現在我都還沒結業怎麼派艦服勤？但東周老子寫得好：「福兮禍之所伏」，人紅事非多，情勢隨即大逆轉。

　　春節假期過後上班的第二天，惡名昭彰的海軍總部第四署掌管後勤的黑單位「情報處臺灣工作隊」（情工隊）隊長到我辦公室「拜年」，這位戰幹團出身的陸軍上校隊長很客氣地指出，根據情工隊過去一年的反情報密查，很多有關我忠誠度的疑點待釐清，我在風雨飄搖的戡亂時期，為何長期滯留在海外四年？為何不早些返國歸隊？為何與左傾的駐日代表團團長交情匪淺？總部情工隊隊長針對這些疑點，請我檢附書面辯白，他會擇期邀請我

到左營大路二五六號三樓的隊部說明，隊長講完就轉身離去！我默然目送這位凶神惡煞出門，50 年代「海軍白色恐怖案」終於點到我。

我立刻向桂永清反映，他非常驚訝，但旋即回神說：「老弟，你又不是閩系軍官，我馬上去瞭解實情。」顯然，桂老總已經掌控不住這群他帶進海軍的爪牙，戰幹團陸軍的官長既沒在查案前先向桂老總報備，後續擇期約詢藉冤案、假案羅織罪名，也未向桂老總報准。

我審度現勢，能替我解套的層級，須比桂老總還要高很多才行。我不動聲色，趁北上國防部公差之便，分頭密見原軍令部二廳老長官鄭介民中將與返國述職的情報局龍佐良少將；鄭中將斯時擔任國防部常務次長，龍少將仍在駐日大使館任職保防顧問。兩位長官最清楚我在駐日期間的表現，他倆不約而同都說，會將我駐日期間的忠貞事蹟向「上級」呈報。這兩位長官的直屬「上級」，就是時任國防部總政治部中將主任的蔣經國。

總部四署情報處的情工隊濫捕無辜，人見人怕。黃埔海校被掃倒的校友，有高四期的學長黃邦獻（黃埔海校航海科 1932 年班）、高三期的學長胡淶澄（黃埔海校航海科 1935 年班），他倆無端被情工隊媾陷羈押審訊超過一年，仕途受嚴重耽擱。我的同窗劉定邦，就是因為 1949 年初他任海軍第四巡艇隊隊附時的屬下遭情工隊誘捕，當成投共嫌犯被逼供，以粵語咬「柳」姓的巡艇隊長柳炳鎔（福州海校輪機科 1936 年班）是附隨共黨的上級，且暗中領導全隊官兵集體投共；粵語「柳」與「劉」兩者同音，於是定仔擔任 LST 中勝艦艦長的船於 1952 年夏甫靠基隆碼頭，就被情工隊爪牙帶案偵訊！

　　我與永貞赴建業眷舍探視定嫂莫靜，見學嫂強忍悲憤不安，還要侍奉婆婆素真，更要教導長女劉傾、次女劉莎、三女劉仙與么兒劉當，極為辛勞，永貞當即留交美金百元給學嫂當應急家用。定仔遭羈押在鳳山近兩個月，才弄清楚劉定邦是「劉」艇隊附，不是「柳」艇隊長，這是抓錯人的錯案。定仔雖獲釋，但仕途從此也受耽擱。

　　傳聞這位情工隊隊長無惡不作，向被捕官兵索賄，探監的女眷遭姦淫並殺害滅口；所幸，這位隊長還沒來得及擇期在左營大路的三樓隊部約詢我，就遭桂永清撤換，半年後被高層派憲兵逮捕收押，再兩年，軍法判他多項謀殺罪，遭槍斃伏法。在整肅烏雲罩頂下，我照常服勤，但未釐清我是否忠誠有問題前，我候派艦職的人事案亦遭凍結。

　　蔣經國震怒之下，把他與桂永清間的宿怨一次結算；美軍顧問也傷口灑鹽，對桂老總操弄海軍白色恐怖案整肅異己的作風很不諒解。蔣總統遂於 4 月初把愛將桂老總調離海軍，擺在身邊避風頭，擔任沒兵權的總統府參軍長，接替舊軍閥劉士毅（清國陸軍講武學堂三期砲科）的位子。

　　海軍第三任總司令遺缺，由蔣經國主任力薦年僅三十九歲的東北系海軍少將副總司令馬紀壯陞任並晉階中將，副總司令職缺由參謀長黎玉璽少將坐陞。就連海軍總部的政治部主任，也由蔣經國主任遣他在警界的親信趙龍文（南京東南大學地學系1923 級，爾後陞任中央警官學校校長）接掌，把桂永清自陸軍戰幹團帶進海軍所有的官長們清洗出局。

　　海軍白色恐怖案，是我回臺的初嚐體驗，雖倖免冤獄之災，卻打亂我的前途規劃，一級艦副長派職令也因情工隊隊長的胡作

非為而泡湯，得重新候派。人事署上校副署長李敦謙（電雷學校航海科 1934 年班）貼心地安慰我，向我解釋類似今日的門診掛號，若唱號看診缺席過了號，就再跳三個號碼才輪到看診，不用重頭排隊掛號，請耐心候派。李副署長非常有名，抗戰勝利後他當中業二級艦艦長收復南沙群島，層峰為表彰他的功勳，還賜頒他一座島礁名稱為「敦謙沙洲」。

我忝為五千餘名遭海軍白色恐怖案波及者之一，在我退役多年後，「海軍白色恐怖案」倖存的一千兩百餘位官兵，因檔卷都「遭焚毀」，無從調閱也無法平反，多半成為社會的邊緣人，其中僅六名受害袍澤，涉及海軍以外的政府機關，這些機關仍保有檔卷可查，始重獲清白。這些無端受害者都非常優秀，很多海軍白色恐怖案倖存的官兵，服勤期間都曾與我共事過。

我與桂永清近身相處年餘，持平客觀地說，他不是外傳的殺人魔，他只是嫉惡如仇、好惡分明；他與閩系舊海軍結怨太深，刻意壓抑福州海校畢業軍官的仕途，以致往後在海軍七任的海軍總司令，先後由東北系、電雷系、粵系等地方海軍資深將領輪流擔任，沒有福州海校出身將領的份。至於四個地方海軍派系爭權傾軋，我等中階軍官還不夠資格加入內鬥，頂多隱約感受到門戶之見吧。

桂老總自 1946 年起統領「新海軍」五年半，全心全力處理軍務，建立各種制度不遺餘力，但桂老總的居家行誼，則鮮有人提及。我是桂老總的交際科長，經常至其明德一號官邸服勤歷時年餘，謹將所見略記如下。

官邸原為大日本帝國海軍高雄警備府司令長官的職務宿舍，1945 年曾由末代中將司令長官志摩清英（日本帝國海軍兵學校

1911 年班）居停。官邸接待訪賓的客廳面積不大，用於宴客則僅能筵開兩桌。廳內陳設並不華貴，但算得上舒適，廳後隔一條長廊，是書房及臥室，傢俱亦甚普通，卻也窗明几淨。桂老總非常節儉自奉甚薄，雖有廚師但膳食難見珍饈美味；即使宴客，亦由四海一家餐廳派廚師前來烹燴，其筵席菜式之平凡，可以想見。

桂老總與再婚夫人育有一子桂行，稍胖但長相酷似其父；當時年幼尚未就學，唯家教得宜，能循規蹈矩，聞桂行長大後赴美留學。桂夫人何相欽是何應欽上將的姪女，她十分慈祥在家中排行第三，桂老總稱其夫人曰「三妹」，鶼鰈情深堪為年青夫妻之楷模。

桂老總曾對我教誨：「老弟，謹記平日要勤學不倦，做事要盡忠職守；我二十四歲才從江西省貴谿老家攜帶書籍行李，徒步翻山涉水，千辛萬苦來到廣東省投考黃埔軍校一期，畢業後身經百戰，故能身居要職，實非偶然。」桂永清生活規律，早起在庭園體操運動，深夜在書房批閱公文，但很少見到海軍官長斗膽至官邸求見，足見其治軍嚴厲。

桂老總離職前，特針對我科長任內「工作勤奮領導有方」著記嘉獎乙次。在我承辦的四海一家歡送酒會上，桂老總臨行前尚對我諭示：「老弟，你候派一級艦副長職，又排在前兩名之內，當無問題；海軍參謀研究班晉名的指參學校正規班二期，不久又將開始招生，由日籍教官授課讀一整年，你派艦在即，就別報名打亂我的人事布局。」他在百忙之中，仍記得地位卑微部屬的願望，真是令我感戴不已。

桂老總離職時，陸軍戰幹團出身的海軍總部官長們都「被請辭」，如總務處楊處長事前早已安排他調，由副處長海軍上校趙

以輝直升處長，趙也是海軍白色恐怖案受害指標官長之一，遭嫁陷曾被羈押長達十個月，此番內升扶正為處長，算是桂老總任內給他遲來的冤獄補償。

年輕的馬老總接事後，是海軍最「幼齒」的總司令。馬老總認定海軍總部設於左營，遠離中樞臺北，好處是山高皇帝遠、鞭長莫及，但壞處卻一籮筐，好球通通接不到完全沒海軍的份，遂積極覓地北遷。

經不住美軍顧問團蔡斯團長步步進逼蔣總統把白團逐出臺灣，1952 年 7 月，圓山軍官訓練團易名為「實踐學社」，由大直密遷臺北市郊石牌（石牌國中現址），掛名在國民黨革命實踐研究院內隱身。白團的普通班接訓了十期就停辦裁撤，高級班接訓三期後則遷址石牌賡續辦理，但改名為「黨政軍聯合作戰研究班」（又稱白團石牌聯戰班）。

臺北大直白團舊址騰空後交給海軍設置總部，此後我經常奉命多次前往籌劃北遷辦公處所，左營海軍總部各署、處、科陸續遷往臺北大直辦公，也因此在左營的交際科業務亦逐漸減少。但我卻沒有閒著，每當趙處長北上公差時，我須留守左營以資深中校科長身分代理總務處處長職務，一身兼二職反而更忙，好在一轉眼兩個月就過去了。1955 在美軍顧問團指導下，總部總務處仿傚美軍編制易名為總部勤務處。

海軍總部北遷臺北大直後，因美國海軍第七艦隊將校前來洽公頻密，遂將總部營區內的「四海招待所」提供第七艦隊外賓居停，晉名為七字頭的「七海新村招待所」（1969 年騰讓予蔣經國先生長居，改稱「七海寓所」）。海軍總部處長以上高階長官宿舍，則另於中山北路三段五十八巷內，徵用前日本帝國陸軍病

院（日本語指醫院之謂）轄下臺北圓山分院的行政大樓，這是棟仿巴洛克的雙層建築，所幸未曾遭美軍轟炸過，它位於臺北市圓山動物園南側。

1952 年夏，海軍考量隨軍來臺二十三艘日償軍艦籌補料配件困難重重，經年待料失修艦體鏽蝕嚴重，陸續將保管編制內的 DD 衡陽艦（接 3 號）、華陽艦（接 9 號）、惠陽艦（接 10 號）、汾陽艦（接 17 號）與瀋陽艦（接 25 號），PG 同安艦（接 14 號）與長安艦（接 16 號），AKL 武彝艦（接 24 號）與廬山艦（接 26 號）等九艘報廢除籍。

日償軍艦成軍服勤保衛臺海者，僅有以下十四艘：DD 丹陽艦（接 1 號）與信陽艦（接 2 號），PG 瑞安艦（接 7 號）、臨安艦（接 11 號）、正安艦（接 19 號）、成安艦（接 20 號）、泰安艦（接 21 號）、潮安艦（接 23 號）與永靖艦（接 28 號），AKL 武陵艦（接 27 號），PC 雅龍艦（接 30 號）與富陵艦（接 31 號），YP 江毅艇（接 33 號）與江勇艇（接 34 號）。

自 1949 年軍民撤臺迄 1955 年初第一次臺海危機結束，是國共隔海內戰動盪不安的年代，共軍坐大席捲神州，沿海島嶼逐一失陷，最終國軍撤離浙海，退守福建省金馬當面。在這七年戡亂期間，我海軍幾無外援，不但艦艇因戰損逐一減少，解放軍的海空軍又逐日茁壯，因此我海軍在第一線偵巡壓力之重，可想而知。

上揭十四艘服勤的日償軍艦，在此艱困亂局中巡守海疆最前線一艘都沒沉損，總數雖僅佔全軍艦艇的十分之一，但戰力十分可觀，在戡亂作戰時期角色頗為吃重。隨後美援軍艦大批湧至，日軍償艦始逐艘退居二線。到了 1962 年以後，美援 PF 巡防艦紛紛補位，日軍償艦始逐艘除役；最後一艘日償軍艦在我海軍服

勤至 1970 年才自戰鬥序列中解編，服勤長達二十三年。十四艘日軍償艦在我海軍服勤累計的歲月，艦齡超過一七〇個艦年，可以算是既有苦勞也有功勞。其中多艘在我隨後服勤海疆時，還並肩作戰過，這是後話。

我國對日抗戰勝利後重建之「新海軍」，艦艇來源是由日降艦艇、日軍償艦及美援贈艦三者構成，並以美援軍艦為主戰兵力。半個世紀之後的 90 年代，喜見我國擁有現代化之軍艦，其中有中國造船公司（今稱臺灣國際造船公司，簡稱臺船）自行組裝之派里級飛彈巡防艦（Guided Missile PF, PFG），向法國新購之拉法葉級 PFG 飛彈巡防艦，還有向美國軍購之中古諾克斯級飛彈巡防艦等三種，一時瑜亮並稱，統名之為新一代（二代）軍艦。既有新一代的二代艦，然則究竟有沒有老一代的「一代艦」呢，只因 50 年代期間未曾料到爾後有二代艦出現，當年就不能憑空自詡為一代艦；但追根溯源，我國的確曾擁有過一代艦，格局雖然不大，但紮根非常牢固。

50 年代海軍的一代艦行政編組，是把同型艦及屬性相同的軍艦納編在同一艦隊部，方便訓練操演與後勤維保；政府撤臺後海軍的艦艇行政編組，有第一、二、三、四、登陸與後勤等六個艦隊部，艦隊部的本部官兵編制員額有僅三十多名，下轄各型艦艇多艘。在 1952 年夏我期盼在一代艦當中的一級作戰艦上，當個副長服勤海疆的夢想，有這八艘一級作戰艦，含兩艘日償 DD 驅逐艦及六艘美援 DE 護航驅逐艦，分別納編在第一、第二艦隊部：

DD 丹陽艦舷號 12，艦長俞柏生上校（青島海校航海科 1934 年班）
DD 信陽艦舷號 15，艦長雍成學中校（與我同在要塞砲兵幹訓班二期學員一隊受訓）

DE 太康艦舷號 21，艦長劉宜敏上校（青島海校航海科 1931 年班）

DE 太平艦舷號 22，艦長桂宗炎中校（我的黃埔海校低兩個年班學弟）

DE 太和艦舷號 23，艦長劉德凱中校（青島海校航海科 1937 年班）

DE 太倉艦舷號 24，艦長段允麟中校（電雷學校航海科 1937 年班）

DE 太湖艦舷號 25，艦長褚廉方中校（由丹陽保管艦艦長調任）

DE 太昭艦舷號 26，艦長林鴻炳中校（福州海校航海科 1937 年班）

　　只要以上八艘一級作戰艦副長出缺，我應該會輪派上艦服勤。美援的六艘太字號護航驅逐艦，二字頭的舷號自 21 起依序排至 26，那為什麼我押運返國一字頭舷號的日償驅逐艦卻從 12 跳到 15？那是因為七艘日償陽字號驅逐艦係依滿載噸位排序，當時僅丹陽、信陽兩艦已成軍服勤，洽修者為汾陽艦（暫編舷號 11）、潘陽艦（13）、華陽艦（14）、衡陽艦（16）與惠陽艦（17），均待料整修始終未能成軍服勤。

　　不過，戰後我離開海軍超過五年，該有的海上年資也被耽擱五年，同窗首位當一級艦副長的是蔡惠強，早在四年前赴美接 DE 太昭艦時就派為副長，同窗劉定邦繼蔡惠強之後成為第二位當一級艦 DE 太平軍艦的副長，第三位當一級艦 DD 丹陽軍艦的副長是同窗譚祖德。我現在始候派一級艦副長職缺，算是「過氣」副長。

　　通常副長較艦長晚五到十個年班，我較上述一級艦絕大部分艦長只低一到七個年班，且抗戰期間他們都是我的老長官與同僚，對艦長們言，我不但「過氣」而且「過時」，我只為一償奔馳海洋、捍衛海疆的夙願，也就不怕人訕笑了。

　　黃埔海校我同窗的陳慶塋，率 AM 永嘉二級艦在長江領先突

圍，來臺後他早已任滿 DE 太倉一級艦艦長，現已職調升為第一
艦隊部中校參謀長，把艦長的位子交棒給高一個年班的段允麟。
至於低我兩個年班的桂宗炎學弟，也在長江率 AM 永修二級艦
突圍，依戰勳優先被拔擢，把永修軍艦交給學長蔡惠強後，目前
正擔任 DE 太平艦第六任艦長職，我真的吊車尾了。

　　海軍一代艦還有一艘後勤艦隊部的「特級艦」，這艘海軍唯
一的特級艦就是舷號 301 的 AO 峨嵋運油艦；峨嵋軍艦是艘龐然
大物，四九九〇標準噸，裝滿油彈與補給品有一四五五〇滿載
噸。艦長位階較一級艦還高，副長是資深中校階。斯時資深上校
艦長是蔣謙（青島海校航海科 1931 年班），他五年前就接掌過
DE 太平一級艦之第三任艦長職。特級艦的副長，至少要歷練過
各級艦的部門主管職，我沒資格奢想去幹個峨嵋特級艦的副長。
不過，退役後我還是有機緣接掌七萬滿載噸的油輪，在大西洋奔
馳整整十三個月替貨主運油，這也是後話。

第拾章
由陸岸單位派赴艦艇服勤

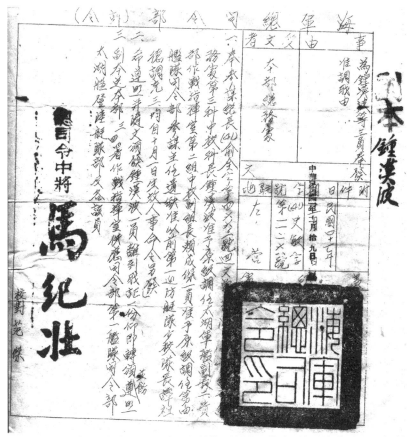

圖 10.1　1952 年 10 月海軍總司令馬紀壯簽署訓令，作者原級調任為太湖一級艦
的中校副長，訓令文號史敏（41）字第 11368 號（鍾漢波數位典藏）

一、延派一級艦副長職　終如願以償服海勤

圖 10.2　1953 年海軍第一艦隊部元旦團拜
（左圖）艦隊部少將司令劉廣凱（圖內中）與坐於圖內劉司令右側的作者及圖內司令左側的艦隊部中校參謀長陳慶堃在高雄港新濱碼頭第一艦隊部前合照
（右圖）第一艦隊部少將司令劉廣凱賜照背面親筆題字（鍾漢波數位典藏）

　　我在「海軍白色恐怖案」差點被掃倒的焦慮中，一直等待延宕作業的派艦任職令，又足足等了八個月。馬老總簽發的訓令，總算被我等到：「調派總部總務處第三科科長海軍中校鍾漢波原級調任太湖軍艦副長，一九五二年十月一日生效」，訓令文號史敏（41）字第 11368 號。

　　我一償夙願，從海軍一級艦的副長幹起，唯總部的交際科長兩年任期一職我並未幹滿。艦齡九年的 DE 太湖艦，是第一艦隊部一二戰隊的三艘同型屬艦之一，艦隊部司令是海軍少將劉廣凱，抗戰中期他與我都在青島海校當教官，目前他坐鎮高雄港的艦隊部，也是我軍旅生涯中另一位貴人。本艦於戰時 1943 年下水，是艘美援的 DE 護航驅逐艦，艦長是上校編階。前任少校副長楊松泉（青島海校五航乙 1940 年班）早已調升 AM 永修艦幹艦長，故沒有職務交接。

　　我在調職生效日於左營東碼頭登艦，理事官引導我到副長艙室安頓，撞見一位手持折疊式衝鋒槍的戰士，在艦長室外守門，非常礙眼。我向現任也是第三任的艦長褚廉方中校報到，兩年多前我在左營還拜候過這位平叛英雄。褚艦長緊握我雙手親切說：「老鄰居，客套話就不多說，你的前任早已調升二級艦艦長，至於本艦副長職掌注意事項，你先拿全艦二一○位官兵的「人員備戰部署表與人員部位表」（General Quarters Bill and Station Bill）去研究，晚上我幫你惡補，我先去忙航前整備。」至於褚艦長提到的老鄰居，指我倆同住左營自強眷村第七巷，我家住巷頭，褚艦長的家隔兩戶住巷尾。

　　我當副長第一件事，就是翻閱艦長給我的「人員備戰部署表和人員部位表」。這些表格原是美國海軍所用，在副長室尚有數十張全新空白表格。每一位艦上官兵的備戰部署表與人員部位表內，都有三十六項部署分格，以便填寫部署名稱；如備戰部署、進出港部署、戰備航行部署、警戒航行部署、一般航行部署、損害管制（損管）部署、攻潛部署、救火部署、救傷部署及海上救難救生部署……等等，而不同狀況的錨泊部署更多達三種。在太字號軍艦可以排出二十多種部署，所以三十六項部署空格並非誇張。每當軍艦被指派擔任特殊任務時，也有其特別部署，總會填滿每位官兵的三十六項部署空格。

　　至於人員部位表，指上述各種部署他的部位，都在同一張表格之內。我接充本艦副長時，現有員額是二一○人滿編，因此人員就有二一○個編號。艦長是第一號，在各種部署中需要艦長親自指揮的，他的部位均在駕駛臺。副長是第二號，一般航行部署時部位在駕駛臺輪值值更，只要啟用雷達的部署，副長的部位就在

裝甲內艙的戰情中心（Combat Information Center, CIC）。

其他官兵依編號註明各種部署中他的部位，譬如食勤兵整天忙著備餐供應全艦官兵膳食之外，在損管部署時於廚房消防泵就位、在救傷部署時於官廳騰空餐桌權充開刀床協助救傷任務、在備戰部署時於彈庫就位搬運彈藥、進出港部署時於錨艙就位收放錨……等等，真是勞苦功高。

本艦這兩張表格，已由前任楊副長妥為編定。我詳讀後，不久即有新到差軍士陳仲同前來報到，我查明補抵哪一個編號缺額，即刻填發他各種部署的部位表格；遇有情況，陳仲同就立刻找到他自己的部位，對我而言，可謂即學即用。本艦的軍士計有二十四名配置於各部門，他們是水兵的領導幹部，也稱為本艦的兵王，其中八位領頭的 CPO 軍士長，當然就是兵神。

艦上官員計十七名，輪機部門有少校輪機長李培松（軍官訓練班輪機七隊一組比敘海軍官校 1950 年班）、中尉輪機官沈樞弟（海軍官校 1950 年班），艙面部門主管有上尉航海官葉潤泉（海軍官校 1949 年班）、上尉艦務官繆士閑（軍官訓練班航海六隊比敘海軍官校 1949 年班）、中尉槍砲官余開國（海軍官校 1950 年班）、中尉通信官陳長炳（軍官訓練班航海七隊二組比敘海軍官校 1951 年班）等。以上官員都是一時俊彥。

什麼是海軍的「軍官訓練班」呢？它與前述「軍官補訓班」完全不同，補訓班是給抗戰期間海校肄業失學者就讀，戰後參加半年期的補訓拿回軍官學資。訓練班是給抗戰期間欠缺軍官養成教育的士卒者就讀，避免戰後復員人才流失，期以培育他們具軍官資格向上派職。海軍於 1946 年起連續十二年，在海軍官校設置學制一年的軍官訓練班招生，在航海、輪機、補給、軍需、兩

棲、氣象、測量分科就讀，結業後授予軍官學資。黃埔海校低我一期的酈勁亞學弟戰時失學，戰後蹉跎好一陣子很遲才回海軍，錯過了補訓班，只得加入訓練班就讀，學資較吃虧，被編入軍官訓練班航海七隊二組，比敘海軍官校 1951 年班，比他同窗的學資整整晚了十一個年班。

　　抗戰末期初中學歷以上的學生加入海軍赴英美接艦者，高達千餘士卒；戰後於戡亂時期流亡、失業、失學的知識青年，以士卒身分在亂局加入海軍服勤來臺者，也有千餘人。為留住這批近三千的士卒，海軍甄集考績優異者入軍官訓練班施教總計多達六六二員，如本艦行伍出身的繆艦務官，曾是戰後赴英接收 CL 重慶艦的舵手，爾後調訓補足軍官學資。又如本艦李輪機長，爾後向上派職累功陞至少將，他在軍中表現不輸海校正期生。

　　晚間我查完艙後，依命到艦長室報到，褚艦長把門關好，交代我：「老鄰居呀，你缺海上資歷，往後一年任期的副長歷練，你得加倍補足航海經驗。副長的職掌是依艦規執行艦長我所下達的命令；要順利執行艦長交付的任務，你要知兵，更要知官。今晨叫你研析全艦官兵的人員備戰部署表與人員部位表，就是知兵又知官的入門課。總之，副長就是軍艦的管家婆，與官兵要生活、派工、戰鬥在一起，打成一片，不可耍官威。」

　　我立正報告：「全艦官兵的人員部位表裡面有四個人，雖有人事編碼但沒有檢附姓名、照片個資，部署表上也沒他們的部署部位。」我指著部位表內這四名戰士給褚艦長審閱，他們在艦上未免太閒了些。褚艦長雙手擊掌說：「好樣的老鄰居，觀察入微呀！這四位來賓屬艦勤組，含一位下士伍長帶三位上等兵。」我熟知作戰艦有航海、輪機兩大部門，下轄艦務、作戰、反潛、槍

砲、通信、帆纜、輪機、損管、電工、補給等等編組，就是沒聽聞過「艦勤」編組。

褚艦長見我一臉狐疑，補充說道：「艦勤組名目上由海軍陸戰隊直屬的艦勤營轄管，但由總部反情報單位直接調派指揮，駐艦目的是防止本艦叛逃！備戰部署時，他們四人攜槍在駕駛臺與 CIC 戰情中心監視你與我，平日也都槍不離身待命處突平叛。」桂永清在海軍搞防逃措施，果然搞到袖裡藏針。這種內耗的防逃、防變乖張配置，直到美軍按《中美共同防禦條約》編成協防臺灣司令部（US Taiwan Defense Command, USTDC）後，才遭美方指示廢除；即便爾後再有軍艦叛逃事件爆發，強勢的美軍認為以他們在線偵巡的密度，可以及時派機艦攔阻、甚至轟沉叛艦。

褚艦長不厭其煩地諄諄教誨我，知兵又知官的意涵有三，一是我要和每位官兵懇談，以瞭解他們對艦上部署部位的熟悉程度，二是我在航行時，須仔細觀察每位官兵值勤反應的敏捷度，三是自我修煉，自己須對艦上各部門的武器與裝備全都得摸透。在不干擾全艦官兵正常服勤、不影響我副長備戰部署守值 CIC 戰情中心的前提下，我前後耗費整整三個月運用聊天、測考、自己動手實作三合一模式，找空檔與官兵邊懇談邊測考他們組合作業動手操作熟悉度，最後在無安全顧慮下我親自實作，直到與官兵一樣熟練為止。

本艦排水量為一二四〇標準噸，一六二〇滿載噸，裝有四部通用公司 GM16 型柴油主機（Diesel Machinery），電動雙俥推進器，馬力六〇〇〇匹，最大航速二十節，十二節續航力遠達一萬浬。本艦的艦身全長（Overall Length, LOA）為三〇六呎，舷寬（Overall Breadth, BOA）為三六點八呎，滿載吃水（Full Load Draft, DFL）

為十二吋。甲板裝有三吋五十倍徑馬克二六型主砲四門，四十毫米高砲四門，二十毫米機砲十門，深水炸彈近兩百枚，由艦艉兩座軌架投放及左右兩舷各四座 K 砲彈射。一年多後，在我調離太湖軍艦時，我敢掛保證，艦上每一立方呎的空間內，放置何種裝備、有啥用途、如何操作，我都瞭若指掌；艦上每位官兵的專業簽證是否名實相符、專業表現是否勝任戰時所需，我也非常清楚。

美援的一代艦如太字號 DE 護航驅逐艦、永字號 AM 掃雷艦及江字號 PC 巡邏艦，與中字號 LST、美字號 LSM 等登陸艦有許多共通處，概述如下：一是所有固接武器一致，艦砲僅有三吋主砲、四十毫米高砲及二十毫米機砲等三種口徑。不但兵器教練容易，各艦官士兵交叉派職亦無操作困難，彈藥之交互補給更為方便，平時軍艦對各類兵器均常有射擊操演，勤練戰技。

二是所有美援軍艦都裝置有 SL 型微波平面雷達，其掃瞄距離和螢光幕所顯示之範圍大小，各艦雖有所不同，但廠牌則一致。有需要時即開啟平面雷達使用，其目的在於監控海上目標及確認船位。太字號 DE 護航驅逐艦除備有平面雷達，尚裝設有 SA 長波對空搜索雷達，可搜索追監空中目標。

三是美援作戰艦均具有攻潛能力，各艦一致裝設 QGB 型攻潛聲納，作戰艦的攻潛武器深水炸彈均同一型號。海上航行時，在適當之海深，即開啟聲納搜索水下目標偵蒐。四是各艦對內、對外通信裝備完全雷同，於適當時機開啟使用。五是各艦輪機裝備亦大致相同，補保維修之料配件亦可相互流通使用。

以上五種裝備之戰技，由於平時經常使用，所以能臻於純熟；追究根源，全靠從接受美海軍輔訓時所獲得之各種裝備說明書冊，認真研究、實施所致。書冊內容包括「使用步驟」、「安

全守則」、「保養維護」、「故障排除」等等技令，鉅細靡遺。

　　至於平時未具「臨戰狀況」的模擬演習，計有「損管」、「救火」、「救護」、「救傷」、「人員落水」與「海上救難」等操練，亦均有詳細規定，甚至可移動之之裝備如救生筏、救火抽水機（P-60 型每分鐘供水六十加侖和 P-500 型每分鐘供水五○○加侖），各艦都配備相同型式，可以互相流通交換使用。所以，我海軍一代艦就憑上述所使用各種裝備之純熟技術融入戰鬥，合成為優良戰技傳統，進而發揮至艦隊戰術及多軍種聯合作戰。

　　爾後，又從這批戰技優異之軍艦中，選拔優秀官兵接收後續美援裝有五吋主砲之陽字號 DD、山字號 PF、船塢登陸艦（Landing Ship, Dock, LSD）及改裝驅逐艦 DD 成為飛彈驅逐艦 DDG。這些後續接收軍艦是美援一代艦的極緻，這批具優秀傳統的幹部，後來均成為二代艦指揮將校。

　　我向本艦報到後首次巡防外島是赴金門島群；航途中實施各項操演，使艦上官兵複習熟知其各種部署之部位，以磨練其戰技。駛抵金門後，錨泊於大小金門之間的「水頭錨區」。海軍金門巡防處處長遣派差艇旁靠本艦，將褚艦長接載登岸研商戰情；雖然這是我初訪福建省金門縣，但我須遵守艦長、副長不能同時離艦的規定，留在艦上當管家婆。

　　航途中我目賭協防臺灣的美國海軍「七二點一福爾摩沙巡邏特遣支隊」（Formosa Patrol TG72.1）的 DD 驅逐艦多艘，守護海峽後方；前方水域巡守貼近大陸沿岸者多為我海軍艦艇，如斯時水頭錨區碇泊李北洲率領的 LST 中興二級艦。前線有我海軍鎮守，後方有美艦頂住陣腳，讓我感受到除非有大戰役，否則像本艦這種一級作戰艦，僅作為戰略預備隊之用，有點兒不上不下。

　　本艦夜晚起錨北上福建莆田外海的南日島，再南下廣東汕頭外海的南澎島，在這兩個共軍據守的離島間一五〇浬往復威力搜敵。兩天後本艦駛離金門赴澎湖駐防，碇泊於測天島錨位，翻閱海圖，馬公港口航道水深至少十三呎，本艦進出馬公港不成問題。

　　我趁便拜訪澎湖要港司令部司令海軍代將孫甦，抗戰中期我倆同在軍政部城寨局設計科海軍股共事，他是少校股員，我是上尉參謀。本艦駐防澎湖三天，曾進出澎湖往海峽搜敵數次，我見有美字號 LSM 三級艦及永字號 AM 二級艦在馬公港內旁靠碼頭。

　　本艦從澎湖回到高雄港停靠新濱碼頭，第一艦隊部位置就在財政部總稅務司署高雄關隔鄰。我蒙海軍第一艦隊部少將司令劉廣凱召見，囑我率本艦官兵，在艦隊部旁的空地興建一座籃球場，艦隊部交給我五十公斤水泥兩百包與現金兩千元。除了交給本艦木工購料打造兩個籃架，餘款足夠買數噸的碎石。最困難的是附近沒有河砂，須就近往西子灣防波堤內挖海砂，好在僅興建籃球場平面場地，又不是蓋樓房，所以就無所謂河砂或海砂了。我請教過營造商，得知敷舖水泥平地，水泥成分不必太高，採取一泥三砂五石的配比可也。

　　官兵們在碼頭邊嘻嘻哈哈的和稀泥，爭著動手，舖好壓平之後，趁其尚濕又在表面加撒乾水泥，以增加表面硬度。所有材料除舖滿一個籃球場之外，尚有剩餘，我在場界兩邊向外舖設，因此不但完成了一個籃球場，而且還多一個官兵集合廣場。上級對我自是嘉勉一番，一個海軍中校副長權充工頭，可謂降格使用；不過當時講究節約克難，軍中除選拔戰鬥英雄，同時也選出克難英雄。在當時過年節有些眷村以標語口號作為春聯，上聯是「自力更生為好漢」，下聯是「克難實踐是英雄」，眷戶正門橫額是

「增產報國」。

10 月初，本艦與 DE 太昭艦參加艦訓部年度甲種操演，航途中本艦 CIC 收到加密訊文，略以美國 CIA 中情局指導金門駐軍，突襲拿下本艦上個月巡弋過的南日島與南澎島，後經共軍逆襲國軍始退兵。靶訓結束後，按照租借法案美援軍艦合約維修制度，於雙十節國慶後兩艦編隊自左營駛往日本本州關東地方神奈川縣，航行距離一七○○浬，執行為期兩個月的大修。

斯時國內海軍各造船廠在美軍顧問督導下，甫建立修護制度，但設施機具、維保能量都還在建置，故海軍各型作戰艦，優先派赴日本，運用美軍支援韓戰艦艇後勤保修能量的空檔，擇期實施入塢大修。航輪大修由美方找外包的船舶修造廠商維，本艦擇定神奈川縣浦賀船渠工場入塢維修；至於本艦戰鬥系統（戰系），在商維完成後移泊橫須賀美軍基地，由美軍戰系廠負責修護。這兩處我在駐日擔任四年武官期間都常進常出，尤其是為了洽修日償汾陽軍艦，我跑過多趟她的出生地浦賀船渠工場，老關係都還在，所以褚艦長對此趟赴日大修高枕無憂。

在日本大修期間，除軍餉伙食照國內標準發給外，政府另發給官兵伙食及零用美金津貼，校級軍官每日發給美金一點八元津貼，尉級軍官是美金一點二元，士官兵是六十美分，數目雖然不多，但我的每日津貼卻抵國內五天薪資，令人羨慕不置。在啟航前，我熟知日本肉品及蔬果價錢折算起來，比起臺灣高出很多，所以本艦的攜行量購滿，足夠兩個多月出國之用；尤其蔬果中以耐久存放的蕃茄、西瓜數量最多，各約有四百臺斤，連臺鳳公司的菠蘿罐頭也買了不少備用。

二、太湖軍艦赴日大修　海峽偵巡馬不停蹄

圖 10.3　1953年太湖軍艦 31砲塔前黃埔海校學嫂與子女聚會（鍾漢波數位典藏）

　　本艦依時抵達東京灣進入神奈川縣浦賀船渠工場上塢架，第一件要事是檢驗兩條轉動推進器的大軸有無彎曲，所幸大軸並無瑕疵，無須抽換；不過航行時大軸會震動的肇因一下子就由日籍技師找到了，原來是大軸固接的左推進器俥葉，遭撞擊變形蜷曲如麻花般，必須更換葉片。本艦不知是何時何處因何緣故以致發生此項損壞；既是大修，這樣子的左推進器俥葉葉片，當然由船渠工場負責換新，那就不必追究過往四年在海軍服勤何以會肇損，以免庸人自擾。

　　本艦於 1948 年底赴美接艦成軍後，歷經四年南征北討，奔馳在海疆的戰速愈來愈慢，上乾塢塢架後，果如所料，艦體水線下滿布一層又一層參差不齊的牡蠣、海螺與海蜊等寄生物，狀極

猙獰；牠們附著力與繁殖力超強，不但航行時與海水增加磨擦使航速減慢，還會黏著船體腐蝕鋼板造成艦體漏水。雖然商維工班用高壓砂槍將海砂高速噴向寄生物將牠們打落，但我還是帶著官兵守值，順便見識塢修的基本功。

　　被打掉的寄生物散落塢架四處，經曝曬死亡後腥臭薰天，令人作嘔。艦體外殼清理乾淨後，固然被噴砂打得光亮，遭寄生物腐蝕的鋼板表面卻千瘡百孔，狀似麻臉。經過驗船師在腐蝕嚴重區塊表面鑽孔測厚，凡不符規格就焊切抽換新鋼板。驗證合格的艦殼，緊接著要除銹，同時也將艦底的 QGB 型聲納音鼓護罩清理乾淨。檢驗完成後，再召來油漆車，用懸吊噴漆槍依序噴上底漆、防銹漆與含有劇毒氧化銅的表漆；我照樣親率官兵穿上船渠工場借來的工作服，戴上半罩式的面罩，現地見學三層漆的塗抹，本艦在塢三天整整七十二小時，依工期清理艦殼如期完工，後遺症是餐桌上見有海產，就食不下嚥。

　　本艦在塢期間，我閒來無事在船塢四週巡視，發現附近美國海軍一個油漆倉庫，其前門廣場堆積數百桶五加侖裝各類油漆。我好奇的問美軍管庫之技勤軍官（Warrant Officer），這許多油漆為什麼不擺進倉庫，任其廢棄在外雨淋日晒，不會變質嗎？他說那是過期除帳的報廢品，準備拋棄但清運車及搬運工卻久久不來。我試探問他，本艦可否派兵來幫您搬走，或許其中有些還可以使用？他點頭答應我，還非常高興地謝謝我替他清掉數百桶報廢油漆，於是我立即返艦，找到帆纜 CPO 軍士長帶了數十名槍帆兵去搬油漆。大家見油漆一桶桶提回來，其他部門士兵不召自來，參加搬運行列；不到一個小時，就把報廢油漆搬完整齊擺在帆纜艙內，堆積如山。

上尉軍需官潘桂華（軍官訓練班補給五期比敘海軍官校1947年班）打開其中數桶察看，均屬堪用。桶外標明底漆、防鏽漆、表漆等種類，其中有紅丹漆、黃丹漆、深灰色漆、淺灰色漆、銀漆、暗褐色漆等，都是美軍的艦用油漆；我海軍各型艦艇均鬧油漆荒，從此本艦油漆存量堪稱富甲一方了。

褚艦長和少校政治指導員夏孟野相約由浦賀船渠工場附設診療所收治，免費割盲腸，因此全艦之管理及艦務都落在我頭上。莫道山高皇帝遠，不久海軍總部就獲報長官住院割盲腸，不過，生病收治嘛在所難免，雖說巧到兩位官長同時割盲腸，但上級也沒再追究。這間附設診療所服務甚為週到，對我艦全體官兵一視同仁，惠予免費門診治療，重病者還可收治；本艦為答謝船渠工場的照護，回贈幾十斤蕃茄和西瓜。時值寒冬，蕃茄在日本視為珍品，每斤的價格與上好牛排餐差不多，西瓜在日本冬天尤屬罕見。浦賀船渠工場亦投挑報李，派出兩輛巴士，分三個梯次，每梯次載本艦三分之一官兵，作伊豆半島一日遊。

左推進器換新之後，本艦出塢旁靠浦賀船渠工場碼頭，重頭戲是將四部GM16型柴油主機及電動推進系統予以翻修，修期長達四十多天。由於輪機艙內的各類輔機、傳動軸與四部柴油主機從未打開、拆解過，我會同李老軌親率輪機隊全體官兵，跟隨日籍師傅與技工，按照美軍頒布的維修技令逐個翻修。

我與輪機隊官兵親眼見證主機冷卻水的給水管線，居然被日籍技師檢出有針尖般的銹蝕穿孔，難怪過往四年航行時，會異常補充大量冷卻水。機艙內其中一臺失修壞掉的發電機，找了近一週才找到毛病，竟然是齒輪打壞三齒不輪轉，換了新齒輪，發電機就隆隆聲穩定供電。輪機部門修期冗長，翻修的工夫非常細

緻；日籍師傅用日語告訴我，輪機部門修護最難的是找出肇因，找到了只要有料配件很快就修好，沒料配件就仿製一個湊合著用也可以開船。我用日語問師傅，那找不到肇因怎麼辦？他聳聳肩說，那就另請更高明的修船祖師爺來找啊。

12月上旬，本艦在浦賀船渠工場之輪機與艦體大修工程如期完成，移泊十浬外的橫須賀美國海軍軍港，由戰系廠檢修作戰裝備，包括 SL 微波平面雷達及 SA 對空搜索雷達，艦對艦 VHF 無線電對話機及艦內通信系統（Internal Communication, IC）。戰系的檢修與調校全由美軍技勤士官包辦，舉凡平面雷達與防空雷達檢修、羅經與砲儀校正、無線電收發報機雜音抑減與提升訊雜比、戰系鏈路整合測試，我都盯著美籍士官檢整。同樣地，有毛病甚至故障而請修的戰系裝備，找原因最難，找到原因修好它只是時間問題。

那找不到原因怎辦？美軍也很大器，立刻到料配件庫房搬一臺堪用的同型裝備抽換，被換下來的故障品留在美軍基地，有空慢慢修，修好再進庫防當堪用品，如此循環備料，就可保證待修艦艇如期、如質完工。像本艦 SA 防空雷達的三臺螢幕，有一臺成軍四年以來從無畫面，這趟大修也沒修好，美軍二話不說，馬上抽換一臺堪用品給本艦。

至於官兵移泊到了橫須賀半個月期間，生活也很愜意，他們放假時可到市內閒逛。橫須賀市因美軍官兵眾多，繁榮了該市之經濟，其奢華程度不亞於東京都。美國海軍在橫須賀港市的憲兵，其袖章不掛憲兵的 MP（Military Police）而掛海軍糾察的 SP（Shore Patrol），艦上官兵遇到海軍糾察都敬而遠之，免得惹事生非引發國際糾紛。

不過本艦官兵僅有少量的美金津貼，都花在刀口上。他們常常喜歡跑到橫須賀軍港內的軍艦福利站 SS（Ship Store），這兒不稱美軍販賣部 PX，兩者大小有別，販賣部 PX 像大賣場而福利站 SS 像便利商店。SS 內買得到便宜商品，價錢和兩年前我在東京 PX 所見的差不多；香菸一條仍然是六十美分，五美分仍可買到一塊麗仕香皂。

本艦在日本橫須賀美軍基地大修期間，我也回到兩年多前服勤的駐日代表團團址作懷舊之旅。代表團業務隨盟總之裁撤而結束，日華關係正常化後互派大使，我國只保留慎廬設立駐日大使館，其他華麗建物如養正館、迎賓館、大餐廳以及團員 CMD 眷區，連同位於輕井澤及葉山之休閒別墅一併歸還日方。

我步入麻布區廣尾町，卻不期而遇到本團憲兵隊隊長李建武；當年扯下五星旗平叛的英雄看到我立正敬禮非常高興，隨即邀我到他開設的餐館敘舊，夫妻倆才不久喜獲長女木蘭，闔家樂也融融。原來，駐日代表團於《臺日合約》簽定結束團務時，李建武率憲兵隊於 1952 年 5 月搭招商局軍差船歸國，原可立即升任中校憲兵營長，但他捨此大好前程而不就，卻申請提前退役，旋即返回東京協助岳丈營商，早點脫軍裝作個華僑富商，現在搖身一變成為新科僑領了。

合約修船如期完成後，本艦再執行廠試與出海公試；先由合約商及美軍共同監督本艦進行翻修裝備的廠艦會試，隨後各維修合約團隊一齊出海進行公試。在主機各種額定出力下，本艦加足馬力切浪飆行，所測得航速均符合規範，算是拿到大修合格簽證。

本艦於 1952 年 12 月初加油添水後啟航回國，遵照浦賀船渠工場指示，遠航歸國時先以低速航行至少兩天之後，才可正常用

俥。本艦用十節航速跑了四天；快到基隆前，開啟計程儀，實施高速試俥，測得極速為一九點五節，與原設計最高戰速二十節相差有限。基隆在望時，航向轉西行經野柳及富貴角外海，駛入臺灣海峽，於 12 月 16 日拂曉駛抵左營軍港。由於太湖、太昭兩艦先後自日本大修歸來，動力良好艦容光潔，就成為馬公、基隆、左營泊港時，接待訪賓蒞艦參觀的門面艦，常接待貴賓參觀及接受長官校閱。至於偵巡的戰備航行，是艦長規劃、副長執行，非常累人，但成就感十足。

1953 年 6 月 6 日我收到總部海通（42）第 126 號令，略謂「一九五二年全年度考績最優」，對我上年度在總部科長及太湖艦副長任內的表現高度肯定。記憶中大修後本艦最重要的任務，是專送高級長官赴浙海外島查案。

自從我國撤出大陸後，國軍戍守最偏遠者，當屬浙海綿延一二○浬，由北往南的漁山列島（含北漁山島、南漁山島）、一江山列島（含北一江島、南一江島）、大陳山列島（含上大陳島、下大陳島）、積穀山、披山列島（含披山島、小披山島）與南麂山島，各島地形崎嶇，無法構築跑道讓軍機起降。美方暗助國軍封鎖從上海至汕頭間的港口，距大陸沿岸三浬以外的公海封鎖由海軍負責，距岸三浬內的領海，交給各路忠貞游擊隊把關。

但大陸沿岸領海內的封鎖行動，非常容易擦槍走火，再加上外籍與華籍商、漁輪的認知與游擊隊差異大，封鎖行動的攔船登檢，往往失控演變成洗劫貨品、非法扣押、毆辱海員、使用武力過當釀成傷亡，遭攔檢的商、漁輪甚至被游擊隊擊沉！聯合國諸會員國屢屢對我國抗議，控訴我方游擊隊用非法手段妨礙航行自由，駐華美軍顧問尤其不滿我方游擊隊過當的舉措。

此外，浙海大陳山列島西南方九浬外的前哨據點積穀山島，竟於 1953 年 6 月 24 日暗夜，遭共軍六十師一七九團突襲，大陳守軍遲遲不應援反擊，積穀山駐島的第二軍官戰鬥團第一大隊，大隊長劉咸一等八十九位老弱編餘軍官遭全殲。駐防大陳海域的 DD 信陽一級艦馳援守軍抵禦入侵的共軍未果，信陽軍艦於一年後美援陽字號 DD 成軍時，被降編為 PG 二級艦。

在守土失責與國際壓力雙重打擊下，某高階長官要赴浙海查察真相，查報失守疆土的責任與爭取聯合國的諒解。褚艦長接奉海軍作戰中心密電指示：本艦擔任高賓專送任務，褚艦長指定我撰寫高賓專送的行動準據。

我從無專送高賓的經驗，本艦也沒相關檔卷可考，更不知曉高階長官是何人，唯一確定的是，密電指明高賓軍階是陸軍中將，連同隨員共三人。我遂依艦艇常規，整個流程從梯侍安排、梯口恭迎、CPO 警衛長引導、甲板設定動線、官廳簡報、致贈本艦照片框、住艙分配、餐桌排席位、導覽本艦戰備部署、接戰時貴賓救生部位、換乘安全措施、艦岸連絡、應變計畫，還要依規定加購高賓副食新鮮食材……所有細節一一列出後，彙編成行動準據草案，再請艦務官與我帶著實情相互對練，找出細節裡的魔鬼逐次修定，呈褚艦長改正核可後，據以實施。

1953 年 7 月，神祕高賓準時蒞艦，我還以為是何方神聖哩，竟然是我駐日代表團的老長官何世禮團長，現任我國駐聯合國安理會軍事代表團首席代表！何中將步上舷梯，在恭迎隊伍內看到我既驚又喜，待行禮如儀後，他召我入躚駐居停的艦長室，從行囊中取出三罐三五（555）牌英國菸用粵語說：「滯皮，這是我原本要贈送給浙江省府主席西北王的伴手禮，沒料到你也在艦

上，就先送你，秦東昌主席的禮品我叫隨員另準備。記得你在日本時最喜歡三五牌英國菸，現在品味還是一樣嗎？」真窩心，長官還清楚記得我這個在他麾下當差小官的渾號與嗜好，長官與部屬互動的珍貴，不在於英國菸價值，而在於人情味之濃郁。

　　我用家鄉話問何中將：「聽說老團長（指駐日代表團）行將出任聯勤總司令？」他笑答曰：「滯皮呀，你派我出任？」這一問一答最是窩心，而且含義非常明白，較之目前聽到有禮無情的官言官語打哈哈，親切真誠多矣。

　　這是我返臺後頭一次聽到秦東昌之名，西北王胡宗南上將在抗戰時擁兵百萬，叱吒風雲一時，此際以省主席之尊僅統領不及八千游擊部眾，能屈能伸乃大將風範；化名秦東昌的江浙人民反共游擊總指揮，胡宗南與桂永清同為黃埔軍校一期的資深將領，然胡宗南上將卻非常尊重駐防浙海的海軍袍澤專業，禮遇艦艇官兵，故深受我等後輩的敬仰。

　　拂曉前，本艦駛抵「大陳港」，它只是上大陳島和下大陳島間的水道，兩島相向均屬凹狀，形成寬闊橢圓形之海灣；此灣東西長約二千餘碼，南北寬約一千餘碼，該港東西向有兩個出口，分別有屏風山及竹嶼為其屏障，故大陳港內風平浪靜。下大陳岸際水較深，上大陳岸際則為沙灘。「大陳港」沒有碼頭，僅下大陳島設有簡易棧橋供小艇離靠。本艦放下舷梯，即刻就有差艇旁靠迎接何將軍。艦長與我在梯口恭送，轉眼間差艇即隱沒於下大陳島內灣，旁靠棧橋。本艦決定午餐後接載何將軍返航左營，故官兵分批輪流登岸到下大陳島一遊。

　　下大陳島街巷依山形斜坡而建，街短路窄，五分鐘就可以逛完。逛完之後無處可去只好回艦，好在海軍溫臺巡防處服務週

到，徵調民工舢舨數艘來往下大陳岸艦之間，接載官兵往返，故官兵登岸或返艦毋須爭先恐後。下大陳島街上，官兵與顧客倒也十分擠擁，我很好奇街上何以有甚多西藥店，陳列的完全是歐美藥廠如拜爾、卜內門、必治妥等西藥名廠藥品，銷路極佳；盤尼西林還經常缺貨，這應該與走私銷到對岸大陸有關。

街上店舖，亦有出售大陸貨物如金華火腿、溫州草蓆、廣東生晒荔枝乾和桂圓等；鋪開的草蓆上竟標明「國有企業溫州草蓆製造廠出品」！我道是凡具有獨占性質之事業如鐵路、郵政等方予以大陸國有企業（國企）經營，當時中共以一間草蓆製造廠之微，尚且國營，共黨計畫經濟的國企之多，可以想見。

官兵最感興趣的，卻是大陳島土產，如大陳黃酒，氣味芬芳香醇可口，過喉如飲甘露，稠度甚濃酒珠可以掛杯，非浙江紹興酒所能及也，製酒工場就在下大陳島山坳裡。另有魚鰾珍品，幼蝦乾其價甚廉僅三元一斤，是為臺灣早餐鹹豆漿必備之配料。黃酒與魚鰾兩者俱盛名，艦上官兵就在下大陳島岸灘邊向攤販購得，不勞跑到下大陳島街上購買。另外魚貨中的大肉鹹魚，每條約三十斤，亦非常名貴；不過它又鹹又大魚腥味也重，買回來艦上無處可以放置，是以艦上官兵對之不敢問津。

我在下大陳島登岸後，即拜訪基隆海軍第三軍區所屬溫臺巡防處上校處長招德培（黃埔海校航海科 1935 年班）。家眷與我同一眷村的招學長告知，浙海防區由秦先生負責指揮，自 1951 年 9 月起，秦先生即駐節浙海，統領西北向之一江山地區、東北向之漁山地區，南向之披山地區及南麂山地區之四個地區司令部（地區部）。四個地區部連同大陳山列島，由秦先生建立並指揮的江浙人民反共游擊總指揮部所屬部隊駐守，封鎖了浙江沿

岸三門灣、海門灣、溫洲灣等地的出海口。

至於秦先生的海上兵力，則由夏季屏（黃埔軍校三期步科，後累功陞至國安局上將局長）出任海上突擊總隊中將總指揮，下轄六個突擊艇隊由二十八艘舟艇編成，艇隊司令之多，難以盡述。我在島上與岸際目睹的突擊艇隊弟兄，倒也「軍紀嚴明」，不太像聯合國投訴的「海賊」；也許，何將軍正在島上查案，豪放的弟兄們此刻收斂不少。

秦先生身兼浙江省府主席，省府設在下大陳島，行政區劃屬浙江省溫嶺縣；游擊總部則設在上大陳島，轄下四個地區部與海上突擊總隊，所屬都是名揚江浙沿海的游擊英雄；雙槍女將黃八妹亦在下大陳島親自督訓女性游擊隊員，的確是位女中豪傑，令人敬佩。

浙海五湖四海豪傑濟濟一堂，人才極一時之盛。招處長曾述彼常隨秦先生乘巡艇出巡；有一晚駛經石塘嶼附近遭共軍掃射，招學長以肉身為盾，欲擋住共軍機槍射擊以保護秦先生安全，然秦先生仍屹立不移，穩若泰山，幸巡艇舵手迴避得宜，全艇無人受傷。秦先生在前線之冒險犯難，常令部下敬服。雖然參謀本部曾誤植我「於一九四八年四月隨胡宗南上將參加陝甘邊區隴東戰役有功特頒褒狀」，但我無緣像招德培學長可追隨胡將軍在浙海出生入死，殊為憾事！

招處長所談大陳敵情威脅非常詳細，他堅留我吃午飯，我因午後開航而辭謝；他說那也不妨哥兒倆提早用餐，他今晨購得一條新鮮大鯧魚，足夠兩人吃飽，遂立即命廚師蒸魚，十分鐘之後上桌。兩人淺嚐大陳黃酒以助興，大快朵頤。招處長餐後命副官親送我回艦，其時艦上正在「飯廳擺桌」。

其實艦上官廳所有桌子均固接在官廳甲板上，「擺桌」只是個擺餐具、上菜、添飯動作名詞而已。在士兵餐廳是拿餐盤格排隊打飯菜，官廳則按美軍傳統，官佐入席用餐時不用離座取菜添飯倒茶，由食勤兵在側服侍。我因在岸上以鮮鯝佐餐，肚子粒米未進，遂於官廳再飽食一頓。

我編寫的專送高賓行動準據，全艦各部門照表執行，平安落幕；何中將登島查案，間接導致一個月後浙海防務洗牌，正規陸軍前推進駐主導浙海攻防的部署。然俯首聽命於西北王的浙海各路游擊隊，慣於自活自戰，根本不甩駐島正規陸軍的指揮。

三、海軍首次敦睦遠航　亂局接掌永定軍艦

圖 10.4　1953 年 8 月作者任職太湖軍艦（舷號 25）中校副長，逢海軍首次敦睦遠航菲國馬尼拉港，敦睦支隊另有屬艦太昭軍艦（舷號 26）納編（鍾漢波數位典藏）

斯時韓戰停火，美國指定我政府於 1953 年劃設「臺灣防空識

別區」（Taiwan Air Defense Identification Zone, TW- ADIZ）空域，防空識別區北起我江浙人民反共游擊總部突擊三大隊駐守的浙海漁山列島，南迄巴士海峽，非常霸氣；外國籍飛行器事前未經我國國防部特許而逕行闖入我防空識別區空域，我空軍得前往查證、攔截、驅離、接戰甚至擊落。

　　問題是，我空軍戰機有能力自臺澎耐久長航四百浬至浙海空域執行美方交付的任務嗎？我很懷疑我空軍能在 TW-ADIZ 有效制空。其實，臺灣防空識別區東接日本外防空識別區，南接菲律賓防空識別區，在西太平洋連成帶狀預警空域，防的是攜行核武的蘇俄轟炸機突穿奔襲美國本土，我空中兵力須替美國、也替自己守好臺灣防空識別區的空域。

　　本艦泊於大陳島群時，艦上 CIC 接獲密電，第四艦隊部少將司令黃震白（電雷學校航海科 1934 年班）率十三艘二級艦與三級艦，支援美國 CIA 中情局指導的兩棲空降突襲福建東山島任務，惜因三軍協調紊亂功虧一簣。

　　突襲東山島失敗後，按照美軍顧問團蔡斯團長的檢討與訓斥，海軍艦訓部遭裁撤，復編艦指部一統所有艦艇的作戰指揮以提高戰力，各艦隊部僅負責維保與演訓。艦指部少將指揮官一職，由美軍顧問團推荐副總司令黎玉璽兼，副指揮官卻由原艦訓部少將司令梁序昭（烟臺海校駕駛科 1925 年班）擔任；梁序昭也當過海防第一艦隊代將司令，比黎玉璽高九個年班，正副主官資序嚴重倒掛，看得出美軍刻意栽培黎玉璽。這與美軍顧問團蔡斯團長強勢力挺留美的孫立人將軍連任陸軍總司令，不甩陸軍將領的排資論輩倫理如出一轍。

　　三個月後的 1953 年 10 月，海軍奉命成立任務編組型態的

「大陳特種任務艦隊」，抽調並納編行政編組各個艦隊部的六艘作戰艦與兩艘補給艦，構成 TG 特遣支隊型態，接受浙海防區陸軍的作戰管制。此舉，開啟了一艘軍艦在海軍有三個婆婆的先河，例如本艦泊於大陳港時旁靠向我領取臺灣寄達裝滿信件郵袋的 PC 洞庭艦（後易名為靈江軍艦），她第一個婆婆是行政體系隸屬的第二艦隊部，第二個婆婆是她作戰體系隸屬大陳特種任務艦隊部，第三個婆婆是大陳防區陸軍司令官對她遂行作戰管制。

此際海軍的作戰體系在美軍顧問指導下，整編各級指揮機構。海軍的兩隻拳頭，一是陸戰隊司令部，另一是復編的艦指部；陸戰隊隊部相當於陸岸的軍級指揮機構，艦指部則相當於海上的軍團級指揮機構。艦指部轄管一一〇艘艦艇，下設六個艦隊部、四個艇隊部附加一個特遣支隊的混編任務艦隊部；各艦隊部是戰略基本單位，相當於師級指揮機構，艦隊部的屬艦再分成數個戰隊，各戰隊相當於旅級指揮單位，至於各艇隊部，僅相當於團級指揮機構。

韓戰停火後遠東局勢和緩，海峽無戰事。海軍總部積極規劃敦睦支隊（敦支）的出國首訪。政府遷臺首次檢派海軍敦支遠航出國執行敦睦訪問，是 1953 年 8 月下旬。當年菲律賓富甲一方，又有駐菲的美軍撐腰，是年菲律賓海軍司令佛朗西斯科代將（CDRE Jose Francisco, Flag Officer-in-Command, Philippine Navy）率領菲國艦隊來臺訪問後，主動邀請我國派出敦支訪菲，明的是促進雙邊軍誼與邦誼，暗地裡是拿捏我海軍遠洋戰力斤兩，是否能抵檔共軍侵臺，作為菲國本土防衛的戰略布局依據。我海軍為報聘菲海軍訪臺之盛情並促進雙邊邦誼，經由海軍總部呈請國防部核准，此乃首度派遣敦支出國訪問之先河。

　　敦支納編第一艦隊部的 DD 丹陽艦、DE 太湖與太昭艦三艘屬艦，以甫修復成軍的丹陽軍艦為旗艦；馬老總親自帶隊，政治部趙主任駐艦監軍，艦隊部劉司令在旗艦壓陣。丹陽軍艦由第二任艦長俞柏生上校指揮，航前會議馬老總作結論時裁示，敦支的屬艦太湖副長我本人，負責抵菲後接待僑團參訪各艦。

　　航前會後馬老總召見我：「蔣總統非常重視菲國華僑，僑領們為了反攻大業捐款不遺餘力，總統囑我抵菲後要好好接待僑團參訪軍艦。你幹過駐外武官也幹過我的總部交際科長，接待華僑這檔事非你這個資深副長不可！」馬老總意味深長地對我再補充一句：「我倆是不是兄弟，就看你這一把的表現了！」

　　總司令要與我這個資深副長建立他個人的人脈、稱兄道弟搏感情，話中有話我懂，他僅長我五歲就匆匆上任接替桂永清的大位，非常擔心總司令位子坐不穩，指揮不動部屬。像這回敦支的中將總司令、少將艦隊部司令、上校艦長都是青島海校同窗擠在旗艦上，仕途先來後到在所難免，兄弟登山就各自努力吧。旗艦尚載有海軍總部將校幕僚多人隨行，並有新聞記者隨艦採訪，馬老總力求表現，可以理解。

　　接待華僑？小事一件。依照我上個月編撰接待高賓何世禮中將的行動準據，臨機酌情增減訪賓人數與參訪動線即可。比較讓我思考再三的，不是接待僑團訪艦，是本艦有海軍官校四十餘位應屆畢業生首度隨艦出國遠航見學。憶及 1935 年我在黃埔海校的艦訓見習，將心比心，官校生一定恨不得在航途中多學些。因此，本艦除遵照總部策頒「官校學生艦訓實施要點」外，航途中我還親自督教，確保本艦官兵認真教導應屆畢業生；年青準軍官內有同鄉子弟蔡義聲、胡煥昌與王樹銘共三員，爾後公餘這些流

亡學子逃來臺灣投身軍旅的軍官，常到我眷舍幫忙打雜，相處如同家人並與玲兒、堅兒成莫逆之交，低三個年班的羅樹勳與唐澄心也接踵而至眷舍幫忙，更頌讚永貞「視生民如己子」。

8月17日終昏，敦支自高雄港啟航，這也是我第一次航經巴士海峽赴菲。在妮娜強颱的環流與長浪影響下，艦身劇烈搖擺；駛近呂宋島由海岸高山阻檔後，風浪始漸小，19日下午15時，航行六七〇浬後準點抵達馬尼拉港，在菲華雙方相互鳴放禮砲後，敦支靠泊第五號碼頭。馬老總率部屬在碼頭廣場接受菲律賓海軍司令之歡迎，並檢閱其儀隊；此際蜂湧而至之我國華僑聚集於碼頭，人山人海擠得水洩不通，熱鬧非凡。

第一位搶登本艦的訪賓不是僑領，是我國駐菲海軍武官周家聰中校，而且指名要立即見我。周武官夾著公事包在駕駛臺劈頭就說：「老弟，來艦參訪的僑團陸續增加，目前已有八十六批，他們盼望三艘軍艦都要登上參訪，你看著辦呀！」周武官丟給我一疊僑團資料，逕自忙別的事去了。四個白晝要接待近百批僑團共五千餘位愛國僑胞蒞艦參觀？每批僑團登艦參訪攤平時程，最多也只有半小時，連在官廳喝杯臺灣高山茶的時間都不夠！

我馬上電話連絡 DD 丹陽艦副長關儀（黃埔海校航海科肄，軍官補訓班航海一隊比敘海校 1940 年班）與 DE 太昭艦副長黃志潔，交待他倆若要接待周到，每批僑團在每艘軍艦至少要參訪逗留兩個小時，兩位剛到差的副長同聲質疑我：「皮哥學長，要怎樣才辦得到呀？」我說不打緊，每批僑團兩小時的參訪動線，艦艉登船、循參訪動線至艦艏、繞回艦舯下船，不走回頭路，每隔十五分鐘登艦一批僑團，僑團依序可挑三個半天遊覽三艘軍艦，或全天參觀所有軍艦，川流不息賓至如歸，皆大歡喜。

　　隔天，按照我修正的接待準據，動線還算順暢，唯累壞了各艦負責接待的官兵。以本艦的食勤兵為例，每天在官廳備高山茶，奉茶予僑胞至少千杯以上，四天下來累到雙手都抽筋，但看到華僑高亢的愛國情操，特別是祖籍福建的老阿嬤，摸著艦艉旗杆上飄揚的海軍旗（即國旗）頻頻掉淚，官兵們再累都值得。

　　說來無奈，褚艦長整日追隨馬老總到各地拜會赴宴，我則天天留在艦上守值，確實遵照規定實施三分之一官兵放假，三分之二留在艦上暖機守值待命，以策安全。敦支訪菲在馬尼拉港停留六天五夜，我僅短暫離艦外出過兩次。

　　第一次是抵菲當晚，參加菲律賓海軍軍官俱樂部主辦之歡迎舞會，在舞會中再度遇見我駐菲海軍武官周中校，得知此次我艦隊訪菲，多由周學長奔走安排。周武官個性活潑，在舞會中加入表演美國鄉土盛行之「方塊舞」（Square Dance）。總之菲律賓海軍完全美國化，菲國軍官更是扯高氣揚，不可一世。我雖喜好跳舞，唯職責在身懸念艦上安全，無心請女仕下舞池，菰會沒多久我即乘交通車奔返艦上。第二次離艦是 8 月 21 日帶領艦隊官兵代表，參加馬尼拉三巴樂區中華商會舉辦之歡迎酒會，國防部保密局出身的駐菲大使陳質平，菰會場致詞特別感謝海軍官兵敦訪的辛勞。

　　菲國近百個僑團送來勞軍禮物種類甚夥，多為菲國所製造之美國授權生產商品。日用品有麗仕香皂和棕欖香皂，牙膏是高露潔和固齡玉的牌子，服裝則是華商設廠所製之襯衣、內衣褲、鞋襪等，但酒品則是菲國土產蘭姆酒（Rum），由甘蔗發酵後製成的水果酒，味甜易飲後勁大，容易宿醉是海盜的最愛。馬老總規定，凡僑胞送來勞軍禮品，分由三艦攜回國內集中報繳。

　　我留在艦上看家也有好處，親眼見到僑胞之熱情，令人感動，還目睹艦上官兵的快樂時光。本艦有通信號兵乘坐馬車回艦，車上坐有五位華僑小姐陪伴，即使是白馬王子，亦難有此種又帥又酷的場面。據我所知，本艦有初級軍官及年青之 PO 軍士各一人，趁敦睦緣分認識菲華小姐，蒙其家長准許來臺成親。兩人婚後生活美滿，家庭幸福兒女成群，令人稱羨。

　　訪菲敦支於 8 月 24 日上午 8 時啟程離馬尼拉港，華僑得知事先聚集碼頭送行，萬頭鑽動，華僑子弟紛向艦上官兵索取紀念物品；水兵多半均身無長物，只得將水兵帽及黑色領結紛紛拋下，得之者如獲至寶，將水兵帽立即戴在頭上，領結掛在頸上。甚至有水兵熱情地拋下整套夏季水兵服，華僑子弟立即爭搶穿在身上。三艦慢慢離開碼頭，遠看廣場似有士兵「脫船」（我海軍俚語指趕不上搭船），實則是華僑換穿水兵服在耍寶搶搭軍艦；艦岸距離漸漸拉遠，遠望碼頭上人群已成眾多小點。別矣！熱愛國家的僑胞們，何時能再相逢？

　　沒料到兩年半之後，我赴美接受兩棲訓練，往返都途經律賓菲呂宋島，這是後話。同日下午 14 時，敦支駛抵蘇比克灣美國海軍基地，由基地上校司令柯芬（CAPT Harry Coffin, USN, 美國海軍官校 1929 年班）及華僑數百人在碼頭歡迎，並參觀美國海航兵的戰轟機飛行部隊。

　　就在莉泰中颱來襲前，敦支晚上啟航加俥返國，圓滿結束我國海軍首次敦訪菲國的壯舉。此後，因海峽風雲日緊、海戰頻仍，海軍艦指部沒有兵力可調派出國敦訪；海軍官校應屆畢業生的年度敦睦遠航出國，到 1966 年海峽戰雲消散始恢復辦理，這也是後話。

　　8 月 26 日下午，敦支返抵左營軍港東碼頭，三艦前後一字排開靠泊，搬運菲律賓華僑所贈物品，在碼頭、廣場上堆積如山；艦隊部劉廣凱司令又命我負責分類盤點、登記收繳、交庫儲存，直至深夜解繳入庫完畢，責任才算完成。「加入海軍就可環遊世界」，鼓勵我投筆從戎考上黃埔海校的貴人鄭介民一句話，在本艦赴日本大修與敦訪菲國得到充分驗證。

　　敦支在左營港解編歸建後，本艦立即展開耐久偵巡任務的航前整備，馬老總特准我休假一週返家陪眷屬，以慰我的辛勞；十天的敦睦任務，我根本沒空睡，靠意志力在撐也靠三五牌英國菸提神，一週的特休，我幾乎都在家補眠。特休完回艦，航前整備接近尾聲，我的副長年資剛好屆滿一年，海軍二級作戰艦只要有艦長職開缺，資積總分與戰績總分較高者，就有機會被馬老總拔擢直接派艦長缺。

　　當時中共還未能生產油料供軍機使用，航空燃油還都得靠進口。橫跨歐亞內陸的鐵路貨運運量少、耗時長，唯有海運的運量大、需時短；以濕貨船的油輪滿載萬噸航空燃油為例，一個航次可運抵一個殲擊師飛行部隊百架戰機一年分的耗量。韓戰停火後自 8 月開始，共黨陣營將戰略物資運往大陸的商船愈來愈多。

　　這些商船噸位大，無懼濤天巨浪，專挑颱風過境我海軍艦艇疏泊避風防颱的空檔，在驚濤駭浪中闖關前運大陸。殊不知我海軍偵知對方有此逆勢操作手段，反而在颱風圈內加強偵巡。9 月初，本艦完成耐久任務的航前整備，納編入特遣區隊（Task Unit, TU），馬不停蹄在臺灣周邊伏擊區海域往復偵巡，隨時準備攔查過往的外籍商船。

　　10 月 4 日，DD 丹陽艦依據美方情報，在衛歐拉輕颱環流

內，於蘭嶼外海成功攔截兩萬滿載噸的波蘭人民共和國籍油輪，帶岸處理，連船帶貨扣押在高雄港。本艦在基隆外的東海伏擊區犁田式往復偵巡三個多月，經歷衛歐拉、艾麗斯、貝蒂、蔻拉等四個颱風顛簸航行，未捕捉到任何漏網之魚，遂於 12 月初解編靠港整補，空手而歸。

我事後寫信向情治機關的龍佐良顧問請益，這種行徑是否合乎國際公法。他解釋，除非交戰國雙方都有向對方宣戰，才可逕自攔檢駛往對方的各國商船；我再問既然目前沒對其他任何國家宣戰，那我國可否對中共宣戰？龍顧問開示：當下中共不被我方視為國家，依國際公法我國不能對非法的次政府組織中共宣戰。龍顧問來函解釋：我國既未對外宣戰，只能依國際公法須先徵得商船的船旗國如波蘭的同意，否則我國擅自登輪檢查違反國際公法在先，事後若不釋放商船與船貨反而據為己用，行徑與海盜無差別，若再扣押海員久久不放人，更是萬國公罪。

我海軍扣下的波蘭籍油輪不但沒釋放，反而變身為賀蘭軍艦加入海軍服勤，所運載的八千噸油料與四百噸乾貨，也充公變賣標售；四十六位華、洋籍各國海員，依照個人「意願」，或長居臺灣或移民赴美，難怪聯合國要控訴我國。有美國在安理會撐腰，掠取波蘭籍油輪的案件在聯合國也就不了了之。此外，七千四百標準噸的賀蘭運油艦（舷號 305），噸位太大，也被列為我海軍的 AO 特級艦。

至於本艦犁田式的往復偵巡，亦非完全徒勞無功，在我與褚艦長陸續離職後不到半年光景，太湖軍艦於臺灣東岸外海，會同 DD 丹陽、DE 太倉兩艦緝獲一萬兩千滿載噸的波蘭籍雜貨船，扣押帶案駛入高雄港，隨後變身為重運輸艦（Cargo Ship, AK）特級

艦的天竺軍艦（舷號313）。

　　本艦12月初自左營又巡航至臺灣東岸，沿花東海岸偵巡多日駛入基隆，靠泊第三軍區碼頭整補。我趁便晉見基隆海軍第三軍區司令海軍代將曹開諫，抗戰中期我倆同在陸軍干城部隊巴萬區要塞砲指部所轄教四總隊服勤，他是中校總隊長，我是總隊第八砲隊上尉隊附。

　　我同時也接獲海軍總部與總統府的通知，蔣中正總統擇期於12月中旬召見我，這一定是馬老總拔擢我調任二級艦接掌艦長的「面試」。早年蔣總統非常重視部隊的主管職，三軍的團級部隊以上主管任命前，總統依例都要先召見再發布人令；在海軍，二級艦等同於團級部隊。在總統府貴賓廳的召見，總統非常簡短的交待我一句：「我們兩年多前才見過一次面，既然你矢志幹個作戰艦的艦長，那就好好去幹！」總統話講完就有急事先行離去。

第拾壹章
浙海一江山國共對戰

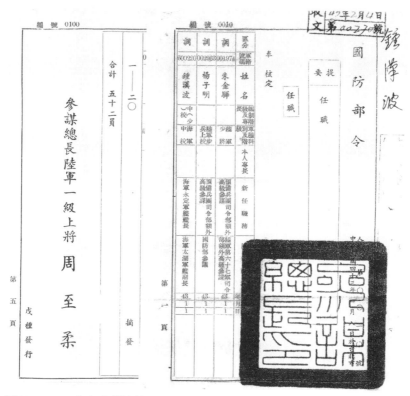

圖 11.1　1954 年初參謀總長周至柔簽署的作者人令（第三位）接掌永定軍艦，人令字號 43 字 0010 號（鍾漢波數位典藏）

一、巡守定偵一江海域　陸軍錯用海軍艦艇

圖 11.2　1954 年 2 月作者率永定軍艦專送陸軍王生明上校赴浙海南麂山島就職地區部司令官（鍾漢波數位典藏）

　　12 月 25 日我接獲海軍總部令，接任 AM 永定軍艦艦長即日生效；紙本人令於 1954 年 1 月 8 日由參謀總長周至柔簽署頒授作者，人令字號 43 字 0010 號。以海校年班計算，我當永字號 AM 艦長遲了至少五年，但總算得償夙願，圓了我入海校報效國家之夢。我向褚艦長報離後，依依不捨地向太湖軍艦告別，我在太湖軍艦幹了十五個月的副長，任內累計偵巡海程超過萬浬。太湖一級艦在我申退後，因艦機老化於 1975 年除役，功成身退。

　　臺海動盪變局下，我立刻由基隆港搭乘即將發車的臺鐵普通列車南下左營，向第三艦隊部所轄四艘同型屬艦的三一戰隊報到，接掌艦齡九年半的永定軍艦第八任艦長。早年搭乘燒煤的蒸汽火車很折磨人，不但煤灰漫溢車廂，孩童哭鬧不休，公廁屎尿溢流臭氣迷漫，逢站就停讓高級列車優先過站，但兩站間偶而也

會煞車急停，禮讓水牛群漫步跨過鐵軌。夜間9點自基隆站發車，一路走走停停，折騰十一小時後於隔天清晨8點方抵左營站。

第三艦隊部的上校司令是崔之道，抗戰期間我倆都在陸軍干城部隊巴萬區要塞砲指部服勤，他是教三總隊六隊的少校隊長，我是教四總隊八隊的上尉隊附。崔司令亦兼大陳特種任務艦隊部的首任司令，率領艦隊部少數且必要的參謀群赴前線駐蹕旗艦，人不在左營。我先拜候艦隊部的上校政治主任陳學平，他將永定軍艦的關防方塊章給我攜至浙海前線呈交崔司令於艦長布達式責付；陳主任再以他的美製保險櫃當場示範，教會我如何更改艦長室保險櫃的開鎖數碼。

我轉頭再找同窗陳慶塹，向他請益如何當個優秀的艦長。七哥先馳得點，早在五年前就擔任永嘉二級艦少校艦長，依戰功再調陞太倉一級艦中校艦長，現在已高陞上校仍在第一艦隊部當參謀長兼戰隊長。

「滯皮，艦長既要面對上級命令、同級協調、督導屬艦，又要面對複雜多變的作戰環境，的確是個挑戰。要幹個稱職的艦長，記得下達決心、付諸行動同時要快、要準、要狠。永定軍艦前任艦長熊德樹（青島海校五航乙1940年班）早已他調，軍艦正在高雄旗津海軍第四造船廠（海四廠）塢修進入尾聲，低你十一個年班行伍舵手出身的上尉副長繆士閑代理艦務，管理鬆弛凌亂，趕快去整頓！」

經七哥快、準、狠一席話指導，我茅塞頓開、信心滿滿赴任。舷號45的永定軍艦，是美製AM鐵殼掃雷艦，由美國俄亥俄州美洲造船公司（American SB Co.）所承造，於1943年6月5日下水，隔年2月28日成軍，在美軍服勤原艦名編號為AM-259

Lucid；她也是抗戰末期我國借艦參戰的美援軍艦。本艦六五〇標準噸，艦身全長 LOA 為一八四點五呎，舷寬 BOA 為三十三呎，滿載吃水 DFL 為九點五呎；海軍十五艘同型艦，僅有六艘仍備有掃雷裝具及除雷特業功能，永定軍艦是其中之一，其它友艦則拆除鏽蝕損毀的掃雷機具改裝為 PG 砲艦。

此外，艦上作戰裝備包括 SL 微波平面雷達、QGB 型攻潛聲納，槍砲口徑等均與太湖軍艦所配備者完全相同；固接火砲有三吋主砲一門、四十毫米單管高砲兩門、二十毫米機砲六門、艦艉備有深水炸彈施放軌架兩座，左、右兩舷各兩座 K 砲拋投，攜行六十枚深水炸彈。不過，本艦畢竟僅為一艘掃雷艦，不若 DE 護航驅逐艦設有 SA 對空搜索雷達與艦對艦 VHF 無線電對話機。

這艘掃雷艦帶有固接掃雷機具，其所佔艦上空間，從艦舯至艦艉幾乎有半艘軍艦長度，是掃雷隊官兵的作業場所。艦上因塞滿掃雷機具，故槍砲配置僅及太湖軍艦的三分之一。兩部通用公司 GM12 型柴油主機馬力共一七〇〇匹，額定最高出力下帶動雙俥的戰速可達十四節，油櫃滿載一四〇噸輕柴油，十節航速的續航力高達九千浬。

海四廠位於高雄旗津，修船機具與塢架由美軍提供，修船工匠以舟山群島撤來的上海江南造船廠技師為主，輔以留用「技術員兵大隊」完訓轉業的臺籍元帝國海軍造船兵科之工匠，由駐廠美軍技勤顧問監修。我趕到海四廠塢架上的永定軍艦，要求守值的繆副長把其他軍官與 CPO 軍士長共十四名，還有士兵六十六名限時召回，我要立刻訓話。繆副長曾在太湖軍艦擔任過上尉艦務員，我倆有短暫的長官與部屬關係，算是舊識；日落前，繆副長總算花了九個小時才把全艦官兵召齊，我在塢前碼頭面朝講話

隊形的官兵，嚴肅地訓勉：

「本艦有優良的傳統，艦長我只有一個要求：軍有軍規、艦有艦規，在本艦服勤的官兵須恪遵艦規。」我接著說明：「什麼是我的艦規？本艦所有裝備均附有原廠說明手冊與操作手冊，艦隊部也策頒航行操演教範與作戰教令。這些手冊、教範與教令彙編之目的，是週全完善應急步驟，避免本艦全戰力的崩潰；手冊、教範與教令是防止各位僅憑記憶而非憑技令、防止各位照習慣而非照程序、防止各位靠態度而非靠制度、防止各位講人治而非講法治。各位遵照手冊、教範與教令施作，就可確保本艦航安、人安、物安。這，就是我的艦規。」

說畢我交代繆副長，著手航前準備。依塢修期程，明天要下塢出海進行廠修期中檢驗試俥。不到兩坪大的艦長室，果爾在書桌下有個美製的保險櫃，我用艦隊部政治主任傳授我的絕活，不用五分鐘就完成換新數字密碼。

本艦除反艦、攻潛與防空，最特殊的戰力是清除水雷、開闢安全航道。掃雷機具包括有掃除繫留水雷及掃除磁性水雷兩種裝備。在主甲板下的艦舯內艙，有三個固接轉盤，大的水平轉盤用以收藏掃除磁性水雷用的「電纜磁尾」，左、右舷的小垂直轉盤用以收藏掃除繫留水雷用的鋼索。整個後甲板兩舷放置兩個顯眼的白色掃雷浮標（Minesweeping Buoy），其大小形狀，極似戰鬥機所外掛的副油箱，浮標連同吊架均置於艦艉甲板。

掃雷艦的掃、除雷部署有六種，茲分述如下。

一是「消磁部署」，每一艘艦船，造船時從船廠的滑軌上安放龍骨開始，到完工交船為止，整日不斷地敲敲打打，受了地球磁場的感應，因此所有艦船都像一塊大磁鐵，這正是磁性水雷

的目標；鐵殼的掃雷艦艦體，到處均設有消磁線圈，在掃雷前須實施艦體消磁，這種掃雷隊官兵配置就稱為消磁部署。

二是「電纜磁尾掃雷部署」，簡稱磁尾掃雷部署。由艦上放出一條長長的電纜，在電纜的尾端產生強力磁場以掃除磁性水雷，這就是磁性掃雷。磁性水雷也不單純，其內裝有「計次器」者，竟有十二次之多的能力；換言之，即須有第十三艘艦船在其上通過才予起爆。磁尾掃雷總是希望能檢到個「熟柿子」一次引爆搞定，否則掃一次只能為「柿子」加熱一次而已。

三是「右舷掃除繫留水雷部署」，其作業是從艦舯內艙的右舷垂直轉盤放出鋼索，鋼索末端拖著白色掃雷浮標，用以驅動掃雷鋼索向右張開。鋼索上掛有七至九把鋸齒狀鋼刀，須沉下水中十餘呎用以割斷繫留水雷的繫索，淺了或露出水面，鋼刀也無用處。斷索的繫留水雷浮出海面，本艦再用二十毫米機砲彈將之射爆，或射穿進水使其沉沒；若射不穿也不爆，則用艦艉之四十毫米高砲的穿甲彈轟擊之，水雷中彈立即爆炸。

四是「左舷掃除繫留水雷部署」，與上揭右舷掃除繫留水雷部署同。

五是「兩舷同放掃除繫留水雷部署」，即上揭項三與項四同時作業。

六是「兩舷同放掃除繫留水雷加電纜磁尾掃雷部署」，即上揭項二與項五同時作業。

以上就是本艦掃雷隊官兵的六種掃雷部署。

我登艦之翌日，奉准於 12 月 28 及 29 日實施為期兩天的廠修期中檢驗試俥，出海航行檢驗裝備。第一天出海航行，檢驗舵機效應與查核 SL 微波平面雷達及 QGB 聲納操作是否正常。第二天

出海航行，航向正南（方位一八〇），在小琉球嶼正西二十浬海域以右舷Ｋ砲拋射出深水炸彈，測試其定深與爆炸時間是否吻合，爆炸時只見白色水柱沖天而出，威力甚為驚人。隨後繼續南航，實施兩舷同放掃除繫留水雷加電纜磁尾掃雷操演。返航駛至原施放深水炸彈附近水域，但見漁舟、漁筏齊集撈魚，魚翻白肚顯然是被深水炸彈炸昏，而今漁民則爭先恐後撈魚，據為己有。

返左營港靠碼頭時，我再派工敲銹並油漆，以整潔艦容。由於我在太湖軍艦副長任內見證過整個塢修期程，知曉敲銹有個訣竅，無論銹蝕之處大小形狀，敲銹範圍一律將周邊擴大為正方形或長方形，然後按教令規定，面積大的用電磨機打磨，面積小的用木柄鋼絲刷磨。擦磨光亮後立即漆上紅丹或黃丹底漆，只有丹漆才能粘得住鋼板，最後再依次用防繡漆與表漆塗在丹漆之上。為什麼一定要敲成正方形或長方形呢，這是為了將來在其旁邊敲銹時，容易接邊，使油漆不論先後新舊，都方方正正的連接起來，不然就成塗鴉景象，艦容就不雅了。

1954年元旦休假一天，左營的駐福爾摩沙美軍顧問團海軍組於1月4日及5日兩天派海軍中校顧問白朗（CDR C. Brown, USN）來艦督導廠艦會試驗收，順道督考我們的進出港操作、磁羅經與電羅經之啟動與修正、六分儀與測距儀之使用、雷達與聲納之操作及掃雷機具之收放等，足足會試兩個白晝，才逐項驗收合格。

第一天午膳時間，食勤兵端來一盤豐盛的火腿蝦仁蛋炒飯到駕駛臺來，白朗顧問卻嫌油膩搖頭不吃，如此未盡招待禮遇使我心中非常難過自責。到了下午我心想，不能讓美國顧問挨餓，我命食勤兵到販賣部買了兩包牛肉乾，我說：「中校，這是Local

Beef Jerky，請品嚐。」他吃後大呼 Delicious（好吃），這足以證明美軍顧問並非藐視華人料理，而是沒見過炒飯。的確，我在昆明服勤時很多阿兜仔都厭惡炒飯。顧問說他明天會自備午餐，不必麻煩我們，我當然領首示意。我覺得這樣也好，以免彼此尷尬；阿兜仔所謂自備午餐，無非是帶些三明治加沙拉而已。

　　1月6日，本艦回靠海四廠碼頭，因無需入塢，僅旁靠碼頭即展開為期半個月之出廠前檢整，主要是整備艦上兩部柴油主機及發電機。透過海四廠留用元日本帝國海軍臺籍工匠領班老劉的全力配合翻修，本艦很快就獲得美方輪機監修顧問的認證出廠，執行出海公試過關。不過，領班老劉私下告訴我，艦艙兩部發電機都有瑕疵，大修後能撐多久他不保證，只要不同時損壞，尚勉可維繫戰力不墜。

　　檢修完畢後，本艦從高雄港駛返左營軍港，即奉命整補三天，整補完畢後立刻開赴浙海前線作戰。這三天本艦十分忙碌，加油水、添增主食米糧、採購副食生鮮蔬果魚肉，軍用副食罐頭塞滿庫櫃。當時海軍副食供應處尚未創設，況且又值農曆春節之歲暮，故需多購副食鮮品以備前線過年，CPO 軍士長須遠赴左營蓮潭邊的哈樂市場採購耐久食材。此一市場凌晨4點開市，一如鳳山兵仔市場，無論蔬菜、魚肉均較市價便宜約兩、三成左右。所幸 CPO 軍士長向艦指部申請到卡車一輛，否則得要步行扛運大量副食鮮品回碼頭。至於官兵盼望的，是預發薪餉讓家眷好過年，無後顧之憂。

　　本艦補充加倍的彈藥基數及損管資材合乎作戰標準後，計九四○滿載噸，於春節前十天的 1954 年 1 月 25 日整補完畢啟航，向北朝向浙海以戰速航行四百浬。艦長負全艦成敗所有責

任，無論泊港或出海，我都秉持戰國初期先賢兵書《吳起兵法》料敵篇所揭示：「理者，治眾如治寡；備者，出門如見敵；果者，臨敵不懷生；戒者，雖克如始戰」奉為座右銘。即便浙海前線沒有水雷的敵情威脅，布署掃雷艦在外島充其量僅給守島陸軍當 PG 砲艦用，我率本艦受命不辭，也沒有選擇戰場的權利，就勇敢的去正面迎敵吧。

27 日下午本艦抵達大陳港，島上沒有海軍岸勤裝備設施，全賴泊港補給艦負責油水及彈藥之供應，另有修理艦提供緊急維修。大陳山列島既無導航燈塔，港口亦無紅綠助航燈標，全靠艦長的看家本領，日間靠目視航行進出港，夜間則依賴艦上平面雷達導航。

本艦在大陳港指定泊位下錨後，向海軍大陳特種任務艦隊部 DE 太康旗艦報到；崔司令在旗艦召見我，老袍澤見面後非常熱絡，隨後崔司令在本艦主持第八任艦長布達儀式，在敵前的儀典簡單、快速但隆重。這次我航抵大陳所見，與半年前我當太湖軍艦副長時迥然不同。去年我隨艦抵大陳山列島，以太湖一艦為尊，僅有 PC 洞庭艦碇泊，加上漁船、舢舨來往上下大陳如鯽。而今艦隊部大小軍艦碇泊港內凡六艘之多，有太字號 DE 艦、永字號 AM 艦、江字號 PC 艦、中字號 LST 艦及 AKL 運輸艦等。

本艦在大陳港碇泊時，聞知秦先生去年 8 月離開浙海前線返回臺北入國防大學受訓，由陸軍中將劉廉一（中央軍校六期步科）率第四六師進駐大陳山列島，以正規軍為主設立大陳防守區司令部（防守部），掌管漁山、一江山、披山及南麂山等四個地區部，並將秦先生指揮的江浙人民反共「游擊」總指揮部，改組為江浙人民反共「救國軍」總指揮部，隸屬防守部，劉廉一司令

官還兼反共救國軍總指揮以整飭軍紀。

原海軍溫臺巡防處上校處長招德培，亦於去年 9 月調返海軍總部服勤；接任巡防處的中校處長陳振夫（電雷學校轉青島海校五航甲 1939 年班）之辦公室，也由下大陳島遷往上大陳島；大陳山列島之防務，由四六師少將師長羅揚鞭（中央軍校十一期工兵科）負責，至於四個地區部，仍由反共救國軍六個大隊分別駐守，大隊兵力規模相當於一個加強營。

韓戰停火後大批共軍部隊抽離朝鮮戰場南移，準備解放臺灣；共軍要血洗臺灣之前，須先拿下國軍戍守的一長串外島以清除路障，這長串外島離臺灣最遠者也最易被攻佔者，是為浙海各島群。特種任務艦隊部崔司令下達命令：馬老總對本艦隊的任務指導原則，核心作戰任務是與空軍協力邀擊共軍艦隊主力，遂行決戰將其擊滅，確保制海權；次要任務才是支援駐島守軍殲滅來犯之敵。本艦具掃雷功能，即便共軍沒有布雷能力，崔司令本「料敵從寬」，著令本艦每次進出各島錨區及航道時，均須執行掃雷作業。

往後十個月，本艦除返臺緊急修理整補外，都在浙海作戰；但防守部的陸軍對海軍特種任務艦隊的作戰管制，與馬老總的艦隊主力決戰構想大相逕庭。本艦的特種任務概分四類：一是定偵、二是哨戒，三是專送，四是機動接戰，茲分述如下。

第一類是定偵任務，全由大陳防守部司令官下達「分區定偵」命令，將任務艦隊切割打散，致使艦艇無法集中發揮優勢火力。陸軍要在山頂觀測所用高倍望遠鏡看得到我方艦艇來回定偵，方得安心，甚至在海圖上規範定偵航線與轉向點，不可逾越更不可擅離航線。陸軍這種把海軍視為守望保全的思維，執行久

了，待敵軍摸清本艦航行模式後，可輕而易舉伏擊得逞。定偵任務，佔了本艦在浙海偵巡海程一半以上。

第二類是哨戒任務，也是由守島地面部隊對海軍下達「疏散配置」命令，將任務艦隊屬艦派至各島駐防，致使各屬艦難以聚攏，形成優勢拳頭戰力。大陳防守部所屬四個地區部，把支援作戰的海、空軍當作附屬消耗品過當運用；地區部比照空援申請模式，下令島礁守軍可依「一般海援」、「緊急海援」指揮我艦駐泊哨戒。守軍在海圖上劃定我艦哨戒海域範圍，山頂上既可看得到哨戒艦，還可填補守軍的火網死角。這種以陸制海過時的舊思維，根本無視於艦艇在海洋的機動特性。本艦在漁山、一江山、大陳山、披山、南麂山的哨戒任務，佔了浙海偵巡海程的三成。

第三類是專送任務，還是由大陳防守部司令官下達。防守部直屬的游擊隊屬艇，火砲單薄、耐波性差、內艙簡陋，故由海軍艦艇負責專送防守部高階長官及家眷、美軍顧問、美國 CIA 中情局幹員往返各島礁間，頗似海上免費計程車的服務。本艦官兵對專送任務特別喜愛，然並非藉機巴結高階長官，而是點與點間的專送，可讓本艦完全恢復在海洋的機動作戰特性，我可自由選擇最有利模式作戰備航行。自漁山至南麂山間百餘浬的往復專送，佔了本艦於浙海偵巡海程的一成。

第四類是機動接戰任務，仍然由大陳防守部司令官下達，而非由海軍作戰中心指揮。國軍在浙海的三軍聯合作戰完全走調，三軍之間相互指責對方濫用己方資源，相互間通聯也極不順暢，致使聯合作戰力道大打折扣。姑且不高談三軍如何聯合作戰，就連防守部的陸軍都指揮不動地方游擊隊；在浙海的機動接戰任

務，佔了本艦不到一成的偵巡海程。

本艦不論是定偵、哨戒或專送，我都臨機下達備戰操演，且特別加強夜戰操練，因為浙海情勢對我方較有利的接戰時機，是空中威脅全無的暗夜。大陳防守部司令官依各方敵情威脅指向與威脅程度綜合研判，認為一江山遭敵攻奪的威脅公算最高，在往後十個月間，我在本艦戰備航行中也都目賭印證無誤。雷達螢幕上的水面大型目標、小型高速目標與日具增，前者是共軍大噸位作戰艦，後者是共軍小噸位 YP 巡艇與 PT 魚雷艇。本艦駕駛臺對空監視哨，也發現高空飛行的慢速機還有拖著凝結尾的快速機逐日增多，前者是共軍螺槳轟炸機，後者是共軍噴射殲擊機。

大陳山列島扼制浙海臺州、溫州兩港埠，封鎖兩地出海口，戰略地位重要。其間的海域在大陳西南九浬有積穀山、西北八浬有一江山列島，等同於大陳守備向對岸伸出一南一北兩個矛頭；積穀山已失守一年，一江山列島不能再失。本艦因甫完成塢修，美軍顧問的戰測考核，評定本艦戰力在巔峰狀態，故我於報到後隔天，優先受領敵情緊繃一江山列島的定偵任務，間或夾雜著防守部各島間的哨戒與專送任務。

1 月 28 日，本艦銜命駐防一江山列島；一江山列島是以較大較長之北一江島與較小較短之南一江島所組成，兩島間有三百碼寬水道。我艦抵達後即依大陳防守部命令，在一江山列島南兩千碼之線向正東（方位〇九〇）航行十五浬至上大陳島正北；駛抵該島東側經線後，即折回向正西（方位二七〇）航行十五浬至一江山列島南，再折返向正東巡弋，如此週而復始，而我艦錨位則位於一江山列島水道西口。至於大陳防守部的參謀為啥定出此一死板呆滯的固定偵巡線，則不得而知。

　　另外，在大陳島以東，則有南北巡邏線，北至漁山列島，南至下大陳島以南，由友艦負責固定航線往返南北偵巡，故大陳山列島之北方與東方海面，在陸軍將領看來，安全應無顧慮。

　　2月2日我艦在巡弋線上過舊曆年，因為實施戰備航行部署，以致全體官兵不能聚集餐廳享用年夜飯，僅能分三批在戰鬥部位上用餐。其時，共軍已開始集結大批主戰軍艦及PT魚雷艇於浙海舟山基地，伺機向大陳水域滲透。

　　2月中旬，我艦奉命專送一江山地區部副司令官陸軍上校王生明（中央軍校軍官訓練班一期），赴南麂山島升任南麂地區部司令官，我艦完成專送任務後，隨即返航一江山防區。這也是我首次與這位戰鬥英雄面唔，航行途中得瞻仰其風采；王司令長我七歲，但我倆一見如故稱兄道弟，戰備航行中我倆傾談局勢甚久，如今憶及仍歷歷如繪。南麂山島至一江山列島，海程七十餘浬，往返一趟連同接送，一共需時約二十小時左右。

二、戰雲密布鯁門海戰　凸顯三軍不和癥結

圖 11.3　1954 年 5 月作者率永定軍艦於總統訪視浙海前線在大陳港「疏散配置」哨戒偵巡（鍾堅提供）

　　本艦專送王生明司令官任務完成駛離南麂山列島後，即在開闊海面向北北東（方位〇三〇）航行，依令駛返一江山列島海面偵巡。不久，聲納操作手回報有條大鯨魚，在我艦右舷前方向西游進，悠哉遊哉一面噴水一面浮沉，正好在我艦航道前。如撞上這條龐然大物，必導致兩敗俱傷，我遂下令停俥，讓牠先游過去，豈料只一下子就再不見其蹤影。

　　及至我艦滑航至停止時，發現這條大鯨魚竟在我艦右舷靠艦舺旁，魚身緊貼艦體，居然超過艦身長度三分之一；這條巨鯨少說也有五十呎長，在水面下一尋深，靜止不動，清晰可見。有瞭望水兵在駕駛臺笑說，這條鯨魚旁靠是來哺乳吃奶，引得哄堂大笑！說笑話的槍帆兵也不無道理，鯨魚是哺乳類動物，她可能以為我艦是條大母鯨，亦未可知。所幸它停靠艦旁時間很短，離開艦身後向東慢條斯理般浮沉噴水游走，我艦遂繼續北航，聲納接觸大鯨魚的迴跡逐漸減弱終至消失。當值的 COP 軍士長非長迷

信，在駕駛臺碎碎唸著巨鯨不見容於艦船侵踏其生活海域，遇到巨鯨逼近，對本艦言是凶兆。

3月16日子夜返抵一江山列島海面防區，大陳特種任務艦隊部司令恰逢半年定期輪調，崔司令調回左營高陞代將，由我的老長官第一艦隊部司令劉廣凱接掌第二任的司令。劉司令秉持馬老總交付艦隊遂行水面決戰的理念，召集各屬艦艦長，下達「見敵必戰」指示，運用艦隊集中兵力的優勢、發揚艦隊機動、攻擊特性，主動積極出擊求戰。劉廣凱司令很霸氣，無視大陳防守部對本艦隊下達「分區定偵、疏散配置」的命令，遂與防守部劉司令官的衝突不斷升高。

3月18日，海峽兩岸戰機首度在浙海上空交鋒。駐防桃園的空軍五大隊七架 F-47N 霹靂式螺槳戰鬥機，在大陳空域遭遇共軍駐寧波海航二師六團四架 MIG-15 噴射殲擊機，我空軍一架戰機遭打下墜海，本艦奉閃急電文之令馳往交戰空域的海面搜救，唯未尋獲我空軍二一九號機殘骸碎片，亦未找到二六中隊殉職少校飛官李麓英（空軍官校十八期）的忠骸。抗戰末期我在空軍官校當了兩年半的教官，在十六期航空班入伍教育、照相判讀第三期與偵炸第四至十期等班隊授課，教過的學生近千人，私下我也體驗過 AT-6 攻擊教練機的試駕；對臨空協戰失事的飛官，我都視同兄弟手足。

大陳防守部於3月底下令：一江地區部所屬突擊第四大隊，立即檢派游擊隊前推，由本艦掩護占領一江山列島與大陸間的四個真空島，作為大陳山列島守備外圍的外圍，這些一江山北面四浬外的無人島礁，由近而遠依序為頭門山島、東磯山島（或稱田嶴島）、高島（或稱大田嶴島）、鯁門島（或稱雀兒嶴島）。後

兩島合稱東磯列島，兩島間狹窄的海面，稱為鯁門水道。孰料我游擊隊登島後，僅留下少許監視哨，占島主力擅自撤出搭漁舟返防；游擊隊自作主張退兵，集中武力固守一江山列島，防守區劉司令官竟也毫不知情，直到兩個月後共軍登陸占領這些真空島，游擊隊私自退兵才被揭發。

4月初本艦接到密電，海軍的艦指部又由美軍顧問團下指導棋，在艦指部內復編艦訓部統合艦艇演訓，艦訓部少將司令由王恩華履任，我在青島海校任職少尉教育副官時，王恩華是上尉教官。美軍顧問團還指導艦指部底下新編兩棲部隊司令部，專責登陸作戰，首任少將司令由艦指部副指揮官梁序昭調任，順勢解決艦指部黎指揮官與梁副指揮官資歷倒掛的窘局。

4月中旬，本艦赴南麂山島「分區定偵」駐防三天。巡弋浙海兩個多月來，從左營帶來的蔬菜早已耗盡，艦上兩位伙委遂搭小漁舟登島，採買青菜。我著令伙委帶鳳梨罐頭半打，贈送給王生明司令官並致問候之意，蒙王司令官回贈老母雞一隻。採買青菜任務則徒勞無功，因時值旱季無菜可收成；南麂軍民非常熱心，帶本艦伙委至島上野地，並幫忙採摘野莧菜達五斤多。伙委又在島上小店搜購廉價丁香魚乾數斤，雖然買不到什麼像樣的副食品，總算沒有空手而回。

王生明司令官派人送來南麂地區部所飼養的老母雞一隻，我不便獨享，遂下令交艦廚煮雞粥，大家消夜分嚐。本艦八十二位官兵吃一隻雞煮粥，近乎開玩笑，但食勤軍士卻樂於從命，說聲：「要得！」就動手殺雞，大鑊煮粥、小鍋燉雞。雞燉好了之後，雞湯倒在稀飯裡，雞肉則用絞肉機絞成肉糜，雞頭雞骨、雞頸雞腳統統剁碎炸酥，一併投入稀飯之中重熬，於是遂成鮮美雞

粥，食勤兵拿了一碗雞粥熱騰騰地冒氣給我，但見稀飯不見雞，食之感覺略有雞味而已。此種有名無實的雞粥，在戰備航行中吃來似乎歡愉多過營養，友軍的體貼暖在心窩裡。島上游擊隊駐軍與王司令官的情誼，洋溢在艦上的消夜雞粥中。

南麂山島的野莧菜枝葉太硬，不宜炒食，只能放湯，食勤兵久煮到熟爛後倒也屢軟可口，全艦官兵每人祇能分得一箸，野菜湯亦稍有些菜味。南麂山島的丁香魚混炒辣椒、豆豉，則香味四溢；眾人胃口大開，無懼浙海狂風巨浪，反而多吃了碗白米飯。隔天南麂山島的野莧菜及丁香魚乾一餐即耗盡，艦上副食祇有繼續吃軍用罐頭的份兒。軍用罐頭包括紅燒豬肉、紅燒牛肉、油酥鰻魚、軟熟黃豆等，初嚐罐頭食品時無不甘美，但餐餐吃久之後，也會厭食反胃作嘔。

浙海前線駐島守軍過度申請空援，讓空軍不堪其擾，加諸大陳防守部陸軍與海軍理念不合，且敵軍又蠢蠢欲動，蔣中正總統突於 5 月 7 日搭乘 AO 峨嵋艦前來大陳山列島與南麂山島視察，探究三軍相互衝突的根源。

蔣總統就地指裁三軍須摒棄軍種本位成見、齊心合力相忍為國，否則美軍顧問團會逼我們撤出浙海諸島。總統在上大陳島山頂遙望浙江老家後，就一語不發黯然離去；這是蔣總統此生最後一次訪視浙海諸島，也是此生最後一次眺望浙江省故鄉，但卻沒有緩解三軍衝突，爭執依然存在。總統訪視浙海期間，本艦恰逢接掌大陳山列島「疏散配置」哨戒任務，也目睹統帥座艦的來去。我服勤過的 DE 太湖艦，斯時由第四任艦長曾耀華（福州海校航海科 1937 年班）率領，全程擔任統帥座艦的直衛護航。

蔣總統視導大陳防區一週後的 5 月 15 日，本艦於「分區定

偵」巡弋一江山列島時，突接獲任務艦隊部密電，略謂共軍集結艦艇與機帆船於臺州的海門港內，似有跨海攻奪最外圍鯁門島之徵候；大陳防守部責成我任務艦隊部，即刻集中艦艇兵力前往支援鯁門島的游擊隊守軍禦敵。

任務艦隊部劉司令領受大陳防守部作戰命令後，親自坐鎮 DE 太康旗艦，率 DE 太和艦、PC 寶應（後改名鄞江）艦編成 TU 打擊區隊，緊急起錨奔赴鯁門水道南口，衝入迎擊共軍登陸船團，並指定我率領同型舷號 44 的 AM 永順艦，依第三艦隊三一戰隊的原有行政編組，編成 TU 掩護區隊，由我任戰隊長兼掩護區隊指揮官，在鯁門水道北口待命策應、南北夾擊。

本艦與前來候遣的僚艦永順軍艦會合後，趁夜暗駛抵待命區，永順艦長林植基（青島海校五航乙 1940 年班）是位優秀艦長。鯁門水道兩側游擊隊戍守的鯁門島與高島，未聽聞任何槍砲聲，我研判共軍並未登島。由於鯁門水道被周邊島礁上海拔七百呎的群峰阻擋，TU 掩護區隊兩艦的無線電收發電碼時斷時續，一直都無法與艦隊部、打擊區隊、防守部及游擊隊達成順暢的電訊構聯。

隔日凌晨 1 時 30 分，本艦雷達偵獲八個大小目標，由南向北擬經鯁門水道北駛，雙方距離從兩萬碼快速縮短，依目標的量體與規則隊形研判，既非友艦亦非商漁輪，肯定是敵艦大編隊。我用燈號令僚艦在鯁門水道北口調頭朝南，以橫隊並列駛入水道，同時對艦艉方向警戒，以防共軍快艇突然由背後竄出包抄夾擊我艦。

我率僚艦旋即衝向目標群對頭截擊，當敵艦隊進入艦艏三吋主砲一萬五千碼最大射程時，我下令砲長先發射一枚照明彈，果不其然，夜暗隱約可辨識出共軍編隊航行的船團。兩艦依敵方艦

影為射擊標線，用主砲實施快放轟擊，再按照對方還擊的點點閃光，判明至少有兩艘大型軍艦集火對我還擊。

待雙方拉近至五千碼時，我下令兩艦反向朝北加俥，以橫隊分別用各艦艦艉兩門四十毫米副砲分火射擊北上之目標，各艦六門二十毫米副砲對空間歇射出曳光彈形成威嚇，同時讓艦艇主砲稍歇、冷卻砲管、補充彈藥並向艦艇方向警戒。待雙方間距拉開至一萬碼時，我又下令兩艦轉向再對頭截擊，分別由兩艦的主砲快放轟擊、副砲稍歇。如此往復衝殺，迄敵船團調頭南遁退出拉鋸戰，前後歷經兩小時餘，戰果？夜間接戰實在難下定論，舊型軍艦沒有射控雷達與砲火指揮儀操作艦砲，全憑砲長本事，白晝尚可經由瞭望觀測修正彈道，夜間互戰，雙方如同盲公射盲箭，全無個準頭。

拂曉時分戰情電文顯示：百浬外的寧波基地解放軍主力艦隊的六艘大噸位 PF 護衛艦出港編隊南下，似在威脅北方的漁山列島，我奉艦隊部劉司令指示，率 TU 掩護區隊返回一江山的定偵海域待命候遣。隨後掩護區隊與打擊區隊會合後返航，五艘參戰的作戰艦大體完好。經燈號、旗語互通戰報始知，劉司令親率的打擊區隊遭遇共軍護航主力，雙方交戰互有損傷，我率領的 TU 掩護區隊碰上返航之共軍登陸船團，是解放軍華東軍區海軍的舟山基地登陸艇大隊，側護的兩艘大型軍艦，研判為四百噸級碾庄、衛崗號 PC 巡邏艦。

這場「鯁門海戰」共軍損傷不詳，但我的 TU 掩護區隊未受損，我方僅 DE 太康旗艦中彈數發但無重大損傷；太康艦第八任上校艦長是池孟彬（福州海校航海科 1937 年班），該艦前四任艦長出了三位海軍總司令。唯共軍六十師一八〇團小股登陸部

隊成功滲透登上各真空島，島上我方觀測班哨少數駐留的游擊隊棄守避戰，難怪我徹夜未聽聞島上傳出交戰步機槍聲。任務艦隊部劉司令鑑於共軍既已輕鬆拿下鯁門島與高島等四個真空島，共軍主力艦隊又已出海南下邀擊，遂回報海軍總部加派艦艇增援浙海，遂行艦隊水面決戰，也申請空援迎擊共軍船團，肅殺氣氛彌漫在本艦每位官兵的心頭。

　　午後，任務艦隊部劉司令又被緊急召去大陳防守部開會，原來，鯁門海戰期間，鯁門島上的美國 CIA 中情局幹員頻頻發來閃急加密電碼催促，等了二十小時還沒等到防區派艦衝過火線來島搭救，接應 CIA 幹員撤離，兩位美國情報員與我方游擊隊小股殘部數人，仍躲在鯁門岸際岩縫等待營救。CIA 幹員非常神祕，往返臺灣都用 CIA 中情局的 PBY 飛艇在浙海離島間的澳口走滑區起降，也用自備的舟艇接駁往返各島；CIA 幹員習慣獨來獨往，更不與大陳防守部駐點的美軍顧問互動，這些美籍情報員主要職掌是蒐報共軍的戰術情報，大陳防守部很多臨時加派給海軍的作戰任務，我認為都是 CIA 幕後策動的。

　　美籍情報員在共軍占領的鯁門島若遭俘，肯定釀成不可收拾的國際事件，任務艦隊部劉司令遂下令在披山島「疏散配置」哨戒的 PC 雅龍艦前來，率武裝漁船趁夜前往鯁門島營救 CIA 落難的幹員。雅龍軍艦原為日償軍艦的接 30 號獵潛艦，僅有四二〇標準噸，滿載吃水 DFL 較本艦淺但戰速較本艦快，算是輕快淺海巡邏艦。唯三級艦的 PC 雅龍軍艦遭共軍艦艇包抄，依然未能救出 CIA 幹員。倒是兩位美籍幹員趁亂乘坐自備的舷外機橡皮艇，向北顛簸航行二十浬安抵漁山地區部，自行安全脫困後才來電回報；雅龍軍艦獲知後，始率武裝漁船隔日清晨返航。

　　特種任務艦隊部的六艘作戰艦全數投入鯁門海戰，誠可謂營不留兵，也是本艦在浙海唯一參與艦隊層級的機動接戰。參戰官兵表現可圈可點，尤其是本艦主砲砲長所率之三一砲隊，平日戰訓的人工裝填快放射擊，合格標準是每分鐘射出十五發三吋砲彈。一枚穿甲彈的彈重十一公斤由人工裝填，在海戰期間本艦主砲平均射速居然每分鐘超過二十發！足見平日訓練落實，戰時就能發揮最大潛能。

　　5 月 19 日，本艦定偵航行於一江山列島途中，值更官突然按下備戰鐘，我衝上駕駛臺，值更的艦務官指著天際一架噴射機對本艦俯衝，旋即又改成鑽升；我一看便知那是一架共軍俄製 MIG-15 噴射殲擊機，對本艦反覆模擬炸射。在她第二次對本艦俯衝後改為平飛時，恰好進入本艦所有固接火砲射程，我遂下令火砲齊射，煙硝彈幕中再也沒看到她，想必受到本艦防空火網震懾，加速低飛逸去。兩星期後，又再發現 MIG-15 戰機一架，飛臨我艦近空；我艦先發制人，以四十毫米高砲對它密集射擊，並使用配有曳光彈的二十毫米機砲，穿插在彈幕之中，迫使 MIG-15 戰機遠離本艦折返。

　　本艦在浙海作戰彈藥耗量非常大，不時得旁靠錨泊舷號 314 兩千兩百滿載噸的 AKL 南湖二級艦補充各型火砲的砲彈，該艦中校艦長馮迪佳（軍官補訓班航海一隊比敘海校 1940 年班，後累功陞至少將）是我黃埔海校低兩期的學弟，他從早到晚處理彈藥補充供應，維持大陳各艦戰力，其功不亞於作戰艦艦長。我下艙底巡視彈庫消防安全措施時，看到剛補充到艦的砲彈箱，均標記有美國海軍「橫須賀彈庫」（Yokosuka Ammunition Depot）字樣，不就是四年前我擔任駐日武官時，在橫須賀美軍基地連買帶

送要來的彈藥嗎？足見冥冥之中，人與物都有淡淡的牽連，我要回來的砲彈，四年後我親自把它給打掉。

鯁門海戰凸顯了三軍聯合作戰的癥結。最先是游擊隊抗命，擅自將一江山外圍四個真空島的守島主力部隊撤收，大陳防守部疏於掌握兵力配置動向，竟渾然不知進駐的真空島依然真空，足見防守部陸軍根本叫不動游擊隊，游擊隊也習於抗命，偏好獨來獨往。其次，大陳防守部的陸軍嫌空軍派機支援作戰飛來的太少，游擊隊又嫌空軍派機支援作戰來的太慢，海軍嫌空軍派機支援飛來了卻又不接戰，空軍嫌各方濫用空援申請虛耗軍機戰力。

再則，防守部的陸軍習於指責海軍作戰不力，未能截擊來犯之共軍船團，特種任務艦隊部嫌大陳防守部的陸軍妨礙海軍的機動攻擊特性。美軍顧問又火上澆油，指責防守部的陸軍未嚴格督導游擊隊堅守一江山外圍四個真空島，致使美方中情局幹員身陷險境。

鯁門海戰十天後，參謀總長陸軍上將周至柔在大陳防守部召開的鯁門海戰檢討會議中，聽聞軍種之間拍桌吵成一團。防守部劉司令官卸責，對自己未能掌握游擊隊，任其抗命、擅自撤離一江山外圍四個真空島，反而移花接木將四個真空島的失守，以「貽誤戎機、守土失責」歸咎於特種任務艦隊部劉司令，甚至也掃到我這個 TU 掩護區隊的戰隊長，認為我無視當晚防守部陸軍加密電碼指示，就近駛往鯁門島營救 CIA 幹員。我漏接密電？該夜我與僚艦受山形阻擋，根本收不到任何完整的加密電碼，能收到的僅有解碼後片斷不成詞句的電文。海軍與陸軍在檢討會場終於爆發衝突，很快地也驚動層峰。

蔣中正總統為化解軍種間的嫌隙，特別安撫唯一參戰的海

軍，褒揚特種任務艦隊部及各屬艦官兵；依馬總司令呈報的戰功，海軍參戰有功官兵全數核敘勳獎章，其中最高榮譽的青天白日勳章，頒給了營救 CIA 幹員未成的雅龍軍艦上尉艦長梁天价（軍官訓練班航海四隊比敘海軍官校 1949 年班），我也因協戰有功獲頒三軍通用第三類的干城甲種二等獎章。蔣總統對大陳特種任務艦隊部戰績的肯定，壓下參謀本部簽報軍法議處任務艦隊部的大簽，等同於層峰對大陳防守部作戰指揮的否定。

6 月 3 日，馬老總攜帶總統核頒勳獎章，搭專艦涖臨大陳親頒予袍澤；孰料此舉引起大陳防守部劉司令官極大的反彈，認為任務艦隊部既沒支援 CIA 幹員撤退在先，也沒成功營救出美籍幹員在後。馬老總此行來去匆匆非常低調尷尬，在雅龍艦不到五坪的前甲板，代表總統賜頒政府遷臺後海軍因戰功獲得的第二枚青天白日勳章予臨陣當先的梁艦長。頒授既沒隆盛的儀式，也沒敢邀請地方文官武將觀禮，誠可謂最寒酸的總統贈勳儀典。政府來臺後所頒授的青天白日勳章僅有三枚是針對作戰功勳，餘皆為酬庸恩給賞贈；這三枚戰功的青天白日勳章，兩枚由海軍獲得，即同窗陳慶堃與穩重沉著的戰友梁天价，另一枚是兩年後由空戰英雄中尉飛官歐陽漪棻（空軍官校三十二期）獲得。

禮成後，馬老總在旗艦官廳賜宴，找到在場列席的我，握手致意後無奈地對我說：「老弟，真是抱歉，美方與防守部對海軍沒營救到中情局幹員成見太深，唯不敢對蔣總統賜頒的青天白日勳章動手腳，故轉而堅持要把你的三軍通用干城獎章遞奪註銷，海軍會補發勳獎以表彰你的戰功。」又是鯁門海戰營救的加密電碼惹議？我無言以對馬老總的關切厚愛。馬老總返程也調走任期才滿三分之一的艦隊部劉廣凱司令，帶他回臺避風頭，我則功過相

抵繼續留在浙海作戰。這件烏籠營救密電，讓我懊惱好一陣子。

頒授青天白日勳章那天，浙海上空又發生空戰。共軍空二九師八五團螺槳殲擊機，又將駐防桃園的空軍五大隊二六中隊一架F-47N 霹靂式螺槳戰鬥機擊墜，落海的少尉飛官黃宏宜（空軍官校三十一期）未歸。浙海情勢隨後持續惡化，我在忙於備戰中，逐漸淡忘極不愉快的漏接密電事件。緊接著，協防臺灣的美軍TG72.1 特遣支隊派員至特種任務艦隊輔訪。協防的美國海軍，與美國陸軍把持的駐福爾摩沙美軍顧問團互別苗頭，故前來大陳釐清美軍顧問指摘的真相，並評估當面共軍渡海攻擊外島的能力。

蒞臨本艦輔訪的，是美軍 TG72.1 特遣支隊部的海軍少校情報官，他倒認為沒有接護營救出 CIA 幹員，根本不是我海軍的疏失；我國三軍之間的爭功諉過屬茶壺內的風暴，無關戰局的輸贏。他特別指出，大陳防守部有美國顧問協訓，對岸也有蘇俄顧問督戰，國軍最缺的是掌握當面敵情，沒有滾動式即時情報（即情），國軍根本守不住浙海諸島。斯時，根據上級即情提示，鯁門海戰後在一江山列島西面距離八千碼之頭門山島，解放軍海軍海岸砲兵已進駐，其火砲射程可及北一江島，在一江山列島以南航行或錨泊，安全「應該」無顧慮。

美軍情報官離開本艦才不久，本艦海空接戰再度發生；這回本艦所有砲手都摩拳擦掌，藉上回經驗採適當前置量追瞄，我提前在共軍 MIG-15 噴射殲擊機俯衝收油門改成平飛之前，下令火砲齊放，果然一擊中的，清楚目賭二十毫米機砲曳光彈貫穿MIG-15 的機腹，她隨即拖著一縷青煙脫離射程。

共軍飛行部隊要支援浙海作戰奪取制空權，使用百浬之外既有的上海、筧橋、寧波飛行基地還是太遠，故在一江山以西

二十五浬處闢建路橋機場，就近掌握浙海空優。即情顯示這幾週路橋機場噴射機起降試飛頻仍，顯然該機場接近完工。我空軍距大陳最近的桃園基地有二二〇浬之遙，敵近我遠；當時我空軍航程可涵蓋浙海的主力軍機是 F-47N 霹靂式螺槳戰鬥機，MIG-15 殲擊機前來截擊，敵快我慢。霹靂機老遠從臺灣飛來浙海，留空時段僅有二十分鐘，米格機留空長達一小時，故敵長我短。浙海戰役我方的局部空優，遲早會完全喪失，海軍艦艇注定要在浙海打一場沒有空援的戰爭。

密電漏接事過境遷，大陳防守部劉司令官終於出重手，把四個真空島守土失職的一江地區部司令官程慕頤少將降調接掌南麂地區部司令官，本艦專送這位軍統局出身的程少將赴南麂山島就任；返程時，將南麂地區部司令官王生明上校專送至一江山列島接任一江地區部司令官，整頓守土失職、士氣渙散的突擊四大隊，嚴肅軍紀並提升精神戰力。王司令官向以驍勇善戰著名，此次回守一江山列島，定可駕輕就熟，對防務之布置，必有獨到之處，我親送王司令官至梯口，這是我此生最後一次與王生明司令官在艦上相處。

6 月下旬，懸缺數週的大陳特種任務艦隊部司令補實，由高我七個年班東北系的後勤艦隊部少將司令蔣謙兼任；蔣司令是個槓子頭，脾氣比前任劉廣凱還火爆，更激化海軍與陸軍的衝突；大陳防守部劉司令官礙於所配屬的少將艦隊部蔣司令比他資深高一期，敢怒不敢言。

三、總長桂永清突斃命　永定軍艦中彈受創

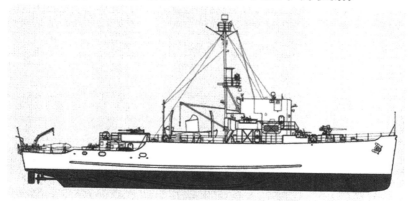

圖 11.4　永定軍艦側視輪廓圖（鍾堅提供）

　　本艦在鯁門海戰後，連續六週不時接奉防區陸軍指派任務，對大陸岸轟、掩護 CIA 幹員潛入對岸情蒐、接應游擊隊突襲大陸、單艦執行機動接戰等等煩瑣戰術行動，等同陸軍變相直接指揮軍艦，艦隊部蔣司令為此大動肝火，當面數落防守部劉司令官的不是。蔣司令指責防守部的陸軍，在事前既不告知海軍任務的全般狀況，也不說明當面敵情與威脅程度，事後更不透露海軍的角色到底是誘餌還是伴動。頻繁接戰下本艦雷達時好時壞，老軌輪機長呈報左發電機失效，雖然還可用右發電機硬撐，但消磁部署與電纜磁尾掃雷部署僅能供應減半的電力，一旦右發電機因負載過度而燒毀，本艦將完全喪失電力，戰力歸零。

　　6 月底本艦駛返基隆，緊急修理左發電機及雷達；我攜大陳土產覲見第三軍區司令恩師一哥李鳳台上校，他接見我顯得非常高興，恭喜我這個子弟兵當到艦長，李司令也是我的貴人，二十年前我在黃埔海校艦訓時，他是新生的上尉帶隊官。

　　在基隆海三廠修艦期間，得知總統府上將參軍長桂永清再度

受層峰拔擢，晉陞陸軍一級上將並調職為參謀總長主掌兵權，於6月30日從卸任總長周至柔手中接受印信就職。蔣總統這著棋一石三鳥，一是運用桂永清在陸軍與海軍都帶過兵的經驗，藉以調和兩個軍種在浙海的爭執，二是抵制美軍顧問強勢推薦孫立人接總長大位，三是趁勢拔掉孫立人的陸軍總司令兵權，調至桂永清留下的參軍長位置坐冷板凳。

海軍官員聽聞桂老總坐上總長大位就爭相傳頌，尤其是我更是不勝雀躍，過去三年屢蒙桂老總拔擢照顧，兩人交情也十分深厚。若云去函拍電祝賀，自認尚不夠資格，只好換個方式表達祝賀之意，於是敬奉一函，大意謂我願回臺北追隨桂總長繼續效勞。七月底收到桂總長賜函回覆，命我仍然服膺艦職為要，幹滿一任艦長再說。信扎中又提及其尊翁桂京山在北投養病多年，已然謝世，其回函署名之下，蓋了我熟悉的桂老總藍色私章印鑑。

桂永清坐穩總長大位的同時，海軍的馬老總調升國防部第三任副部長，由閩籍老將梁序昭接充海軍第四任總司令；梁老總接海軍總司令職位的任命非常突兀，按傳統，總司令一職向由掌管作戰的副總司令陞任，層峰捨棄美軍顧問力挺的副總司令黎玉璽中將不用，轉而提攜元老級比黎玉璽高九個年班的梁序昭少將出掌海軍，應是蔣中正總統鬥贏美軍顧問的人事任命。梁少將一年前由艦訓部司令委屈地被降調艦指部任副指揮官，半年前平調艦指部所屬兩棲部隊為首任司令，現在接掌海軍總部，一年之內官場起起伏伏如洗三溫暖。梁老總的兩棲部隊，則交給甫自大陳調回避風頭的劉廣凱少將接第二任司令職。

梁老總勇於任事，對海軍白色恐怖案遭無辜牽連者，能平反的都儘速還人清白。像賀蘭軍艦第二任的特級艦艦長職，就是由

梁總司令給我的同窗劉定邦接充；閩籍的梁總司令，算是替定仔的海軍白色恐怖錯案及多位閩籍受難袍澤，加倍補償。

　　本艦左發電機及雷達修理完畢，我遂於 7 月初率艦駛返浙海，隨即奉命掩護大陳防守部海上突擊總隊所屬之「藍天使」巡艇，赴對岸執行特種滲透任務。本艦率藍天使巡艇由大陳港東口駛出，即轉向南航；此次護送任務好似「老太婆帶過動孫兒遊街」，到了茫茫大海，巡艇加速向南飆航，一下子就脫離了本艦目視範圍。前幾小時本艦雷達尚能掃瞄其位置，後來藍天使巡艇在雷達幕上消失得無蹤無影；我憂心如焚，不知將來要負何種責任，只好在南麂海域週圍用雷達搜索。

　　好在作戰計畫中，事先約定下一會合點在南麂山島西岸錨區；隔夜凌晨，在南麂海面喜見藍天使巡艇自南麂山島山凹處駛出，遂作伴西航進軍大陸。巡艇慢速先行，我艦隨後跟進掩護，藍天使巡艇駛至大陸鬱山沙埕岸外，在拂曉前送特勤人員登岸，看不出其任務為何，本艦於距岸約二千碼處往返巡弋，艦上各種口徑火砲全部備便。

　　時間一秒秒地過去，未見藍天使巡艇與敵發生戰鬥，本艦亦未動武，在天色微明中但見沙埕漁村居民紛紛逃至山上稜線後方躲藏，顯然他們非常畏懼游擊隊，與政府形塑大陸老百姓「簞食壺漿迎王師」反差很大。約一小時後，才見藍天使巡艇駛返靠近本艦，告知特勤任務已執行完畢。

　　本艦遂航至南麂山島碇泊，等待大陳防守部再頒布作戰命令。本艦於當夜由南麂山島西航，駛至大陸平陽縣古鰲頭附近，實施艦砲威力岸轟；使用彈藥量為三吋砲彈五十發，但無特定目標，研判是佯攻以支援主戰兵力於其它地點執行任務。這種濫射

可能會傷及無辜百姓，令我惴惴不安良久。岸轟完畢後本艦返抵大陳港，仍然奉命駐防一江山列島，在東西向固定航線往復巡弋。

在此期間頭門山島中共海軍岸砲曾向一江山列島轟擊，本艦遂以一江山列島地形為掩護，向東北海面以戰速航行，敵砲陣地一入本艦主砲射程以內，即用三吋砲向頭門山島敵軍砲陣地實施艦砲岸轟，歷時三分鐘，共射出三吋砲彈六十三發。完成壓制射擊之後，遂駛向一江山以東四千碼的真空島百夾山島之南，以山形作屏障。這回快速岸轟，自始至終敵砲未曾向本艦還擊，經此一戰，一江山海面又復歸平靜好一陣子。

斯時大陳防守部擴編為大陳防衛部，防衛部增設一位海軍副司令，由代將郭發鰲（中央軍校八期轉電雷學校航海科 1934 年班）接充；特種任務艦隊部司令蔣少將加防衛部副司令郭代將，頓時海軍如虎添翼、裡應外合。為爭取海軍的艦隊機動特性，兩位海將和防衛部劉司令官的爭執對立，更加白熱化。

7 月 6 日，駐防新竹的我空軍十一大隊四三中隊四架 F-47N 霹靂式螺槳戰鬥機，遭遇就近從路橋機場起飛的 MIG-15 噴射殲擊機，一架霹靂機被擊落墜海，上尉飛官溫鑄強（空軍官校二十六期）殉職；剩餘三架低飛至本艦繞行，待本艦防空火網驅離尾追的 MIG-15 噴射殲擊機後，三架新竹飛來的霹靂機向本艦搖搖翅膀致謝，始低飛回航。這是我最後一次目睹空軍友機前來浙海助戰，爾後絕少見過我空軍戰機飛來。沒有空優，防衛浙海各島群更加艱困。

當年海軍除一級艦外，各型艦艇均未裝設 TBS（Talk between Ships）短程低功率無線電對話機，艦對艦不能直接通話，僅能用視覺信號如燈號、掛旗或加密電碼構聯。至於艦對機與艦對岸

的通聯更困難，在浙海前線還得透過臺北的聯戰中心轉發，三軍相互間經常叫不到也聯不通，如空軍戰機與本艦無法直接對話，飛官向本艦搖機翼的動作是表示致謝，這樣子還奢談什麼在敵前執行三軍聯合作戰？

沒多久，在艦上聽到新聞廣播快報，參謀總長桂永清上將於8月12日猝亡，享年五十四歲。聆聽之餘，不勝哀悼，計其擔任總長時日，僅四十二天而已，令人感嘆，空留遺憾。蔣總統為永懷桂永清的勳業，隔年特依其姓氏的諱字「率真」與名「永清」，將兩棲部隊直屬指揮艦（Amphibious Force Flagship, AGC）舷號11的高安艦易名為「率真軍艦」，國防大學校的校址定名為「率真營區」；另左營蓮潭龜山頂設置「永清紀念塔」，連爾後改制的海總附小也易名為高雄市立「永清國小」，高雄左營的行政區劃甚至有「永清里」。桂永清留下參謀總長的空缺，由副總長陸軍中將彭孟緝（黃埔軍校五期砲科）代理，這個主掌三軍兵符的位置，層峰就是不給美軍顧問授意的參軍長陸軍上將孫立人。

8月中旬，鑑於前線海軍與陸軍長期不和，新到任的梁老總搭乘專艦來浙海視導，與大陳防衛部劉司令官又爭鋒相對吵開。被激怒的防衛部劉司令官，乃狀告統帥擬罷官求去，梁老總主動降溫，將任期未滿三分之一的任務艦隊部蔣司令調回臺灣。梁老總返臺前，下令駐防外島半年以上的作戰艦，以返臺整補為由讓官兵順道探眷，暫時脫離大陳防衛部掌握，以示海軍的不滿。

本艦奉示待艾達輕颱過境遠颺後，才駛返左營整補，順便再次整修時好時壞的右發電機；本艦與永順艦以全艦飾站波禮接受梁老總靠泊校閱，閱畢梁老總蒞艦勉勵並頒贈加菜金。斯時美援洛陽、漢陽兩艘DD驅逐艦，已自美國接裝返抵左營軍港，準備

加入戰鬥序列。

　　本艦於 8 月下旬於左營小港碼頭整補之際，少尉政治幹事胡啟華（政工幹校業訓班一期）於午餐後休息時間，在海軍機械學校（機校）旁之木造突堤碼頭下方游泳溺水，有士兵跑回艦上報告，我奔往現場時，已有本艦士兵二人輪番為其作人工呼吸；繆副長人脈廣借來中型吉甫，急送胡少尉至海軍總醫院搶救。醫官診察後，認定其已無生命跡象，僅為其打強心針留觀。本艦士兵持續為其作人工呼吸，醫官再度蒞臨，宣告他已往生，移大體入太平間。

　　停屍一宵，翌晨殮祭，艦上派出三分之一官兵參加祭奠儀式；胡爸爸老淚縱橫，僅此獨子不忍卒睹。薄棺殮畢，胡老先生逕返臺中故居，胡少尉之棺木由我親送至高雄市郊覆鼎金火葬場（今高雄市立殯儀館），場內僅有三座火葬爐共用一座磚砌煙囪；忤作推棺入爐，下置木柴約百餘斤，但卻久久不舉火焚燒。問其原因，據云此係規例，因為開館十五年來起死回生者達數人之多，故須等候一宵，方能三爐一齊舉火。我在爐門用粉筆書寫胡啟華斗大三個字後，離開火葬場回艦守值；返程途中，槍帆 CPO 軍士長一直嘀咕：「報告艦長，政工仔溺水、火化又推遲，水火不相容，對本艦艦運言，不是好兆頭！」我沒接腔。

　　返臺整補期間，我也沒閒著。擔任駐港戰備值班任務時，某日突接軍港有線通聯網的閃急電話指示，緊急出港赴東吉嶼外海搜救一架甫成軍就失事墜海的空軍一大隊 F-84G 雷霆式噴射戰鬥機，惜本艦晚到一步，墜海的飛官已殉職。我空軍接裝的美援 F-84G 噴射戰鬥機，絕少主動參加大陳作戰，究其原因乃美援的雷霆式軍機屬第一代噴射機，韓戰爆發時美軍的 F-84G 鬥不贏

俄製的 MIG-15 噴射殲擊機，美軍另以更新穎的 F-86F 軍刀式噴射戰鬥機參戰，始勉強與之打成平手。第二代的 F-86F 軍刀機空戰性能遠超過第一代的 F-84G 雷霆機，過渡型 F-84G 雷霆機與共軍 MIG-15 殲擊機對戰，我空軍根本佔不到便宜。等到美援 F-86F 軍刀機由我空軍接裝成軍時，浙海戰役早已結束。

　　浙海偵巡作戰，我難得回家露個臉，著實不放心愛妻獨自帶著兩位幼兒住在眷舍內；我趁靠泊左營整補的空檔，拜訪白團受訓時同寢室的高雄壽山要塞友人，領回一頭狼犬送給愛妻壯聲勢，她對毛聳聳的動物過敏，遂交付狼犬給三歲的堅兒調教。狼犬來我家報到時，早已逾青春狗齡，牠的身世不可考，我研判牠係日軍軍犬的「灣生」後代，日軍敗亡遭遣返後，牠流離失所在壽山苟活，被好心的要塞砲兵收留。我家是日遺眷舍，也難怪具有日本海軍血統的牠，在我的眷舍內住得稱心如意，善盡保護我家眷屬之重責。

　　我半年沒見到玲兒，此際已十歲，她已習慣沒父親在家的童年軍眷生活，不時幫慈母洗碗擺桌料理家務，閒暇時還要管教過動的幼弟，較同齡的女童要懂事得多，已然是位早熟的美少女。堅兒對父親經年駐防浙海沒啥概念，他認為父親在浙海偵巡，肯定比月亮還要遠，因為堅兒看得到窗前的明月，卻看不到海峽盡頭外的一江山列島，故軍艦一靠好左營小港碼頭，堅兒進了艦長室就賴在舖位上不走，跟定久久未露臉的爸爸。堅兒的童言童語讓我汗顏，我在軍務繁忙中對永貞身兼嚴父角色持家，打從心底感激。

　　9月3日，共軍猝然對金門砲擊，半天內射擊六千餘枚砲彈，兩名金門防衛部（金防部）的美國陸軍中校顧問，在水頭海灘戲

水適逢砲擊，遭共軍追瞄轟擊當場斃命！我認為這是聲東擊西，共軍欲移轉全球焦點至臺海正面。事後證明我的直覺是對的，即情顯示早在「金門九三砲戰」前一個月，共軍悄然於浙江省象山編成「華東軍區浙東前線指揮部」，積極準備進犯遠端浙海諸島。

金門遭砲擊後，本艦在梅瑞中颱環流前端，奉命專送大陳防衛部高官與寶眷以戰速趕返浙海。恭送高賓登岸後，本艦向特種任務艦隊部報到候遣，第四任的艦隊部司令，換成登陸艦隊部代將司令宋長志兼任，抗戰中期我與宋司令都是青島海校的教官。我駐防浙海才八個月不到，特種任務艦隊部司令就頻頻更換了四位長官，足見浙海前線三軍之間的磨擦十分嚴重。宋司令身段非常柔軟，為避免三軍衝突持續延燒，採無為而治作為，任由防衛部陸軍胡亂指揮海軍。

戰備期間，梅瑞中颱捲襲前線，本艦當然沒有停班放假，反而奉防衛部指示出海「分區定偵」，以防共軍趁颱風突襲。本艦在梅瑞中颱肆虐下，不顧惡劣海象，執行一江山定偵任務。

本艦主要功能是在港區內外、狹窄航道平靜的海域掃雷，艦身不若一般軍艦瘦長，本艦的艦型略顯渾圓，在颱風巨浪中航行，有如臉盆在浪潮中搖晃。除了該遭遇的橫搖加縱搖與上下跳動（Heaving），不時還穿插著左右橫移（Swaying）、前後縱移（Surging）與原處自旋打圈（Yawing）；所幸本艦資深掌舵的PO軍士都是海軍練營出身，老海狗操舵切浪的船藝高超，大幅減少本艦官兵暈船的人數。當然，艦體過度搖晃致使艦廚不能舉炊、官廳更不能擺桌用餐，食勤兵將冷饅頭夾鹹菜豆干置入簍中，由官兵自取充饑。

10月初，中共海軍頭門山島的岸砲竟日間歇轟擊四浬外一

江山列島我游擊隊陣地；我守軍配置的防衛性火砲，射程短無從反砲戰還擊，只能任由對岸的重砲標定轟擊；防衛部遂指示本艦駛近頭門山島，運用最大射程達七浬的三吋主砲，與共軍岸砲對轟，減輕一江山列島我守軍的壓力。該月下旬，本艦雷達幕不時出現小目標群編隊高速航行，我研判係共軍 PT 魚雷艇已進駐當面，操練艇海戰術。

11 月 1 日午前，本艦駛離大陳港泊位解除出港部署與掃雷部署，官廳擺桌用餐之際，忽見山頂陵線升起紅色空襲警報旗，我當即下令以戰速航行並備砲。五分鐘後，很多快速噴射機與慢速螺槳機，在雲層間飛向大陳山列島。我下令三吋主砲與四十毫米副砲的砲長推算前置量齊射，惜本艦沒有對空搜索雷達與防空砲火指揮儀，艦砲對空齊射僅收震懾之效。

此番中共空二十師與海航二師的軍機臨空，由於日正當中，強光罩眼，我數不清敵機架數，約略估算應有三十多架慢速螺槳機。此係大陳前線首次被共軍空襲，不過我非常訝異，好像未曾見到敵機投彈，亦未聽聞炸彈落地之爆炸聲與黑煙，更未見海面有落彈水柱，其後亦未聞在港各艦有任何損傷，研判係共機熟飛轟炸航路。

防區空域共軍戰機不但來去自如，轟炸機群自 11 月 2 日起亦以小編隊炸射一江山、漁山、披山列島，從此我大陳各島群備受共機之騷擾；我空軍亦始終未從臺灣飛來浙海攔截共軍轟炸機群，制空權從此拱手讓出。

自 11 月初開始，共軍岸砲每晚對一江山列島效力射至隔日天明，島上密集落彈高達數千餘枚，浙海戰雲從此密布。此際，大陳防衛部開始懷疑共軍已前推長射程重砲進駐一江山列島對面

的頭門山島，著令本艦前往查證；本艦趁夜暗掩護，駛近頭門山島兩千碼內往復威力偵巡，唯未遭共軍追瞄砲擊，也無法確認島上是否駐有共軍重砲，但目視有大批共軍 PT 魚雷艇在頭門山島外海穿梭。軍艦若無砲火指揮儀，夜黑風高伸手不見五指冒然在海上巡弋，根本無從發現來襲之 PT 魚雷艇，更無從反制射擊。因此，在共軍空襲轟炸、岸砲擴大射程、PT 魚雷艇出現後，我浙海戰局險象環生。

11 月 5 日 16 時 10 分，本艦在一江山定偵線上巡弋時，突聞水柱爆炸聲在本艦南側，我從艦長室急奔駕駛臺，值更官回報五浬外的頭門山島共軍岸砲，砲口閃爍發光，四座水柱應係標定射擊的彈群。斯時第二批彈群隨即在本艦北側爆炸，水花從天灑下，濺濕駕駛臺內外；兩批彈群先後在本艦南側與北側炸開，若不更改定偵線的航速與航向，第三批彈群將直接命中本艦！

我衡量評估情勢，本艦僅一門三吋主砲可反擊對轟，共軍有四門重砲且連續修正彈著點，臨危腦中靈光一閃，記得十年前曾在陸軍要塞砲兵幹訓班所學彈著修正法，岸砲最理想的目標就是直航的艦艇！我當機立斷，下令擺脫大陳防衛部律定航線停止定偵，並加傅以戰術迴避的「之字」（Zigzag）亂向航行，免遭彈群同時命中。

在共軍重砲持續追瞄延伸射擊下，本艦逐漸拉開間距。很不幸於四十分鐘後，本艦距頭門山島十浬外中彈一枚！剎那間一聲爆炸巨響，艦身震動不已，駕駛臺內的雷達與電訊室裝備瞬間失效，駕駛臺外著火冒煙，但老軌回報主機與輔機運作正常；我下令全艦官兵站損管部署、救火部署、救傷部署，並持續避彈之字亂向航行，距頭門山島十四浬時，才脫離共軍重砲的連續砲擊

最大射程。

此時，本艦早已駛進大陳港泊位，換言之，進駐頭門山島的共軍重砲，射程不但涵蓋四浬外的一江山列島，更可打遍十四浬外的上大陳島正斜面！艦務官的碼錶累計一個多小時內，本艦遭共軍砲轟近五百枚砲彈。大陳防衛部連日來竟然把本艦當成誘餌，確認了中共海軍甫成軍的海岸砲兵重砲群，使用俄製一三〇毫米牽引式加農砲，前推進駐當面的頭門山島！

我研判係遭穿甲彈擊中，彈著點在駕駛臺直後的主桅基座，兩根支柱遭炸斷，桅杆遭炸開但未傾斜，內綑綁之電纜全遭炸毀燒焦，右舷甲板變形有四個炸穿的破洞，火勢已撲滅。右甲板起火係因穿甲彈爆炸高溫破片擊燃甲板塗漆，因油漆不厚，其附近亦無易燃物件，故雖起火但不撲自滅。靠近主桅下上甲板兩舷二十毫米機砲之二三及二四砲位砲手四人，因掩蔽得宜僅受破片撞及甲板後反彈觸身受傷，並無大礙；衛勤軍士在傷口施予消毒敷藥後，槍帆兵又返回砲位備砲操作如常，負傷不退勇氣可嘉。駕駛臺內有四位官兵受傷，血漬四布，全艦總計二十餘位官士兵輕傷，多為艙面槍帆隊的戰士。這讓我憶及三個月前在高雄市郊覆鼎金火葬場，槍帆 CPO 軍士長一直嘀咕政治幹事往生的水火不相容，對本艦艦運言不是好兆頭，此回遭砲擊不幸言中。

本艦全程避彈航行雖僅一小時餘，但在感覺上好像經歷了一段生生死死很長的時間，而且我未曾片刻離開過駕駛臺左方半圓形圍堰的艦長座椅。現在進港要在泊位下錨，我自然要移位至駕駛臺中央指揮全艦，以便選擇最佳錨位。豈知一移動身體，幾乎跌了一跤，原因是左腿麻木不能行走，我立即將左褲管捲起，看看左腿是否受傷或流血，但見左腿完好無傷，只是不能自行走

動。經電話傳令手扶腋至駕駛臺中央，執行指揮下錨，此時身體雖不能移動，站立卻無問題；倒是整日形影不離跟在艦長身邊的電話傳令手眼尖，發現艦長座位之半圓形圍堰有飯碗般大小面積凹了進去。

當時我全副精神在指揮航行讓本艦脫險，未曾注意左膝緊靠圍堰，遭敵彈在艦上爆炸破片打凹圍堰時，左腿因之被震麻木而不自知，若破片再歪一點點，恐怕整個下半身會被削掉而血肉橫飛！好在我身體一向強壯，血氣尚剛，經衛勤軍士冷敷按摩後恢復正常，不久便能慢慢走動。這是我此生第三次闖鬼門關，但年近八十的後顯性創傷，最終造成左膝膝關節損壞，需靠輪椅移動，這是後話。

終昏時刻，本艦以燈號聯繫旗艦，艦隊部令我下錨後檢視戰損並回報。本艦除了雷達與電訊中斷，其他槍砲、掃雷、航海、輪機等部門完好無損。本艦雖為二戰時工期僅百日的美製急造艦，但艦體堅固牢靠，才能撐過此次砲擊。回到大陳港錨泊好已入夜，全艦官兵趕用晚膳，餐後我透過艦內 IC 通信系統向全艦官兵廣播慰勉他們備戰的辛勞，再動員所有官兵檢查艦體有無漏裂進水；所幸艙底正常並無滲水現象，惟夜晚漆黑看不出艦體水線以上有否損裂露光，須等待翌日天明再行檢視。第二天艦隊部派修護官登臨本艦初勘戰損，艦體外觀看似完好，惟判定本艦 SL 平面雷達失效形同半盲，收發電訊中斷等於半聾半啞，且主桅隨時會折斷傾倒，戰力歸零。

艦隊部宋司令非常體恤本艦疲於奔命又遭戰損，本艦旋即奉宋司令之命解編，趁日落前視野良好，以戰速向東急馳六小時，以防共軍戰機及 PT 魚雷艇出海追擊，過子夜轉向西南，直駛基

隆進廠檢修。平時本艦往返大陳與基隆，僅需三十小時左右，而今雷達失靈僅靠目視航行。為安全起見，本艦回臺以富貴角燈塔為岸標，該燈塔光度照程遠達二十浬；依照燈光定了航向後，再向基隆港航進，致使海程遠了些，故航行時間延長為三十六小時。我艦於 11 月 6 日黃昏駛離大陳港，11 月 8 日拂曉靠泊基隆港東五碼頭。

第拾貳章
軍艦受創調職掌情戰情研

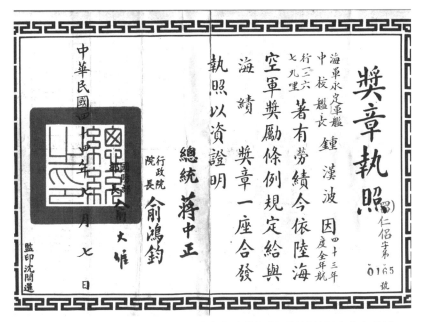

圖12.1　1955年7月總統蔣中正簽署表彰作者「永定軍艦艦長任內著有勞績」
的軍種海績獎章，獎章執照字號44人侶字0165號（鍾漢波數位典藏）

一、駛返基隆入塢檢修　見證首次臺海危機

圖 12.2　1954 年 11 月作者任永定軍艦中校艦長立於艦艉旗下與掃雷一隊官兵合照（鍾漢波數位典藏）

　　真沒料到海軍總部設想周到，已派人在基隆海軍第三軍區碼頭等候，向官兵獻花致敬，我令所有輕傷軍士與士兵，代表本艦接受獻花，再送傷員前往基隆海軍第三醫院診治。數小時後醫官認為都不須要收治留醫，全部傷員回艦自行休養。上午 9 時許，梁老總由第三軍區司令李鳳台上校陪同，親臨本艦巡視，垂詢甚詳，並命本艦立即移靠基隆海軍第三造船廠（海三廠）進行搶修。下午本艦向海三廠呈遞戰損表與請修表，經美軍顧問複勘後，認為主桅須拆除，重新向美國原廠訂製並順便提升性能，工期概估須時半年。此際，驚聞「南天王」陳濟棠在總統府戰略顧問閒職任內病逝，享壽六十有五，這也代表民初軍閥主政年代的

終結，南天王安厝於北投奇岩丹鳳山的自家墓園。

我從浙海前線歸來，曾在一江山海域出生入死，自是關心戰局，爾後浙海戰區之作戰概況簡述如下。再一週後的 11 月 14 日，距本艦中彈之日僅隔八天，DE 太平艦沿大陳山、漁山列島之南北定偵線巡航，於凌晨 1 時 30 分遭混入漁舟船隊的共軍 PT 魚雷艇四艘偷襲攻擊，艦艇左舷被一枚魚雷擊中；太平軍艦訓練有素，立即實施損管與堵漏，使太平軍艦在海上漂浮達五小時之久。

天明後，DE 太康旗艦趕至救援，將其拖帶航向大陳港，惜因太平軍艦隔艙間壁，持續受水壓而致破裂，逐漸下沉，只得放棄拖曳。太平軍艦於晨 7 時 15 分，沉沒於大陳港東口之外約十五浬處，中校副長宋季晃（福州海校航海科 1940 年班）及官兵共二十九員隨艦沉沒殉國，第七任上校艦長唐廷襄（黃埔海校航海科 1936 年班）受傷獲救。再次，陸軍指揮海軍一成不變的定偵航線，遭敵長期觀測、摸底、布局，進而伏擊得逞。任務艦隊部宋司令任期才過三分之一，因軍艦連番沉損而提前去職，我方在浙海的制海權，從此也淪喪。

在冗長的廠修期程中，本艦官兵輪休返家探眷，續優幹部亦輪調高升他就，我身為一艦之長，得讓部屬優先輪休以激勵士氣，自己則留守艦上監修故連續兩個月未曾返家。長官軼事的耳語，向來是軍中文化的特色，我左膝遭震傷經官兵一傳十變成左腿遭炸斷不能行走，十傳百我竟成隱身住院月餘醫治無效恐有生命危險。謠言傳回眷村鄰居都替我擔心，捌嫂慕德更是陪伴永貞渡過焦慮的等待；幸好我輾轉得知傳聞假訊息後，立刻執筆投郵詳述我的震傷，永貞接信後始破涕為笑。

　　我率永定軍艦在浙海前線縱橫近十個月，戰備航行海程一萬一千餘浬，即便由陸軍指揮，執行一次又一次的定偵、哨戒、專送與機動接戰任務，我個人沒功勞應該也有些苦勞，縱有戰功勳獎，也都拜全艦官兵同舟共濟所賜。海軍與陸、空軍有別，特別講究錨鍊精神，個人英雄主義並不彰顯，本艦達編率雖僅有八成，但我與屬下八十二位官兵及駐艦的陸戰隊艦勤組士兵相處如兄如弟，他們都是平凡中的真英雄，我都一一提報戰功敘頒各種勳獎。

　　當然，每位真英雄爾後的境遇天地有別，像本艦副長繆上尉，風光地調赴美國接收 DD 咸陽艦任少校航海官，真沒料到接艦返國一年後，他於海上操演時竟手癢違規親自操舵，將這艘驅逐艦一頭撞入僚艦，從此仕途受挫。不過，職涯平順的部屬佔絕大多數，茲舉四例這些真英雄在永定軍艦服勤的寫照，這四位部屬我亦多次提報戰功敘獎，在我離艦後都常與他們聯絡，退役後也都是忘年好友。

　　第一位是槍帆一兵孫開銀。孫員在貴州家鄉被拉伕參軍抗日，隨陸軍撤至越南富國島輾轉來臺後加入海軍。我到任時他也剛來本艦服勤，是三吋主砲砲隊的槍帆一兵。浙海作戰期間，每次只要備戰鐘一響，我在駕駛臺但見孫員飛奔搶站砲位，唯恐落人之後，令人印象深刻。孫員未受過教育，不識字是位白丁，在軍中無法繼續晉陞向上派職，我鼓勵他參加隨營補習，努力認字寫日記，後依年資在海軍逐級晉陞至槍砲中士。孫員見我眷舍缺水，遂運用報廢除帳的十六枚裝四十毫米砲彈箱，打造成盛接屋頂匯流雨水的水桶，給永貞在前庭接雨水作為飲用水；孫員於1963 年退役後在海運界商船服務，我退伍後與他還同船共事過

兩次，這是後話。

　　第二位是衛勤軍士韓健發。本艦雖有醫官編缺，但從沒有醫官到任，得有勞衛勤軍士韓健發兼代軍醫職；韓員在國防醫學院衛生勤務學科的業訓班曾受訓結業，除了掌理本艦醫護、衛生、醫材等本業外，還要擔任醫官與護士執業的診斷、治療、打針、縫傷口甚至侵入性開刀治療等醫務工作。本艦中彈時，韓員忙而不亂，先行檢傷分類，再對大量出血的袍澤施以急救，回頭再照護輕傷的官兵；本艦自中彈受損迄返基隆靠碼頭，三天中韓員恪遵軍陣醫學要領，不眠不休看顧二十多位傷患，防止併發症以迄護送入基隆海軍第三醫院急診止，幹勁十足。韓員退役後在民營醫院擔任衛生部門主管，三年後我收到韓員的喜帖，他與醫院的護士結為連理，我遂寄了五十元禮金，禮到人不到，斯時五十元是單身赴宴的行情價。半年後又得韓員來信，說他夫妻倆購置透天厝一棟備有客房，三番兩次請我去小住。

　　第三位是中尉槍砲官王汝亢（海軍官校 1950 年班），在本艦率槍砲隊保養主砲及副砲維持百分百的妥善率，王員要求槍砲隊定期檢整每一枚砲彈都在備便狀態，還要求每位砲長嚴訓精練砲操，接戰時王員更親自督促槍砲隊追瞄射擊。日後王員轉習輪機專長，曾擔任海四廠上校總工程師，累功升至少將，接掌海軍輪機學校首任校長，我退役跑商船時，還受到王員從旁提攜過。

　　第四位是中尉艦務官賀海潮（海軍官校 1950 年班），把本艦的小事與雜事處理得妥切圓融，讓我無後顧之憂；賀員值更時均會精準預判狀況並立即處置，下更後勤讀技令與教範以長知識。本艦拆除主桅前，賀員榮調第二艦隊部（兼大陳特種任務艦隊部）任首席作戰參謀，又返回浙海前線；隨後共機轟炸大陳泊位旗艦

中彈，賀員背臀受重傷，康復後繼續服勤。賀員在海軍逐級向上派職，歷任各級艦艦長，後依戰功累陞至海軍中將方屆齡退役。

12 月 3 日，我政府與美國締結《中美共同防禦條約》，但未能遏止中共對浙海地區之侵犯。1955 年 1 月 10 日本艦還在基隆廠修時，共軍機艦攻擊我特種任務艦隊，造成 LST 中權艦、PC 靈江艦毀滅性沉損。中權軍艦內裝糧彈，中彈後起火燃燒，擱淺坐灘但大火延燒月餘不熄，艦長許江興少校率官兵五十員搶救不及棄艦，其中十二員殉職。當日子夜，靈江軍艦在下大陳島西南巡弋，遭共軍四艘 PT 魚雷艇襲擊，被一枚魚雷擊中，在友艦拖返大陳途中沉沒，少校艦長王名城（軍官訓練班航海四隊比敘海軍官校 1949 年班）獲救，但官兵三十三人隨艦殉國。

1 月 18 日，共軍六十師一七八團登陸一江山列島，地區部司令官王生明等一〇八六位官兵遭全殲，其中五一九名官兵殉職，餘遭傷俘。PC 鄞江艦於 1 月 19 日夜間在下大陳東南二十浬海面偵巡，遭敵 PT 魚雷艇四艘圍攻中魚雷一枚，雖經友艦拖帶航返抵基隆，但因損毀太重，無法修復改為泊港訓練艦。此後大陳任務艦隊撤往威脅較輕的南麂山島疏泊候遣；導致披山、大陳山、漁山等列島守軍既無空援、亦無海援。2 月初，在美軍主導下，浙海諸島的軍民陸續撤回臺灣。大陳防衛部與大陳特種任務艦隊部先後解編裁撤，見證了第一次臺海危機的落幕。

浙海戰役全程，海軍沉損三艘軍艦，舷號分別為 DE 太平艦的 22、LST 中權艦的 202、PC 靈江艦的 103，舷號加總均為四；短短八週內戰損三艘軍艦，傳統上海軍禁忌又特別多，這個舷號加總為四、音「死」的魔咒，在艦艇部隊中迅速耳語傳開漫延，中鏢的在役艦艇官兵，人心惶惶不可終日。深信風水八字的梁老

總遂於1955年3月將現役艦艇不吉利的舷號改碼，企圖避凶趨吉。

如甫接艦返國成軍的 PC 章江艦舷號由 112 更改後推為 118，LST 中勝艦舷號由 211 更改了四次，最終為 222，AO 峨嵋艦的舷號由 301 後推改為 309。既有舷號改碼避開加總為四，真的可以解除魔咒嗎？PC 章江艦改一次舷號，十年後在「東山島八六海戰」沉損；LST 中勝艦改四次舷號，四十年後在野柳坐礁拖出時沉沒。僅有 AO 峨嵋艦曾榮任總統的統帥座艦，服勤十年後倖免於難，得以功成身退完勝除役。

爾後國軍新成軍的艦艇與政府各級機關新編成的公務船舶與設施，舷號編碼從此一律避開加總為四的魔咒。如海軍新編成的 DD 驅逐艦舷號避開 4 與 13，PF 巡防艦舷號避開 31 與 40，PC 巡邏艦舷號避開 121，LST 登陸艦舷號避開 220，AKL 運輸艦舷號避開 310；美規 PFG 飛彈巡防艦舷號不編 1102 與 1111，法製 PFG 飛彈巡防艦舷號不編 1201。政府所屬海洋研究船不編「海研四號」，人造衛星也不編「福衛四號」。這個魔咒的編碼，是不能觸犯的禁忌。

浙海戰役海軍作戰陣亡的官兵，含中校副長計九十八員，僅次於游擊隊員在一江山殉國五一九員的人數；此期間空軍飛官在浙海上空接戰九個回合，殉職僅有大隊部少校參謀主任等八員。改變我一生的貴人鄭介民，1935 年曾在我徘徊於報考空軍與海軍之際對我開示：「大洋航海要比藍天飛行穩當踏實些。」在左營海軍忠烈將士紀念塔細數這些陣亡將士碑誌名錄，不知鄭介民將軍是否還會重複對我再說一遍開船比開飛機穩當踏實些。

本艦搶修期間礙於艦長、副長不能同時離艦的艦規，我都讓繆副長休假探眷由我留守；何況，週日二十四小時內，時間亦不

足作基隆至左營來回之旅。俗語說得好，「好頭不如好尾」，一旦修艦期間艦上出事而艦長又不在場，必賠上一生前程。軍務在身遲點回家，是保平安的不二法門。

修艦期間，我曾請假半日，於 1955 年 1 月中旬自基隆港回臺北大直海軍總部掌管人事的一署，拜訪任免調配處海軍中校處長葉克昌（軍官補訓班航海一隊比敘海校 1940 年班），葉處長見到我第一句話就說：「恭喜！梁總司令早就吩咐過，要找個對情報業務有經驗的人來當總部二署第一處的情報計畫處處長；找來找去，只有您才夠格，您曾在軍令部及參謀本部第二廳掌理情報業務當過參謀，又當過駐日武官，累積五年多的情報工作經驗。梁總司令已批定了，想推也推不掉！此外，在臺北市中山北路三段同德眷村，海軍改建倉庫多了三十餘戶眷舍，梁總司令已下令撥給您一戶配住，把家眷搬來臺北以免南北兩地奔波而分心。另外，處長一職追溯至本年元月一日生效。」

報到前我在永定軍艦與新任艦長顧錚職務重疊，抗戰中期我在青島海校任職時，顧錚是應屆畢業海校生，我還帶他由渝赴黔向陸軍砲校術科班進訓。兩位新舊任艦長職務重疊期間，總部一署當我是處於「二署在職訓練期程」。

這個總部二署的情報署，是「人、情、作、後」參謀體系的正牌情報幕僚單位，可不是惡名昭彰專搞海軍白色恐怖掛名在四署的情報處，該處已在桂永清調離海軍後，由國防部總政治部蔣經國主任下令裁撤。

我心想，出任總部二署一處處長職，是梁老總肯定我在浙海的作戰表現，特別提拔我破格任用，調升我佔上校級幕僚主管缺，否則我這個二級艦中校艦長，會依例平調至總部補實我在交

際科一任兩年未竟的科長職補實陸岸資歷。我中校年資已達四年五個月餘，早已超過三年本階停年門檻，中校本階停年滿三年即可以依戰功晉陞上校。梁老總對我提拔佔上校主管缺，自是欣然從命，而且調職公文行將發布，亦不得不赴任。

1月中旬我奉命赴海軍總部先行報到，並攜帶行李入住臺北圓山高階長官宿舍，與老前輩陳啟鵬（烟臺海校航海科 1924 年班）等四人共居一間大寢室，我們都是眷屬長居南臺灣左營眷舍的北漂軍官，陳老前輩家眷與我家都住左營自強新村不同的巷子。這棟宿舍有個典雅的名稱「濤園」。我公餘之暇為能多陪伴家眷，遂決定俟臺北圓山同德眷村增建交屋，立即舉家北遷定居。

時值歲暮，1 月 23 日為舊曆年春節，我遂於年假期間回左營探眷，在戰火陰影籠罩下與家人團聚。永定軍艦在大陳中彈，傳言誇大到說鍾艦長斷腿生命垂危，鄰居都以訝異眼光看見我活生生的從前線回來，並沒有受重傷斷了左腿陣亡。

我過完舊曆年節，於 1955 年 1 月 31 日回到基隆海三廠參加永定軍艦艦長交接儀典，由曾任太康艦艦長高陞第三艦隊上校司令的劉宜敏監交，斯時，本艦所屬的第三艦隊部，於元旦奉命晉名為「掃布雷艦隊部」。浙海戰役結束半年後，永定軍艦廠修完成，又加入臺海偵巡行列。隨後她改裝成舷號 362 的陽明測量艦（Survey Ship, AGS），隸屬海軍海道測量局。直到我退役時，她仍在海軍報勤，於 1972 年 7 月 1 日始除役。

斯時海軍總部已開始實施新編制，原幕僚群一至四署仿效美軍編制分別易名為人事、情報、作戰、後勤等副參謀長室，特業參謀群則有艦政署、主計署、補給署、公共工程署；直屬總部的尚有勤務處、通信處、軍械處、海政處、軍醫處、軍法處等幕僚

單位。政治作戰方面，總部另專設政治部，總部所有編組於 2 月
1 日改編完成。

海軍總部原有掌管情報之第二署改稱情報副參謀長室（情參
室）後，由原少將署長陳慶甲（福州海校航海科 1932 年班，後
累功晉陞中將）繼續擔任情報副參謀長，與我同時奉調總部情參
室的，是末任太平軍艦上校艦長的唐廷襄，他接掌少將缺的情參
室情報助理副參謀長（原稱二署副署長，後累功晉陞少將）。

情參室內所轄單位，改制後並無增減，仍是三處兩室，三
個處級幕僚單位即一處的情報計畫處、二處的情報業務處與三處
的空業判讀處，兩個室級特業單位為情報照相技術（照技）室與
行政室，由陸海空三軍的專業軍官混編，但由海軍軍官領導。我
所掌管的情報計畫處有四個科，分掌海軍的情報蒐集、情報部
署、海上滲透、敵後策反的派遣；情報作戰（情戰）涉密之業
務，更與負責國內情戰業務的警總、國外情戰業務的情報局（由
國防部保密局晉名）合作。

總部情參室一處轄多個外勤單位，經費亦甚龐大，現有官兵
近三百員。本來處內各科人員職掌已有詳細規定，而且行之有
年；然因臺海局勢日漸緊繃，情報需求量巨大，處內情報工作量
暴增，斯時我已覺得過往慣用情戰模式不夠週延，亟需整頓。改
進情戰效率目的只有一個，就是發揮公情與密情的蒐報能力與時
效，進而鼓勵所屬各情報監偵單位奮力工作確保贏戰。

我之所以被選派擔任情參室一處處長主管職，是梁老總看重
我的情報參謀業務經驗，包括蒐報公情、密情與情研、情戰資
歷，外加海上作戰歷練。既是如此，我就必須負起改進處內工作
效率之責。改進之道，我決定由內而外，先從我自己做起，奉公

守法以身作則，進而不眠不休將副處長、科長、參謀群及外勤單位之職掌，加以引伸說明，目的在使處內五十餘位同儕凝聚工作力量、對外勤站臺兩百餘位官兵頻施走動管理，善盡我提升情戰之責。

接任處長時，麾下的傳令士恰好開缺，這分職缺非常關鍵又敏感，凡不能形諸文字與電話的情戰密令，須交由本處傳令士公差親口傳遞交辦，我就請同窗方富揃的大姪帆纜下士方奕萬這位口風緊的晚輩，來擔當情傳重任。

二、調職主掌情報作戰　考取留美專習兩棲

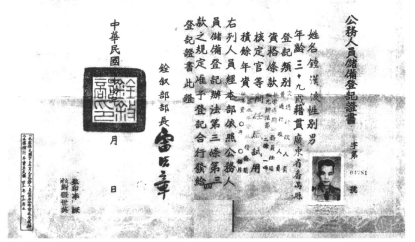

圖 12.3　考試院銓敘部發給作者的「公務人員儲備登記證書」，核定官等為「簡任職試用」，證書字號為簡登字第 04781 號，1955 年 12 月由銓敘部部長雷法章簽署（鍾漢波數位典藏）

我偕同本處所轄的左營電偵臺中校臺長袁式謙，翻山越嶺精挑細選，擇定屏東縣貓鼻頭之國有土地，建置無線電監偵接收臺並整建該處日遺營舍。海軍用萬能角鋼架搭建電偵天線，須連續

使用鋼材焊牢防颱；漸次搭建矗立的角鋼天線架約有十二層樓高，其天線接收的截情範圍，包含大陸全境、中南半島、南洋與西太平洋等地。

此電偵臺之截情偵蒐任務只收不發，收錄截情電碼破譯後作為情研之用，所以貓鼻頭電偵臺之建立，算不上什麼祕密設施。二十年後該臺營址撥歸臺電公司興建核三廠，設施則拆遷至鄰近的美國海軍輔助通訊中心（NACC）墾丁站，與美軍共用營區。

自從發明無線電使用收發報機以來，就開始有電子作戰，所謂昨已有之於今為烈。電子作戰在承平時期就已投入，運用尖端科技蒐情，其手段乃及時追監敵方通聯，洞悉其意圖與行動，干擾遮蓋敵臺波段。我方電臺所拍發的加密電碼，亦會遭敵方蒐錄破譯，我方可透過滾動式跳頻、變更加密等作為，隱藏我方真正內容，或提供假情資誘使敵方陷入我方預設圈套而不自知，最終迫使敵方偵測系統失靈有耳如聾，雙方在未開戰之前已經決定輸贏。

3月1日，層峰依照美軍顧問指導，將海軍總部內區分為軍令和軍政兩大部門，除既有的一位資深中將副總司令黎玉璽督導軍令部門，還增編第二位副總司令督導軍政部門，時任兩棲部隊少將司令的劉廣凱調升新設的軍政副總司令。總部幕僚群的作戰副參謀長室（戰參室）、情參室與通信處，歸軍令副總司令督導，其餘參謀群則歸軍政副總司令督導。

3月初，美國也新編成協防臺灣司令部 USTDC 駐守臺海。依照美軍作戰要求，我海軍在行政體制外另編成海軍六二特遣部隊（Task Force 62, TF62）與協防美軍 USTDC 任務對接，TF62 指揮官由軍令副總司令黎玉璽中將兼。其實，TF62 等同於甫裁撤的「大陳特種任務艦隊」之放大版，只管作戰與用兵，不負責建

軍、訓練、補給與後勤。至於我的總部情參室一處情戰業務，與協防美軍的對口則是 USTDC 參二情戰組。

4月間，緊鄰濤園的同德新村改建眷舍三十餘戶行將驗收交屋，依資績分我可優先選戶；這棟由日遺病院倉庫改建的眷舍，樓下正前方是圓山山麓日軍病院的墓園，白天古樹參天已夠陰森，到了晚上更為恐怖。我選了樓上門牌八十六號的眷舍不是考量風水，而是避免基隆河泛洪淹水。一俟點交眷舍，家眷就從左營舉家遷到臺北居住，全家來臺第一次居停首都，我因此更能安心顧家。玲兒到了臺北，從左營海總附小轉入大龍峒的市立大龍國民學校小五下學期就讀，堅兒年幼，寄讀大龍峒幼稚園中班。

既然全家搬來臺北，我就可專注於公務。總部資深同僚告知，我到差前，辦公室骨董級保險櫃曾遭竊，我去請教業者如何能強化其功能，以免機敏文件被盜。那時民風尚稱淳厚，鎖店老闆得知我是處長，以為是很大的官，遂親自大駕光臨評估，不像現在世人的眼珠，長在孔方裡。店老闆隨我回辦公室查看，一看之下大呼好貨呀。原來，這個防爆保險櫃是日本大正年間三菱重工出品，又大又重、外觀講究且結實牢固，現在買都買不到，要搬動它恐得用吊車舉抬不可。他建議我將此龐然大物吊高數寸之後，把其四腳滾輪卸下，讓它坐在地板上，就沒有整櫃被竊走之虞。

我認為不必如此戒慎，處內處外都有衛兵，竊賊就算偷了保險櫃也運不走，我只要求不被竊賊打開保險櫃就好。老闆認為這個問題簡單，於是他替我的保險櫃外門和內門的兩個鑰匙鎖予以更新，且可不時換新，以防使用日久鑰匙難免被人複製。

至於密碼轉盤，自己可以隨意變換數碼，轉盤齒輪常加潤滑油，即便是開鎖職人，轉動密碼旋齒亦不易聞聲辨碼。不過，三

菱重工出品的日製保險櫃比永定軍艦艦長室的美製保險櫃複雜的多，密碼轉盤的盤中有盤、碼中有碼，我緊隨鎖店老闆學習如何改碼，足足演練了一個多鐘頭，換碼才趨熟練。鎖店老闆憨厚，收取工料錢加諮詢費不過百元爾。

阿彌陀佛上天保佑，我在處長一年任內這個老骨董保險櫃，真的很乖未曾出過事。保險櫃內除機敏檔卷外，也存有鉅額之情戰應急外幣現鈔，供諜員敵後派遣攜用，惟櫃內絕不存放行政經費的現鈔；這樣就可使情戰專款與處內行政花費如誤餐費、加班費、差旅費分開，以免開櫃取鈔過於頻密忙中有錯。

我自己也不辭勞苦，率領部屬巡視本島與外島各轄管營區與外勤單位，如此推動改進不到半年，在情參室內耳目一新。梁老總在國父紀念週會上，強調用人唯才，適才適用發展專長才能，並在總部週會中以我為例，讚許我的情戰改革、敵後派遣任務安全歸來加以說明，使我受寵若驚；尤其是許多同僑對我含著異樣的微笑，讓我渾身不舒服。其實，情戰首重隱密，即便做了，打死也不能承認，公開被褒揚，那更是忌諱。

有關派遣諜員赴敵後執行專案任務，必須提及黃埔海校的學長徐亨的鼎力相助。亨哥辭官後長居香港，躍身為觀光旅遊業的富商，但依然對國內黨政軍相關業務全力相挺；我執行海軍的敵後情戰任務，亨哥在港澳出力甚大。亨哥心繫海軍、熱愛海軍的奉獻，在黃埔海校馮啟聰學長擔任總司令時期，特呈大簽給蔣中正總統，以徐亨長年襄助海軍情戰任務的幕後功勳，由總統特准頒贈海軍少將榮銜予退役二十餘年的亨哥。

7月初，梁老總沒忘記前任馬老總的交辦事項，即海軍會補發我在永定軍艦艦長任內浙海前線協戰的戰功。1955年7月7

日，由總統蔣中正簽署的軍種海績獎章（獎章執照字號 44 人侶字 0165 號）經梁老總召見頒發給我，表彰我「永定軍艦艦長任內著有勞績」。這是我回到海軍後首次獲頒海軍軍種的獎章，這枚獎章的序號 0165，說明自海軍頒綬軍種獎章四年來，平均每年頒發四十餘枚，並非每位艦上官兵都可獲獎。與我同在「鯁門海戰」協戰的僚艦永順艦艦長林植基，也因同一場海戰獲頒同樣的海績獎章。

　　這枚遲來的獎賞，證明我在海峽前線作戰，即使被大陳防衛部搞掉我該有的三軍通用干城甲種二等獎章之勳功，但也該有些勞績的苦勞吧。海績獎章證書，由行政院長俞鴻鈞（上海聖約翰大學西洋文學系 1919 級）及國防部長俞大維（德國柏林大學數學博士 1925 級）雙「俞」副署。

　　斯時，黃埔海校同窗在艦艇部隊服勤者，大都早已幹完一級艦艦長職，我在永定二級艦當艦長交接的前後任，都是我的學弟，可見我在海軍是位後段班的超齡艦長，我自認在海軍還有一絲機會充任一級艦上校艦長職。我自忖艦長一職是當不完的，四年前回國時，想得好美，認為自己尚年青，先待機進入海軍指參學校業科正規班深造一年，再以一年時間去當太字號一級艦副長，兩年時間去當永字號及中字號二級艦艦長，第五年可升任太字號甚至陽字號一級艦艦長。這套如意算盤等同白日夢，光是排班等候上太字號一級艦當個副長，就足足等了二十個月，以致我的海勤資歷只幹完一任永字號二級艦艦長的主官職務。

　　趁梁老總召見頒授海績獎章，我請示可否候派四艘陽字號 DD、五艘太字號 DE 的一級作戰艦艦長職，梁老總直白對我說：「老弟呀，在海軍當過一級艦艦長等同拿到升少將的入場券，但

缺了艦隊部少將司令的歷練，要更上一層樓當總司令的機遇的確難上加難。不過，排資論輩候派一級艦艦長職的候選人太多啦，而一級艦卻太少，你不是沒機會但年歲太高，恐怕輪到你時已無緣上艦哩。不如這樣吧，最近政府公布《公務人員儲備登記辦法》，你夠格轉敘簡任級文官，萬一你當不成一級艦艦長或升不成少將，至少你還可以外職停役去當個簡任級文官，我叫人事副參謀長室（人參室）即刻替你申辦登記。」梁老總的確是位好長官，我的前程規劃他都設想好，是我在海軍服勤的另一位貴人。

力挺孫立人將軍的美軍顧問團蔡斯團長即將任滿離職，蔣氏父子主導的「孫立人兵變」假案隨即爆發，任職參軍長的陸軍上將孫立人遭拔官拘捕，所幸孫將軍深受美國倚重，僅遭長期軟禁；但株連的陸軍部將數百人陸續被逮捕，他們悲慘的境遇不亞於海軍白色恐怖案五千餘名受難的官兵。黃埔海校低我一期的學弟李長浩，海校停辦後轉往陸軍砲校就讀比敘中央軍校十六期砲科，抗戰末期李學弟在新一軍軍長孫立人中將麾下曾當過砲兵營上尉營附。就因為這層關係，李學弟任職陸戰隊砲兵團少校副團長時，亦因「孫立人兵變」假案受牽連，仕途被延宕；不過，李學弟平反後，四度留美受訓，且以累功晉陞少將。

我在海軍總部情參室任職時，有天見到舊屬陳仲同西裝革履、金鍊掛錶，分明是金主或老董的行頭，出入總部各處室。我說：「陳仲同你發啦！」陳說：「報告副長，我發什麼？退役後我自願降格為碼頭清潔工，軍港碼頭艨艟巨艦每天派工後，傾倒在碼頭之廢銅爛鐵、螺絲帽、螺絲釘垃圾就有幾十斤之多，故每日背著廢銅爛鐵轉賣資源回收場，剛退役當個拾荒者每月所得就高達三、四千元，是您月俸的十倍呀！」這真令我羨慕不置。

　　PO 軍士陳仲同原是永嘉軍艦陳慶堃當艦長時的貼身食勤兵，他依戰功由兵晉陞士，調太湖軍艦當官廳 PO 軍士，在艦上與副長的我情同手足、無話不談。他非常節儉，平日替我縫釘衣服，連一條剩餘線頭也捨不得丟棄。太湖軍艦在日本橫須賀港靠泊依合約修艦期間，有一日褚艦長請官員晚餐吃雞粥，餐後適逢太昭軍艦艦長李北洲蒞艦，我叫陳仲同再裝碗雞粥，端出來但見全是粥水不見雞肉，我說：「陳仲同呀！怎麼不撈塊雞肉在碗內招待李艦長？」陳說：「報告副長，所有雞肉剛才都撈給艦上官員吃光了，哪還有什麼雞肉剩？」足證陳仲同這個人絕不藏私。我退役後，一直都和陳仲同董事長保持聯繫。

　　1955 年 8 月，海軍行之有年的 PO 軍士制度，美軍顧問建議以提升 PO 軍士尊嚴為由，訓令海軍的「士」晉銜為「官」；從此，海軍的 PO 軍士制度改銜為美國海軍士官制度，「CPO 軍士長」搖身一變成為「士官長」。連 PO 軍士陳仲同退役時的「上士」階，按美國海軍軍銜稱為 PO1（Petty Officer 1st Class），好歹也是位 Officer，所配發的經理裝備如軍帽、軍服，都和軍官雷同，與士兵有別。其實，日本帝國海軍的軍制自明治維新以降，就非常尊重士官的地位；日本帝國海軍部隊的士官，稱為「下士官」，尉官則稱為「士官」，拉近了尉級初官與資深士官的距離。

　　我在海軍總部有個好處，所謂近水樓臺先得月，自是消息靈通。此際，我的處長任期行將屆滿一年，我從總部人參室獲悉，是年 12 月中旬全軍將招考軍官赴美接受第三年度的兩棲作戰專長訓練三個月，我符合報名資格。

　　我早年當駐日武官所積存的美金，返臺四年下來為貼補家月已然耗盡，總部人參室說赴美受訓每日發放津貼美金十二元，一

天的津貼竟比資深中校的月俸還多，非常讓我心動！留美試場在左營第一軍區司令部會考，辦理考務的是人參室中尉承辦參謀（承參）葉傳杰；葉承參是上海江灣富豪葉家花園的少東，他投身軍旅，完全是為了躲赤禍，與之相處如沐春風，由其承辦考務，可減低試場緊張氣氛。

　　應試的考試科目只有國父遺教和英文兩科，考試時間一共三個小時。國父遺教筆試都是申論題，英文試題只有二十句，每句缺個介系詞，如 by、at、about、between 任君填入，對我言都非常容易。若說是考官故意放水，那也不然，因為仍有很多應試者不及格落榜。我筆試輕鬆過關後，緊接著由美軍顧問面試，考試時的面試官，竟是一年多前赴大陳海域實施戰地輔訪我的美軍支隊部情報官，他已升任協防臺灣司令部的中校訓練組長，他考核後當場由顧問團的典試長宣布我錄取。有些優秀軍官終年在艦艇服勤，獲得所屬單位主官的保薦，免筆試直接參加面試，大都考取。

　　我把考試經過及考取情形，報告情參室陳副參謀長，陳少將也為我高興；隨後我問計於人事任免調配處中校處長葉克昌，他說是否出國受訓我還是直接去見總司令面陳較好。我先到樓上求見浙海作戰的老長官軍政副總司令劉廣凱少將，請老長官替我拿捏是赴美受訓呢？或是繼續等派艦職放棄留美？或有兩全其美的職務安排？他謙虛地說：「老弟，我才幹過九個月的第二任兩棲部隊司令，老實對你說，不但我對兩棲作戰一竅不通，就連隊部裡的參謀群全都一知半解；美方紮根培育我海軍兩棲作戰種能，戰略意涵不言可喻。你外語強，人又靈活，當然要去美國受訓！至於完訓後能否另派艦職，你得親自去問梁總司令。」

　　但是，我過往兩年多的海上經歷，返家探眷累計還不到三十

天，既不能陪伴子女成長，又不能照顧永貞，聚少離多，反而害永貞既當慈母又兼嚴父的雙重角色持家，我若再當一級艦的艦職回海上搏浪作戰，對家庭虧欠就會更多。為了是否爭取再任艦職或轉行赴美受訓改習兩棲，內心交戰舉棋不定。

　　我再到隔壁總司令辦公室登記候見，請示我可否出國受訓，梁老總非常肯定地說：「老弟呀，我也當過四個月的首任兩棲部隊司令，還赴美見學，這種特業在海軍，需要更多接受專業教育的兩棲作戰軍官才撐得住局面。好好幹就有機會依兩棲作戰專長升將軍，不一定非得當個一級艦艦長。」經過兩位長官的開示，我放棄等待候派一級艦艦長職，從此無緣再回艦艇部隊服勤。

　　是年底，近三十艘各型美援艦艇加入海軍成軍，艦艇訓練司令部依美軍顧問指導，擴編為艦隊訓練司令部（還是簡稱艦訓部），首任司令為俞柏生少將，加強艦隊的戰演訓力道。1956年元旦，軍政副總司令劉廣凱因戰功由少將晉陞中將，我在處長任內也因功與老長官同日由中校升階上校；我在石牌的美軍海軍醫院體檢合格後，就束裝準備出發。然總部卻遲遲未發布我的晉陞人令，我不得不以原階中校處長身分申辦護照及美簽，這種帶階出國受訓，人在海外仍可支領國內薪資和眷糧。

　　等到 1 月 31 日，海軍總部都未發布我的晉任人令與接任處長，我不得不上簽處長一職暫交副處長陸軍中校汪潤身兼代，並奉准調為總部屬員等候外派。最重要的是那具骨董級保險櫃內所有情戰檔卷及公款須當面點交清楚，連同保管責任一併交由汪副處長及本處掌理情蒐的第一科少校科長鄒慶芳共同負責，行政室的預財官徐良弓少校亦在場見證點交，這個金庫連同密件的交接紀錄，經過層層核定後，我方安心離職。

　　沒想到總部人參室擺烏龍，把我請調總部屬員的簽呈壓下沒批，晉陞上校案又藉口我即將啟程赴美受訓更不予辦理，三個月後我留美受訓歸國，依然還是總部情參室一處中校處長，汪副處長代理我的職務三個月，算是一份副處長薪水還兼代處長，白忙三個月完全沒領到處長津貼。

　　倒是出國前我收到考試院銓敘部寄給我的「公務人員儲備登記證書」，依據我的軍中資歷核定官等為「簡任職試用」，證書字號為簡登字第 04781 號，1955 年 12 月由銓敘部部長雷法章（湖北華中大學教育學系 1923 級）簽署。那我就放心去美國受訓，若我返國後無法當一級艦艦長或不能升少將，至少還可以轉服文官幹到六十五足歲才屆齡退休，我由衷感謝貴人梁老總貼心的安排。

　　經美軍顧問團海軍組核定，第三批共有二十六位軍官赴美國接受兩棲作戰訓練，施訓營區在加州兩棲基地（US Naval Amphibious Base, USNAB）。同行的海軍軍官十七人，資深帶隊官是海軍上校林廉藩（福州海校航海科 1937 年班），另有陸戰隊軍官六人，資深帶隊官是上校曹正樑（中央軍校十四期），先行出發的尚有三人，包括帶職受訓的總領隊海軍少將黃震白。

　　抗戰期間我從參謀本部幹個中樞小參謀，戰後逕派赴日本當了四年武官，現在又以海軍總部情參室一處處長職逕派美國受訓三個月，無論是在軍艦服勤或陸岸單位任職，加入海軍還真的可以環遊世界呀，高陞上校又赴美受訓，堪稱槓上開花！

　　1956 年 2 月 3 日上午 8 時，我們一行二十三人在海軍總部集合，家眷齊聚送行後，乘交通車至臺北松山國際機場搭美國軍機，預定航程是臺北飛經菲律賓、關島、馬紹爾群島、檀香山、加州舊金山，落地後再乘火車至加州聖地牙哥市，轉至科羅納多

鎮（Colonado）美軍兩棲基地受訓。海軍團隊行動之紀律有個傳統，就是接受團隊資深官的領導，若資深團員有同階、同年班又同齡者，則以職務最高的為帶隊官，我們的團體行動紀律，人人都得接受海軍林廉藩上校與陸戰隊曹正樑上校兩位資深官之指導與統率，直至學成返國為止。

　　一行人搭乘美軍 C-47 專機，直飛馬尼拉以北五十浬的克拉克美國空軍基地。繼三年前我隨敦睦艦隊造訪菲國，這是此生第二次來到菲律賓。我們被安排入住基地過境宿舍，雖不收費卻甚簡陋，木造房舍建構離地四、五呎架高以防洪澇，每房僅置一床一桌一凳，有窗無簾，但每房的房門有內外兩扇，其內是拖拉紗門，其外是開合紗門，雙層防護可阻擋熱帶地區的蚊蚋飛入。這棟宿舍有三十多間單人房，四週有迴廊，沿迴廊散步景觀甚佳，有草坪花圃賞心悅目，至於盥洗廁浴，則設在宿舍盡頭。

　　三餐可赴自助餐廳用膳，美式套餐附當季的土產香芒果與甜菠蘿，吃多吃少悉隨君意，惟須自付現鈔。錢從何來？我們是美軍軍援款項送訓，每日由美方發給日支生活費美金八元半，自美軍軍援我國年度預算中扣除。我駐美大使館另發給每人每日津貼美金三元半，故每日所得共美金十二元，在臺灣銀樓按黑市匯率可換得四八〇元，多過中校月俸。生活津貼若換算成月所得，相當於美金三六〇元，約為當時美軍中校月薪之半，少校羅永湘（軍官訓練班輪機五隊比敘海軍官校 1949 年班）不久前有出國接艦的歷練，認為美金補助尚不致令我們出國受訓感到折辱。

　　抵達克拉克美國空軍基地時，基地主權屬於美國軍方，況且又屬過境性質，故無須辦理任何入出境手續，但也因此不能隨意離開美軍基地範圍一步，否則被菲方視為非法入境，後果不堪設

想。緊鄰機場大門有個新建的天使城（Angeles City），學官王名城少校打聽到天使城熱鬧非凡，是美國軍民極樂買春的銷金窟，看著美軍官兵頻頻進出營區買醉，只能望城興嘆，更談不上再度到八十公里外的國都馬尼拉造訪僑胞敘舊。我們在克拉克美國空軍基地要候機四天，雖有閒暇，但過得並不愜意且拘束萬分，如同坐困愁城。

三、赴美適逢軍機熄火　安抵美軍兩棲基地

圖 12.4　1956 年 2 月強士敦島美軍基地司令贈送作者英文版「飛越國際換日線證書」，作為搭乘美軍軍機跨太平洋飛行的紀念（鍾漢波數位典藏）

　　2月7日下午搭美軍 C-54 軍機赴美，此後越洋沿途所換乘的運輸機均屬同型之四具螺槳引擎，向東飛行每飛過十五個經度，乘客手錶就要撥快一小時。這也不勞你費心，機長屆時會宣布撥正時間，以與當地時區吻合。午夜飛抵關島美軍基地，時間已撥快兩小時；關島是美國屬地，我們要拿出護照辦理過境通關手續，時值深夜，在機場候機室待命亦無處可去。

　　8日上午軍機加滿油就起飛，於當日下午抵達中太平洋馬紹爾群島的瓜加林美國空軍基地，雖然此處於二十三年後獨立建國，稱為馬紹爾群島共和國，但始終由美國掌控。瓜加林海域盡是珊瑚礁，島上遍地椰樹，藍海紅珊瑚映綠椰林，形成瓜加林的熱帶景觀。航站大廳有一排座椅，以古銅顏色的加州紅木精工製成，是公共場所中少見的精緻傢俱。原訂行程是晚餐後續奔檀香山，豈知一延再延，聽說是緊急修理軍機引擎所致。

　　引擎維修一直拖到9日上午4時始登機摸黑起飛，循東北東航向直飛檀香山；不料飛至半途，就在茫茫大海中出了狀況。首先左翼靠近機身的一號引擎發生故障，螺槳停擺，軍機遂更改航向朝正東飛去；不久，右翼機身外緣的四號引擎又告故障，此時飛勤組員在艙內頻頻奔跑穿梭甚為忙碌，我們在緊張中飛越國際換日線（International Date Line 即東經一八〇度線，同時也是西經一八〇度線）竟不自知。

　　軍機只剩下兩翼各一具引擎維持飛航，速度大減；此時，已有救難機臨空伴航，同是四引擎的飛艇，她的機體比起我們所乘的專機還要胖得多。有救難飛艇伴航，大家就安了心，鄰座的學官陸戰隊少校倪鴻鑫竟能悠然入夢，這也難怪，因為我們在關島及瓜加林兩地過夜都未得安眠，長途越洋飛累了自然酣睡。機組

組員迄未吩咐乘客做任何逃生準備，想是稀鬆平常的狀況。

軍機進場緊急降落時，方知事態並不尋常，跑道兩旁相隔不遠就停有一輛消防車，而且亮起閃閃紅燈備便。軍機落地後機組組員立即催我們迅速離機以防不測。說來我們這架軍機的飛勤組員，確實有兩把刷子，憑著減半的引擎，就飛越千餘浬茫茫大海，半途降落這個稱為強士敦島（Johnston Island）的美國空軍基地。

強士敦島座落在一大片珊瑚環礁的邊緣，位於瓜加林島東方約一千四百餘浬，東北距檀香山約一千浬。島東西長約一千八百米，南北寬約五百米；島上中央有砂丘綿亙全島，南陡而北緩，故島上建築物都位於島北。強士敦島機場之起降跑道沿海灘而築，飛機落地滾行至跑道頭，必須轉入狹窄滑行道，循島南迴轉至停機坪，以免妨礙其他飛機起降。從空中看來，是個長條橢圓形的機場；該島地少致使停機坪也很窄小，有時塞機還得將滑行道暫充停機坪用。

軍機因故障，須在此地停留一整天以便徹底修理，乘客們遂住進當地美國空軍營舍。這次軍機故障雖未受驚嚇，但也可以說是因禍得福；若非如此，我們安能有此機會偏離主要航線，降落於難得一見的世外桃源，還可整天在這座軍事禁區隨意走訪？

平安落地後，我們被告知 9 日上午 4 時離開瓜加林島，飛行七個小時半，此地卻是 8 日下午 13 時半！因為我們向東越過了國際換日線，日子要倒回一天。這個時差對搭機客言，會造成情緒不安、失眠頭痛、消化不良、食慾不振等症狀，不過，身為軍人經常日夜守值，我們都沒這些嬌生慣養的生理現象。

我們這批不速客降落此地，島上軍民當然知之其詳，見到我

們都頷首表示善意。尤其是空軍基地醫院在我們下機抵達過境宿舍時，立即派廂型車來詢問，有無乘客須求診收治，免費的診治盛情感人。我們無論在宿舍餐廳和 PX 軍中販賣部所見到的美籍官兵，都真誠接待我們樂於交談臺海軍情，令人愉悅，這就是美，是強士敦島內蘊的美。

美軍基地司令派新聞官贈送每位受訓學官一張英文版「飛越國際換日線證書」，作為搭乘美軍軍機跨太平洋飛行的紀念。基地司令把這個蕞爾小島闢建為中繼堡壘，設施齊全應有盡有；舉凡兵營、眷舍、醫院、維修棚廠、塔臺、超市、PX 軍中販賣部，都是精工構築。砂丘之巔，是免費露天電影場，夜間觀眾席地而坐進出不拘，銀幕高掛遠處亦可望見。

一日三餐是美國空軍軍官吃法，全天僅收費美金二元。早餐是一份雙煎蛋加鹹肉培根，麵包牛奶免費任取，午晚兩餐則是一磅重厚實的煎牛排，餐盤根本裝不下也吃不完，搭配的罐裝蔬果毫無鮮味。整體來說，美軍軍官餐廳的三餐物美價廉，分量多且講究營養，即使是饕客來了吃一份餐食定能產生飽足感，可惜的是蕞爾小島無田園農場，故餐餐的冷凍食材一成不變。若能把餐食分量與熱量減半售價亦對折，對我們東方人來說該多好！

此地之特點為不見燈紅酒綠、不見海邊垂釣客，沒有庸俗的人工景緻，沒有建置高聳的圖騰，呈現於眼前者均具無華之美。若非每日有數架軍機起降之隆聲巨響，強士敦島應是一處修禪悟道的好所在。我沿海灘漫步環島，不知是當地軍民太忙沒空垂釣，抑或是珊瑚環礁水淺，大魚游不進岸邊，小魚又不願上鉤？飛機跑道外四周的砂灘，其砂色乳白閃爍呈粉狀，取英文名曰「威基基之子」，旁有日文譯名，想來此島必有日裔夏威夷住

民。唯所見砂灘為潮湧所掃平，連腳印都沒有，顯見無人戲水，航站砂灘旁有個飲食站，自然也就門可羅雀了。

9日下午接到通知，晚餐後由強士敦島起飛赴檀香山，這樣我們就在島上停留了二十九小時；迫降強士敦島一日遊，至今令我懷念不已。由強士敦島至檀香山須飛行五小時，抵達檀香山算是正式進入美國國境，通關後入住機場美軍招待所時已經過了子夜，當年夏威夷還只是美國的屬地，尚未升格成第五十州。

2月10日是農曆小年夜，一早起來我打電話給檀香山僑領許樂利（Larry Hee）先生。許先生祖籍是廣東香山（香山縣是孫文總理故鄉，後改稱中山縣），Hee是香山許姓土音，在檀香山華僑講香山家鄉話，很少用粵語。僑領許先生是昔日太湖軍艦上尉軍需官潘桂華的好友，潘軍需官得知我行將赴美途經檀島，由他寫信給許先生告知我將入境。僑領許先生接到我電話後非常高興，親自駕車來迎接，我遂邀黎國炘與上校高人俊（青島海校航海科1937年班）著軍常服同行，前往僑團正式拜候。

拜見許府長輩後，我才知道僑領許先生的父兄竟是檀香山「博扶爐中國國民黨分部」的主委；我就讀初中時，曾在廣州市黃花崗紀功坊親見博扶爐分部許府長輩捐款支助革命的獻石，真是有緣。我們三位海軍軍官在許府休息敘談片刻，再赴華埠參加僑團歲末聯歡。壓軸好戲是選舉「檀島華埠小姐」。原來，選美主持人何文炳先生，竟是我和黎國炘學弟在中大附中初中部就讀時的國文恩師！二十多年後異地重逢，何老師由廣州市一個初中國文教師搖身一變，成為檀島華埠富商兼僑校校長，集政、商、教名流於一身，令我覺得高深莫測。

僑社選美完畢燃放鞭炮前，眾人紛紛與膺選后冠小姐合照留

念；放鞭炮後選美大戲遂告落幕，曲終人散。僑領許先生開車載我們前往華埠，宴請我們三位海軍軍官在廣東菜館享用小年夜晚餐，之後他送我們回機場美軍招待所，約好翌日帶我們到各處觀光。

11日大清早，僑領許先生就接我們到他府上用早餐，備有各式水果；其中有一種我從未見過，手掌般大狀如臺灣酪梨，切開綠皮後有淡淡香味甚甜，在嘴中咀嚼時，口中有種舒暢感，這種水果是檀香山芒果（Bombucha），但全無膩香味，與臺灣土芒果、菲律賓香芒果等大異其趣。

許家後花園就有兩株檀香山土芒果樹，果實累累。僑領家人大概都吃膩了，無人願吃，我則對之興趣甚濃。僑領許先生說，待會兒可以帶幾個回機場吃，登機前吃不完就把它扔了，因為美國本土不准旅客帶夏威夷農畜產品入關，以免造成蟲害疫情的漫延。由美國本土來檀島的訪客所攜加州水果吃不完，回本土時也不能帶上機，任何食品不論是罐裝或散裝，都不准旅客帶進美國本土。

在僑領許宅用完早餐後，我們就出發遊覽珍珠港與威基基海灘，再向南駛過檀島平原，所見到的不是甘蔗田就是鳳梨田，難不成檀島火山灰的土質肥沃，生產甜蜜蜜的水果？一路走來只見風和日麗，海風順暢，駛到平原盡頭轉向東行經山坳過隘口，竟然狂風怒吼，像變了天。隨後我們又折回向南行，觀賞了一場草裙舞，遂北返華埠吃圍爐年夜飯才回機場美軍招待所。我們三位海軍軍官很感謝僑領許先生兩天來的盛情招待，遂互祝珍重而別。

12日大年初一上午8時，我們由檀香山市飛舊金山市，飛航十一小時天黑後準時落地，這是我生平首次踏上美洲大陸。這趟十天越洋之旅，沿途中停菲律賓、馬紹爾群島與兩處美國屬

地，斯時臺北時間是 13 日週一大年初二上午 11 時正。

我們從機場搭乘軍用大巴士車程約半小時，抵達市區內的美國海軍第十一軍區司令部，抵達時是週日晚上無人辦公，只有一位資深 CPO 士官長守值。這個軍區司令部並非我們所想像那樣龐雜，也不算氣象萬千，從正門外看進去，若不是有兩名武裝衛兵站崗守營門，其格局遠眺像間修道院，辦公大樓也僅有三層，近看又像間小學。

美國海軍的軍區司令部職掌，是專門負責轄區幾個州的美國與盟國海軍官兵之輸送、中轉交通安排，兼理美國海軍新兵之招募與退役、復員等勤務。我們屬美國海軍軍援項下的外籍軍官，臺北啟程點是由駐臺美軍顧問團海軍組負責安排送至舊金山市，在美國本土則由海軍第十一軍區負責安排我們國內交通，送到目的地聖地牙哥市的科羅納多鎮海軍兩棲基地。回程時由兩棲基地後勤處負責，安排我們回到此報到，司令部再送我們飛返臺北。說得清楚一點，此處對我們而言其作用只是個轉運站而已。

不過也別小看這個軍區，編制上就有三位兩星少將。軍區司令海軍少將之員額固然必備，尚有兩位軍醫少將與司令平起平坐，一位是內科少將主任，另一位是牙科少將主任。軍醫將領主導鑑定海軍新兵體位，艦艇空間狹小、船身搖晃，無法收治四高慢性病（高血壓、高血糖、高血脂、高尿酸）水兵；為避免影響艦艇戰力，故須內科軍醫把關，體檢鑑定不及格者只能留在陸岸單位服勤。

牙科少將主任的編配，是為了鑑定新兵的牙齒是否健康而設，因為美軍有套理論，要打贏對手先要顧好身體，那就得講求營養，雖有豐富的食物若不能咀嚼，就攝取不到營養，可見美國

海軍非常注重官兵牙齒之健護，務使官兵好好咀嚼食物，幫助消化易於吸收養分，以維持身體健康保持戰力，可謂用心良苦。

我們既已抵達美國境內，再不能享受機場美軍招待所過境免費住宿的優待；值班 CPO 士官長已安排 14 日週二晚間 20 時搭夜行火車赴聖地牙哥市，他提示我們今晚首要之務，是找間民營旅店投宿，住旅店就得自付費用。他並開示說，火車站有提行李服務，每次須付小費五十美分且不找零；若要工人從月臺提行李上火車算一次小費，由車門口再提行李至鋪位又算一次小費，故須多備美金硬幣。另外，火車的餐車價目昂貴，行車期間入內用餐要有心理準備。

我和黎國炘學弟兩人入住一間百年旅店，招牌雖掛著 Senate Hotel 但看來非常陳舊，當然其設備、裝潢也不怎麼樣，這是我頭一回在國外投宿旅店。旅店雙床套房，每房日收美金三元不供早餐，入住後二十四小時內算一日，很公道。這間旅店恐怕沒有美國參議院的長官願來投宿，也許一世紀前在西部拓荒時期，此旅店曾入住過加州參議員也說不定。

住宿既已安排妥當，隔晨週一我就打電話給僑居舊金山市的同學林永裕，港僑林同學與我同窗長達八年，即廣州市中大附中三年初中加黃埔海校五年，抗戰結束後他退役回香港，再移居美國經商。接電話的是裕嫂：「皮哥，真不巧呀，永裕坐鎮香港監督工廠出貨銷美，您三個月後受訓完畢我老公都還未返美哪！」

接著我去電找胡溪瀛先生，他是黃埔海校高我三期學長胡溪澄之胞弟，胡溪瀛先生在華埠開了一間禮品店。舊金山市華僑講廣東四邑話，故華埠語言幾乎是臺山話的天下，我入伍教育時跟鄰兵的空軍翁克傑學過臺山話，講起來與粵語大異其趣。在檀香

山市用粵語跟華僑用香山話對談，彼此還講得通；但在兩千浬外的美洲大陸舊金山市，你就算通曉粵語也聽不懂華僑所講的臺山話。黎國炘在中大附中初中部讀書時，他很驚訝我怎麼會講臺山話，我告訴他是在入伍教育時向鄰兵學來的，我打著臺山話的腔調，說些粗俗俚語給他聽，逗得他笑彎腰。

胡先生帶我們去他姊夫和大姊家拜年，他們都是臺山縣人，隨後一同到中華茶樓啖一頓廣式飲茶吃點心。餐後就繞行華埠再駛過海灣大橋（Bay Bridge），它比聞名全球的金門大橋（Golden Gate Bridge）長很多，只是不起眼而已。

駛過這條長橋就到屋崙（Oakland），其實昨晚我們出機場後也曾路過屋崙，唯夜晚踏上異域，不知身處在何處。他帶我們來屋崙之目的，是讓我們見識百年前的「舊家風貌」。轎車駛入一條無尾胡同，其中尚保存了五、六間唐人古厝，是用青磚築成，庭院深深，有粵式豪門巨宅的風味，而且是加州震災後僅存的古厝。我們就在附近的塔形咖啡室聊天，俯瞰舊金山市的風光及鬧區的煙塵，這又是另一番景緻。時近落日，即驅車返回市區。

週二一早，胡先生就到旅店來接我們到華埠吃早餐，隨後去舊金山市公園遊園，再去金門大橋，胡先生把車駛至橋墩的小公園，園中種植了許多花卉，並陳列一節吊橋所用的索纜，長有五呎多。鋼纜非常粗大，要兩個人聯手才能環抱，由其橫斷面可數出內含小口徑鋼索多條扭轉而成。遠看金門大橋兩座橋門，把鋼纜垂下成弧弓形，再從弓形鋼纜拉緊無數吊索，把橋的重量連同橋上車輛一齊吊住，使其承力分散於兩座橋門及兩岸橋墩。遠眺橋上鋼纜並不怎麼顯眼，而今在橋墩旁把索纜做成樣本並切開陳展，方知鋼纜之粗大。

　　遊罷金門大橋，我們再到義大利區去吃特產王蟹（King Crab），王蟹碩大無朋，在臺灣叫做鱟魚，此地所賣的鱟魚，產自加州北部海域；由於鱟魚並非可口美味，故一份定價不算高昂，但所附贈義大利通心粉一碟，足可充饑。顧客被其一堆風乾實體蟹殼隨風招展所吸引，可謂招徠有術；不過你只要品嚐過一次，就覺得不過如此，無須再來享受。我倆謝過胡先生，返回旅店退房，提前一小時到海軍第十一軍區集合場，共乘巴士前往火車站搭夜行火車。

　　我們搭乘太平洋鐵路局聖搭菲線（Santa Fe Pacific Railroad Way）的夜行車赴聖地牙哥市，夜行火車頭等單人小臥房內有一固接沙發及一茶几，若把壁掛臥舖平放，即無轉身之餘地，那就非上床睡覺不可了。我躺平後因王蟹餐點不對胃口而飢腸轆轆，又想起軍區值班 CPO 士官長曾提及餐車飲膳價目高昂，我思其高價必有其道理，愈餓就愈好奇，問鄰室中校學官劉作柄（青島海校五航乙 1940 年班）要不要一齊去餐車吃消夜，他推說省點錢餓了就睡覺，我遂推床穿著軍便服，梳理整齊，獨自前往餐車領教並藉以療饑。

　　進入餐車等候領檯帶位，見其內幾乎滿座，原來餐車不因高價而缺少饕客；三位穿著筆挺晚禮服的非裔美籍侍者，似乎是忙不過來，所幸等了片刻恰有食客離席埋單，侍者方領我入座，所經各桌消費者都淺飲慢酌低聲交談，隆隆車聲中只見其嘴唇掀動，而難辨其聲，饕客餐飲禮儀不輸職業外交官。

　　侍者用托盤奉上一杯冷開水及菜譜，垂手肅立聽命，見我著軍裝就 Yes, Sir 前 Aye, Aye, Sir 後，令人舒暢享有尊榮。我專注在牛肉打主意，要了牛尾湯、煎牛排和美式咖啡，那算是最低消費

的了。每一菜肴食畢，侍者先清走餐盤再端出下一道；埋單是美金六元半，拿出張拾元美鈔，托盤上找回三元半，我只取回美金三元，剩下零錢算作小費。

花了美金七元在餐車上吃頓晚餐，幾近國內海軍中校的月俸，實在太奢侈了！但在美國火車古色古香餐車用餐的機會十分難得，這輩子就只這麼一回，況且餐車之上流貴族氛圍令人回味無窮。當時情景留在腦海中迄今難忘，這早就值回餐價。餐車價目固然昂貴，卻未知夠不夠攤平其鐵路局餐車營運的成本。

第拾參章
留美受訓攻勢兩棲作戰

圖 13.1　1956 年 2 月留美受訓始業式於美國太平洋艦隊兩訓部前草坪，與海棲班上校班主任伊扶理（圖內前排左）合影，作者立於圖內前排右四（鍾漢波數位典藏）

一、兩棲訓練施教課業　防水車輛衝入大海

圖 13.2　1956 年 4 月美軍海灘總隊學校車輛防水班由兩訓部部訓班主任納爾遜准將頒授作者的結訓證書（鍾漢波數位典藏）

　　車行至週三午前，火車抵達聖地牙哥市。美軍兩棲基地派巴士來接，駛過一○一號大道（Route 101）到艦隊碼頭（Fleet Landing），等候交通艇過聖地牙哥灣，航向科羅納多鎮美國兩棲基地 USNAB 碼頭。美軍後勤 CPO 士官長安排我們進住單身軍官宿舍，申辦完美國海軍識別證後，他帶我們到軍官餐廳憑證付費按時用膳，如不用膳就毋須付費了。

　　談到美軍基地受訓生活，不能不提膳食情況，基地專為外籍受訓學官開設一間團膳餐廳，是伙食團方式不對外營業，故名曰 In-house Officers Mess，餐價相對便宜，採用單一消費價格。早餐定價六十五美分吃到飽，包括一份火腿雙煎蛋、一大杯鮮乳及一杯橙汁或蔬菜汁，還有任你吃到飽的土司、果醬、奶油、咖啡或茶。當時流行用蕃茄汁為主的 V8 牌飲料，早餐可謂極其豐盛。聽聞這個軍官餐廳以前並非採用吃到飽均一價，而是單點價

格；現在外籍學官人一多，餐廳就忙不過來，為防有人以最低消費的五美分買杯咖啡，把餐區擺好的食材一掃而光，所以才採用均一價吃到飽措施。

　　無菜單午餐定價五十五美分比早餐更便宜，葷菜是啥就吃啥，如煎豬排吃不吃由你，隔日供應煎牛雜、煎羊碎肉餅或四分之一隻烤雞。午餐除一葷還附一素一湯，更有無限供應的小麵包、果醬、奶油、咖啡或茶。至於晚餐價格最高，每客美金一元二十五分起跳，可以點主菜如烤羊肉、小牛肉、煎魚排等任選一樣，主菜尚附有半球芋泥、翠綠荷蘭豆外加一湯一沙拉一鮮果附咖啡或茶。若能吃到光盤，腸胃已無空間可容納免費供應的小麵包等餐飲了。

　　由於基地施教時間只有五天，這間軍官團膳餐廳每週只開十九餐，即週一上午至週五中午供應十四餐，餐廳內座無虛席，自週五晚開始的週末，七餐僅供應五餐，週六及週日因食客寥落，餐廳為節約兵力僅提供早午餐，收費還是六十五美分，早午餐除供應無菜單午餐菜肴外，另加無限暢飲如橙汁、蕃茄汁和鮮奶等。

　　營區遠端另有自助餐廳（Cafeteria），價格則論種類、份數結帳，並有洋蔥切絲，但吃多了會傷胃；我曾在此自助餐廳享用過午餐多次，當作基地內我的第二餐廳。如果在營外用餐要貴個三成以上，還得繳四趴的消費稅外加打賞小費。好在不進營區團膳餐廳則毋須繳錢，我可以到市區花大錢在餐館換換口味。

　　美國海軍太平洋艦隊（US Pacific Fleet）轄管之兩棲部隊（Amphibious Force, USN），其下設置兩棲訓練司令部（Amphibious Training Command, 兩訓部），兩訓部包括三個班隊：兩棲訓練班

（海棲班）、艦艇兩棲班（艦艇班）與部隊訓練班（部訓班），基地佔地約百公頃為上級兩棲部隊直屬各單位如海灘總隊共用。我們十六位海軍軍官在海棲班註冊，陸戰隊軍官七人則在部訓班註冊，均由其它班隊支援混訓。

美軍基地向來都是喬木參天綠化營區兼顧防空隱蔽，但加州科羅納多鎮的美國海軍兩訓部營區顯然不及格。此地原是聖地牙哥灣噴砂回填而成的海埔新生地，因為海砂鹽分高，所以寸草不生，比之中太平洋強士敦島更為差勁。我們進訓時，兩訓部門前之大圓環，適有大卡車運來整車馬糞，倒在其上耙平後，撒上草種，基地因而酸氣燻天，歷久不散。三個月後我結訓時猶未見草芽；須知馬糞係草與馬的胃酸發酵而成，並無泥土成分，只有馬糞與回填噴砂的海埔新生地，那要何時才長出嫩草來？

在兩訓部的隊部前歡迎我們並合影的長官，是海棲班上校班主任伊扶理（CAPT F. Iffrig, USN, 美國海軍官校 1928 年班）及部訓班班主任陸戰隊准將納爾遜（BG Nels H. Nelson, USMC, 美國海軍官校 1922 年班）兩位主管。我們訓期共十二週，2月15日週三抵達當天就算進入第一週，週四及週五這兩天隊職官帶我們認識環境進行調適教育，還看了些兩棲訓練錄影帶，內容十分豐富。我們二十三位海軍及陸戰隊軍官，連同先來報到的總領隊黃震白少將、上尉學官劉醒華（海軍官校 1950 年班）及吳恩惠（海軍官校 1951 年班），一共二十六位同在基地受訓；不過，劉、吳兩位上尉學官不住在 BOQ 宿舍，而在基地內水中爆破大隊的營房內住宿。

受訓第二週的週一正式開訓，由兩位班主任共同主持開訓儀式。隔日，由美國海軍太平洋艦隊所屬之兩棲部隊中將司令西圖

（VADM Thomas Settle, USN, 美國海軍官校 1918 年班）率兩訓部少將司令賈萊爾（RADM Albert Jarrell, USN, 美國海軍官校 1925 年班），在軍官餐廳舉行酒會，歡迎我們這批新來的外籍學官入學。從這天開始正式上課，5 月 4 日就結業。受訓期間每週上課五天，星期六、日按美國習慣週休兩日。

美方施教二十種核心課目，其內容著重兩棲作戰施教，包括兩棲作戰概念、需求、指揮、通信、編組與終結為主，外加高司作業研究、戰前一般狀況、戰時特別狀況、登陸海灘、登陸日（D 日）、登陸時（H 時）、空中支援、艦砲岸轟、火力協調（火協）、水中爆破除障、海上攻擊發起、艦岸運動、後續登陸及一般行政下卸等。

以上所學，完全是美式的兩棲作戰教程，未盡符合我國國情與軍制現況。這也不能歸咎美方，因為在此受訓的學官，除了我國與地主美國外，尚有菲律賓、南韓、南越、中美洲各國的學官，美方絕不可能替每一個盟國去客製適合其國情之教材；美方將自己的一套教案提供盟國派員受教，已是難能可貴。我們返國後，自然會「棄異用同」，能有此種想法，則心情豁然開朗用心去學。

總領隊黃震白少將住在將官官舍（Senior Officer Quarters, SOQ），我曾前往 SOQ 拜訪過他一次；黃少將設宴招待僑界很有聲望的張小姐，並由我們作陪。兩棲訓練不論階級之高低，同是受訓十二週，先來先畢業。我們合議在黃少將結訓返臺前舉行歡送酒會，替黃少將隆重餞行，隨後我們念及「羅漢請觀音」，實在窮酸不成體統，遂決定集資美金五十元，購物呈獻給黃少將留念。黃少將返國之日，我們均到聖地牙哥市火車站月臺恭送握

手道別。

我海軍兩棲部隊各級陸岸單位都在左營軍區內，返國後我必被派回左營任職；我在啟程赴美受訓前告訴永貞，若有機會，就隨即尋求眷舍南北對調。3 月 10 日，永貞經捌嫂安排，遇到海軍女眷葉翰芳女士，家住左營自強新村人卻遠在臺北國立政治大學服務，彼此願意向總部眷管處登記對調眷舍核准後，平等互換雙方不費分文。我家騰讓出臺北市圓山同德新村八十六號的眷舍，遷回高雄市左營自強新村。永貞來函說已把玲兒在臺北市立大龍國民學校六年級下學期的學籍，轉回左營的海總附小插班就讀，堅兒重返自強幼稚園大班。玲兒幼年隨家長調職，六年的國小教育轉學就轉了三回就讀；當軍人固然沒選擇戰場的權利，身為軍人子女，也沒有選擇學校就讀的資格。

學完上述二十種兩棲作戰核心堂課已經過了八週，從 4 月 9 日開始我們有一週的分科教育，我選擇部訓班海灘勤務（灘勤）特業 RCB-1 教程，在海灘總隊學校（Naval Beach Group School）受教，學來也蠻有趣味的；國軍現在只強調守勢守備作戰的後輩軍官，恐怕也無緣去學灘勤作業這種攻勢作戰的特業了。

頭兩天我進入海灘總隊學校車輛防水班（Naval Vehicle Waterproof Program）受訓，見學他們的防水特業。普通車輛依順序由吉甫車、四分之三噸中型吉甫車、兩噸半十輪大卡車加裝之防水設備，然後再示範裝甲車、登陸運輸車（Landing Vehicle, Tracked, LVT, 俗稱水鴨子）及水陸兩用砲車（LVT Armoured, LVTA）加裝之防水設備。

第三天上午施教海灘駕駛實作，這整個上午的課程認真而又過癮，美軍陸戰隊三等士官長（Gunnery Sergeant, GYSGT, 三等

長）助教問誰有駕照，我舉手說不但有，且所有輪型軍車、民車我都開過至少十年。助教於是任由我放單，在灘岸困難地形先開小吉甫，再開中型吉甫，最後開十輪軍用大卡車。所有輪車的排煙管，都改裝垂直伸高，架設在駕駛座前檔之上，以防海水倒灌造成熄火。

在十輪大卡車內，我將黑皮鞋脫掉換上大膠靴，大卡車尾桿的鐵環扣上鋼索，這條鋼索由另一輛大卡車前保險桿的絞盤放出，鋼索作為事故拖救出淺之用。這位 GYSGT 三等長助教令我將卡車筆直地向海灘水際慢慢駛入大海，將車頭浸至引擎蓋才煞車；此際，駕駛座也浸滿水，一直浸濕到我肩部，浪頭甚至漫溢過引擎蓋撲打到我臉上。

這輛卡車真乖，居然沒熄火也沒陷入流砂卡住，我再依旗語指令又慢慢倒車返回乾灘，安全鋼索鬆脫後，我再駕駛這輛全濕的大卡車在海灘砂丘上往復行駛。這輛大卡車果然要得，否則就不會充任車輛防水班的招牌教學車了。當天我就拿到車輛防水班的結業證書，由部訓班主任納爾遜准將親自頒授。

我隨即馬不停蹄回到海灘總隊學校見學，海灘總隊下轄有灘勤大隊、浮箱大隊、小艇大隊、通信大隊、水中爆破大隊等五個大隊。我被安插在灘勤大隊、小艇大隊和浮箱大隊依序進訓。其實我也沒其他選擇，因為通信大隊只接受通信官科的學官見學，水中爆破大隊則屬專業訓練，沒有水中作業簽證的學官無法進訓。我在這三個大隊見習五個課目，第一是灘頭開設傷患後送醫療站，第二是指定各型登陸艦艇搶灘席位並協助返裝載勤務，第三是下卸裝備與補給品，第四是最刺激的小艇救難，第五是浮箱搶灘接合課目。

灘勤大隊在灘頭開設醫療站，最重要的軍陣醫學，是掌握檢傷分類要領；官兵登陸後重傷喪失戰力者，在救護站急救完立即安排兩棲空車與登陸空艇後送，返回外海錨泊的艦船搶救垂危的生命，皮肉輕傷者經救護站包紮後回到前線殺敵，維持救護站的週轉效率。

控管海灘大小登陸艦艇搶灘席位，視水深與灘頭直後地形而定，淺灘留給登陸小艇用，深水岸灘則留給大型登陸艦用，至於珊瑚礁磐就有賴 LVT 水鴨子涉越。搶灘的登陸艦艇與水鴨子所裝載之物資，依優先順序動用灘頭堡留守預備兵力快速搬運下卸；彈藥箱前運至彈補點分發，油桶滾推至油補點加油，讓海灘保持淨空，也讓登陸艦艇與水鴨子卸空後儘速返裝載退灘。

在小艇大隊繪製裝載軍品積載圖也不是什麼大學問，登陸部隊的裝備與補給品，依照先卸的須後裝、後卸的須先裝，重件置下層艙底、輕件置上層艙面。部隊登陸後，作戰亟需補充的第三類補給品油料與第五類補給品彈藥，要優先下卸，這些軍品的積材裝載依序完成後，再繪製平面積載圖及立體積載圖，最後交給登陸艦艇長與水鴨子車長參用。

對擱灘登陸艇的施救，是將海灘上被海浪打橫擱淺坐灘而動彈不得的小艇拖救出淺，施救對象包括四噸空重的車輛人員登陸小艇 LCVP、八噸空重的機械登陸艇 LCM 及十二噸空重的 LVT 水鴨子。

我國海軍的美援 LCVP 與 LCM 登陸艇各有二十餘艘，編成一個小艇大隊轄兩個中隊，連同 LST 登陸艦標配吊掛的 LCVP 加總近七十艘。登陸小艇擱灘情況輕者，用兩棲推土機把它推正，再推回海水中浮起自行駛離；擱灘情況嚴重者，需用兩棲小

艇吊架，吊起將其遠放大海浮游。

　　登陸小艇吊架是一具龐然大物，在美軍亦屬罕見；兩棲吊架由四個比人還高的超大輪胎支撐無懼流砂，而且大輪胎自有浮力，但難就難在如何將吊架騎在擱灘小艇之上。兩棲吊架本身僅是個框架沒有動力，得靠一輛兩棲救濟車（LVT Retriever, LVTR）用連桿索推進；LVTR 先把吊架前推框住小艇，吊架再用馬達驅動的滑車絞盤鋼索把登陸艇自擱淺處懸空吊起，兩棲救濟車再推吊架與小艇回到大海，小艇脫鎖落水後就浮游出海。擱灘小艇能否出淺，那就要看 LVTR 駕駛兵的本事了。LVT 與 LVTA 擱礁卡住，也靠 LVTR 拖救出礁。

　　我國當時的灘勤裝備遠不如美軍，兩棲部隊寒酸到沒有小艇吊架與 LVTR 救濟車，就連兩棲推土機都欠缺，只能用同型登陸艇趁高潮時分，拋纜將打橫友艇拖帶出淺，自行浮游駛回母艦。

　　在浮箱大隊受教課目是認識浮箱棧橋的接合，浮箱類型有浮箱棧橋（Pontoon Causeway）、浮箱拖吊船（Pontoon Wrapping Tug）及浮箱船塢（Pontoon Dockyard）三種裝備。每一座鋼骨浮箱尺寸均標準化、規格化，浮箱之長、寬、高均為六呎，其內空洞互相鎖扣連結起來，遂成為棧橋。不過，浮箱因體積龐大、結構脆弱，不能自行在湧浪中浮游飄洋過海支援兩棲作戰，唯有開口笑 LST 或 LSD 方可攜行越洋航行。

　　LST 與 LSD 登陸艦須預先在艦外兩舷離水線上三呎之乾舷（Freeboard）處，焊接軌槽，以便勾搭浮箱之下緣；掛載時，需用浮箱拖吊船自浮箱船塢取出浮箱，從旁協助上掛，僅留一條鋼索固定在船舷。到了登陸灘頭外海下卸時，用消防斧砍斷鋼索，浮箱落海再由拖吊船接合成棧橋。浮箱由登陸灘頭退灘返載

時，使用登陸艦艙艉之絞盤將浮箱絞收至艦側，再由拖吊船從旁協助拆解上掛。如是砍丟、卸掛七次左右，這個浮箱已扭曲變形就得報廢，當年每個浮箱成本是美金一萬元，操演練習一次攤提的成本就要美金近一千七百元；我們受訓時所看到的裝砍、卸掛過程，只是觀看教學影片而已。

浮箱棧橋之半，是用六十個並排浮箱（2×30）聯結成，換言之，這半節浮箱棧橋長度是三十乘六呎共一八〇呎，寬度是二乘六呎共十二呎，棧橋的前端的浮箱是楔型底座可搭放在灘頭，灘頭與登陸艦間的半節棧橋對接，就成為一座完整棧橋，半節棧橋在平頭對接處，橫向各抽取六個浮箱橫置作為會車迴轉場。棧橋的後端楔型底座浮箱可搭放在 LST 的艏板或 LSD 的艉板上。換言之，這一整座的浮箱棧橋，長度共三三六呎，那就可由深水區的登陸艦延伸到乾灘。如是，從登陸艦坦克艙或船塢登陸艦塢艙裝載之大小車輛，毋須涉水即可達乾灘，滴水不沾就登岸上陸了。

4 月 16 日分科教育完訓後，海棲班、部訓班與艦艇班全體學官合班上課兩週，將過往所學歸納起來，聆聽兩棲作戰教範（Amphibious Operational Doctrines）綜合課程，對兩棲作戰整合成有系統之講授，所有課程就告結束。溯自 2 月 16 日開始，第一週看了作戰及訓練紀錄片電影，就算過去了，真正在教室聽課及實作見學，只有第二週至第十一週共計十週而已。

美國海軍兩訓部所安排盟國學官前來受訓，教官備課週延、教學認真，授課言辭流暢，但安排仍有美中不足之處，如教學影片「全軍覆沒的第二連」（The Late Company B），看了令人傷心不置。我們入學時就先看過一遍不忍卒睹，在結訓前再放映一場，看了更是悲哀。

　　本片是二戰末期拍攝的黑白教學片，片長四十分鐘。影片一開始聚焦在一座墳場，其中豎立了無數白色十字碑誌，如同出操一樣，排列得整整齊齊，這是全軍覆沒的第二連官兵埋骨處；起初在碑誌之上淡淡地出現許多鬼魂互相埋怨，漸漸形成真人。由於平日軍紀太差，配發新皮鞋時嫌它打腳，遂棄置照穿舊鞋。三餐口味不合，兵卒就將食物倒入餿水桶內。士卒因舊鞋底穿孔破損致使腳底受傷，在戰場上舉步維艱；官兵因挑食營養不良致孱弱無力而行軍掉隊，甚至有人體力耗弱精神恍惚竟把槍支保險誤開。

　　那天夜暗低視界下也該出事，本來是奉命馳援友軍，哪知領頭的 GYSGT 舊鞋破洞腳底踩在刺棘上，慘叫一聲曝露位置；精神恍惚者跌倒誤觸板機，以致槍聲一響擊斃袍澤，身體孱弱者掉隊者遂慌張嘶喊。三者都招來友軍火砲鎖定誤擊，將增援隊伍誤作敵軍來襲從頭到尾轟得一個不剩。

　　陸戰隊上尉學官黨連俊（中央軍校二十一期）觀看完教學電影就心有戚戚焉，但海軍艦艇官兵不是這樣的。平日每星期軍艦均有「裝備保養校閱」及「人員內務校閱」各一次，個人武器與火砲裝備在校閱時必然檢查械彈分離、關保險，個人經理裝備的皮鞋更不可破損，否則內務校閱不及格須換鞋。航行時嚴格實施燈火管制，甚至無線電射頻靜默隱密行蹤。

　　至於艦上餐飲營養，平時注重飲食均衡，航行時有暈船嘔吐者，神仙對他也沒辦法，待水兵嘔吐光了，老海狗 PO 士官逼水兵再吃，恢復體力就能執勤，再吐就再吃，如此練就成一等一的水手。不暈船的 PO 士官，航行搖晃中甚耗體力，為了營養與熱量勢必狼吞虎嚥，哪還管食材合不合胃口。這齣「全軍覆沒的第二連」教學影片，播給陸戰隊學官觀看雖屬必要，但與海軍艦艇

官兵扯不上關係，多看無益。

　　此外，有位美籍教官講課儀態欠佳。他雖穿著講究且相貌俊帥，講授內容也屬一流，但教學姿勢有待改正。他只要講解一停，就伸出舌尖來舐他自己的上唇，且不停地聳動雙肩；一見他這副怪相，就忘了聽課，害得我分神，到如今都還記當時教官的奇形怪狀。

　　更有位美籍教官荒誕不經。某日他來授課，尚未開講先把卷軸打開掛在黑板上，是幅超級性感美眉，胸脯上竟有四粒巨乳，令我們驚呆！原來四粒大奶代表後勤補給的油料、械彈、器材配件與糧糒等四大類補給品。教官隨後將美女圖收起開始講課，其目的在引起我們聽課的興趣而已。當年我國的民風保守，國外雜誌刊載巴黎時裝表演，遇有薄紗的晚禮服，行政院新聞局須將若隱若現的酥胸用筆塗黑，然後才准銷售。上尉學官龔定成（軍官訓練班航海七隊二組比敘海軍官校 1951 年班）笑說，有誰膽敢將這套講課方式帶回國內照此卷軸宣科，必定自惹麻煩遭法辦蹲軍牢。

二、灘勤特業實彈演習　聖地牙哥海軍設施

圖 13.3　1956 年 5 月美海軍兩訓部少將司令賈萊爾與夫人安娜在宅邸後院招待作者等受訓軍官（鍾漢波數位典藏）

受訓第十二週沒有堂課，但有特殊操演見學，當然也是重頭戲。我們赴美軍陸戰隊本靈頓營區（Camp Pendleton, USMC Base），入靶場參觀實彈演訓，營區位於聖地牙哥市至羅安琪市（Los Angeles, 廣東臺山話發音的洛杉磯）之半途，由聖地牙哥市沿一○一號公路向北駛一百公里，車程約兩小時可達。

沿濱海公路駛入營區，並無營門但有引道，內豎木質牌樓漆有營區名稱。此一營區甚為廣闊，營門牌樓所在似是谷地，兩側為丘陵所擋，附近無民宅，入內除衛哨更覺荒涼寂靜。山谷甚為寬廣，谷地南北向約有四公里長，東西寬約兩公里，這樣一個大谷地僅是營區內渺小之一部分。山谷北半部是平原無垠，南半部則有一孤立的圓錐形高地及起伏不平之淺山。山谷的靶場土質全是紅泥，無草木、無營房更無道路。

我們先至營區靶場參觀直昇機垂直機降演練。首先，從海上直昇機母艦（Helicopter Escort Carrier, CVHE）飛來了一架美軍陸戰隊 H-34 直昇機，裝載第一個輕裝步兵班，直昇機一落地，只帶槍彈的班兵就躍出散開，利用地形布成防禦陣勢。第二架 H-34 直昇機吊掛帆布巨袋四個，內有彈藥、口糧飲水、背包與器材等補給品，帆布巨袋一經脫鎖落地，直昇機即飛到側邊著陸，把第一班步兵載回。第三架直昇機裝載第二班步兵著陸後，依樣散開布成陣地，然後空機又把第一批補給袋吊回；如此來來去去，循環不已，這就是最新款的空中機動三棲垂直登陸作戰演訓。這種機降著陸方式，較之傳統的傘降部隊，明顯地可瞬間集中兵力。

看完垂直登陸演訓後，我們又搭車到達錐頂高地，海拔三百呎的山頂是死火山口，可容所有學官站著參觀。四週山麓滿

布廢棄卡車、裝甲車、砲車、戰車、牽引車及步兵陣地。實彈演訓的清場管制，由美軍陸戰隊 H-34 直昇機匍匐飛行巡場廣播示警。隨後美軍陸戰隊教官要資深官曹正樑上校擔任火協官，挑選目標後，直昇機在目標拋投煙幕彈，由教官申請空中密接支援。不久陸戰隊飛官所駕駛之 F-9F 噴射戰轟機自海上 CV 航空母艦臨空飛來俯衝，教官透過 VHF 無線電機動臺指示目標，戰轟機連續發射火箭彈，百發百中屢試不爽，雖然擊中目標但未見廢車支離破碎，足證美製軍車尚稱牢固。

壓軸戲是教官申請轟炸代表目標陣地的白布板，一批四架 F-9F 戰轟機用五百磅通用炸彈予以轟炸；我凝神注視足球場大小的陣地，連續爆炸瞬間閃現圓形光環震波，衝擊波由彈著點為中心高速向外輻射狀擴散，效力達百餘米遠，連一公里外的我們亦感受到空氣因爆炸震波來到的衝擊。這讓我憶及十九年前抗戰初啟時，日機在我眼前轟炸肇和軍艦的場景，同樣是熟悉的炸彈爆炸震波迎面衝擊之灼熱感。教官說曝露在光環衝擊波內的人員均會被震斃。的確，爆炸時山搖地動建物難以承受，難怪演習場所沒有建物與道路設施。

參觀實彈演習完畢，已是下午 13 時許。在歸途吃些戰鬥口糧充饑，15 時返抵基地。接著有兩天是論文寫作，內容無非是受訓心得及意見。全體教官這兩日均在課堂上候教，我個人覺得無須再向教官討教，倒是請求與海灘總隊學校所有教官與助教合照留念。

我專心以兩天時光寫好英文論述並用公發打字機繕打交卷，除我之外，本班學官均不會使用英文打字機，最用功的上尉學官劉桂馥（軍官訓練班航海七隊一組比敘海軍官校 1950 年班）書

寫論文，英文字句像刻鋼版似地用手寫謄正。5月3日，美籍班主任決定僅由兩位現階上校級的資深學官上臺宣讀論文，大概美國也流行官大學問大，這也理所當然。我們中校以下學官就不必上臺獻醜。論文宣讀後，倒是美軍高級長官評論時間較長，內容稱讚多於教誨。

美軍兩訓部的兩星少將司令賈萊爾十分拉風，公家配給他的交通工具是一艘座艇和一輛座車，至於部訓班主任納爾遜一星准將，少了一顆將星，其尊榮與待遇當然稍差。結訓前賈萊爾司令在聖地牙哥市私邸雷明頓路五二八〇號分批宴請臺灣來的學官。雷明頓路位於市區東郊的一座山丘，經開發成住宅區；我抗戰末期曾向美軍飛官買過一臺雷明頓牌打字機，而5280的門牌號碼恰好也是一哩之呎數，故終生牢記此地址，不需翻找名片。

賈萊爾司令曾當過駐外武官與情報參謀，故與我有聊不完的話題，賈萊爾夫人安娜率二子一女在宅邸後院親切招待我等烤肉，夫人安娜曾短暫居停過日本東京都的盟總職務官舍，與我也有得聊。烤肉野宴賓主盡歡，臨別時夫人安娜還致贈我一幅司令與夫人在後院庭園的合照。

留美受訓期間，課餘及例假日基地內外的休閒活動，我也留下深刻印記。在美軍基地裡的休閒設施有電影院，入場收費十美分，兩天換一次院線片，偶爾也會有陳年舊片出現。這間電影院白天大門深鎖，晚上只放電影一場，並歡迎眷屬購票入場觀賞。基地內另有DIY勞作室，內有木工、鐵工和電銲的工具，只要你自備些木料或鋼材，室內有許多圖樣給你按圖施作些木盒、衣架等實用品件。

緊鄰兩棲基地之科羅納多鎮，位於聖地牙哥灣入口，佔地

甚廣。其名以一個英文字母之差，而非科羅拉多州（State of Colorado）之州名或貫穿舉世聞名大峽谷的科羅拉多河（Colorado River）之河名。科羅納多鎮的商業區距兩棲基地約五公里，是個以軍港為主的繁華小鎮；我在受訓期間，假日閒暇興之所至，一個人常健行作科羅納多鎮半日遊。

由兩棲基地出發，沿七十五號公路北行，左手西邊是大平洋，右手東邊是聖地牙哥灣，路雖寬闊但路面品質甚差；此路南繞灣底回到東邊內陸，再北返至聖地牙哥市，馬蹄形路程約五十多公里，這個繞海灣半圈的車程約需一小時，美國加州居民往返聖地牙哥市與科羅納多鎮搭輪渡過海，連人帶車計程僅僅半浬，離、靠碼頭十分鐘即可達彼岸。故七十五號公路非常荒涼，走在路邊健行唯我獨尊。

經過鎮外住宅區，右手東邊別墅林立，木造建築小而精緻，以矮木柵作庭院圍籬，漆成白色高僅呎許，表示範圍內是私有財產。美國人習慣「非請莫入」，入鄉問俗，這種規矩我駐日期間進出東京都美軍眷區，就已領會美國重視個人隱私的文化特質。每棟別墅白色圍籬外之花畦，種滿了豆科花叢，五顏六色賞心悅目。

鎮外七十五號公路西側，是五星級旅店 Hotel Colonado，其旁有超市附設小酒館，可用餐喝兩杯。住宅區盡頭是商業區，緊鄰過海的輪渡碼頭，可前往聖地牙哥市，渡輪對開搭人載車，交通甚為方便。渡輪是聖地牙哥市政廳公營，屬於便民服務性質，故收費至為低廉；原因是兩地之跨海大橋，久久未建，影響本地居民權益，更使觀光客卻步。

市政當局並非無錢建橋，難在橋高須較「最高天文潮」（Highest Astronomical Tide）的海平面高出兩百呎以上，方能讓 CV 航空

母艦等各型艦船無礙通過，且加州地震頻仍，一旦跨海大橋遭震垮，會阻塞聖地牙哥灣內軍港艨艟巨艦的出入。另一方面，科羅納多鎮的地幅寬度太窄，建設高橋斜坡引道顯有困難，此一橫跨聖地牙哥灣兩岸之橋樑，我結訓十三年後，始於 1969 年築成通車，讓七十五號公路通過聯結成環狀線。

由公營輪渡碼頭再向東北行，海灣盡頭有兩公里又長又寬的海堤，內有十字形飛機跑道兩條，是乃聖地牙哥海軍航空站（San Diego Naval Air Station）所在。我常見有多艘 CV 航空母艦靠泊該長堤整補久久不曾移動，CV 航空母艦必須單艦各自靠岸不能雙靠外檔，以免妨礙狹窄的灣口航行安全，即使這樣，長堤碼頭的船席仍可供五艘 CV 航空母艦靠泊，此碼頭之長可想而知。五艘航母官兵合計，少說超過兩萬人，艦艙升降飛甲一打開，我從岸上看到艙內官兵派工繁忙，但長堤上卻渺無人影，軍紀嚴明。我通常在此回頭步行至公營輪渡碼頭，觀看海灣景色之後，沿來路慢跑返回兩棲基地。

我原以為兩訓基地百公頃非常大，看了海軍航空站之設施及其所停泊之 CV 航空母艦後，方知兩棲基地實在算不了什麼，可見我這個人容易滿足且常自我陶醉，嘗聆「陋室」亦有「銘」，足證吾道不孤。但若事事自卑，又何以為人。

由兩訓基地赴聖地牙哥市都心區，最便捷省時省錢的方式是搭船過海；兩訓基地備有 USNAB 免費交通艇，例假日每半小時對開一班憑證登艇，小艇碼頭就在 BOQ 前方，赴聖地牙哥市區非常方便。彼岸的 USNAB 專用碼頭就在艦隊碼頭旁，在聖地牙哥灣內航渡二十多分鐘即可達。

談到美軍基地內的受訓生活，印象深刻的是住宿情況。外

籍學官與美軍受訓官員只要未攜眷前來者，必須住進 BOQ 單身軍官宿舍，我們一到基地就依規定，每天被收宿舍費美金五元，貴得令人心頭發慌。記得來程在舊金山市住旅店時，雙人房一間每天每人均攤房價才收費美金一元半；兩相比較，此種規定使人徒呼奈何。我國尚有海軍醫官三人在聖地牙哥市海軍醫學中心接受潛水醫學訓練，其中一人後來累功陞至海軍總醫院少將院長，他們未攜眷隻身前來，照樣亦可外宿市區，三位醫官合租民宅自料食宿，節省十倍以上；可見美援受訓之膳宿規定，並非千遍一律。

　　這還不打緊，我們進訓入住昂貴的 BOQ 才幾天，美軍就把我們二十三人集中搬進一所急造營房之內，屋外並未標明 BOQ 字樣，而且內部設施與單人房間之大小，遠不如原先正牌 BOQ 雙人房之寬敞與舒適。美軍明說是尊重個人隱私入住單人房，且方便我們相互照應，卻照原價收費，是什麼意思大家都知道，只是在我們心中有說不出的滋味。

　　更糟的是，頭幾天和美軍及盟國學官在 BOQ 混住時，雙人房內可用英語交談；如今可好了，在基地營區內我們另成一個華埠，大家壓根兒不用說英語了。原本到此受訓十二週，至少期盼可把英語說得流暢些，現在這種住宿安排，期望必然落空。十二週後回國，怎麼樣來還是怎麼回，除我有駐外經驗，其他出國受訓學官的英語能力沒有明顯改善。

　　另一件要談的是美軍基地的個人雜支開銷。外籍學官為了尊嚴與品味，不方便在宿舍洗滌衣物晾曬，入境隨俗平日由負責宿舍清潔的非裔美籍僕人，將學官髒衣物拿到營區外的科羅納多旅店送洗；襯衣一件或內衣褲一套，各收費二十五美分，每天洗衣費就五十美分。加計每日住宿費美金五元，三餐付費美金二元

四十五分，以上個人開銷每天逼近八元；我領來美援日支生活費美金八元半，差不多全數還給美國。若不是我政府透過駐美大使館加發給我們受訓學官每人美金三元半的日支津貼，真是窮到身無分文，留美受訓日子真的不好過！

聖地牙哥市又稱軍港城，地標的艦隊碼頭顧名思義，主要是由美軍太平洋艦隊官兵所用，CV 航空母艦官兵放假動輒數千人，由科羅納多鎮的公營輪渡碼頭載運過海至聖地牙哥市艦隊碼頭，一上岸過條路就是聖地牙哥市第五街，與加州一〇一號大道共用街道。美國海軍規定水兵進出營區一律著軍服，我看見第五街有許多房舍外牆用各種顏色漆上「6 Feet High Lockers for Let」，意思是六呎高有鎖的衣櫃出租，好讓離營水兵更換便服進城。

當年聖地牙哥市道路沒設斑馬線，路人橫越道路有「行人優先權」，就是先伸出一隻腳置於道路上，風馳電掣的來車就會陸續停下讓你優先橫越道路。行人跨越到了道路正中，對向之來車也停下來，好讓你通過。美國駕駛人禮讓路過行人，實因撞及路人不但吊銷駕照重罰、賠償天價予受害者，在加州駕駛人蓄意撞人，甚至判死。

想起昔日在聖地牙哥市，步行越過一〇一號大道的情形，一人穿越，眾車停下禮讓，還真是「走路有風」呀。不過，在臺灣若斗膽用這種方式穿越道路，你不被壓死也會被撞成殘廢。審視當下的美國衛照圖，得知由羅安琪市經聖地牙哥市至墨西哥邊境的一〇一號大道，已改成第五號高速公路，既是高速公路，當然就不准路人橫越其上。

我有位小學同學雞胸鄭，抗戰時在交通部西南運輸處服務，戰後避赤禍返回僑居地澳門經商；雞胸鄭的妹妹下嫁聖地牙哥

市華僑，夫婦以丈夫之名 Frisco Wong 開了間「王記廣東料理餐館」，Wong 是廣東口音的王姓；餐館位於第五街，門牌是六百多號，但距離艦隊碼頭很近。不要被門牌的六百多號嚇到，街道兩側並無六百多間店舖。聖地牙哥市區道路縱橫密如蛛網，每隔一街就編一百個門牌號碼，百號間頂多蓋滿五、六間店舖。每經一條街口，美國人叫它是一個 Block，有時一家大公司就佔了整條街一個 Block，所以，在美國形容遠近，以幾個 Block 為距離單位，而非以門牌號碼辨識遠近。聖地牙哥市內最繁盛的都心在門牌二千號左右，意即從艦隊碼頭走過二十個街口就到都心。

留美受訓期間嘴饞想要吃家鄉飯，我就從兩訓部基地碼頭憑證登上 USNAB 交通艇免費過海，從艦隊碼頭過五個街口，就抵達王記廣東料理餐館大啖美食。這間餐館兼賣洋餐，餐式大眾化且價格低廉，有固定老饕捧場。我在此飽嚐家鄉風味餐如牛肉豆豉炒黃瓜，王記廣東料理餐館更有粵式招牌菜「醬爆豬肚」，要吃紅燒豬腳則須提前一日預訂。粵式客飯的套餐，每客兩菜一湯價格八十美分，另加消費稅三美分，埋單連小費才九十美分，不但便宜而且吃得過癮。

我與王記廣東料理餐館老闆娘自小學起就熟識，順便將多年來久藏在心中的「雜碎」（Chopsuey）究竟是啥菜式的悶葫蘆，予以打開。美籍軍官對唐人餐的「雜碎」始終讚不絕口，堪稱熱賣榜首。經老闆娘開示，原來雜碎就是低檔次韭菜炒肉絲！唐人餐的春捲餡，就是用韭菜、青蔥、豆芽搗碎與豬肉絲炒熟當食材。阿兜仔真是好騙得很，隨便一道普通菜肴，就讓他們吃到搖頭晃腦直喊讚。

想要知道美國當地的生活水平，得去逛逛附近的超市和傳統

市場。在美國的民生消費品、罐頭食品和麵包價格各地大致相同，如二十四切白土司一條各地均一價僅十五美分。但生鮮食材就因產地遠近、通路多寡、工資高低等因素而定。加州是金山柳橙的產地，柳橙分三個等級，碩大無比的頂級柳橙每磅約兩粒，售價每粒十美分，但擺在艦隊碼頭的販賣機裡，大號金山橙售價竟高達二十五美分，想攜回艦上品嚐的官兵將硬幣投進販賣機裡，按鈕後這枚大號橙就滾出來，這粒金山橙從超市到販賣機，轉個街角就賣兩倍多價錢。

超市內次級的中號金山橙，每磅十五美分約有三粒；最低檔次的叫做小號「榨汁橙」（Juice Orange），一粒單價一美分。榨汁橙小，千萬別選皮還略帶青者，那會非常酸，須選稍大而熟成者，才會汁多帶甜；小號榨汁橙雖然便宜，但比目前臺灣所賣的進口香吉士 Sunkist 牌金山橙還要甜要大。我每次離開聖地牙哥市艦隊碼頭回宿舍前，都會買一磅中號金山橙及二十粒榨汁橙，一共才花了三十五美分，裝在水手袋內滿載而歸。回到寢室，中校學官賴成傑（電雷學校轉青島海校五航甲 1939 年班）見我買了這許多金山橙，就不客氣的前來取食，我也樂得將榨汁橙贈送，做個「水鬼人情」（粵語指友情淡薄之謂），中號金山橙當然就私下享用。

我駐日期間，在美軍 PX 常買嗜吃的美製醃黃瓜和小燈籠形狀的辣椒，一酸一辣口感真過癮。在聖地牙哥市我都會買這兩種美國瓶裝特產，就不與同學分享了。南加州氣候適合飼養豬，故豬肉較為便宜；「鬼仔腸」（Sausage, 粵語指義式香腸之謂）與香味四溢的粵式臘腸有別，加諸醃鹹豬脊肋肉（Salted Pork Ribs）和熱狗等肉品，都是論包出售。豬排骨和豬肚每磅價格十二美分，

豬碎肉每磅標價二十五美分，豬排肉則每磅大約美金半元。

受訓後期某個週末上午 9 時許，我到軍官餐廳吃早午餐，巧遇我初來住在 BOQ 時鄰房一位美國海軍上尉學官。我倆同桌進膳交談，他得知我準備進城購物，因為當天是聖地牙哥市各大百貨公司的週年慶折價日（Dollar Day），這位上尉主動帶我去購物。他說我是外來客，不知內情瞎拚必上當，因為百貨公司先前賣不動的爛貨收回貯存倉庫，折價日再將滯銷即期品清倉拿出來賤賣，簡直就是賣垃圾。

他問我要買些什麼，我出國前早有計畫，已開列購物清單如品名、尺碼、數量且用英文書寫，準備請店員替我去找。我給他審視購物清單，包括箭牌襯衣、男汗衫、砲牌白被單與白枕套，外加永貞與子女內衣內褲、女褲襪等，還有美寶蓮化粧品另紙專列。他驚訝地看著我說：「中校，您為何要買這許多品項？」我說：「上尉呀，臺灣物資缺乏，進口貨被管制，此地貨品物價比臺灣低廉很多，而且在臺灣買不到美國貨，兼之今天是折價日，不趁機購買那要等待何時？」

他連說有理有理，但看到化粧品的名稱數量時，卻說：「中校，這些當地化粧品在折價日都是傾銷的垃圾，千萬別碰！您別當肥貓被騙；折價日是推銷即期存貨，化粧品待您返國後，就過了使用期限，即便是免費送您，也千萬別抹在夫人肌膚上，會傷皮膚。平日也不要在聖地牙哥市這種三線城鎮買化粧品，您最好還是回程到舊金山市或檀香山市等大都會去買，在那兒可以買到高檔次的名牌化粧品，今天您僅買衣物就好。」

餐後兩人回宿舍換了便服，在基地碼頭會面，不見不散。我倆過海之後，抵達第五街第一條橫巷，找到他停放的自用車，駛

到二千幾號都心最繁華的區域。跑了三家大百貨公司，蒙他替我精挑細選，費了兩個多小時，方把衣物購齊，我一共花了美金四十多元，幾乎把受訓期間省下來的生活津貼花光。我滿載而歸，於焉他送我回艦隊碼頭，說聲後會有期就駕車離去。可惜我未曾留下他的姓名地址，能遇到如此古道熱腸之美軍軍官，實在是我的福氣。

三、墨西哥邊城生活苦　學成歸國勤儉建軍

圖 13.4　1956 年 5 月著海軍冬季黑色甲式軍常服的作者（中）在美國海軍兩訓部與主任教官對錶（鍾漢波數位典藏）

我幼年時讀廣州市立第四十四小學的學霸謝福申，其堂弟

謝喬治與我熟稔，戰後他移居聖地牙哥市郊。我趁休假日乘坐公車，專程前往拜訪謝僑領。那兒的公車司機服務週到，對於外籍軍官尤為和氣；我說明道路門牌號數，他即按址在最近的招呼站請我下車，公車司機能做到顧客至上，實屬罕見。見到謝先生，兩人多年未見他喜出望外；時值週末，他夫婦倆亦忙於僑界行程，就順便開車送我回艦隊碼頭，約好翌日星期天，在碼頭接我到美墨國境邊城一遊。

　　第二天，我們沿一○一號公路向南行駛，半途轉入養雞場買了隻活雞後，再繼續往南行，二十公里外就抵達美墨邊界。美國這邊甚為幽靜，只有海關、移民局、警察及憲兵等少數人把守，房舍甚少而且稀稀落落。過了國界的墨西哥邊城堤凡納（Tijuana）那頭就熱鬧非凡；華僑把這個邊城用四邑臺山話的發音叫做「酒灣拿」。

　　在未過美國邊境前，因為我具外籍軍官身分，須在憲兵站前停車，掏出美國海軍識別證，在出境簿登記時間及預定返回美國時間。謝先生是美國公民無須下車登記，尊重其他先駛到的跟著排長龍的車陣離境。返回美國時，有我名字的出境名單，早已經移送至入境憲兵檢查站，待我掏出識別證核對後，才一筆勾銷，謝先生亦掏出公民證驗放。

　　墨西哥邊境這頭不但無人把關，且無人過問從美國來人進出墨西哥領土，國家之強弱立見分明，豈能不令人感慨。一入「酒灣拿」，我就見到成百上千的墨西哥人蹲坐地上等待領班點工；時光已晏，想是待業人潮今天零工已然落空，悲情可憫。車子轉了幾條街，就到達謝先生姊姊家中，把活雞交付；謝先生帶我拜訪酒灣拿國民黨支部及僑社，順道暢遊當地名勝。美洲華僑吃雞非常講究，

不吃肉品店的冷凍雞肉，一定是活雞現殺現煮，其鮮美香醇風味，遠勝大賣場冰櫃的肉品；返回謝先生姊姊家中，吃了一雞三味的炸雞球、紅燒雞、清燉雞湯午餐，我由衷地連說好吃。

「酒灣拿」一地，為何成為美國居民的車遊景點呢？顧名思義，來「酒灣」定要買高檔酒「拿」回美國。在墨西哥這頭的烈酒、品牌香水、汽油都不打稅，較美國便宜。酒灣拿邊城的上流商業區非常現代化，且商品售價親民，我在著名的連鎖店Phantom香水公司，找不到我駐日期間在橫須賀美軍基地買給永貞的黑緞牌（Black Satin）香水，這是她的最愛，我問櫃姐，同等級有品牌的香水該選購哪種好呢？最後我依櫃姐的推薦，買瓶法國香奈兒五號香水以塞責。

我又買了些每瓶僅值五十美分的低檔次Tabu香水，再次做個「水鬼人情」分贈受訓同學，竟大受少校學官姚家訓（軍官補訓班航海二隊比敘海校航海科1940年班）讚賞，實出乎我意料之外。墨國有油田，酒灣拿汽油的品質掛保證既便宜又免稅，歸途每輛車的油箱都灌滿而歸；沿來路回到艦隊碼頭，我向謝先生揮手告別，結束我墨西哥邊城半日遊。

留美受訓期間，接獲永貞電報，基隆海軍第三軍區司令的恩師一哥李鳳台少將稍來惡耗，我的同窗好友盧珠光罹癌，在總部中校科長任內，病逝於基隆海軍第三醫院，享年僅四十，公殞後追晉上校階。豬仔英年早逝，是黃埔海校我同窗來臺首位往生的同學，得知惡耗後我請永貞匯了五百元給豬嫂貼補家用。

5月4日在教室前的草坪，領受美海軍太平洋艦隊兩訓部所頒授之十二週兩棲作戰特別戰術教程（Special Amphibious Warfare Indoctrination, 12 Weeks）的結業證書。每位軍官向兩訓部賈萊爾

司令敬禮握手領證後，司令致簡短賀詞，致詞畢大家再次敬禮，典禮簡單隆重。

取得結業證書後，下午我將行李打包，採購臺灣生活必用的美國貨塞滿滿兩個水手袋，皮夾內還藏有剩餘的生活津貼約五十元美金現鈔。全體學官離開科羅納多鎮兩訓部基地，搭 USNAB 交通艇過海轉往聖地牙哥市，兩訓部賈萊爾司令與夫人安娜親自到基地碼頭送行，與我們一一握手道別。我們怎樣來，就怎樣回去，當日下午到達太平洋鐵路聖太菲線的聖地牙哥市火車站，這是我們來時下車的地方，距離新墨哥州的聖太菲市起站一五六七公里，而往北距離舊金山市亦有八三八公里之遙。

我們所搭乘的仍然是夜快車頭等臥舖，火車於下午 17 時發車，時值初夏日子長，車經美軍陸戰隊基地本靈頓營區靶場，視線為紅土丘陵所擋，看不見營區內靶場之景況。火車不久即駛入橘柑林，金山橙果實累累另有一番景緻；沿途停站雖多，但行車速度也快。由於路軌較臺鐵寬闊車皮又重，故無震盪顛簸之感且易入眠。

一覺醒來天明就到了舊金山市，前往海軍第十一軍區司令部報到，得知返國班機在四天之後，我與同學六人住在華埠基督教青年會 YMCA 宿舍，地近華埠，用餐購物兩相宜。舊金山市公車購票一張可以轉車一次，我曾搭公車轉車遠赴獵人角（Hunter's Point）海軍造船廠附近逛街，這四天在舊金山市過得自由自在，直到今日仍回味無窮。

5 月 9 日黃昏，我解繳美國海軍識別證後，就搭乘美軍 C-54 運輸機離舊金山市。起飛後不久，在朦朧的夕陽中俯瞰紅漆色的金門大橋，比之在橋邊看橋，有其不同的面貌。離開舊金山市算

是離開了美國本土，當時就有預感我會再訪美洲大陸，不過那是我二十年後退役，以商船海員身分重返美洲本土東、西岸多次，這是後話。

航途進入太平洋飛向檀香山市，又要經歷時差，我們從檀香山市飛抵馬紹爾的瓜加林島前，軍機又故障啦，遂落地進棚廠修理。我們在瓜加林島停留一天半，再飛關島與菲律賓。在克拉克美軍機場住宿過夜，隔日在停機坪我一再回首，不知何年能返回菲律賓呂宋島。那時沒料到的是，服勤軍旅退役後，居然也是以商船海員身分重返呂宋島多次，這也是後話。

5 月 14 日換乘美軍 C-47 專機飛向臺灣，中午返抵臺北市松山機場。這回出國受訓三個月，造訪了美國、墨西哥、菲律賓與爾後建國的馬紹爾群島共和國，加入海軍真的可環遊世界。返抵國門時，我家眷早已遷返左營眷村，只得將行李寄存在中山北路濤園海軍官員宿舍。

我前往海軍總部拜訪人參室任免調配處處長葉克昌兄，他發覺我根本不是總部屬員身分，1 月分晉陞上校的人令也不在檔案內，我出國三個月期間，還是總部現階現職的情參室一處中校處長！他竟把我變成沒晉階且帶職出國受訓的主管。葉處長抓抓腦袋，蒙渠告知會設法補救。如我所料，受訓返國我的新職為海軍兩訓部上校編階的參謀長，果不其然，任所就在左營海軍軍區內。

海軍兩訓部相當於師級單位，兩訓部的上級，是相當於軍級指揮機構的兩棲部隊司令部，除轄管兩訓部與爾後配合反攻新設的兩棲作戰司令部（兩作部），兩棲部隊還作戰管制一個師級單位的登陸艦隊與兩個團級單位的登陸艇隊與海灘總隊，這些兩棲單位營區均座落在左營軍區桃子園。

　　我立即購買當晚 21 時半平等號夜快車返高雄，5 月 15 日清晨在左營站下車，叫輛三輪車回新居，到了巷口，天未亮就見到曾在 CL 海圻艦任上尉輪機副的陳碧華，也是我初入黃埔海校艦訓見習時的啟蒙教官。我靦腆地向陳碧華探詢：「教官早安，我住哪一家？」他訕笑地說：「真好笑，滯皮你洋墨水喝醉了，竟不知自己住哪一家！」原來我就住在他家對門。我家的左鄰，恰好是與我在臺北濤園軍官宿舍同寢室的老前輩陳啟鵬上校。不過，新居的巷道在二十二條巷子的自強新村中獨樹一格，巷內有條大排水溝，將壽山東麓山洪溪水一路排入遠處的內惟埤中。巷中、巷尾各有木橋一座，多年後才改建兩座堅固的鋼筋水泥橋，可供車輛通過。

　　巷內兩排眷舍門前各有雙向車道，兩排眷舍棟距比眷村內其它單一巷道尤寬，故此巷之眷舍視野非常開朗，光線充足，門前有山溪水溝，屋內通風良好，令人覺得非常舒暢，地靈人傑、風水絕佳，更令人心滿意足，也是全家往後在臺灣直到終老的第二故鄉。

　　此次搬家完全是永貞出力安排，套句古時相敬如賓的話「有勞夫人了。」以前我家住在內惟大橋之南的自強新村（南自強）七巷，在高雄市行政轄區之內；現居同村內惟橋之北的北自強十九巷，算是市郊，裝個自動電話要比市區內的南自強多收裝機費兩千元，連郵區也用市郊左營的八一三而非市區高雄的八〇〇。這種「一村兩制」情形到 1976 年行政區重劃才改正過來，南自強、北自強門牌地址，也統一改為鼓山區自強里鼓山三路的巷道，不再使用自強新村的眷村舊名。

　　回國後待在家候遣，不久遂接到調派兩訓部中校參謀長的

（45）642號人令，1956年6月1日生效。我依時前往左營軍港的小港碼頭外側兩訓部報到，得知在美軍顧問團主導下，我海軍兩訓部之組織編裝完全與美國海軍兩訓部雷同，部內設三個班、兩個處與一部一室一組。

兩訓部司令是帶職受訓的總領隊黃震白少將，我本人出任黃司令的參謀長，接替黃埔海校同窗劉定邦留下的職缺，定仔則由梁老總拔擢接充賀蘭軍艦第二任的特級艦上校艦長職，以彌補他遭受海軍白色恐怖案冤獄之災。梁老總令我放棄候派一級艦艦長職轉行改習兩棲，一樣有機會升將軍所言非虛，日後黃埔海校同窗最遲派任一級艦上校艦長的謝炳烈，於1963年9月始接掌DD咸陽艦第八任的上校艦長，斯時我早就在陸岸單位佔少將一級的職缺，三個月後隨即晉陞少將，這是後話。

兩訓部主要官員，包括副參謀長及專責施訓的三個班的班主任，在我返國前均懸缺待補，而且各班內亟須補充教官多人。因此，我在美國接受兩棲訓練的同學，有不少人派到兩訓部來服勤，包括康健樂（福州海校航海科1937年班）擔任海棲班中校班主任，王宗燧（電雷學校轉青島海校五航甲1939年班）擔任艦艇班中校班主任，陸戰隊曹正樑上校擔任部訓班班主任。中校錢詩麒（電雷學校轉青島海校五航甲1939年班）、趙調鼎中校、楊達宇中校、少校柴建煌（中央軍校十八期）及上尉吳恩惠，分別擔任這三個班內各科的主任教官。兩訓部另設一部一室一組的政治部、司令辦公室與聯絡官組，該組專司與美軍顧問綿密互動。

至此，兩訓部內各層級負責訓練的主管，才算全面充實。留美同學派職上級機關的，另有林廉藩上校任兩棲部隊參謀長、趙慶吉（青島海校航海科1937年班）任中校副參謀長；派職下級

海灘總隊的有陳振夫中校任總隊長、少校蔣豪達（黃埔海校航海科肄，軍官補訓班航海一隊比敘海校 1940 年班）任總隊轄屬小艇大隊的中校大隊長。蔣豪達學弟留美受訓前，已當過中榮二級艦艦長職，歸國僅派職相當於營級主管的中校大隊長，實在委屈；不過，蔣學弟先蹲後跳，爾後再歷練中基二級艦艦長，調升太湖一級艦的艦長，仕途順遂屢獲晉陞，累功最終官拜海軍兩棲部隊中將指揮官，同屆留美同學往後經歷，以他的官階最高。

兩訓部參謀長的屬下，有兩位上校副參謀長，即空軍上校李振歐（中央航校洛陽航校五期乙班）與陸戰隊上校陳作炎（中央軍校八期）；兩訓部尚有兩個處，訓練處處長是黃埔海校同窗譚祖德上校，總務處處長是陸軍上校陶鞠似（中央軍校十期）。我向兩訓部報到出任參謀長時，還是掛著海軍中校階，但在編制表上，我麾下的部屬一共有五位三軍現階上校，即兩位上校副參謀長、兩位上校處長加上一同來報到的部訓班班主任陸戰隊上校曹正樑，明顯違背階級倫理！

當我分別走訪各單位，到了副參謀長室時，就有人酸言酸語道：「梁老總要刻意培養你了……」我當即避開問題，答曰：「請各位老大哥多多包涵……」一句話帶過，如果向他解釋，那是白費力氣。其實我出國受訓前早於本年 1 月 1 日，就在海軍總部中校處長任內晉陞海軍上校，只因出國受訓在即遲遲未發布晉陞人令。

此窘狀遲至三個月後的軍人節，海軍總部始補行發布我的元旦晉陞上校（45）974 號人令，追溯回八個多月前的元旦生效。同時，又來文重新派任我為兩訓部上校參謀長，亦追溯回 6 月 1 日生效，同時註銷前派令為兩訓部中校參謀長的人令。海軍總部

對這個問題比誰都清楚，同一個單位內，階級與職務倒掛是絕不允許的，尤其是同一官科同一階級中，更須考慮同儕的年班高低軍事倫理規則。早年人事作業流程倒掛頻頻出包，有的是刻意但多半是人事作業疏失，要理順還真難為。

兩訓部獲得我們這批留美培訓軍官充實陣容後，新人施新政，三個訓練班全額召訓，近百名教官滿編講課，教室全都滿檔使用。艦艇班除召訓學官外，兩訓部還派教官赴各型登陸艦艇，現場講授兩棲作戰理論與實作戰技；部訓班則徵調陸戰隊與陸軍整團的兵力，入住部訓班的中興營區施訓，海棲班則徵調三軍軍官，分批、分科、分類，進入兩訓部所開設之各班次施教。

進訓的二十二種專精、特業班隊，短則一週、長可達四個月，施訓的學員與部隊官兵總數，經常維持在兩千人以上。而我則承黃司令之命，除督導三個班隊訓練任務外，尚須指導部內訓練處擬訂兩棲訓練計畫、管制進度、統計成效，並責成總務處盡最大能量支援訓練任務。

抗戰後期我在青島海校與空軍官校擔任過近四年的教官，故我對兩訓部的教育訓練督導，得心應手。我抽空不定期巡堂督課，靜聽每一位教官整堂課的講授，看看授課教官是否事先按課程計畫及講稿講授，自己的講稿就是自己的文章，自能背誦出來。

我從美國受訓攜回的英文版《兩棲作戰之組織與指揮》教案，自己也兼授這門專業課程。我把親自編譯的教案轉換成講稿，到時走上教壇背誦如流，無歧念、無懈骨，專心一意講課，言語順暢出口成章。抗戰末期我在軍令部曾纂編過《中華民國陸海空軍駐外人員交際須知》手冊，憑此經驗，我也駕輕就熟編譯此教案，供兩訓部爾後教學參用。

　　五年前我自駐日代表團回國充任海軍總部交際科科長一職後，不久適逢 1951 年植樹節，由交際科承辦在左營海軍第一軍區中興路兩旁種植木麻黃的防風、綠化勤務；五年後我再回到左營，看到當年自己親手栽植的樹苗，已然長得壯碩參天，林道景緻幽靜涼爽。但踏出兩訓部營區後門，越過中興路往北進入中興營區，就頓覺醜陋無比了。日遺機場旁的中興營區範圍很大，足以容納一個團千餘官兵進駐受訓四個月，但苦無建築經費，僅以克難方式用竹桿為架，以稻草為牆，建構如同我二十六年前小學童軍露營之臨時三角形草寮宿營。部隊住在其中，南臺灣的冬天猶可適應，炎夏則燠熱苦不堪言。

　　我到任後，適逢參謀本部主管作戰的第三廳少將廳長鄭為元（中央軍校八期步科）蒞臨視察，由我親自向他作簡報；回想十年前，戰後我在南京任職參謀本部第二廳上尉參謀時，那時鄭將軍為第二廳上校科長；我常因急件，持稿前往覲見請求批改判行，鄭科長對我亦常訓勉有加。欣聞老長官行將蒞臨視察，是以卯足全勁做好簡報，並事先走訪部訓班班曹主任，請其馬上回陸戰隊司令部提出改建中興營區所需經費。以兵代工精打細算後，一整團官兵之營房用水泥碎石為地基、加強磚為牆、水泥瓦面三層木架通舖，其建造費需款八十萬元，約合一個海軍上校八十年的月俸與陸岸加給，在當時此建造費實在不是個小數目。

　　鄭廳長先巡視現有臨時草寮宿營地，然後再聽我的簡報；簡報完畢蒙鄭廳長稱讚我這個簡報做得很好，並問我改建營舍需款若干，我答以八十萬元，經其與隨員片刻商量之後，立即准予如數照撥，交由陸戰隊司令部具領施工，以改善受訓部隊之生活條件。鄭廳長處事明快果斷，爾後仕途屢受層峰拔擢，高陞至國防

部上將副部長。

在兩訓部中興營房改建後，其他訓練設施亦隨之增建與擴建。中興營區內的兩座艦艇攀降網換乘練習臺原係木造，與加州美軍陸戰隊本靈頓營區之練習換乘臺式樣相同。由於官兵每日登踏千百次，使用日久已然吱吱作響，早已變成危險建物；在本靈頓營區常實彈演訓，重磅炸彈轟炸建物受震不適宜於構築鋼筋水泥建築以免龜裂歪樓，唯有木質建築有相當彈性耐震，故可無礙。中興營區附近並無轟炸演習場所，故不必拘泥是否木造，應予改建成鋼筋水泥換乘臺。

水泥換乘臺只要高度與艦船乾舷同高，能夠張掛麻繩製造之小方格「人員攀降網」，受訓官兵從主甲板經人員攀降網懸垂而下，就達到換乘訓練之目的。不過水泥換乘臺在繩網覆蓋之處，其表面須塗以厚漆加釘橡皮墊，避免水泥表面之尖銳砂層損傷官兵手腳筋骨。

人員攀降網之寬度，可並排下降四至五人一齊跳進 LCVP 登陸小艇，因此網上會同時有二十餘人掛在網上，力求迅速把官兵從艦船下降，換乘至小艇，編成舟波登陸。我又向上級申請撥發業已報廢除籍之 LCVP 小艇兩艘置於換乘臺下，俾使官兵具有臨場感。官兵換乘坐定後，助教即將小艇艏門放下表示業已搶灘，官兵立即衝出登陸，在灘頭利用地形地物作出戰鬥射擊姿勢。如此循環操練，受訓官兵終至熟能生巧。

斯時，黃埔海校學長鄭民光舉家自左營北遷大直眷村，惟長女潔泉尚在高雄就讀高中，永貞慨允潔泉寄宿眷舍並騰出唯一的客臥給荳蔻年華的潔泉居停，我視潔泉如己出並嚴加管教，潔泉畢業時贈送我的感恩卡片書有「敬世長如家翁」。這年夏天，

我子女也雙雙成長，玲兒在海總附小畢業後高分考取省立高雄女中初中部，堅兒幼稚園畢業後就近在市立內惟國民學校入學。

我這個單傳的堅兒，與我相處的時間不多，當我得知他獨自偷偷跑到海軍官校學游泳時，我就立下家訓，不許他任意隨人出去戶外活動，免生危險，十八般武藝皆由我親授。堅兒有我的基因，特別喜好海洋，他六歲時我親自教會他游泳。我在繁忙軍務之暇，對堅兒視同小袋鼠，自幼攜其同遊，嚴訓他勇於挑戰高風險的活動。

然而，我用非打即罵傳統方式教導，不是很恰當；有一次堅兒在自強眷村霸凌同學，我盛怒之下，當眾狠狠甩了他一巴掌。眷村小童都喜歡爬樹，我就教導堅兒如何爬樹；他要爬樹先要認識樹種，哪些樹幹可以爬，哪種樹枝不能攀，如眷舍前庭鳳凰木的枝椏脆弱易折，跌下來一定骨折。堅兒被責罵到嫌認識樹種太麻煩，就拒絕再爬樹玩耍了。

1953 年 12 月接充永定軍艦任中校艦長，作者立於艦艄國徽旗前（鍾漢波數位
典藏）

說史敘事 12

亂世逐夢航海王（上）
Join the Navy to See the World (I)

作　　者　鍾漢波
整　　理　鍾　堅
總 編 輯　陳新林、呂芳上
執行編輯　林弘毅
封面設計　溫心忻
排　　版　溫心忻

出　　版　　開源書局出版有限公司

香港金鐘夏愨道 18 號海富中心
1 座 26 樓 06 室
TEL：+852-35860995

民國歷史文化學社 有限公司

10646 臺北市大安區羅斯福路三段
37 號 7 樓之 1
TEL：+886-2-2369-6912
FAX：+886-2-2369-6990

初版一刷　2024 年 4 月 30 日
定　　價　新台幣 500 元
　　　　　港　幣 140 元
　　　　　美　元 20 元
Ｉ Ｓ Ｂ Ｎ　978-626-7370-81-0
印　　刷　長達印刷有限公司

http://www.rchcs.com.tw

國家圖書館出版品預行編目 (CIP) 資料
亂世逐夢航海王 = Join the navy to see the world
/ 鍾漢波著；鍾堅整理 . -- 初版 . -- 臺北市 : 民國
歷史文化學社有限公司 , 2024.04
　　冊；　公分 . -- (說史敘事 ; 12-13)

ISBN 978-626-7370-81-0　（上冊：平裝). --
ISBN 978-626-7370-82-7　（下冊：平裝)

1.CST: 鍾漢波　2.CST: 海軍　3.CST: 回憶錄

783.3886　　　　　　　　　　113003756